Vorwort

Das vorliegende Studienbuch zur Deutschen Landeskunde ist hervorgegangen aus den Bedürfnissen von Studenten und Dozenten, die einen Leitfaden durch die verwirrende Fülle landeskundlicher Themen benötigen. Immer wieder wird beklagt, daß ein umfassendes Studien- und Arbeitsbuch zur Bundesrepublik Deutschland fehlt. Zwar liegen zahllose Einzelarbeiten zu speziellen Problemen der Bundesrepublik vor, ein Gesamtüberblick in einem einzigen Studienwerk existiert in der hier vorgelegten Form bisher nicht. Entsprechend wurden die Akzente gesetzt:

– *Relative Vollständigkeit.* Das Studienbuch beschränkt sich nicht auf die Darstellung des politischen Systems der Bundesrepublik, sondern nimmt die bisher vernachlässigten Aspekte der Wirtschaft, Gesellschaft und Kultur auf. Ebenfalls wird ein Systemvergleich mit der Deutschen Demokratischen Republik angeboten.

– *Grundwissen.* Zu allen wichtigen Themen werden Basisinformationen gegeben, die systematisch in Querschnitten oder historisch in Längsschnitten dargeboten werden, um Einzelinformationen angemessen einzuordnen.

– *Dokumente.* Zu einigen Themenkomplexen sind Dokumente angefügt, die einer Vertiefung der Einführungstexte dienen sollen.

– *Arbeitscharakter.* Den Hauptteilen sind jeweils Testfragen beigegeben, die zu selbständiger Arbeit ermuntern sollen und sich an Prüfungsforderungen orientieren. Das Studienbuch eignet sich zum Selbststudium und ist einsetzbar in Unterrichtsveranstaltungen.

– *Problemorientiertheit.* Das Studienbuch beschränkt sich nicht auf eine Darstellung von Themen, sondern versucht aktuelle Probleme der Bundesrepublik deutlich zu machen.

– *Kontroversität.* Die Themenbehandlung läßt unterschiedliche Positionen und Beurteilungsmaßstäbe hervortreten, um den Leser zur eigenen Urteilsbildung anzuregen.

– *Anschaulichkeit.* Der Text wurde mit etwa 100 Abbildungen versehen, die den Text entweder illustrieren oder weiterführen. Diese Anschauungsmaterialien sind in Übungsveranstaltungen besonders gut einzusetzen.

– *Bausteincharakter.* Die einzelnen Teile des Studienbuches bauen aufeinander auf. Grundkenntnisse werden aufgenommen, vertieft und ergänzt. Die einzelnen Teile sind jedoch auch gesondert einzusetzen.

Das Studienbuch wurde in Teilen und als Ganzes in verschiedenen Programmen erprobt, die insbesondere von den Akademischen Auslandsämtern der Universitäten Heidelberg und Mannheim betreut wurden.

Kurt-Friedrich Bohrer

(Akademisches Auslandsamt
der Universität Mannheim)

Gert Schneider

(Akademisches Auslandsamt
der Universität Heidelberg)

Rolf A. Beyer

Deutschland heute

Politik – Wirtschaft – Gesellschaft
Ein landeskundliches Arbeitsbuch .

BERG
Oxford / Hamburg / New York
Distributed exclusively in the US and Canada by
St. Martin's Press New York

Berg Publishers Limited
Editorial offices:
77 Morrell Avenue, Oxford OX4 1NQ, UK
165 Taber Avenue, Providence R.I. 02906, USA
Westermühlstraße 36, 8000 München 5, FRG

First published by Berg Publishers 1986
This revised edition published by Berg Publishers Limited 1989
© Rolf A. Beyer, 1986, 1989

British Library Cataloguing in Publication Data

Beyer, Rolf. A.
    Deutschland heute: Politik-WirtschaftH
    Gesellschaft: ein landeskundliches
    Arbeitsbuch.
    1. Germany (West) – History
    I. Title
    943.087   DD258.7

    ISBN 0-85496-511-4

Library of Congress Cataloguing-in-Publication Data

    Applied for

Printed in Great Britain by Short Run Press Ltd., Exeter

Inhaltsverzeichnis

Erster Teil

Nationale Frage und demokratische Entwicklung

Geschichtliche Grundzüge

Als sich am 8. Mai 1985 der Tag der Kapitulation zum vierzigsten Mal jährte, setzte international eine breite Diskussion ein, in der es auch um das geschichtliche Selbstverständnis der Deutschen ging. Welche Bedeutung hatte der 8. Mai 1945 für die Deutschen? Katastrophe oder Befreiung, Niederlage oder Neubeginn, Stunde Null oder Schlußpunkt einer verhängnisvollen Entwicklung, Chance zur Neuordnung oder Wiederherstellung alter Ordnungen? Die Antworten fielen auch deshalb sehr unterschiedlich aus, da sich mit der Teilung Deutschlands unterschiedliche Geschichtsbilder in beiden deutschen Staaten verfestigt haben. Auf der einen Seite die Bundesrepublik, die sich bis heute zu einer Verantwortung für die nationalsozialistische Vergangenheit bekennt, auf der anderen Seite die DDR, die als „sozialistisches" Land jegliche Kontinuität von Schuld und Verantwortung bestreitet. Doch auch in der Bundesrepublik ist immer wieder von der „unbewältigten" Vergangenheit die Rede. Beide deutsche Staaten nähern sich der Vergangenheit auf sehr unterschiedliche Weise: In der DDR werden im Rahmen einer sozialistischen Erbekonzeption Gestalten des bürgerlichen und vorbürgerlichen Zeitalters beerbt (Goethe, Luther); in der Bundesrepublik forderte etwa Bundespräsident Heinemann dazu auf, die „demokratischen" Bewegungen der deutschen Geschichte intensiver herauszuarbeiten. Beide deutsche Staaten konkurrieren auch im Zugriff auf die deutsche Geschichte. Doch was heißt dann „deutsch" und was bedeutet „deutsche" Geschichte? Ein historischer Überblick soll an den Kernfragen der nationalen und demokratischen Entwicklung ansetzen, um Erbe und Verpflichtung der deutschen Geschichte aufzuzeigen.

I Die nationale Frage

Deutschland hat sich als einheitliches Staatswesen erst sehr langsam und widersprüchlich entwickelt und nur etwas über 40 Jahre als einheitlicher, von Kriegen nicht zerrütteter Nationalstaat existiert (1871–1918). Vor 1871 war die politische Macht verteilt auf eine Vielzahl von Kleinstaaten, die nur wenig untereinander verbunden waren: eine zentrale Staatsgewalt existierte über Jahrhunderte hinweg nicht. Zunächst hatten sich im Gefolge der Völkerwanderung in Mittel- und Westeuropa *Stammesherzogtümer* gebildet, nachdem die römischen Kolonisatoren über den Limes, den Rhein und die Donau zurückgedrängt worden waren. Dieser Prozeß der Landnahme durch die Germanen dauerte einige Jahrhunderte und war etwa im 6. Jahrhundert nach Chr. abgeschlossen. Die Friesen ließen sich an der Nordseeküste nieder; die Sachsen siedelten zwischen der Nordsee und der Mittelgebirgsschwelle; die Franken nahmen das Gebiet vom Niederrhein bis zum Main ein, während die

Alemannen in das Rhein-Neckar-Donau-Land abgedrängt wurden. Die Bayern besetzten das südliche Alpenvorland, die Thüringer das Gebiet östlich der Saale. Die einzelnen Stämme entwickelten ein starkes regionales Sonderbewußtsein, das sich über viele historische Wandlungen bis heute erhalten hat.

Die Eigenverfassung der Stämme blieb auch bestehen, als es dem Frankenkönig Chlodwig Anfang des 6. Jahrhunderts gelang, sein Herrschaftsgebiet vom heutigen Frankreich aus über das Rheinland bis hin zu den Alpen zu festigen und kulturell durch die Einführung des Christentums zu einigen. Karl der Große setzte diese Machtpolitik fort. Sein Reich umfaßte fast das ganze heutige Frankreich, Norditalien und einen Großteil Mitteleuropas. Seine Machtstellung war so bedeutend, daß er im Jahre 800 n.Chr. in Rom vom Papst zum *Römischen Kaiser* gekrönt wurde. Damit galt er als Nachfolger der früheren römischen Kaiser und als Schutzherr der christlichen Kirche. Seine Nachfolger konnten das karolingische Großreich jedoch nicht mehr zusammenhalten. Mehrere Teilstaaten bildeten sich, insbesondere ein westliches und ein östliches Frankenreich, womit sich in etwa die spätere Gliederung Europas abzeichnete. Im Westreich sprach man vorwiegend altfranzösisch, im Ostreich sprach man deutsch. Der Begriff „deutsch" ist wahrscheinlich im 8. Jahrhundert aufgekommen und bezeichnet wohl ursprünglich nur die Sprache, die im Ostreich gesprochen wurde. Später wurde dann diese Sprachbezeichnung auf das Land übertragen, in dem Deutsch sprechende Menschen lebten. Während die deutsche Westgrenze schon frühzeitig festgelegt war, verschob sich die Grenze nach Osten immer weiter, bis im 14. Jahrhundert auch hier ein Stillstand erreicht wurde.

Die deutsche Geschichte läßt man vielleicht am besten mit der Ernennung des Frankenkönigs Konrad I. (911) einsetzen, da er ausschließlich von den Fürsten des Ostreichs erhoben wurde. Das Ostreich begann sich zu konsolidieren, als das Königsamt auf die *sächsischen Ottonen* übertragen wurde. Otto I. ließ sich 962 wie einst Karl der Große zum Kaiser krönen und beanspruchte die Führung über das gesamte christliche Imperium. Besonders seine Nachfolger verlagerten ihre Herrschaftsinteressen immer stärker nach Italien und vernachlässigten darüber die Belange ihrer deutschen Länder. Das Herrschaftsgebiet der Kaiser hieß zunächst das „Römische Reich", im 13. Jahrhundert das „Heilige Römische Reich" und im 15. Jahrhundert das „Heilige Römische Reich Deutscher Nation". Den Stammesherzögen gegenüber festigte Otto I. seine Herrschaft durch die Ernennung von Bischöfen, denen neben kirchlichen Aufgaben auch politische Rechte übertragen wurden. Die Verbindung von deutschem Königtum und dem Kaisertum als Schutzherrschaft über die christliche Kirche sollte die gesamte Geschichte des Mittelalters bestimmen.

Seinen Höhepunkt erreichte das Kaisertum unter den Saliern mit Heinrich III. (1039–1056). Doch schon unter Heinrich IV. (1056–1106) war die Stellung des universalen Kaisertums nicht mehr zu halten. Kaiser und Papst, weltliche und religiöse Macht, kämpften um die Vorherrschaft. Anlaß war die Auseinandersetzung um das Recht auf die Einsetzung der Bischöfe (*Investiturstreit*). Als Heinrich IV. 1077 seinen Bußgang nach Canossa antreten und sich dem Papst unterwerfen mußte, bedeutete das eine tiefe Erniedrigung für die weltliche Machtstellung des Kaisers.

12

Die Spannung zwischen Kaisertum und Papsttum bestimmte auch die Epoche des *hohenstaufischen Kaiser*tums. Obwohl Friedrich Barbarossa (1151–1190) und Friedrich II. (1212–1250) ihre Machtstellung dem Papst gegenüber behaupten konnten, wurden die kaiserlichen Interessen in Deutschland vernachlässigt. Die Zentralgewalt über Deutschland wurde immer schwächer; das Deutsche Reich zersplitterte mehr und mehr. An die Stelle des Kaisers traten mächtige „Landesherren", die in ihren Territorien halbsouveräne Herrschaften errichteten. Unter Hunderten von rivalisierenden Fürstentümern, Grafschaften, Bistümern und aufblühenden Städten erlangten die sieben mächtigsten Landesfürsten des Reichs (*Kurfürsten*) im Jahr 1356 das Recht, den Kaiser zu wählen (Goldene Bulle). Immer stärker verlagerten sich ursprünglich königliche Rechte wie Lehenvergabe, Rechtsprechung und Steuererhebung auf die Landesherren. Der Kaiser blieb zwar nominell die Zentralgewalt in Deutschland, seine tatsächliche Macht reduzierte sich jedoch weitgehend auf seine habsburgische Hausmacht. Reformpläne, die Zentralgewalt in Deutschland zu stärken, scheiterten am Selbstbehauptungswillen und Eigeninteresse der kleinen und großen Reichsfürsten.

Die zentrifugalen Kräfte im Deutschen Reich verstärkten sich noch durch die Entstehung neuer sozialer und religiöser Bewegungen. In den Städten erstarkte das Bürgertum, an den Universitäten opponierten humanistische Gelehrte gegen den mittelalterlichen Geist der Scholastik, und die Bauern erhoben sich im Jahre 1525 gegen ihre rechtliche Unfreiheit und gegen das Abgabeunwesen. Vor allem jedoch die *Reformation* löste in Deutschland tiefgreifende Veränderungen aus. Zu der politischen Zersplitterung trat die konfessionelle Spaltung Deutschlands. Obwohl im Augsburger Religionsfrieden (1555) die Protestanten als gleichberechtigt anerkannt wurden, konnte von Frieden keine Rede sein. Eifrig wurde an Militärbündnissen gezimmert, so daß es 1618 zum Ausbruch des Dreißigjährigen Krieges kam, der sich zu einem europäischen Krieg ausweitete. Deutschland wurde verwüstet, etwa ein Drittel der Bevölkerung starb. Der Westfälische Frieden (1648) führte dann endgültig zur Souveränität der Territorialfürsten.

Nach französischem Vorbild etablierten sich in der Folgezeit überall in den deutschen Ländern *„absolutistische"* Herrscher, die jedoch im Unterschied zum französischen Vorbild Ludwig XIV. eine „aufgeklärte" Spielart des Absolutismus verkörperten. Sie förderten die Bildung, führten rechtsstaatliche Verwaltungen ein, gewährten den einzelnen Bürgern religiöse Freiheitsrechte und unterstützten das aufstrebende Bürgertum. Besonders Preußen unter Friedrich dem Großen (1740–1786) und Österreich unter Maria Theresia ragten als rivalisierende, jedoch relativ aufgeklärte Staaten im Deutschen Reich hervor. Mochte sich auch ein preußisch-österreichischer Dualismus herausbilden, Deutschland als Ganzes blieb zersplittert wie ehedem, so daß von einem „Monstrum mit vielen Köpfen" gesprochen wurde. Während Deutschland in über 1700 Herrschaftsgebiete zerfiel, konsolidierten sich die europäischen Nachbarländer als zentral regierte Nationalstaaten.

Die Auflösung des Deutschen Reiches vollendete sich, als infolge der Französischen Revolution (1789) und der Kriegszüge Napoleons die alte kaiserliche Reichsverfassung zusammenbrach. Die linksrheinischen Gebiete Deutschlands mußten an Frankreich abgetreten werden; Deutschland selbst

13

wurde auf etwa 35 Mittelstaaten reduziert. Kirchliche Herrschaftsgebiete wurden säkularisiert, reichsunmittelbare Herrschaftsgebiete wurden den Mittelstaaten zugeschlagen. Sechzehn der mittleren und kleineren Staaten im Süden und Südwesten schlossen sich zum Rheinbund zusammen und schieden aus dem deutschen Reichsverbund aus. Damit hatte das Heilige Römische Reich Deutscher Nation aufgehört zu existieren. Kaiser Franz II. legte 1806 die Kaiserkrone nieder.

Gleichzeitig erwachte der Wunsch nach nationaler Einheit besonders in den Kreisen des Bürgertums, das sich in den Befreiungskriegen gegen Napoleon mit dem Adel verbündet hatte. Erfüllt wurden diese nationalen Hoffnungen jedoch nicht. Als im Jahre 1815 der Wiener Kongress auseinanderging, blieb es bei einem losen Staatenbund (Deutscher Bund), der unter preußischer und österreichischer Herrschaft stand. Nationale Bewegungen wurden besonders im Vielvölkerstaat Österreich energisch bekämpft (Ära Metternich); auch in den anderen deutschen Staaten befürchtete der herrschende Adel vor allem die Verknüpfung der nationalen mit den demokratischen Bewegungen. Erfolglos blieb deshalb auch das Zwischenspiel einer Nationalversammlung (1848), die die nationale Einheit auf demokratischer Grundlage herbeiführen wollte. Das Bürgertum, in seinen nationalen und demokratischen Hoffnungen enttäuscht, widmete sich den unpolitischen Bereichen der Bildung und der Wirtschaft. In Deutschland begann seit etwa 1850 die schon vorher in England und Frankreich eingeleitete „Industrielle Revolution". Der Deutsche Zollverein wurde 1834 gegründet, um die kleinstaatlichen Handelshemmnisse zu überwinden und einen einheitlichen Binnenmarkt zu schaffen. 1835 wurde die erste deutsche Eisenbahn in Betrieb genommen.

Besonders in Preußen setzte in den 50er Jahren eine mächtige Industrialisierungswelle ein. Das Bürgertum erstarkte und forderte auch nachdrücklicher als zuvor politische Rechte. Durch die Berufung *Bismarcks* zum preußischen Ministerpräsidenten wurden jedoch alle demokratischen Bestrebungen unterdrückt. Andererseits wurde Bismarck zum Schöpfer eines durch „Blut und Eisen" zusammengehaltenen kleindeutschen Nationalstaates unter Ausschluß Österreichs, allerdings herbeigeführt durch Kriege (1866 gegen Österreich, 1870 gegen Frankreich), „von oben" verordnet und ohne demokratische Umgestaltung. Am 18.1.1871 wurde im Schloßsaal zu Versailles König Wilhelm I. zum Kaiser ausgerufen, Bismarck fungierte seitdem als Reichskanzler. Zwar wurde ein Reichstag gewählt, doch Einfluß auf die Regierungsbildung wurde ihm verwehrt.

In Deutschland hatte sich „verspätet" ein Nationalstaat etabliert, der vor allem die Industrialisierung vorantrieb: Dem Bürgertum wurden unternehmerische Freiräume gewährt; der monarchisch verfaßte Staat ergriff vielfältige ökonomische Stützungsmaßnahmen, die sozialen Gegensätze wurden durch eine staatlich vorangetriebene Sozialpolitik gemildert. *Demokratische* Bewegungen galten Bismarck jedoch als „reichsfeindlich"; besonders erbittert bekämpfte er die organisierte Arbeiterbewegung. 1878 wurde das Sozialistengesetz verkündet, wodurch die SPD faktisch unter Ausnahmerecht gestellt wurde. Bismarcks außenpolitische Bemühungen waren jedoch davon geprägt, den europäischen Nachbarn die Angst vor einem aggressiven Deutschland in Mitteleuropa zu nehmen. Ein kompliziertes Bündnissystem wurde deshalb geschaffen, um Deutschland in ein europäisches Kräftegleichgewicht zu integrieren.

Die von Bismarck entwickelte „Realpolitik" wurde jedoch von seinen Nachfolgern nicht mehr beibehalten. Kaiser *Wilhelm II.* forderte für Deutschland einen „Platz an der Sonne" (Kolonien) und beanspruchte die Aufnahme Deutschlands in die Reihe der anderen imperialistischen Großmächte. Mehr durch pathetische vaterländische Reden und symbolträchtige Aktionen als durch wirkliche Taten verfestigte sich im Ausland immer mehr sein Ruf als kriegslüsterner Gewaltherrscher. Deutschland wurde mehr und mehr aus dem „Konzert" der Großmächte „ausgekreist" und isoliert. Die Folge war der Erste Weltkrieg, den Deutschland leichtfertig durch die kriegerische Unterstützung Österreichs gegen das separatistische Serbien auslöste. Die anderen europäischen Mächte unternahmen jedoch nichts, um den Ausbruch des Krieges zu verhindern. Nachdem es nicht gelungen war, Frankreich sofort niederzuwerfen, verwickelte sich Deutschland in einen Mehrfrontenkrieg gegen Frankreich, Rußland, England und ab 1917 gegen die USA. Die Entscheidungsgewalt verlagerte sich vom Kaiser auf die Oberste Heeresleitung (OHL) unter den Generälen Hindenburg und Ludendorff, die einem Verständigungsfrieden jahrelang feindlich gegenüberstanden. 1918 jedoch verlangte Ludendorff viel zu spät und ohne politische Vorbereitung einen sofortigen Waffenstillstand. Das bedeutete das Ende des von Bismarck gezimmerten Zweiten Deutschen Reiches. Deutschland verlor ein Viertel seines Reichsgebiets, Restdeutschland wurde eine Republik (Weimarer Republik: 1919–1933).

Die meisten Deutschen haben die Niederlage von 1918 nie akzeptiert. Der *Versailler Frieden* wurde als „Schanddiktat" zurückgewiesen. Der Alleinschuldparagraph wurde erbittert bekämpft, die Abtretungen im Osten wurden als ungerecht empfunden, die Reparationen wurden abgelehnt. Die demokratischen Politiker, die den Versailler Vertrag unterzeichnet hatten, mußten sich als „Verzichtpolitiker" beschimpfen lassen. In Schulen, Universitäten, Verwaltungen, Militär usw. wurde weitgehend ein „verletztes" Nationalbewußtsein mit aggressiven Revisionswünschen gepflegt. An diese Strömungen konnte der Nationalsozialismus Hitlers anknüpfen, allerdings übersteigert durch eine wahnhafte Rasse-Ideologie. Beides, der aggressive Nationalismus und Rassismus, führten in den Zweiten Weltkrieg und zur Vernichtung von Millionen Juden. Die Bilanz war fürchterlich und mit traditionellen Maßstäben bisheriger Geschichte nicht zu vergleichen. Sowohl der Verlust der deutschen Ostgebiete als auch die Teilung Deutschlands erschienen als zwangsläufige Folge des verbrecherischen Hitlerkrieges.

II Die demokratische Entwicklung

Die nationale Bewegung, die im Nationalsozialismus ihre fürchterlichste Übersteigerung erlebt hatte, war zu Beginn ihrer Entstehung während der Freiheitskriege gegen Napoleon noch mit der *demokratischen Bewegung* verbunden gewesen. In den Rheinbundstaaten entwickelten sich teilweise sogar konstitutionelle Verfassungsformen; insbesondere jedoch in Preußen wurden demokratische Reformen durchgeführt. Die Leibeigenschaft wurde abgeschafft, die städtische Selbstverwaltung eingeführt, die Gewerbefreiheit und die Gleichheit vor dem Gesetz verkündet. Auch in anderen Staaten wurden Verfassungen „von oben" gewährt; doch blieben die demokratischen Reformen meist auf halbem Wege stehen. Einen Höhepunkt der demokratischen Bestrebungen „von unten" bildete die Märzrevolution 1848, als es zur Bildung einer demokratischen Nationalversammlung in Frankfurt kam. Dieses demokratische „Zwischenspiel" scheiterte jedoch schon nach wenigen Monaten.

Die *Gründe* dafür sind vielfältig: Anders als in England oder Frankreich fehlte in Deutschland eine Metropole, von der aus eine bürgerliche Revolution hätte erfolgreich durchgeführt werden können. Das Bürgertum selbst war in viele Kleinstaaten zersplittert; die Entwicklung eines selbstbewußten Bürgertums hatte viel später als in Frankreich eingesetzt. Das Frankfurter Paulskirchenparlament war zwar von hohen Idealen erfüllt, jedoch gleichzeitig von einer merkwürdigen „Machtvergessenheit" geprägt. Die alten Gewalten wurden nicht radikal entmachtet, Guillotinen wurden nicht errichtet. Im Gegenteil, die Mehrheit des Parlaments plädierte für eine konstitutionelle Monarchie und für ein nur eingeschränktes Wahlrecht. Dem preußischen König wurde sogar die „demokratische" Kaiserkrone angetragen, die dieser verächtlich ablehnte. Viele Energien wurden auch gebunden durch die endlosen Diskussionen um die nationale Frage, in der es um die „kleindeutsche" oder „großdeutsche" Lösung (mit oder ohne Österreich) ging.

Die Ursachen für das *Scheitern* einer bürgerlichen Revolution in Deutschland liegen jedoch noch tiefer. So hatten die „aufgeklärten" Herrscher durch die Gewährung rechtlichen Schutzes und ökonomischer Freiheitsräume die Bildung eines revolutionären Bürgertums schwächen können. Der deutsche Bürger verband sich lieber mit den herrschenden Gewalten als sie zu bekämpfen. Auch die Reformation, die sich besonders im späteren preußischen Herrschaftsbereich durchgesetzt hatte, schwächte die Entstehung eines revolutionären Bürgertums. Die Reformation brachte zwar die Ausbildung eines „inneren" Freiheitsbewußtseins im religiösen Lebensbereich, in Kunst und Wissenschaften; das Übergreifen der „inneren" Freiheit auf den politischen Bereich wurde jedoch schon von Martin Luther energisch bekämpft, als er gegen die machtvollen Bauernerhebungen und für die Landesherren Partei ergriff. Dabei ist es im deutschen Protestantismus lange geblieben. Von den aufgeklärten Herrschern wurden Freiheiten vielleicht „von oben" gewährt, jedoch immer in unpolitische Bereiche umgelenkt. In großartigen literarischen, musikalischen, philosophischen und wissenschaftlichen Projektionen gestaltete sich dieses „innere" Freiheitsbewußtsein, in der politischen Wirklichkeit konnte es sich nicht konkretisieren.

All diese Faktoren verhinderten das machtvolle Aufblühen einer demokratischen Bürgerkultur. Besonders verhängnisvoll erwies sich jedoch die *zunehmende Abkoppelung* der nationalen von der demokratischen Bewegung. Schon die demokratischen Aufbrüche während des Wartburgfestes (1819) und des Hambacher Festes (1830) gaben der nationalen Programmatik ein eindeutiges Übergewicht. Die revolutionären Exzesse während der Französischen Revolution mögen diese demokratische „Zurückhaltung" ebenso bewirkt haben wie die Tatsache, daß das demokratische Modell durch den „Erbfeind" Frankreich repräsentiert wurde. Weite Teile des Bürgertums beschränkten ihr Freiheitsbewußtsein deshalb auf den kulturellen und ökonomischen Bereich, kompensierten das Fehlen politischer Demokratie jedoch durch die nationale Einheitsideologie. Deshalb wurde auch das nationale Einheitswerk Bismarcks von weiten Teilen des Bürgertums begrüßt, obwohl eine demokratische Umgestaltung von Staat und Gesellschaft damit nicht verbunden war. Auch die politische Arbeiterbewegung konnte sich dem Sog der nationalen Ideologie nicht ganz entziehen, zumal der preußische Staat die Arbeiterführer als „vaterlandslose Gesellen" schmähte. Die Arbeiterbewegung war in ihrer Mehrheit nicht zum revolutionären Klassenkampf bereit, sondern setzte sich für eine reformistische Politik der „kleinen Schritte" ein. Zu Beginn des Ersten Weltkriegs stimmte die Mehrheitssozialdemokratie sogar den Kriegskrediten zu, um nationale Gesinnung zu beweisen.

Als es nach dem Ersten Weltkrieg zur Konstituierung der *Weimarer Republik* kam, waren die demokratischen Parteien von vornherein diskreditiert. Eine „Republik ohne Republikaner", eine „Demokratie ohne Demokraten" hat man die Weimarer Republik genannt. Und das nicht ohne Grund, denn die Demokratie war nicht „von unten" erkämpft worden. Die Parteien wurden zur Herrschaft „befohlen", Demokratie erschien als Import aus den verhaßten Siegerländern, die nationale Niederlage galt als Werk der aufrührerischen Vaterlandsverräter (Dolchstoßlegende). Zwar existieren auf der politischen Ebene demokratische Gestaltungsprinzipien (Wahlen, Parlament, Pressefreiheit usw.), doch die gesellschaftlichen Machtbastionen (Schule, Universität, Wirtschaft, Kirche, Justiz, Reichswehr, Verwaltung) blieben autoritären, undemokratischen Traditionen verhaftet. In der Wahl Hindenburgs zum Reichspräsidenten (1925) sahen viele den Durchbruch eines „Ersatzkaisertums", das sich zunehmend mit Notverordnungen ohne parlamentarische Mehrheiten durchsetzte. Ab 1930 hatte sich das Parlament gleichsam selbst aus dem politischen Entscheidungskampf verabschiedet, war es doch unfähig, demokratische Mehrheitsentscheidungen zu treffen und das angesichts der Weltwirtschaftskrise (1929ff.). Kein Wunder, daß sich die politische Willensbildung vom Parlament auf die Straße verlagerte, wo extreme Parteien der Nazis und Kommunisten die Weimarer Republik gleichermaßen bekämpften.

Besonders verhängnisvoll wirkte sich auch die *Spaltung* der Arbeiterbewegung auf die demokratische Festigung der Weimarer Republik aus. Schon unmittelbar nach Kriegsende hatte sich die Mehrheits-SPD mit konservativen Kräften verbunden (Pakt mit dem Gestern), um eine „soziale" Revolution nach dem Vorbild der russischen Oktoberrevolution zu verhindern. Sozialistische Revolten in Berlin (Spartakus-Aufstand) und rätedemokratische Bewegungen (z.B. in München) wurden erbarmungslos niedergeschlagen. Seitdem stehen sich radikale Linke und SPD unversöhnlich gegenüber.

Auch die gesellschaftliche Entwicklung des *Bürgertums* war der Bildung eines demokratischen Bewußtseins abträglich. Das Jahr 1923 brachte nicht nur Umsturzversuche von rechts (Hitler-Putsch) und links und die Rheinlandbesetzung durch die Franzosen, sondern vor allem die Inflation, durch die das deutsche Kleinbürgertum und auch der Mittelstand „enteignet" wurde. Die Weltwirtschaftskrise verursachte dann millionenfache Arbeitslosigkeit. Das Bürgertum wurde ergriffen von Deklassierungsängsten, so daß lauter denn je der Ruf nach einem „starken Mann" erscholl. All diese Bedingungen führten dazu, daß Hitler, umworben von konservativen Kräften, die Macht erringen und auch festigen konnte. Die Arbeitslosigkeit bekämpfte Hitler durch eine forcierte Aufrüstung, die politische Opposition wurde von ihm durch terroristische Maßnahmen zerschlagen.

Der 8. Mai 1945, der Tag der deutschen Kapitulation, ließ jedoch keinen Zweifel an Schuld und Verantwortung für die unfaßbaren Leiden zu, die im Namen Deutschlands über die Welt gebracht wurden. Anders als nach dem Ersten Weltkrieg gab es keine Verschleierung der Verantwortlichkeiten; die Hauptschuldigen wurden, soweit man ihrer habhaft wurde, vor Gericht gestellt (Nürnberger Prozesse); den nationalen Großmachtphantasien wurde ernüchtert entsagt; die Schreckensherrschaft Hitlers ließ den Wunsch nach einem gesellschaftlichen Neubeginn erstarken. In der Bundesrepublik wurde der demokratische Weg, in der DDR der „sozialistische" Weg vollzogen. Der Verlust der deutschen Ostgebiete wurde ebenso wie die deutsche Teilung als Resultat des von Deutschen verschuldeten Krieges hingenommen. Seitdem konkurrieren zwei deutsche Staaten im Aufbau zweier unterschiedlicher Gesellschaftsordnungen. Eine Wiedervereinigung im nationalstaatlichen Sinne wird nur noch von politischen Randgruppen propagiert. Daß der Friedens- und Versöhnungswille nationalstaatlichen Wiedervereinigungshoffnungen überzuordnen ist, wurde in der bedeutenden Rede unterstrichen, die der Bundespräsident Richard von Weizsäcker am 8. Mai 1985 gehalten hat (vgl. Text 19).

Daß Geschichte nicht vergehen kann, beweist die „Historikerdebatte", die seit 1986 mit großer Intensität geführt wird. Sie wurde losgetreten durch einen ZEIT-Artikel von Jürgen Habermas gegen ausnahmslos konservative Historiker, denen er in teilweise polemisch zugespitzter Form „relativierende" Tendenzen bei der Behandlung des Nationalsozialismus vorwarf, insbesondere gegen E. Nolte, der – mit teilweise dubiosen Begründungen – einen „kausalen Nexus" zwischen den stalinistischen und nationalsozialistischen Vernichtungslagern für „wahrscheinlich" hält, gegen J. Fest, der die „Singularität" der nationalsozialistischen Vernichtungslager in Frage stellt, gegen A. Hillgruber, der den antikommunistischen Abwehrkampf des deutschen Ostheeres aus der identifizierenden Perspektive der Frontkämpfer beschreibt – unter Abkoppelung der Vernichtung des europäischen Judentums. Habermas schlug auch deshalb Alarm, weil er diese „relativierenden" Tendenzen im Zusammenhang mit der Wiederherstellung einer „positiven Identität" (M. Stürmer) der Deutschen sieht, in welcher er das Aufdämmern eines bedenklichen Nationalismus erkennen will.

Testfragen zu Teil 1
1. *Zeichnen Sie die Hauptanliegen der nationalen Bewegung in Deutschland nach!*
2. *Charakterisieren Sie die Begriffe: Deutschland, Heiliges Römisches Reich Deutscher Nation, Deutsches Reich!*
3. *Welche Ursachen waren maßgeblich für die Schwäche der Demokratie in der deutschen Geschichte?*

Zweiter Teil

Das politische System der Bundesrepublik Deutschland

I Grundlinien der Innen- und Außenpolitik

1. Die Entstehung der Bundesrepublik (1945–1950)
Mit der bedingungslosen Kapitulation im Mai 1945 hatte das Deutsche Reich als selbständiges Völkerrechtssubjekt aufgehört zu existieren. Deutschland wurde in vier *Zonen* aufgeteilt und dem Alliierten Kontrollrat unterstellt. Berlin, mitten in der Sowjetischen Besatzungszone (SBZ) gelegen, wurde in vier Sektoren geteilt und von den vier Besatzungsmächten gemeinsam verwaltet.

Eine folgenschwere Bedeutung kam der *Potsdamer Konferenz* (Juni 1945) zu, auf der wesentliche Grundzüge des zukünftigen Deutschland festgelegt wurden. Mit der Fixierung der Oder-Neiße-Linie als Westgrenze Polens und der Abtretung Ostpreußens an die Sowjetunion und Polen ging faktisch ein Viertel des ehemaligen deutschen Reichsgebietes verloren, obgleich die endgültige Festlegung der Westgrenze Polens einem zukünftigen Friedensvertrag in der Verantwortung der vier Siegermächte vorbehalten wurde. Schicksalhaft für Millionen Menschen war die Übereinkunft, die deutsche Bevölkerung aus Polen, der CSSR und Ungarn nach Deutschland zu überführen. Damit wur-

Abb. 1:
Das Deutsche
Reich 1938/1942

19

Abb. 2:
Deutschland 1945

den Flucht und Vertreibung sanktioniert, wovon etwa 11 Millionen Menschen betroffen waren. Eine zentrale deutsche Regierung sollte „bis auf weiteres" nicht errichtet werden; Verwaltung und Wirtschaft sollten dezentralisiert und das politische Leben auf demokratischer Grundlage umgebildet werden. Eine wichtige Rolle spielte die Reparationsfrage. Mit den in allen Besatzungszonen einsetzenden Demontagen riesiger Vermögenswerte sollte vor allem die Sowjetunion entschädigt werden, die durch den verbrecherischen Hitlerkrieg am schwersten geschädigt worden war (etwa 40 Millionen Tote).

Doch sehr schnell zeigte sich, daß die *Interessengegensätze* im Alliierten Kontrollrat kaum auszugleichen waren. Frankreich plädierte für die westrheinische Abtretung von „Faustpfändern", den Anschluß des Saargebiets an Frankreich, die Internationalisierung des Ruhrgebiets und die Dezentralisierung Restdeutschlands. Nachdrücklich wurde die Bildung „gesamtdeutscher" Gewerkschaften und die Organisation überregional operierender Parteien verhindert. Im Unterschied dazu vertrat die Sowjetunion die Erhaltung eines reduzierten Gesamtdeutschland, ließ als erste Besatzungsmacht politische Parteien zu und wandte sich gegen die „Zerstückelung" Deutschlands, um ein Abgleiten der westlichen Zonen in die britisch-amerikanische Einflußsphäre abzuwehren. Auf amerikanischer Seite war die Deutschlandpolitik beträchtlichen Schwankungen unterlegen, bis sich die Option für die Herausbildung eines „Weststaates" durchsetzte. Diese Konzeption entwickelte sich auf dem Hintergrund der sich abzeichnenden Ost-West-Konfrontation („Kalter Krieg"). Seit März 1946 setzte sich auch die britische Regierung für eine enge Zusammenarbeit mit den USA ein, um einem weiteren sowjetischen Vordringen in Europa entgegenzuwirken. Churchill sprach schon am 5. März 1946 in einer vielbeachteten Rede vom „Eisernen Vorhang", der Europa von Stettin an der Ostsee bis hinunter nach Triest an der Adria durchziehe.

Die Einbeziehung Deutschlands in den übergreifenden Ost-West-Konflikt wurde durch die unterschiedliche Entwicklung in den Westzonen und der SBZ unterstützt. In der SBZ wurde von der zurückgekehrten Exil-KPD unter dem Begriff der „kämpferischen Demokratie" die *Zwangsenteignung* aller landwirtschaftlichen Güter über 100 ha und die *Verstaatlichung* aller Schlüsselindustrien durchgeführt. Einen wichtigen Schritt bedeutete die *Zwangsvereinigung* der SPD und KPD zur *SED* im April 1946, die von der SPD in den Westzonen unter Kurt Schumacher auf schärfste abgelehnt wurde und die amerikanische Militärbehörde unter General Clay zur vorläufigen Aussetzung der Demontagelieferungen aus den Westzonen in die Sowjetunion veranlaßte. Die Zwangsvereinigung zur SED wurde vorangetrieben, nachdem die Kommunistischen Parteien in Ungarn und Österreich bei Wahlen vernichtende Niederlagen hinnehmen mußten. Die KPD traute sich nicht zu, im Konkurrenzkampf gegen die SPD zu bestehen. Andererseits hatten KPD-Kader schon die administrativen Schaltstellen besetzt und nachdrückliche Förderung durch die sowjetischen Militärbehörden erfahren. Der SPD-Führer Otto Grotewohl stimmte schließlich resignierend der Vereinigung mit der KPD zu, durch die der Einheitspartei ein demokratischer Charakter verliehen werden sollte.

Im Zeichen der amerikanischen Eindämmungspolitik (containment) und der Truman-Doktrin kristallisierte sich der Ost-West-Gegensatz immer stärker heraus, so daß die USA und Großbritannien ihre Zonen zur *Bizone* zusammenlegten. Damit wurde die „Magnettheorie" angewendet, nach der sich einem attraktiven Weststaat als „Kern" die übrigen deutschen Gebiete nach und nach anschließen würden. Die Sowjetunion beharrte auf ihrem Konzept eines um die Ostgebiete reduzierten gesamtdeutschen Zentralstaates.

Auf mehreren Außenministerkonferenzen brachen die Gegensätze in der Deutschlandfrage immer stärker hervor. Besonders in der Frage „freier" Wahlen gab es beträchtliche Meinungsunterschiede. Im östlichen Konzept sollten Wahlen erst nach der Konsolidierung der von Kommunisten durchsetzten Verwaltungsstruktur stattfinden; die westliche Seite sah jedoch freie Wahlen als Voraussetzung aller weiteren Maßnahmen an. Nach dem Scheitern der Konferenzen ging die US-Regierung zu einer politisch-ökonomischen Offensive großen Stils in Europa über, durch die die katastrophale Ernährungssituation, die Wohnungsnot und das Flüchtlingselend einer konstruktiven Lösung zugeführt werden sollten. Das als *Marshallplan* bezeichnete Entwicklungsprogramm sah eine Kapitalhilfe in Milliardenhöhe vor. Da die östliche Seite diese Investitionshilfe strikt ablehnte, bedeutete die Marshallplanhilfe die ökonomische Festigung eines Weststaates.

Auf der Londoner Konferenz (Februar–Juni 1948) akzeptierten die Engländer und Franzosen die Weststaatspläne der USA, was zur Sprengung des Alliierten Kontrollrates durch Stalin führte. Einige Tage später wurde in den Westzonen einschließlich Westberlins die *Währungsreform* durchgeführt, um das aufgeblähte Reichsmarkvolumen zu annullieren. Die Wirtschaft wurde schrittweise liberalisiert, das Bezugsscheinsystem abgeschafft und die „Soziale Marktwirtschaft" durch Ludwig Erhard, dem Vorsitzenden des Frankfurter Wirtschaftsrates, nachhaltig vorangetrieben. Stalin verfügte als Antwort auf diese auch Westberlin einbeziehende Weststaatspolitik die *Blockade* Westberlins mit der Absperrung der Zufahrtswege nach Berlin. Hier deutete sich die Auffassung der Sowjetunion an, Großberlin als Teil der SBZ anzusehen. Nur über die Einrichtung einer Luftbrücke konnte Westberlin versorgt werden. Die Berlin-Blockade vertiefte die Spaltung zwischen der westlichen und östlichen Besatzungszone und verschärfte die antikommunistische Einstellung der Bevölkerung.

In der SBZ wurden parallel zur Weststaatsentwicklung die Maßnahmen der *Sowjetisierung* vorgenommen. Nach der Zwangsvereinigung zur SED ging Ulbricht daran, die SED zur „Partei neuen Typus", d.h. zu einer leninistischen Kaderpartei umzubauen, die sich vollständig dem Führungsanspruch der KPD zu unterwerfen hatte. Das bedeutete eine eindeutige Abkehr von der bis dahin vertretenen Position, einen besonderen deutschen Weg zum Sozialismus einzuschlagen. Ehemalige Sozialdemokraten wurden aus der SED ausgeschlossen. Der „Freie Deutsche Gewerkschaftsbund" (FDGB) konnte sich nicht als selbständige Organisation der Arbeitnehmerinteressen gegenüber den staatlichen Unternehmen organisieren. Formell noch zugelassene Parteien neben der SED wurden in ihrer Bedeutung geradezu liquidiert, da ihnen bei „Wahlen" nach einem vorher festgelegten Verteilungsschlüssel auf einer Einheitsliste keine Einflußmöglichkeiten gegen die SED blieben. 1948 begann auch der Aufbau einer kasernierten Volkspolizei (Vopos), was im Westen als erster Schritt zu einer Remilitarisierung angesehen wurde.

In Westdeutschland war die sich durch die alliierte Politik abzeichnende *Weststaatlösung* nicht unumstritten. In der SBZ wurde die Ostorientierung Deutschlands von der SED nachhaltig propagiert. Grotewohl sprach sich gegen eine „Schaukelpolitik" Deutschlands zwischen Ost und West aus und plädierte für eine enge Anlehnung an die Sowjetunion. In den Westzonen fanden sich auch politische Kräfte (KPD u.a.), die diese Auffassung teilten, allerdings in der Minderzahl blieben. Weitaus wichtiger waren besonders in den Jahren 1945–1947 die Kräfte, die die Blockfreiheit, die Brückenfunktion und die Neutralisierung Deutschlands für den besten Weg hielten. Besonders bürgerliche Kräfte um den sowjetzonalen CDU-Politiker Jakob Kaiser und den Historiker Ullrich Noack (später noch Gustav Heinemann) vertraten im Interesse der Erhaltung der deutschen Einheit und des Weltfriedens die Neutralitätsthese. Durchgesetzt hat sich jedoch in harten Wahlkämpfen der ehemalige Zentrumsabgeordnete und Kölner Bürgermeister Konrad Adenauer, der die CDU für die Weststaatlösung gewinnen konnte. Adenauer ging von der Teilung Deutschlands und Europas als Resultat des Zweiten Weltkriegs aus. Wiedervereinigung war für Adenauer nur „in Freiheit" denkbar. Deshalb vertrat er vehement die Westintegration der Bundesrepublik in die westliche Staatenwelt. Die Wiedervereinigung sah Adenauer nur im Rahmen einer europäischen Friedenslösung als erreichbar an. Daß sich die Weststaatslösung durchsetzen konnte, war jedoch auch der Position Kurt Schumachers zu verdanken, der auf Grund der Zwangsvereinigungspolitik in der SBZ zu einem strikten Gegner einer Ost- oder Neutralitätslösung wurde. Er betonte jedoch stärker als Adenauer die Selbständigkeit eines westdeutschen Staates. Die Weststaatslösung fand jedoch auch in der Bevölkerung Resonanz, wofür die Stalinisierung der CSSR (Juni 1948) ebenso verantwortlich war wie das Greifen der Marshallplanhilfe. Auf Länderebene rangen sich die inzwischen ernannten Ministerpräsidenten zur Weststaatlösung durch, wobei sich besonders der Berliner Oberbürgermeister Ernst Reuter mit dem Argument durchsetzte, daß nur über die Westbindung Deutschland seine Souveränität schrittweise wiedererlangen könnte.

Während der Berlin-Blockade wurden Pläne gefaßt, einen verfassungsgebenden *Parlamentarischen Rat* einzusetzen, der auf Initiative der Westalliierten im September 1948 seine Arbeit unter Konrad Adenauer (CDU) und Carlo Schmidt (SPD) aufnahm. Gleichzeitig wurden die Demontagen in der US-Zone und die von der Labourregierung unterstützten Sozialisierungspläne bis zur Verabschiedung einer Verfassung ausgesetzt. Mehrmals griffen die Militärgouverneure in die Verhandlungen des Parlamentarischen Rats ein, um die föderativen Ländergewalten gegenüber den Kompetenzen des Zentralstaates zu stärken. Die Weststaatskonzeption der Westalliierten wurde allerdings relativiert durch den provisorischen Charakters des Grundgesetzes, das nur für eine Übergangszeit bis zur „Wiedervereinigung" Deutschlands Gültigkeit beanspruchen kann. Viel Energie wurde bei der Abfassung des Grundgesetzes darauf verwendet, die Erfahrungen der Weimarer Republik zu verarbeiten, was besonders in der Betonung des repräsentativen Charakters des Parlaments und in der Abwehr plebiszitärer Elemente zum Ausdruck kam.

Am 23.5.1949 trat das Grundgesetz in Kraft, womit die Gründung der Bundesrepublik vollzogen war. Parallel zur Bundesrepublik konstituierte sich die DDR (7.10.1949). Die Regierungen der Bundesrepublik haben jedoch die demokratische Legitimation der Volkskammer der DDR und ihrer Regierung immer wieder bestritten, waren sie doch aus „Scheinwahlen" hervorgegangen.

Gleich nach Konstituierung der Bundesrepublik begann ein erbitterter *Wahlkampf*, in dem mit knapper Mehrheit die CDU/CSU (31%) gegen die SPD (29,2%) siegreich blieb. Im Mittelpunkt dieses ersten Wahlkampfes standen Fragen der Wirtschafts- und Gesellschaftspolitik. Das geschah auf dem Hintergrund von 11 Millionen Flüchtlingen, von Massenarbeitslosigkeit und einer katastrophalen Wohnungsnot. Die CDU/CSU trat für die „Soziale Marktwirtschaft" ein, die auf der Basis von Wettbewerbswirtschaft und Sozialbindung des Privateigentums einen dritten Weg zwischen sozialistischen Planwirtschaften und ungehemmt kapitalistischen Wirtschaftsformen anstrebte. Die SPD forderte dagegen die Sozialisierung der Schlüsselindustrien und betonte die staatliche Planungskompetenz. Außenpolitisch war die Handlungsfreiheit einer deutschen Regierung durch das alliierte Besatzungsstatut vom 21.9.1949 weiterhin gebunden. Auch in der Deutschlandpolitik traten die Auffassungen der CDU/CSU und der SPD stark auseinander. Zwar stimmten Adenauer und Schumacher in der Weststaatslösung überein, Adenauer vertrat jedoch eine starke Integrationspolitik, um von dieser Basis aus die Wiedervereinigung in Freiheit zu erreichen, während Schumacher in dieser forcierten Westbindung ein entscheidendes Hindernis auf dem Wege zu einer künftigen Wiedervereinigung sah. Damit hatte sich in der Parteienlandschaft eine wichtige Profilverschiebung ergeben. Die konservative Mehrheitspartei gab sich europäischer als die SPD, die die nationale Komponente stärker akzentuierte. Der knappe Wahlsieg der CDU/CSU und damit die Option für eine verstärkte Westintegration der Bundesrepublik erklärt sich aus vielfältigen Ursachen: Die Bevölkerung der Bundesrepublik fühlte sich aus kulturellen, gesellschaftlichen und ideologischen Gründen eher dem Westen zugehörig; die amerikanische Wirtschaftshilfe verstärkte die Bindung an den Westen; die Politik der Zwangsvereinigung, Zwangsenteignung und der Scheinwahlen in der DDR, die Berlin-Blockade und die anhaltende sowjetische Demontagepolitik wirkten neben der Zwangsstalinisierung der CSSR außerordentlich abstoßend auf die westdeutsche Bevölkerung.

TEXTE: Annahme oder Hinnahme des Grundgesetzes

Text 1

Ein politikgeschichtlicher Ansatz
Das Grundgesetz ist nicht aus sozialen Auseinandersetzungen – etwa als Produkt eines revolutionären Befreiungsaktes – hervorgegangen. Das Grundgesetz ist nicht erkämpft oder ertrotzt worden. Es war nicht die Manifestation politisch-sozialer Kräfte, die den Faschismus im eigenen Lande von innen besiegt hätten. Das Grundgesetz ist – der deutschen Verfassungstradition nicht fremd – dekretiert worden. Es wurde – ebenfalls der Tradition gemäß – hingenommen.

(*J. Seifert: Grundgesetz und Restauration.* Darmstadt/Neuwied 1975, 2. Auflage, S. 14f)

Text 2

Ein sozialpsychologischer Ansatz
Ich gehe davon aus, daß es für den Bürger in unserer Zeit legitim und erlaubt ist, sein Verhältnis zum Gemeinwesen vorwiegend auch daran zu orientieren, was es für ihn tatsächlich leistet. Die Ordnung des Gemeinwesens ist demgegenüber für den Bürger zunächst weniger interessant, auch wenn sie seit 1945 in der Bundesrepublik prinzipieller diskutiert worden ist als die Summe der öffentlichen Aufgaben und der Motive, aus denen heraus diese gestellt und erfüllt werden. Das läßt sich vermutlich damit erklären, daß für die Deutschen eine weitreichende Staatstätigkeit seit langem selbstverständlich ist, während die der Demokratie zugeordneten politischen Verfahrensweisen eben noch nicht selbstverständlich sind, die Form des Staates und die Tätigkeit der in ihm willensbildenden Kräfte also vielfach der traditionellen Autorität entbehren. Ohne Frage war es für diese Autorität nicht förderlich, daß die rechtsstaatliche Demokratie in Deutschland zweimal nach einem verlorenen Krieg verwirklicht wurde und beidemal die Bevölkerung weniger an der staatlichen Neuordnung und mehr an den sie unmittelbar bedrängenden Aufgaben interessiert war. Dennoch waren die Verhältnisse nach 1945 wenigstens im Gebiet der späteren Bundesrepublik günstiger als 1918. Die Weimarer Republik mußte kurz nach ihrem Entstehen mit einer vorher unvorstellbaren Wirtschaftskrise fertig werden und ging während einer zweiten zugrunde. Die Bundesrepublik selbst ist erst entstanden, als der wirtschaftliche Aufschwung schon eingesetzt hatte, und sie erhielt ihr Gepräge zunächst in der Zeit des sogenannten Wirtschaftswunders. Davon haben im allgemeinen auch die Länder profitiert, die anfänglich viel mehr als Schöpfungen der Besatzungsmächte verstanden werden konnten. Wesentlich war nach 1945 aber vor allem die tiefgreifende Ernüchterung, die dem ideologischen Exzeß des Nationalsozialismus folgen mußte. Sie bewirkte, daß man den neuen Formen zwar skeptisch, aber doch nicht eigentlich negativ gegenüberstand. Die ursprüngliche Chance der Demokratie innerhalb des Gebietes der Bundesrepublik bestand deshalb darin, daß sie von der Bevölkerung hingenommen, wenn auch nicht angenommen wurde. Man richtete sich im Gehäuse der Demokratie ein. Man nahm auch die Freiheit zunächst einmal an und gewöhnte sich an sie, ohne sie in ihrem Kern, der Dialektik mit der Verantwortung, zu

24

verwirklichen, soweit es um anderes als den Wiederaufbau der persönlichen Existenz ging. Gegenüber den Verhältnissen nach 1918 ist dies ein erheblicher Fortschritt.

(*Th. Ellwein: Das Regierungssystem der Bundesrepublik Deutschland.* Köln/Opladen 1965, 2. Auflage, S. 461f)

Text 3

Ein zeitgeschichtlicher Ansatz
Das Grundgesetz wurde auch im nachhinein nicht vom Volk ratifiziert, sondern nach dem Plazet der Militärgouverneure durch die Landtage. Die Länder, außer Bayern, stimmten mehrheitlich für die Annahme. Die Opposition gegen den Verfassungskompromiß war im Vergleich zur Weimarer Republik klein: Kommunisten, Zentrum und die Südschleswiger Wählervereinigung stimmten dagegen. Die Haltung der beiden letzten Gruppen war jedoch nicht mit der Fundamentalopposition der Konservativen gegen die Weimarer Verfassung zu vergleichen.

Partizipation und Interesse der Bevölkerung an einem so wenig plebiszitär legitimierten Verfassungsprozeß waren gering. Laut Umfragen jener Zeit wurde zwar von 51% die Bildung der Bundesrepublik gutgeheißen und nur von 23% abgelehnt, aber 33% erklärten nur wenig und 40% überhaupt nicht an der Verfassungsarbeit interessiert zu sein ...

Ein Teil der Gegnerschaft war jedoch nicht grundsätzlich von anderen Verfassungskonzeptionen geleitet, sondern richtete sich gegen den Föderalismus des Systems, der nicht weitgehend genug erschien. In einigen Ländern hatte sich sogar die Mehrheit der CDU (vor allem in Südwürttemberg-Hohenzollern) nicht zu einem „Ja" durchringen können. Gleichwohl haben die deutschen Staatsrechtslehrer – wie bei den von den Landesherren oktroyierten Verfassungen des 19. Jahrhunderts – auf einen Konsens der Mehrheit der Bevölkerung durch „konkludente Handlung" geschlossen. Die Wahlbeteiligung betrug 1949 78,5%. Von den dezidierten Neinsager-Parteien erhielten die Kommunisten 5,7% und die regionalen Gruppen nur zwischen 3–4% der Stimmen.

Ein großer Teil der Bevölkerung blieb aber skeptisch gegenüber dem deutschen Föderalismus, was sich erst im Laufe der Jahre wandelte...

Eine umfangreiche Literatur vertrat in der linken Welle anfangs der siebziger Jahre die Ansicht, daß durch Massenmobilisierung Mehrheiten für eine weit sozialistischer orientierte Politik in den Westzonen hätten gefunden werden können. Vergleicht man jedoch die Umfragedaten jener Zeit, so sind an dieser These Zweifel erlaubt.

Die Billigung der Westorientierung und des Marshallplans sowie die Kritik an sowjetischen Vorschlägen zur deutschen Frage hatten komfortable Mehrheiten in der Bevölkerung. Die Prioritäten wurden eindeutig zugunsten der Wiederaufbauarbeit gesetzt. Drei Viertel der Bevölkerung der amerikanischen Zone erklärten sich zu täglich einer Stunde unbezahlter Mehrarbeit für den Wiederaufbau bereit, aber 71% waren nicht gewillt, ein politisches Amt in ihrer Gemeinde zu übernehmen, und fast zwei Drittel der Befragten hatten Zweifel an der Gemeinwohlorientierung der Parteien. Allenfalls in der Frage der repräsentativen Demokratie gab es Dissens zu den Eliten. Die Mehrheit war weit stärker plebiszitär orientiert als die Väter des Grundgesetzes: 65% hätten 1949 einen direkten Einfluß der Bevölkerung auf die Gesetzgebung bejaht...

(*K.v. Beyme: Das politische System der Bundesrepublik Deutschland.* München 1979, 2. Auflage, S. 19ff)

2. Die „Ära Adenauer"

a) Am 15. September 1949 wurde Konrad Adenauer mit der denkbar knappsten Mehrheit von einer Stimme zum Bundeskanzler gewählt. Entgegen einer breiten Strömung in den Parteien der CDU/CSU und der SPD und der alliierten Westmächte kam es trotz der knappen Mehrheitsverhältnisse im Bundestag nicht zu einer Großen Koalition, sondern zu einer *Koalition* von CDU/CSU, FDP und DP.

b) Adenauer ging sofort daran, die Politik der *Westintegration* voranzutreiben. Die Aussöhnung mit Frankreich und die enge Anlehnung an die USA bestimmten die Schwerpunkte der Außenpolitik. Schon im Oktober wurde die Bundesrepublik Mitglied im Europäischen Wirtschaftsrat (OEEC), dem es um ein europäisches Wiederaufbauprogramm ging. Um den Ausgleich mit Frankreich herbeizuführen, befürwortete Adenauer das „Ruhrstatut", das die internationale Kontrolle des Ruhrgebietes vorsah. Während Adenauer durch den Beitritt der Bundesrepublik zur Internationalen Ruhrbehörde die Eingliederung der Bundesrepublik in das westliche Staatensystem beschleunigen wollte, sah die SPD in dieser Politik eine Anerkennung verdeckter französischer Annexionsziele. Begründet wurde diese Befürchtung mit dem Hinweis auf den französischen Wunsch, das Saargebiet zu annektieren. Schon im März 1950 schlug Adenauer die Bildung einer deutsch-französischen Union vor, die dann im von französischer Seite vorgelegten Schumann-Plan ansatzweise konkretisiert wurde. Die europäische Kohle- und Stahlproduktion sollte supranational organisiert werden. Am 25.7.1952 trat der Vertrag über die Montanunion in Kraft, nach dem sechs europäische Staaten (Belgien, Frankreich, Italien, Luxemburg, die Niederlande und die Bundesrepublik) ihre nationalen Hoheitsrechte an die übernationale Montanbehörde abtraten. Im Jahr 1957 wurde die Europäische Atomgemeinschaft (EURATOM) gegründet, die Regelungen für die friedliche Nutzung der Atomenergie traf. Montanunion und EURATOM wurden als wichtige Schritte zu einer europäischen Integration angesehen, die damit die Basis für die Europäische Wirtschaftsgemeinschaft (EWG) abgaben. Mit den Römischen Verträgen von 1958 trat die EWG in Kraft. Seitdem sind die Mitgliedstaaten in einer Freihandelszone unter Abbau hemmender Zollschranken und unter Gewährung der Freizügigkeit der Arbeitnehmer verbunden. Für den wirtschaftlichen Aufstieg der Bundesrepublik („Wirtschaftswunder") waren diese ökonomischen Integrationsschritte neben der Marshallplanhilfe von unschätzbarer Bedeutung.

c) Der wirtschaftlichen Integration sollte die politische schrittweise nachfolgen. Ein erster Schritt war die schon 1949 erfolgte Einrichtung des *Europarates*, dem zehn Länder angehörten. Die Bundesrepublik trat dem Europarat als gleichberechtigtes Mitglied bei. Die politische Integration kommt jedoch weitaus langsamer voran als die ökonomische. Der Verzicht auf nationale Prärogative fällt einzelnen Staaten auf der politischen Ebene besonders schwer. Erst 1979, über zwanzig Jahre nach den Römischen Verträgen, konnte die EWG zur Europäischen Gemeinschaft (EG) umgeschmiedet werden, deren hervorstechendes Merkmal die Direktwahl des *Europaparlaments* in Straßburg durch die Bevölkerung der einzelnen Mitgliedsstaaten ist. Allerdings leidet das Europaparlament an seiner mangelnden exekutiven Kompetenz, da im

Abb. 3: Vom alliierten Besatzungsstatut zur Souveränität der Bundesrepublik

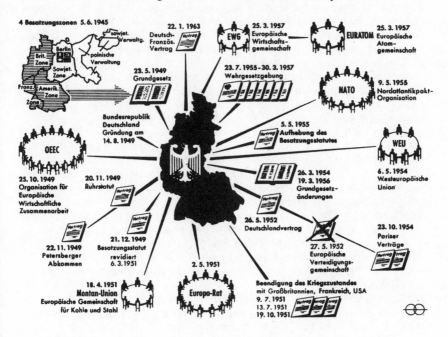

Ministerrat die nationalen Regierungen durch ihr Veto europäische Gesetzesinitiativen jeweils blockieren können.

d) Einen Höhepunkt der Westpolitik Adenauers stellte die *Aussöhnung* mit *Frankreich* dar. Frankreich hatte sich nach dem Krieg am nachdrücklichsten und längsten gegen die Schaffung eines deutschen Zentralstaates ausgesprochen und den ökonomischen Aufstieg der Bundesrepublik sehr kritisch verfolgt. Durch die Integrationserfolge und wegen der außenpolitischen Konzeption De Gaulles, die eine stärkere Distanz Europas zu den USA vorsah, gestaltete sich das Verhältnis zwischen Frankreich und der Bundesrepublik immer positiver. Dem Saargebiet wurde 1955 durch die Legitimation einer Volksabstimmung der Anschluß an die Bundesrepublik ermöglicht. Mit dem Besuch De Gaulles in der Bundesrepublik (1962) und dem Abschluß des Vertrags über die deutsch-französische Zusammenarbeit konnte das Ende einer jahrhundertealten „Erbfeindschaft" gefeiert werden.

e) Neben der ökonomischen und politischen Integration gewann die *militärische* Einbindung der Bundesrepublik in ein westliches Verteidigungssystem schon sehr früh an Aktualität. Obwohl sich alle Parteien in ihrer Abneigung gegen eine Wiederbewaffnung Deutschlands einig waren, verschoben sich durch den Druck der politischen Ereignisse die Positionen. Als im Juni 1950 nordkoreanische Truppen die Grenze nach Südkorea überschritten, sah Churchill Parallelen zur Situation im zweigeteilten Deutschland. Er plädierte des-

27

halb für die Aufstellung einer europäischen Armee, an der auch westdeutsche Truppen beteiligt werden sollten. Als in der DDR eine kasernierte Volkspolizei aufgestellt wurde, erkannte man in dieser Militarisierung eine direkte Bedrohung. Adenauer griff deshalb die Vorschläge Churchills sofort auf und entwickelte mit dem französischen Außenminister Pleven den Plan einer Europäischen Verteidigungsgemeinschaft (EVG), der allerdings an der Ablehnung durch die französische Nationalversammlung scheiterte. Adenauer erreichte schließlich in den Pariser Verträgen 1955 die Aufnahme der Bundesrepublik in das Nordatlantische Sicherheitssystem (NATO), das unter amerikanischer Führung 1949 gegründet worden war. Die Bundesrepublik verzichtete auf atomare, bakterielle und chemische Waffen (ABC-Waffen) und verpflichtete sich auf den rein defensiven Charakter der NATO. In Zusatzvereinbarungen wurden die Stationierung alliierter Truppenkontingente und finanzielle Ausgleichszahlungen von deutscher Seite vereinbart. Die Pariser Verträge stellten neben den Deutschlandverträgen von 1952 einen wichtigen Schritt zur Wiedergewinnung der Souveränität des westdeutschen Teilstaates dar. Die westlichen Alliierten übergaben der Bundesrepublik die innen- und außenpolitischen Rechte, beanspruchten jedoch weiterhin die Viermächteverantwortung für Deutschland als Ganzes, für Berlin und für den Abschluß eines Friedensvertrags. Außerdem reservierten sich die Westalliierten die Verfügungsrechte im Falle eines inneren und äußeren Notstands, die bis 1968 bestanden.

f) Die *Wiederbewaffnung* war in der Öffentlichkeit stark umstritten und bildete den Schwerpunkt der Wahlauseinandersetzung im Jahre 1953, aus denen die CDU/CSU und FDP siegreich hervorgingen. Die SPD sah in der militärischen Westintegration die Zementierung der deutschen Spaltung; Adenauer hielt die umfassende Integration für die Bedingung einer künftigen Wiedervereinigung auf europäischer Ebene. Ein weiteres Motiv für die Wiederbewaffnung sah Adenauer in der Wiedergewinnung staatlicher Souveränität. Große Teile der Bevölkerung reagierten indessen aus moralischen Gründen gegen die Wiederbewaffnung.

g) Die westliche Integrationspolitik Adenauers hatte sich auf der ganzen Linie durchgesetzt. Daran konnten auch die von der Sowjetunion überreichten Wiedervereinigungsofferten nichts ändern, die 1952 in der *„Stalin-Note"* ihren Höhepunkt fanden. Stalin machte dieses weitreichende Wiedervereinigungsangebot auf der Basis der Neutralisierung Gesamtdeutschlands, um das endgültige Abgleiten der Bundesrepublik in die amerikanische Militärhoheit über Europa abzuwehren. Adenauer vermutete in der Stalin-Offerte nichts anderes als ein Störmanöver seiner Integrationspolitik. Er sah im Falle einer Neutralisierung Deutschlands die Entstehung eines machtpolitischen Vakuums in Mitteleuropa voraus, das östlichen Pressionen kaum standhalten könnte. Er verzichtete deshalb auf eine eingehende Prüfung dieser Vorschläge, was erbitterte politische Auseinandersetzungen in seiner eigenen Partei und mit der SPD hervorrief. Als politischen Erfolg konnte Adenauer die Aufnahme diplomatischer Beziehungen mit der Sowjetunion werten, die auch zur Rückkehr deutscher Kriegsgefangener führte (1955).

h) In der *Deutschlandpolitik* ging Adenauer davon aus, daß die Bundesrepublik die alleinige Rechtsnachfolgerin des Deutschen Reiches sei. Demnach hatten die alliierten Siegermächte das Deutsche Reich nicht annektiert, sondern nur vorübergehend besetzt. Die mangelnde demokratische Legitimation des Systems in der DDR wurde immer wieder hervorgehoben und das Selbstbestimmungsrecht aller Deutschen gefordert. Daraus wurde der Alleinvertretungsanspruch der Bundesrepublik abgeleitet, der die Nichtanerkennung der DDR als souveränen Staat nach sich zog. In der „Hallstein-Doktrin" wurde deshalb der Abbruch der diplomatischen Beziehungen mit Ländern vereinbart, die die DDR diplomatisch anerkennen sollten. Diese These konnte bis etwa 1966 aufrechterhalten werden. Doch zeigte sich mit der Zeit, daß durch die starre Anwendung dieser Doktrin die außenpolitischen Spielräume der Bundesrepublik eingeengt wurden. Auch innenpolitisch wurde ein strikter Abgrenzungskurs praktiziert. 1952 stellte die Bundesrepublik beim Bundesverfassungsgericht einen Verbotsantrag gegen die KPD, die 1949 über 5% der Wählerstimmen erhalten hatte. 1956 wurde die KPD als verfassungswidrige Partei verboten, obwohl die Parteiführung das Grundgesetz anerkannte und bei ihrem Verbot die Wiedervereinigungsmöglichkeiten behindert sah.

i) Schwierige Probleme gab es mit dem *Status von Berlin.* Einig waren sich die Bundesrepublik und die Westalliierten in der Viermächteverantwortung für Berlin. Der Versuch, Westberlin als Land der Bundesrepublik zu definieren, wurde jedoch von den Westalliierten abgewiesen. Damit wurde ein Sonderstatus für Westberlin festgeschrieben; die 22 Berliner Bundestagsabgeordneten werden nicht direkt von der Berliner Bevölkerung gewählt, sondern vom Abgeordnetenhaus ernannt und haben im Bundestag beratende Funktion; die Bundeswehr hat kein Präsenzrecht in Westberlin. Dennoch wurde die politische, rechtliche und kulturelle Einheit mit der Bundesrepublik im Westen allgemein akzeptiert, was auch in der demonstrativen Bundespräsenz bei der Wahl des Bundespräsidenten 1954 und 1969, der Tagung von Bundestagsausschüssen und in den Hilfsmaßnahmen des Bundes für Westberlin (Berlinförderung) zum Ausdruck kam. Im Unterschied zur westlichen Position vertritt die östliche Seite die Auffassung, daß Berlin ein Sondergebiet auf dem Boden der DDR darstelle und sich zu einer selbständigen politischen Einheit entwickelt habe. Entgegen den Potsdamer Beschlüssen wird Ostberlin als Hauptstadt der DDR angesehen. 1958 forderte Chruschtschow ultimativ die Umwandlung Westberlins in eine „entmilitarisierte Freie Stadt", womit das alliierte Präsenzrecht und die Bindungen an die Bundesrepublik in Frage gestellt wurden. Die Auseinandersetzung um Westberlin verschärfte sich, als die Flüchtlingsbewegung aus der DDR anschwoll und die Lebensfähigkeit der DDR bedrohte. Etwa 15,2% der Gesamtbevölkerung der DDR hatten zwischen 1945 und 1961 die DDR verlassen. Das waren etwa 3 Millionen Menschen, unter ihnen vor allem qualifizierte Arbeitskräfte. Die Sowjetunion antwortete auf diese „Abstimmung mit den Füßen" mit dem Bau der Berliner Mauer (August 1961). Das bedeutete eine ungeheure Belastung des Ost-West-Verhältnisses. Die amerikanische Seite reagierte jedoch außerordentlich passiv: dennoch wurden die Besuche von Johnson und Kennedy („Ich bin ein Berliner!") stürmisch gefeiert. An der Berlinkrise zeigte sich, daß die Großmächte eine Status-quo-Politik praktizierten, bei der die Einflußbereiche deutlich und mitten durch Deutschland hindurch abgesteckt wurden. Damit hatte sich jedoch auch das Wiedervereinigungskonzept Adenauers als unrealisierbar erwiesen.

j) Mit den Pariser Verträgen von 1955 schien die Westintegration der Bundesrepublik auf ökonomischem, politischem und militärischem Gebiet ein festes Fundament gewonnen zu haben. Es zeigte sich nun seit der Neutralisierung Österreichs im Jahre 1955 eine *neue Tendenz* im Ost-West-Konflikt. Auf Grund des Gleichstandes der nuklearen Systeme in Ost und West ging es um die Erhaltung des Status quo in den Einflußbereichen, die sich seit dem Zweiten Weltkrieg herausgebildet hatten. Auf Grund der atomaren Kriegsgefahr gewannen auch Anhänger von Entspannungsversuchen an Boden. Von der DDR wurden Konföderationspläne vorgetragen (1956); der polnische Außenminister Rapacki schlug eine atomfreie Zone in Mitteleuropa vor (1957). Adenauer beobachtete diese östlichen Initiativen äußerst mißtrauisch. Er konnte nach Erringung der absoluten Mehrheit bei der Bundestagswahl 1957 einen breiten Rückhalt in der Bevölkerung voraussetzen. Die Wahlparolen „Keine Experimente" und „Wohlstand für alle" schlugen angesichts des „Wirtschaftswunders" voll durch, zumal durch weitreichende Sozialgesetze (Wohnungsbau, Lastenausgleich, Rentenreform, Vermögensbildung in Arbeitnehmerhand, Mitbestimmungsrechte der Arbeitnehmer im Betrieb usw.) die beträchtlichen Vermögens- und Einkommensunterschiede aufgefangen wurden. Die Niederschlagung der Volksaufstände in der DDR (17. Juni 1953) und in Ungarn (1956) hatte die antikommunistische Einstellung der Bevölkerung gefestigt. Der soziale Konsens schien mit dem Instrumentarium der „Sozialen Marktwirtschaft" nachhaltig stabilisiert. Extremistische politische Parteien hatten keine Chance.

k) In der 3. Legislaturperiode zeichneten sich jedoch gewisse *Schwächen* in Adenauers Position ab. Sein Taktieren in der Nachfolgefrage und sein Widerstand gegen die Nominierung Ludwig Erhards wurden bei weiten Teilen der Bevölkerung kaum verstanden. Mit der Berlinkrise und dem Bau der Mauer zeigte sich endgültig die Unrealisierbarkeit von Adenauers Wiedervereinigungskonzept. Ab 1959 waren auch die Maßhalteappelle des Wirtschaftsministers Erhard nicht mehr zu überhören, was auf wirtschaftliche Schwierigkeiten hinwies. Übel wurde vermerkt, daß Adenauer während der Berlinkrise den Berliner Oberbürgermeister und SPD-Kanzlerkandidaten Willy Brandt wegen seiner Herkunft und politischen Vergangenheit unsachlich attackierte. Überhaupt hatte die SPD mit dem Godesberger Programm von 1959 weitreichende Folgerungen aus der Wahlniederlage gezogen. Das Klassenkampfkonzept wurde aufgegeben; als „Volkspartei" wollte die SPD breite Wählerschichten ansprechen. Die Bindung an den Marxismus wurde zugunsten des Konzepts eines „demokratischen Sozialismus" weiter zurückgedrängt. Verstaatlichungspläne wurden aufgegeben, womit eine Anerkennung der „Sozialen Marktwirtschaft" mit allerdings stärkerer staatlicher Steuerungskompetenz verbunden war. Von großer Bedeutung war es jedoch, daß die SPD durch die Initiativen Fritz Erlers und Herbert Wehners die Ergebnisse der Westpolitik Adenauers akzeptierte.

So erklärt es sich, daß die FDP nur noch in eine CDU-Regierung ohne den Kanzler Adenauer eintreten wollte. Als Adenauer 1962 die absolute Mehrheit verfehlte, konnte er die FDP nur mit der Zusage einer befristeten Kanzlerschaft für eine Koalition gewinnen. Als es im Zusammenhang mit dem Landesverratsprozeß gegen den „Spiegel" zu einer nachweislichen Falschaussage des Verteidigungsministers Strauß vor dem Bundestag kam, wurde auch Adenauer in den Strudel des Popularitätsverlustes hineingezogen. Die FDP verließ die Regierung, um Neuwahlen zu erzwingen. Als die CDU bei Landtagswahlen schwere Verluste hinnehmen mußte, bestimmte die CDU/CSU-Fraktion Ludwig Erhard zum Bundeskanzler, obwohl Adenauer mit dieser Personalentscheidung nicht einverstanden war.

TEXTE: Politik Adenauers

Text 4

Adenauers Erinnerungen: Ziele der sowjetischen Europapolitik

In seinen Erinnerungen (1965) begründet Konrad Adenauer, warum er als Bundeskanzler für eine Politik der West-Integration der Bundesrepublik Deutschland eintrat. Der Textauszug analysiert die Weltsituation, wie sie sich Adenauer um 1951 darstellte.

... Das Ziel der sowjetischen Europapolitik war völlig klar. Die Sowjetunion wollte zunächst den politischen und militärischen Schwebezustand Deutschlands erhalten, weil damit das Zusammenwachsen Westeuropas unmöglich wurde. Sowjetrußland rechnete damit, daß die Vereinigten Staaten an einem zerbröckelnden Westeuropa – und ohne Zusammenfassung und Integration war Westeuropa dem Zustand des Zerbröckelns überantwortet, waren die westeuropäischen Staaten mehr oder weniger machtlos – kein Interesse mehr hätten und sich aus Europa zurückziehen würden. Sowjetrußland würde dann nicht nur die Bundesrepublik, sondern auch die übrigen westeuropäischen Länder ohne Krieg in seine Einflußsphäre ziehen und schließlich Herr von ganz Europa werden. Was dann unser Los sein würde, war eindeutig. Man braucht nur an die Tschechoslowakei, an Ungarn, an Polen und die übrigen Satellitenstaaten zu denken. Der Untergang Deutschlands war dann sicher. Die abendländische christliche Kultur, das Christentum selbst würden vernichtet werden. Blieb Deutschland Niemandsland und käme es schließlich doch zu einer kriegerischen Auseinandersetzung in Europa, so würde Deutschland Kampffeld für die aufeinanderprallenden Mächte werden. Das Schicksal des unglücklichen Korea wäre dann unser Schicksal...

Entweder wir blieben politisch und militärisch ein Niemandsland oder wir wurden als freier und gleichberechtigter Staat Partner des europäischen und damit des nordatlantischen Verteidigungssystems gegen jede Aggression Sowjetrußlands.

Das war der Gesichtspunkt, von dem aus ich die Verhandlungen zu führen hatte und deren Ergebnis beurteilen mußte. ... Viele stellten damals die Frage: Wird die Politik der Integration Europas, wird die Politik des Beitritts der Bundesrepublik zur Europäischen Verteidigungsgemeinschaft, die ihrerseits wieder mit der Nordatlantikpakt-Organisation verbunden werden sollte, wird diese Politik nicht geradezu einen Krieg mit Sowjetrußland herbeiführen? Ich war fest überzeugt davon, daß das nicht der Fall sein würde. ...

(*K. Adenauer, Erinnerungen 1945–1953*, Stuttgart 1965, S. 472f)

Text 5

Curt Gasteyger: Die Ursachen der Spaltung Europas

Die Entwicklung Europas in den Jahren 1947–1950 ist vor allem das Ergebnis gegenläufiger Interessen und Kräfte in West und Ost: die sowjetischen Expansionsversuche wurden mit einer Beschleunigung des westeuropäischen Zusammenschlusses beantwortet; das wiederum führte zu kommunistischen Gegenmaßnahmen und damit zu einer weiteren Vertiefung der Spaltung. Es ist schwer zu beurteilen, wie weit damals bereits Stalins Politik eine Reaktion auf die fortschreitende Organisation der westlichen Abwehr oder eine Kompensation für die sowjetische Unterlegenheit gegenüber dem amerikanischen Atombomben-Monopol war.

Sicher ist, daß auch Stalins Vorgehen im Rahmen der allgemeinen weltpolitischen Entwicklung gesehen und verstanden werden muß. Sicher ist auch, daß die kommunistischen Führer die Umwälzungen der Nachkriegsjahre als revolutionäre „Flut" betrachteten, auf deren Wellen sie den Kommunismus bis weit in die westliche Welt hineintragen wollten. Die unerwarteten Erfolge in Ost-Mitteleuropa ermutigten Stalin zu weiteren Vorstößen in Südosteuropa, im Mittleren Osten, in Südostasien und im Fernen Osten. Solange die Fronten noch fließend waren, kam es ihm darauf an, sich das Gesetz des Handelns nicht entreißen zu lassen und obendrein die eben eroberten Positionen zu konsolidieren. In Europa galt das in erster Linie für das sowjetisch besetzte Mitteldeutschland ... und die Tschechoslowakei ... Als die (Berlin-) Blockade ... am 12. Mai 1949 wieder aufgehoben wurde, bedeutete dies zugleich auch das Ende der sowjetischen Expansionspolitik im Europa der Nachkriegszeit... Die Gründung der „DDR" am 7. Oktober 1949, zeitlich bewußt durch einige Monate vom Inkrafttreten des westdeutschen Grundgesetzes abgesetzt, bekräftigte lediglich noch formal die de facto schon längst bestehende Spaltung Deutschlands. Damit war das letzte Bindeglied ... im Herzen Europas zerschnitten und dessen Teilung vom Nordkap bis zum Bosporus vollzogen ...

(*C. Gasteyger, Einigung und Spaltung Europas*, Frankfurt 1965, S. 164f)

Text 6

DDR-Historiker über die deutsche Spaltung (1966)
Die Spaltung Deutschlands war kein unvermeidlicher Prozeß.Sie wäre zu verhindern gewesen. Man kann sie nicht einfach auf den Umstand zurückführen, daß Deutschland nach der bedingungslosen Kapitulation der faschistischen Wehrmacht in Besatzungszonen aufgeteilt und von Mächten mit unterschiedlicher sozialer und politischer Ordnung besetzt wurde. Unser Land war weder bereits 1945 gespalten noch war seine Zerreißung das Ergebnis einer angeblichen „Sowjetisierung" der sowjetischen Besatzungszone.

Nicht die antifaschistisch-demokratische Entwicklung in der sowjetischen Besatzungszone, sondern die Restauration des staatsmonopolitischen Kapitalismus in den Westzonen, die unter Mißachtung des demokratischen Selbstbestimmungsrechtes des deutschen Volkes und mit Staatsstreichmethoden betrieben wurde, führte zur Spaltung Deutschlands. Die Verantwortung dafür tragen jene Kräfte, die diese Entwicklung erstrebten und ermöglichten. Die Nichtdurchführung bzw. Umgehung des Potsdamer Abkommens in Westdeutschland und die Zerstörung der Viermächteverwaltung kommen auf das Konto der Westmächte. Sie verhinderten auch den Abschluß eines Friedensvertrages. Dieser politische Kurs entsprach vollauf den restaurativen Zielen der deutschen Großbourgeoisie. Beide handelten dabei aus eigensüchtigen Motiven. Spekulierten die Westmächte auf die Eingliederung Westdeutschland in die antisowjetische Front und damit auf eine Stärkung des imperialistischen Lagers, so erhoffte die deutsche Großbourgeoisie, mit Hilfe der Westmächte ihre alten Machtpositionen zunächst in einem Teil, später in ganz Deutschland wiederherzustellen ...

(*R. Badstübner/S. Thomas, Die Spaltung Deutschlands 1945 bis 1949*. Berlin (Ost) 1966, S. 429ff; Nach *J. Rohlfes u.a. (Hg.) Europa und Deutschland nach dem Zweiten Weltkrieg*. Stuttgart 1974, S. 21f)

32

Text 7

Waldemar Besson: Prinzipienfragen der westdeutschen Außenpolitik
Die Meinung ist weit verbreitet, daß Konrad Adenauers Leistung vornehmlich darin bestand, die der Bundesrepublik von außen gestellte Aufgabe anzunehmen und zu ihrer Unterstützung die inneren Motivationen und Institutionen entsprechend einzurichten. Eine aus eigenen deutschen Zielsetzungen stammende westdeutsche Außenpolitik hat es demnach überhaupt nicht gegeben. Die innerdeutsche Debatte um ihre Richtung und Methode sinkt in einer solchen Betrachtung zum bloßen Scheingefecht herab. Die Integration in den atlantisch-westeuropäischen Block unter Verzicht auf alle deutsch-nationale Aspiration war demnach die raison d'être der Neugründung. Die Überlegung, ob eine solche Politik schließlich auch die Wiedervereinigung bringen werde, war danach von vornherein sekundär.

Eine solche Interpretation legt es nahe, Adenauer und das Konzept der Westintegration geradezu des Verrats an Deutschland zu zeihen. Dieser Vorwurf hat schon in den Anfängen der Bundesrepublik eine Rolle gespielt und wird es in Zukunft noch mehr tun, nachdem eines der Ziele der westdeutschen Integrationspolitik, die wachsende Stärke des Westens gegenüber Moskau, nicht mehr realisierbar ist. Beweisen lassen wird sich freilich kaum, ob Adenauer, was Gesamtdeutschland angeht, bewußt falsch gespielt hat. Im Ansatz von 1949 ließ sich jedenfalls bona fide durchaus Westintegration und Wiedervereinigung vereinigen.

(Politische Vierteljahresschrift, März 1968)

Text 8

Arnulf Baring: Die westdeutsche Außenpolitik in der Ära Adenauer
Die Außenpolitik Konrad Adenauers ... war zwar ganz entscheidend geprägt von einer eigenwilligen persönlichen Interpretation der deutschen – der westdeutschen Interessen, beruhte aber doch zugleich auf weitverbreiteten Überzeugungen der Bevölkerung ...

Daß die Bundesrepublik dann aber mit solcher Entschiedenheit auf Westkurs ging, lag ohne Zweifel an Konrad Adenauer.

Was viele andere noch lange als provisorischen Zustand betrachteten, hatte er frühzeitig als etwas wahrscheinlich Endgültiges begriffen. Nicht jedermann war so klarsichtig und zugleich so kühl, schon im Herbst 1945 die sowjetisch besetzte Zone schlicht abzubuchen. „Der von Rußland besetzte Teil", sagte er damals zu einigen Journalisten, „ist für eine nicht zu schätzende Zeit für Deutschland verloren". Ihm lagen die Gebiete, um die es ging, sowieso ferne ...

Er hielt es, nach dem Zweiten Weltkrieg zur Macht gekommen, für seine Hauptaufgabe, den ihm anvertrauten Teilstaat in einen größeren westeuropäischen Zusammenhang einzugliedern. Adenauer wußte dabei seinen Landsleuten nicht nur das Gefühl zu vermitteln, dieses vereinte Westeuropa symbolisiere den historischen Fortschritt gegenüber den alten, abgelebten Nationalstaaten. Zugleich beschrieb er die Erreichung dieses Zieles als eine vom nationalen Interesse diktierte Pflicht.

Aber selbst unter dem Schock der Niederlage, selbst angesichts des Eisernen Vorhangs ließ sich der Westabmarsch, wie ihn Gustav Heinemann genannt hat, nach Überzeugung des Bundeskanzlers der Bevölkerung nur plausibel machen, wenn man ihn zugleich als kürzesten Weg zur Wiedervereinigung ausgab.

Trotz aller Entschlossenheit, den Bonner Staat nicht als Provisorium oder Transitorium, sondern als ein endgültiges Staatswesen aufzufassen, trotz seiner geradezu genialen taktischen Begabung wagte Adenauer nicht, sich zu dem zu bekennen, was er tat.

(Politische Vierteljahresschrift, März 1968)

Text 9

Klaus Gotto: Die Deutschland-Politik der Regierung Adenauer

Adenauers Außenpolitik ist also von zwei Grundüberzeugungen geprägt, und diese Grundüberzeugungen sind der Angelpunkt seiner gesamten außenpolitischen Vorstellungswelt: Es ist die Einsicht, daß die Zeit der nationalstaatlich orientierten Interessenpolitik in Europa vorbei sei und daß die ihm bewahrenswert und notwendig erscheinende europäische Welt von sowjetichem Expansionsdrang bedroht sei. In dieses Koordinatensystem ist stets seine konkrete Politik eingebettet gewesen, auch und besonders seine Deutschland- und Ostpolitik.

Bei einer solchen Konstellations- und Bedrohungsanalyse gab es für Adenauer keine sinnvollen, das heißt erfolgversprechenden Alternativen zu einer Westintegrationspolitik. Denn dann konnte sowohl das „Brücken-" wie das „Neutralitätskonzept" keine Chance haben, die gegensätzlichen Zielvorstellungen der Besatzungsmächte auf einer höheren Ebene zugunsten der deutschen Einheit zu überwinden. Auch die sozialdemokratische Politik einer nichtintegrierten Westbindung – mit Rücksicht auf die Wiedervereinigung – mußte unter dieser Perspektive von Adenauer abgelehnt werden. Sie hatte im übrigen gegenüber der sowjetischen Zielsetzung wohl auch kaum eine Realisierungschance. Wenn schon die Wiedervereinigung in Freiheit und unter den gegebenen Umständen nicht erreichbar war, mußte nach seiner Überzeugung das Nächstliegende und Vordringliche angestrebt werden, ohne jedoch das Ziel der Wiedervereinigung aufzugeben: die Sicherung der drei Westzonen und die Grundlegung und die Mitarbeit an einer neuen europäischen Zusammenarbeit. Beides war für ihn untrennbar ineinander verwoben ...

Adenauer erwartete Chancen für eine Wiedervereinigung nur für den Fall, daß ein starker und gefestigter Westen die Sowjetunion zu der Einsicht brächte, eine Neuorientierung ihrer Politik sei unumgänglich und auch in ihrem eigenen Interesse. Daher mußte seine praktische Politik sich zwei Ziele setzen: zunächst eine gemeinschaftsorientierte Politik der Verbündeten zu gewährleisten, um dann auf dieser Basis immer neu zu testen, ob sich Ansatzpunkte für ein Arrangement zwischen Ost und West ergäben. Dieses Konzept, das die Wiedervereinigung im Rahmen einer globalen Entspannung anstrebte, war jedoch beständig und besonders seit der Mitte der fünfziger Jahre der Gefahr ausgesetzt, daß die jeweiligen Führungsmächte in den verschiedenen Lagern eine Übereinkunft unter Ausklammerung der besonders umstrittenen deutschen Frage anstreben könnten.

Die bisher zu Adenauers Deutschland- und Ostpolitik gehegten Vermutungen, er habe im Grunde keine Wiedervereinigung gewollt, Wiedervereinigung und Westintegration der Bundesrepublik seien konzeptionelle Widersprüche in sich gewesen, Ostpolitik habe unter ihm nicht stattgefunden und starre Phantasielosigkeit habe Chancen verpaßt oder erst gar nicht aufkommen lassen, sind gegenstandslos.

Adenauer hat unbeirrt bis zum Schluß seiner Kanzlerschaft Wiedervereinigungspolitik betrieben, und zwar in der Hoffnung, daß die Sowjetunion eines Tages einsehen würde, daß die Trennung Europas und Deutschlands ihr nicht zum Vorteil gereiche: „Wir müssen aufpassen, ob der Augenblick kommt. Aber wenn ein Augenblick naht oder sich zu nahen scheint, der eine günstige Gelegenheit bringt, dann dürfen wir ihn nicht ungenützt lassen." Diese langfristige Wiedervereinigungspolitik war begründet in der Hoffnung auf eine Änderung der bestehenden Machtkonstellation und in der Zuversicht auf den letztlichen Erfolg geduldig verfolgter Ziele. Konkret bedeutet dies, daß eine Wiedervereinigung nur dann erreichbar sei, wenn die Sowjetunion zu einem strategischen Rückzug aus Deutschland gezwungen sein würde, um auch in ihrem eigenen Selbstverständnis übergeordnete Zielprojektionen verwirklichen zu können. Die Chance eines solchen strategischen Rückzugs für eine Wiedervereinigung auszunützen, ist Adenauers eigentliches politisches Wiedervereinigungskonzept. Dieses Konzept beruhte auf zwei Grundannahmen: Daß die Sowjetunion in einem über kurz oder lang eintretenden Zielkonflikt zwischen Aufrüstung und Hebung des Lebensstandards der eigenen Bevölkerung geraten würde und daß sie weiterhin in eine machtpolitische Auseinandersetzung mit China gezwungen würde. Diesem Konzept liegen aber auch positive Annahmen zugrunde:

– Adenauer war überzeugt von der letztlichen Überlegenheit des geistig-sittlichen und ökonomisch-technischen Potentials des Westens.

– Er hoffte auf den Überlebenswillen der westlichen, speziell der europäischen Welt, der sich in einem Zusammenschluß manifestieren würde.

– Er war überzeugt, daß das deutsche Wolk einen ungebrochenen patriotischen Durchhaltewillen besäße, der die stets latente Gefahr des Nationalismus niederhalten und seine Erfüllung in der Eingliederung eines staatlich geeinten Deutschlands in eine neue, jedoch postnationalistisch strukturierte europäische Einheit finden würde.

(*Die Deutschlandpolitik der Regierung Adenauer*, Adenauers Analyse der Lage Deutschlands im Ost-West-Konflikt, in: E. Kosthorst/K. Gotto/H.D. Soell, Deutschlandpolitik der Nachkriegsjahre. Paderborn 1976)

Text 10

Alfred Grosser: Deutschlandbilanz
Unbestreitbar hat (Adenauer) wichtige Entscheidungen getroffen, ohne sich um die nach demokratischen Grundsätzen theoretisch erforderlichen vorbereitenden Verfahren zu kümmern ...

Aber er konnte nicht jede beliebige Entscheidung treffen. Er hat der öffentlichen Meinung gegenüber Listen angewandt, damit sie die Wiederaufrüstung akzeptiere. Auf analoge Weise und für Zwecke, die man unterschiedlich beurteilen kann, hat Roosevelt die Amerikaner dazu gebracht, den Krieg zu akzeptieren, und de Gaulle die Franzosen, die algerische Unabhängigkeit zu akzeptieren. In allen drei Fällen stützte sich die List auf schon vorher vorhandene Gefühle, die es zu verstärken galt. Die Deutschen insbesondere hatten sich schon für Sicherheit und Zugehörigkeit zum Westen entschieden, als ihr Kanzler es unternahm, sie zu dem Eingeständnis zu bringen, daß die Wiederaufrüstung eine Konsequenz dieser bereits getroffenen Entscheidung sei. Es hieße, seine Rolle und seine Möglichkeiten beträchtlich überschätzen, würde man ihn als den Schöpfer einer internationalen Realität hinstellen, der er sich in Wirklichkeit nur unterwarf, indem er lediglich versuchte, sie zu modifizieren ...

Ein Staat sein wie die anderen, die Last der Vergangenheit abschütteln, sich unterstützt fühlen gegenüber der Großmacht, die siebzehn Millionen Deutsche gefangen hält und die Freiheit der anderen bedroht, all das läßt sich in einem Wort zusammenfassen: Vertrauen. Man muß sich unablässig vergewissern, daß man Vertrauen haben kann. Man muß alles tun, um Vertrauen einzuflößen. Die wichtigste Waffe, die Bundeskanzler Adenauer in der Innenpolitik hatte, war das Vertrauen, das er im Ausland, insbesondere in den Vereinigten Staaten erweckte.

Es bedeutet wenig, daß die Sozialdemokraten sich schlecht und recht dafür stark machten, die Politik des Kanzlers sei unheilvoll, weil sie der Wiedervereinigung entgegenwirkt: Sie mußten notwendigerweise bei vielen Wählern den Eindruck erwecken, daß, wenn sie an die Macht kämen, das Vertrauen der Amerikaner zur Bundesrepublik erschüttert wäre und infolgedessen auch das Vertrauen der Deutschen auf Schutz und Unterstützung seitens der Vereinigten Staaten. 1961 war in der sozialdemokratischen Haltung schon ein deutlicher Wandel spürbar. Aber 1964/65 sollte es dann die spektakulärste Kurswendung geben. Angesichts einer christdemokratischen Partei, die über die Außenpolitik uneins war, hat die SPD entschlossen und vollständig die amerikanische Karte ausgespielt.

Die neue Einstellung war sehr anders als die von Kurt Schumacher, der geglaubt hatte, man müsse eher Respekt denn Vertrauen einflößen durch einen eigenen Willen, müsse auf eine harte Art seine Unabhängigkeit dartun und sich seinen Verbündeten gegenüber eigenständig zeigen auf die Gefahr hin, sich ihre Sympathie zu verscherzen und eben dieses Vertrauen zu erschüttern. Es ist kaum paradox zu behaupten, daß die SPD rückblickend Adenauer recht gegeben hat.

Allem Anschein zum Trotz hat absoluten Vorrang in der deutschen Außenpolitik von Anfang an nicht die europäische Einigung und nicht die deutsche Wiedervereinigung, sondern die Sicherheit. Das Wort wird in der Bundesrepublik noch häufiger ausgesprochen als in Frankreich in der Zeit zwischen den beiden Weltkriegen. Einmal, weil die Bedrohung sehr real erscheint, und zum anderen, weil eben das Vorhandensein der Bedrohung der Bundesrepublik begünstigt. Die Spannung zwischen den beiden Blöcken beschleunigt ihre gleichberechtigte Integration in eines der beiden Lager und treibt ihre Verwandlung von einem passiven Objekt der internationalen Politik in ein aktives Subjekt innerhalb der westlichen Welt voran. Der Graben, der die Bundesrepublik vom anderen Deutschland trennt, wird dadurch vertieft, aber der Gewinn an Prestige und Einfluß ist beträchtlich.

(*Deutschlandbilanz*. Geschichte Deutschlands seit 1945. München 1977)

3. Die Kanzlerschaft Ludwig Erhards

a) Mit der Nominierung Erhards zum Kanzlerkandidaten im April 1963 kam der Abschwung der CDU bei den Landtagswahlen zum Stillstand. Erhard, der als „Vater der Sozialen Marktwirtschaft" hoch angesehen war, erwies sich als „Wahllokomotive". Im Oktober 1963 wurde er zum Kanzler gewählt.

Außenpolitisch waren die Konturen durch die Politik Adenauers festgelegt, doch ließen sich angesichts verschobener Akzente in der Weltpolitik auch einige *neue Impulse* nicht verkennen. Nach dem Mauerbau und der Kubakrise (1962) schien der Status quo festgeschrieben, der von der Sowjetunion als „friedliche Koexistenz" bezeichnet wurde. Die Bundesregierung unter Erhard bemühte sich zwar weiterhin um die internationale Isolierung der DDR, versuchte jedoch zu den anderen Ländern des Ostblocks ein entspannteres Verhältnis anzubahnen. Deshalb sollten vor allem die wirtschaftlichen, technischen und kulturellen Beziehungen intensiviert werden. Unterhalb der Aufnahme diplomatischer Beziehungen wurden Handelsmissionen eingerichtet. Passierscheinregelungen mit der DDR sollten die Mauer durchlässiger machen. Der FDP-Vorsitzende Erich Mende konnte, gestärkt durch ein gutes Wahlergebnis, sogar die Anwendung der Hallstein-Doktrin für nicht mehr zeitgemäß erklären.

b) Innenpolitisch versuchte Erhard auseinanderstrebende Gruppeninteressen in dem Konzept der „formierten Gesellschaft" zusammenzuschließen. Die korporative Komponente dieses Gesellschaftsmodells mit ihren Appellen an das „Gemeinwohl" wurde jedoch angesichts der Dynamik der gesellschaftlichen Verhältnisse für veraltet angesehen. Wichtige Fragen wie die Notstandsgesetzgebung konnten wegen der parlamentarischen Mehrheitsverhältnisse nicht durchgesetzt werden. 1965 konnte Erhard zwar die Bundestagswahl eindeutig zu seinen Gunsten entscheiden, anschließende Landtagswahlen in Nordrhein-Westfalen schienen jedoch zu beweisen, daß Erhard als „Wahlmagnet" schwächer wirkte. Erhard verdarb es sich mit einflußreichen Vertretern des intellektuellen und künstlerischen Lebens in der Bundesrepublik, als er in einer Auseinandersetzung den Schriftsteller Rolf Hochhuth einen „Pinscher" nannte.

Personaldebatten in der CDU belasteten die Kanzlerschaft Erhards von Anfang an. Dazu kam ab 1965 die Auseinandersetzung um die Bundeswehr. Die Starfighter-Affäre mit den unzähligen Abstürzen von Kampfflugzeugen warf die Frage nach der politischen Verantwortung auf; die gewerkschaftliche Betätigung von Soldaten blieb ein öffentlich heiß umstrittenes Thema. Mit Bestürzung im In- und Ausland wurden die Wahlerfolge der rechtsradikalen NPD bei Landtagswahlen in Hessen und Bayern aufgenommen. Neonazistische Gruppierungen schienen in der Bundesrepublik wieder Erfolg zu haben.

c) Ausschlaggebend für den Sturz Erhards durch seine eigene Partei war jedoch die sich abzeichnende *Wirtschaftskrise*. Durch die Umstellung der Energiewirtschaft auf das billigere Erdöl geriet das Ruhrgebiet in Strukturschwierigkeiten, da Hunderttausende von Arbeitskräften aus dem Bereich des Kohlebergbaus umgesetzt werden mußten in die expandierenden Wachstumsbereich der Automobilindustrie. Die Strukturkrise im Bergbau koppelte sich jedoch mit einer Haushaltskrise, die den Kanzler dazu zwang, „Wahlgeschenke" wieder einzusammeln, um den Staatshaushalt auszugleichen. Obendrein steuerte die Bundesbank einen restriktiven Kurs in der Geldpolitik, was die Kreditnachfrage behinderte. Die Konjunktur schwächte sich ab und schlug in die erste Rezession der Nachkriegszeit um.

Die Arbeitslosenzahlen kletterten in die Hunderttausende. War das deutsche „Wirtschaftswunder" am Ende? Die FDP kündigte die Koalition mit der CDU auf, konnte jedoch mit der SPD keine Koalition bilden. So kam es zum Sturz des Minderheitskabinetts und zur Wahl Kurt Georg Kiesingers, der mit der SPD eine „Große Koalition" bildete.

4. Die Große Koalition (1966–1969)

a) Die Große Koalition war ein wichtiger Einschnitt in der Nachkriegsgeschichte. Die SPD, viele Jahre als außen- und innenpolitisches „Sicherheitsrisiko" (Adenauer) bezeichnet, konnte ihre Regierungsfähigkeit beweisen. Allgemein herrschte die Auffassung in der CDU/CSU und der SPD, daß die Bewältigung der Wirtschaftskrise, die Regelung der Notstandsproblematik und die Auseinandersetzung mit dem Neonazismus eine breite parlamentarische Mehrheit erforderte. Andererseits wurde ein Verlust an demokratischer Substanz befürchtet, da eine starke parlamentarische Opposition nicht mehr vorhanden war.

b) Die Große Koalition setzte *außenpolitisch* die Ansätze fort, die ein entspannteres Verhältnis zum Ostblock ermöglichen sollten. Gewaltverzichtserklärungen wurden von Bundeskanzler Kiesinger angeboten, dem Bedürfnis Polens nach gesicherten Grenzen und dem Wunsch der CSSR nach Ungültigkeitserklärung des Münchner Abkommens mit der Abtretung des Sudetengebietes an Deutschland (1938) wurde zumindest verbal Verständnis entgegengebracht. Die Hallstein-Doktrin wurde weiter aufgeweicht, als 1967 diplomatische Beziehungen mit Rumänien aufgenommen wurden. Als 1969 Kambodscha, der Irak und der Sudan die DDR anerkannten, reagierte der Bundeskanzler den „Interessen des ganzen deutschen Volkes" gemäß sehr flexibel. In eine schwierige Situation geriet die Regierung während des Sechs-

Tage-Krieges im Nahen Osten (1969), als es darum ging, gute Beziehungen sowohl zu Israel als auch zu den arabischen Staaten zu erhalten. Es war jedoch bezeichnend, daß die entspannteren Akzente in der Ostpolitik nicht über den Austausch verbaler Bekundungen und diplomatischer Noten hinausgingen; die völkerrechtliche Anerkennung der Oder-Neiße-Linie und der DDR-Souveränität waren nicht zu realisieren, zumal mit der 1968 erfolgten gewaltsamen Niederschlagung des „Prager Frühlings" durch Truppen des Warschauer Paktes der Annäherungsprozeß zunächst abgebrochen schien. Außerdem reagierte die DDR auf die Verabschiedung der Notstandsgesetze mit empfindlichen Behinderungen des Transits von und nach Berlin.

c) Ein dominierendes Problem der Großen Koalition war die *Bewältigung der Wirtschaftskrise.* Der Wirtschaftsminister Karl Schiller und der Finanzminister Franz Josef Strauß arbeiteten auf der Basis der marktwirtschaftlichen Wettbewerbsordnung ein Konzept der „Globalsteuerung" aus, um mit indirekten Steuerungsmaßnahmen des Staates ein Gleichgewicht im magischen Viereck von Wirtschaftswachstum, Preisstabilität, Vollbeschäftigung und aktiver Handelsbilanz zu erreichen. Im Stabilitätsgesetz von 1967 wurden die konjunkturpolitischen Instrumente (antizyklische Maßnahmen durch Steuer-, Investitions- und Geldmengenpolitik) fixiert; mit einer „mittelfristigen" Finanzplanung sollte das Haushaltsdefizit zurückgefahren werden (Mehrwertsteuererhöhung, Ergänzungssteuer auf Einkommen); die Ausgabenverantwortung in den Bereichen Hochschulbau, Kliniken und Regionalplanung wurde im Sinne einer Erweiterung der Bundeskompetenz geregelt. Durch die Einrichtung der „Konzertierten Aktion" konnten die Interessen staatlicher Strukturplanung, der Tarifpartner und der Wirtschaft abgestimmt und harmonisiert werden. Die Wirtschaftspolitik der Großen Koalition brachte angesichts wirtschaftlicher Krisen die stärkere Verantwortung des Staates für eine Rahmenplanung der Wirtschaft zur Geltung.

Doch zeigte sich am Ende der Großen Koalition auch, daß Gegensätze in der wirtschaftspolitischen Beurteilung bestanden. Mit der wachsenden Exportabhängigkeit geriet die Bundesrepublik in den Sog weltwirtschaftlicher Probleme. Besonders die Einschätzung der internationalen Währungssituation war umstritten. Karl Schiller plädierte für eine schnelle Aufwertung der Deutschen Mark, um spekulative und inflationstreibende Geldzuflüsse aus Amerika und Frankreich zu verhindern. Strauß stellte sich dieser Aufwertung energisch entgegen, da er Exportverteuerungen deutscher Produkte verhindern wollte. Erst Ende 1969 wurde eine Aufwertung der D-Mark vorgenommen, nachdem schon eine ungeheure Menge spekulativer Dollar- und Franc-Zuflüsse das Geldvolumen aufgebläht hatte.

d) Innenpolitisch außerordentlich umstritten blieben bis zuletzt die *Notstandsgesetze,* die 1968 verabschiedet wurden und bedeutende Änderungen am Grundgesetz erforderlich machten, was nur mit einer Zweidrittelmehrheit im Parlament geschehen konnte. Es ging vor allem um die Ablösung der alliierten Vorbehaltsrechte von 1954, nach denen die drei Westmächte im Krisenfall die oberste Exekutivgewalt in der Bundesrepublik übernehmen konnten. Neben Regelungen für den „äußeren" Notstand im Verteidigungsfall, Spannungsfall und Katastrophenfall waren besonders die Regelungen für den „inneren Notstand" bei „Gefahr für die freiheitliche demokratische Grundordnung" heiß umstritten. Die für den Fall eines Notstandes postulierte „Stunde der Exekutive" rief in breiten Teilen der Öffentlichkeit beträchtliche Befürchtungen hervor. Die Aushöhlung des parlamentarischen Kontrollrechts, die Einschränkung der Grundrechte und die Rolle der Bundeswehr waren besonders Gegenstände der heftigen Auseinandersetzung. Da sich die parlamentarische Opposition allein in Gestalt der FDP äußern konnte, bildete sich eine breite außerparlamentarische Opposition, die durch die Gewerkschaften, einen Teil der Publizistik und vor allem die Studentenbewegung gestärkt wurde.

e) Der *Studentenprotest* sorgte für beträchtliche öffentliche Irritationen. Es verbanden sich vielfältige Motive bei dem Protest gegen das „Establishment", der schon in den USA aufgebrochen war und auch nach Frankreich (Mai 68) übergriff. Die Notstandsgesetzgebung und die mangelnde parlamentarische Integrationsbereitschaft waren Ansatzpunkte für eine radikalere Kritik an den westlichen Politisierungsformen. Die Kritik am Vietnamkrieg vertiefte sich zu radikalen antikapitalistischen Positionen; die Befreiungsbewegungen in der Dritten Welt boten Identifikationsmöglichkeiten (Ho Tschi Min, Che Guevara usw.) antiimperialistischer Prägung; die kulturhistorische Kritik am „Konsumterror", Warenfetischismus, Verdinglichung und „repressiver" Toleranz (Frankfurter Schule, Herbert Marcuse, Ernst Bloch) verband sich mit basisdemokratischen Demokratievorstellungen, Emanzipationsidealen und einem emotionalen Veränderungsoptimismus (das Prinzip Hoffnung). Begrenzte Regelverletzungen wurden akzeptiert (Go-ins, Sit-ins, Vorlesungsboykott, permanente Diskussionsbereitschaft), um die „Charaktermasken" zu „entlarven" und die autoritären Strukturen in der Gesellschaft aufzubrechen und Transparenz herzustellen. Besonders in Westberlin spitzten sich die Auseinandersetzungen zu, als während der Demonstration gegen den Schah-Besuch der Student Benno Ohnesorg erschossen wurde und etwas später auf den Studentensprecher Rudi Dutschke ein Attentat verübt wurde. Es erhob sich die beunruhigende Frage, wie diese Bewegung in das politische System eingebunden werden konnte.

5. Die Sozialliberale Koalition (1969–1982)

a) Die Bundestagswahl 1969 bedeutete in der Nachkriegsgeschichte tatsächlich einen Kurswechsel. Mit einer knappen Mehrheit bildeten die SPD und die FDP eine *„Kleine" Koalition*, die sich schon in der Zeit der Großen Koalition bei der Wahl Gustav Heinemanns (SPD) zum Bundespräsidenten durch die Bundesversammlung angekündigt hatte. Die FDP hatte sich während ihrer Oppositionsarbeit unter Walter Scheel linksliberalen Ideen zugewandt und fand Berührungspunkte mit der SPD vor allem im Bereich der Außenpolitik; die SPD hatte in der Großen Koalition ihre Regierungsfähigkeit bewiesen. Die Bildung der Kleinen Koalition wurde von der CDU/CSU als „Koalition der Verlierer" bezeichnet. Sie regierte dreizehn Jahre lang und unterteilt sich in die Abschnitte unter der Kanzlerschaft Brandts (1969–1974) und Helmut Schmidts (1974–1982). Im Zentrum der Politik Brandt/Scheel standen die Neue Ostpolitik und die Reformpolitik, unter der Kanzlerschaft Schmidts und dem Außenminister Genscher dominierten die Wirtschaftspolitik und die Sicherheitspolitik.

b) Brandt verstand die „neue" Ostpolitik als Ergänzung der westlichen Versöhnungspolitik Adenauers. Sie wurde wesentlich getragen von dem Versuch einer weltweiten Neugestaltung des Ost-West-Verhältnisses durch Rüstungsbegrenzung, Abrüstung und Gewaltverzicht, womit ein weltweiter *Entspannungsprozeß* eingeleitet werden sollte. Das ergab sich auf Grund des relativ gleichgewichtigen Militärpotentials mit unvorstellbarer Vernichtungskapazität im nuklearen und konventionellen Bereich, der ökonomisch und gesellschaftlich bedenklichen Nachfolgekosten, der US-Niederlage im Vietnamkrieg und der von Nixon eingeleiteten Annäherungspolitik an die Volksrepublik China. Auf der Konferenz für Sicherheit und Zusammenarbeit in Europa (KSZE) wurden grundlegende Vereinbarungen formuliert, die in der Schlußakte von Helsinki (1975) zusammengefaßt wurden. Gewaltverzicht und Anerkennung der Grenzen nach dem Zweiten Weltkrieg (Korb 1), wirtschaftliche und technische Zusammenarbeit (Korb 2) und der freie Austausch von Informationen und Meinungen unter Anerkennung der Menschenrechte (Korb 3) umschrieben die Willenserklärungen der Regierungen, die den Prozeß der Entspannung vorantreiben sollten. Nukleare Rüstungsbegrenzungen wurden in den SALT-Vereinbarungen festgelegt: SALT I behandelte die Beschränkung atomar ausgerüsteter U-Boote und die Baubeschränkung für defensive Geschoßsysteme; SALT II, vom amerikanischen Kongreß allerdings nie ratifiziert, brachte eine Beschränkung strategischer, offensiver Kernwaffen. In Wien wird seit 1970 über die Abrüstung der konventionellen Systeme in Europa verhandelt (MBFR).

c) Ein Erfolg dieser weltweiten Entspannungsbemühungen konnte jedoch nur gelingen, wenn die krisenanfällige Deutschland- und Berlinproblematik entschärft wurde. Eine Vorleistung bestand im Verzicht der Bundesrepublik auf Kernwaffen (1969). In Abstimmung mit den Außenministern der NATO-Mitgliedsstaaten wurden als erster Höhepunkt der *Moskauer* und *Warschauer Vertrag* (1970) unterzeichnet. In der Frage des Gewaltverzichts konnte relativ schnell eine Lösung gefunden werden. Komplizierter erwiesen sich die Verhandlungen über die Grenzfragen. Die Vertragstexte sprechen von der „territorialen Integrität" und der „Unverletzlichkeit" der Grenzen in Europa und erwähnen ausdrücklich die Oder-Neiße-Linie als Westgrenze Polens und die Grenze zwischen der Bundesrepublik und der DDR. Damit war den Interessen der östlichen Partner entgegengekommen. Dem Unterhändler der Bundesrepublik, Egon Bahr, gelang es jedoch, den Begriff der „Unerschütterlichkeit" der Grenzen aus dem Vertragstext herauszuhalten und den Verweis auf früher geschlossene beider- und mehrseitige Verträge durchzusetzen (Nichtberührbarkeitsklausel). Das bedeutete, daß die in früheren Verträgen zugestandene Wiedervereinigung Deutschlands in Frieden und Selbstbestimmung nicht im Widerspruch zu den Vertragsbestimmungen stand. In einem „Brief zur deutschen Einheit" wurde im Zusammenhang mit der Unterzeichnung des Moskauer Vertrags noch einmal ausdrücklich betont, daß die Verträge nicht im Widerspruch zur künftigen Wiedervereinigung ständen. Da die Sowjetunion den Brief widerspruchslos entgegennahm, anerkannte sie nach völkerrechtlicher Verkehrssitte die Vertragskonformität des Wiedervereinigungswillens. Der Warschauer Vertrag eröffnete auch die Umsiedlung deutscher Aussiedler aus der Volksrepublik Polen. Schwieriger gestalteten sich die

Verhandlungen mit der CSSR, da es um die Einschätzung des Münchner Vertrags von 1938 ging, in dem sich Deutschland, Italien, Großbritannien und Frankreich auf die Abtretung des Sudetengebietes an das Deutsche Reich geeinigt hatten. Mit der Nichtigkeitserklärung des Münchner Vertrags konnte 1973 der *Prager Vertrag* unterzeichnet werden. Das ostpolitische Versöhnungswerk Brandts trug viel zu einer internationalen Aufwertung der Bundesrepublik bei. Als Brandt anläßlich der Vertragsunterzeichnung mit Polen vor dem Denkmal der im Warschauer Ghetto Gefallenen niederkniete, wurde diese Geste in aller Welt mit großer Erschütterung aufgenommen. Die Verleihung des Friedensnobelpreises an Brandt 1971 ehrte die Friedenspolitik.

d) Das ostpolitische Vertragswerk blieb jedoch solange unratifiziert, bis ein akzeptables *Berlin-Abkommen* vereinbart war. Auf Grund der alliierten Vorbehaltsrechte konnte eine Berlin-Regelung jedoch nur von den vier Siegermächten abgeschlossen werden. Am 3.9.1971 wurde das Viermächteabkommen unterzeichnet und in anschließenden Verhandlungen auch zwischen dem Berliner Senat und der DDR konkretisiert. Es wurden Erleichterungen des Transits von und nach Berlin vereinbart, die Beweglichkeit der Westberliner nach Ostberlin hin entscheidend erweitert und auch die Bindungen Westberlins an die Bundesrepublik bestätigt. Die DDR konnte durchsetzen, daß gemäß den alliierten Vereinbarungen Westberlin „wie bisher" kein „konstitutiver Teil" der Bundesrepublik sei. Das Berlin-Abkommen hatte zweifellos positive Folgen für den Besucherverkehr von West nach Ost, doch konnten Interpretationsdifferenzen nicht ganz ausgeschaltet werden. Die DDR bezog vor allem den Begriff der „Bindungen" Westberlins an die Bundesrepublik einschränkend auf die verkehrstechnischen „Verbindungen", während die Bundesrepublik die „Bindungen" politisch, kulturell und gesellschaftlich verstand. Eine schwere Belastung blieben weiterhin die Einseitigkeit des Verkehrs von West nach Ost, die Einreiseverweigerung für Bundespolitiker, die rigorose Unterbindung von Fluchtversuchen und Fluchthilfe und auch die Erhebung und Erhöhung von Zwangsumtauschsätzen· bei der Einreise in die DDR. Es muß jedoch festgehalten werden, daß seit Abschluß der Ostverträge Berlin nicht mehr als Krisenfaktor ersten Ranges die Schlagzeilen der Weltpresse beherrscht.

e) Sehr schwierig gestalteten sich die Gespräche mit der DDR. Während die DDR die völkerrechtliche Anerkennung als souveräner Staat erstrebte, vertrat die Bundesrepublik die Auffassung, daß selbst bei Anerkennung zweier deutscher Staaten die beiden Staaten füreinander doch kein Ausland sein konnten. Am 19. März 1970 kam es zum ersten Besuch eines Bundeskanzlers in der DDR (Erfurt), der mit großen Erwartungen auch der DDR-Bevölkerung verbunden war. Erst nach einem Gegenbesuch in Kassel und dem Abschluß des Verkehrsvertrags zwischen der DDR und der Bundesrepublik konnte nach komplizierten Verhandlungen der *Grundlagenvertrag* (1972) unterzeichnet werden (vgl. Text 11–14). Mit diesem Vertrag hatte sich die Bundesregierung dazu durchgerungen, die „historischen Gegebenheiten" anzuerkennen und den Alleinvertretungsanspruch aufzugeben. Die DDR hatte ihr Ziel erreicht, als zweiter deutscher Staat anerkannt zu werden. Allerdings konnte die DDR nicht den völkerrechtlich relevanten Austausch von Botschaftern durchsetzen, sondern mußte die Einrichtung von „ständigen Vertretungen" akzeptieren. Außerdem wurde der Bundesrepublik zugestanden, die Interessen Berlins bei internationalen Abkommen zu vertreten. Damit hatte es die Bundesrepublik erreicht, daß die Beziehungen zwischen den beiden deutschen Staaten doch einen besonderen Charakter behielten. Es wurde auch festgehalten, daß der Vertrag „unbeschadet der unterschiedlichen Auffassungen" geschlossen wird, wobei besonders die Uneinigkeit in der „nationalen Frage" angesprochen wurde. Während die Bundesregierung trotz der Anerkennung zweier Staaten an der Einheit der Deutschen Nation festhält, hat die DDR in der revidierten Form ihrer Verfassung (1974) alle Hinweise auf die Einheit der Deutschen Nation getilgt.

In der Bundesrepublik geht man bei der Verständigung um den Nationenbegriff in der Regel von der gemeinsamen Geschichte, Kultur und Sprache aus und leitet aus dem Willen der Menschen, eine Nation zu bilden, das gemeinsame Bewußtsein der Nation ab. Die DDR jedoch vertritt einen verengten Nationenbegriff. Die „sozialistische" Nation wird als das Ergebnis gesellschaftlicher Umwälzungen angesehen und von einer „bürgerlichen" Nation abgegrenzt. Damit fallen alle nichtsozialistischen Bestimmungselemente aus dem Nationenbegriff der DDR heraus. Die Bundesrepublik ist weiterhin auf Grund der Präambel des Grundgesetzes verpflichtet, die „nationale und staatliche Einheit" zu wahren (vgl. Texte 15ff.), von einer „Wiedervereinigung" ist jedoch nicht die Rede, ebenso wenig von einer Wiederherstellung in den Grenzen von 1937.

f) Die Ostpolitik Brandts rief leidenschaftliche Auseinandersetzungen hervor, die ihren Höhepunkt erreichten, als es dem Oppositionsführer Rainer Barzel auf Grund von Mandatsübertragungen 1972 zu gelingen schien, den Kanzler Brandt durch ein Konstruktives Mißtrauensvotum zu stürzen, was allerdings scheiterte. Die CDU rang sich danach zu einer bedingten Anerkennung der ostpolitischen Vertragswerke durch (pacta sunt servanda), obwohl sie eine härtere Gangart zur Erreichung deutscher Interessen gefordert hatte (Barzel: So nicht! vgl. Text 14). Nachdem das Land Bayern Verfassungsklage vor allem wegen Verletzung des Wiedervereinigungsgebotes erhoben hatte, gab das Bundesverfassungsgericht eine enge Auslegung des Grundlagenvertrags, indem beide Staaten als „Teile eines noch existierenden, wenn auch handlungsunfähigen ... Staates Deutschland" angesehen wurden (vgl. Text 13). Diese die Staatsqualität der DDR einschränkende Interpretation des Grundlagenvertrags wird zusammen mit einer gemeinsamen Erklärung des Bundestages von der CDU/CSU als verbindliche Auslegung anerkannt.

g) Die Resultate der Ostpolitik erwiesen sich auch als belastbar, als der Entspannungskurs angesichts der *Verhärtungen* im Nahostkonflikt, der Iran-, Afghanistan- und Polenkrise und in der Kontroverse um die Stationierung von Mittelstreckenraketen in Europa zurückgenommen wurde. Helmut Schmidt führte die Ostpolitik kontinuierlich weiter, ohne ihr jedoch eigene Impulse zu geben. Auch ihm ist es jedoch mitzuverdanken, daß die Bundesrepublik und Berlin als internationale Krisenherde aus den zunehmenden Spannungen herausgehalten wurden. Ob die Konzeption der Ostpolitik (Egon Bahr: Wandel durch Annäherung; Politik der kleinen Schritte; Peter Bender: Offensive Entspannung) langfristig Bestand haben wird oder eher den „Zwang zum Wagnis der Koexistenz" (Brandt) in einer bestimmten historischen Situation dokumentierte, wird erst die Zukunft zeigen. Es ist jedoch bezeichnend, daß trotz der Raketenstationierungen die Kontakte zwischen der Bundesrepublik und der DDR unter der konservativ-liberalen Koalition anhielten. Strauß, einst erbitterter Gegner der „neuen" Ostpolitik, fädelte nach der „Wende" 1983 sogar einen Milliardenkredit für die DDR ein, was ihm von einigen seiner Parteifreunde als Verrat angelastet wurde.

h) Während die Ostpolitik als wesentliche Errungenschaft der sozialliberalen Koalition bis weit ins konservative Lager hinein anerkannt wird, fällt eine Beurteilung der innenpolitischen Leistungen zwiespältig aus. Unter dem Stichwort der *Reformpolitik* wurden Maßnahmen eingeleitet, die ein erweitertes Demokratieverständnis zum Ausdruck brachten. Im Schulbereich sollte mit der Einführung der Gesamtschule die Chancengleichheit unterprivilegierter Gesellschaftsschichten erreicht und ein kooperatives Mitspracherecht von Eltern, Schülern, Lehrern und Schulbehörden erprobt werden. Im Hochschulbereich wurde der Umbau der Ordinarien- zur Gruppenuniversität vorangetrieben, allerdings durch höchstrichterliche Urteile wieder eingeschränkt. Zwar wurde der Zugang zur höheren Schulbildung für bislang ausgeschlossene Schichten eröffnet, durch die Zulassungsbeschränkungen zum Hochschulstudium in vielen Fächern jedoch wieder zurückgenommen. Das geschah trotz des Neubaus von Universitäten und Gesamthochschulen. Im Bereich der Unternehmensverfassung konnten die Partizipationsrechte der Arbeitnehmer durch das Mitbestimmungsgesetz erweitert werden (1976), obwohl das Gesetz einen Kompromiß zwischen den gewerkschaftlichen und liberalen Positionen darstellt (hinkende Parität, Spaltung der Arbeitnehmerbank). Den Verschiebungen in den Lebenseinstellungen entsprachen Reformen im Eherecht (bei Scheidung gilt das Zerrüttungs- statt des bisherigen Schuldprinzips, Versorgungsausgleich, Unterhaltsregelung), im Familienrecht (angemessene Berücksichtigung der gleichberechtigten Ehefrau, Reform des §218 mit Indikationsmöglichkeiten zur Schwangerschaftsunterbrechung) und im Strafrecht mit einer Liberalisierung des Demonstrationsrechts. Seitdem konnte wegen Landfriedensbruchs nur verurteilt werden, wem Straftaten individuell nachgewiesen werden konnten. Der Resozialisierung wurde Priorität bei der Verbrechensbekämpfung zugebilligt, allerdings wurde sie in der Praxis kaum realisiert. Die Demokratisierungstendenzen, die den politischen Bereich überschreiten sollten, sind jedoch weniger an konkreten Gesetzeswerken als an der euphorischen Aufbruchstimmung abzulesen, die 1969 einsetzte. SPD und FDP vermochten durch ihre Reformpolitik den Großteil des Protestpotentials der jungen Generation in die demokratischen Institutionen einzubinden. Es war eine der wichtigsten innenpolitischen Leistungen, die Entfremdung zwischen der „etablierten" und der „progressiven" Generation vermindert zu haben, wenn auch der „Marsch durch die Institutionen" beträchtliche Irritationen in der SPD und FDP bewirkte.

i) Innenpolitische Belastungen der sozialliberalen Koalition ergaben sich vor allem aus der Auseinandersetzung mit dem *Terrorismus.* Trotz der Reformpolitik konnte das Protestpotential nicht vollständig in die demokratischen Strukturen eingebunden werden. Eine verschwindende Minderheit radikalisierte sich in maoistisch orientierten Splitterparteien (K-Gruppen) oder versuchte den „Volkskrieg" nach dem Vorbild der mittelamerikanischen Guerilla zu entfachen. Kaufhausbrand, Gefangenenbefreiung, tödliche Anschläge besonders auf amerikanische Armeeangehörige aus dem Untergrund u.a. führten zu den Stammheimer Prozessen, in denen Angehörige der Baader-Meinhof-Bande zu lebenslangen Freiheitsstrafen verurteilt wurden. Eine „zweite" Generation ermordete den Bundesanwalt Buback und den Bankier Ponto. Den Höhepunkt erreichte der Terrorismus mit der Entführung des Arbeitgeberpräsidenten Schleyer 1977. Als ein Passagierflugzeug entführt und eine Freilassung der Stammheimer Häftlinge gegen den Austausch von Schleyer verlangt wurde, ließ sich die Bundesregierung nicht erpressen. Ein Sonderkommando befreite die Flugzeuggeiseln in Mogadischu, Schleyer jedoch wurde dem „Staatsinteresse" geopfert. Die Auseinandersetzungen um den Terrorismus belasteten das innenpolitische Klima nachhaltig. Da der Terrorismus aus dem Zerfall der Studentenbewegung hervorgegangen war, wurden viele Repräsentanten der Universitäten und Medien als „Sympathisanten" verdächtigt. Die polizeilichen Zugriffsmöglichkeiten wurden durch Koordinierung und gesetzliche Maßnahmen erweitert; Zentraldateien des Bundeskriminalamtes ermöglichten Rasterfahndungen. Mit der Verabschiedung von Antiterrorgesetzen wurden Freiheitsräume beschnitten. Selbst die literarische Form der Sympathie konnte als Straftat verfolgt werden. Die Anwaltsrechte von Strafverteidigern in Terroristenprozessen wurden beschränkt (Verbot der Mehrfachverteidigung, Durchsuchungen, Trennscheiben); durch das Kontaktsperregesetz konnte der Verkehr zwischen Mandanten und Verteidigern zeitweise ausgesetzt werden. Kritiker dieser Verfolgungspraxis sprachen von „Terroristenhysterie" und befürchteten die Anwendung staatlicher Eingriffsmöglichkeiten über den Kreis der Terroristen hinaus. Vor allem der Ausbau von Datensystemen geriet verstärkt in die öffentliche Diskussion. Belastend wirkte sich auch die Durchführungspraxis des „Extremistenbeschlusses" (1972) aus, durch den das Eindringen von Verfassungsfeinden in den öffentlichen Dienst verhindert werden sollte.

j) Die Kanzlerschaft Brandts leitete auch einen Ausbau der *Sozialleistungen* ein. Zu nennen sind besonders die Dynamisierung der Renten, die Lohnfortzahlung im Krankheitsfall, die Öffnung der gesetzlichen Versicherungen für Hausfrauen und Selbständige und die Vorziehung des Rentenalters. Allerdings ging man bei der Steigerung der Sozialleistungen von einem ungebrochenen Wachstumsoptimismus aus. Bestimmte Kräfte in der SPD meinten, die Belastbarkeit der Wirtschaft erproben zu müssen. Die staatliche Verteilungspraxis fand jedoch schon früh ihre Kritiker, was im Rücktritt der Minister Möller (1971) und Schiller (1972) zum Ausdruck kam. Es muß jedoch auch hervorgehoben werden, daß der Großteil der kostenintensiven Reformen mit Zustimmung der Oppositionsparteien durchgeführt wurde.

k) Im Jahr 1974 erfolgte die Übergabe der *Kanzlerschaft an Helmut Schmidt* (SPD). Ausgelöst wurde dieser Wechsel durch den Rücktritt Brandts auf dem Hintergrund der Spionageaffäre Guillaume im Kanzleramt. Die tieferen Ursachen lagen jedoch in der Verschiebung der allgemeinen Rahmenbedingungen. Die Ölpreiskrise signalisierte den Anfang einer anhaltenden Strukturkrise, die sich im spürbaren Anstieg der Arbeitslosenzahlen ausdrückte. Die USA konnten den Dollar nicht mehr als Leitwährung aufrechterhalten, was zum Zerfall des Weltwährungssystems von Bretton Woods führte. Überhöhte

Abb. 4

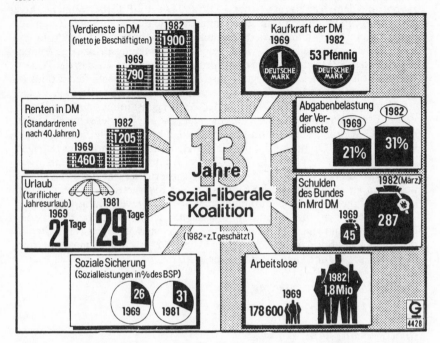

Lohnforderungen des Öffentlichen Dienstes führten überdies zu einem Autoritätsverlust Brandts. Die Stimmung des „Aufbruchs" schlug um in eine „Tendenzwende". Konzentration und Kontinuität waren angesichts der weltwirtschaftlichen Belastungen die Stichworte, mit denen Schmidt kostenträchtige Reformvorhaben zurückschnitt und durch ein Haushaltsstrukturgesetz (1976) die Kostensteigerungen zurückzuführen versuchte. Dennoch verdreifachte sich der Aufwand für soziale Ausgaben zwischen 1970 und 1981 (200 Mrd); die Sozialquote stieg, bezogen auf das Bruttosozialprodukt, von 20,7% (1960) auf 31% (1980). Bedrückend war der Anstieg der Arbeitslosenzahlen, die trotz konjunktureller Erholungsphasen (1978, 1979) nicht zurückgeführt werden konnten. Die Politik des „deficit spending" in Form von Konjunkturprogrammen, Investitionshilfen, Steuerermäßigungen für Unternehmen usw. änderte nichts an der komplexen Strukturkrise (Rationalisierungen, geburtenstarke Jahrgänge, restriktive Geldpolitik der Bundesbank usw.) und verhinderten vielleicht nur, daß die Rezession nicht in eine Depression umschlug. Als mit der zweiten Ölpreiserhöhung (1979) die bisher hartnäckigste Rezession der Nachkriegsgeschichte einsetzte, war der Handlungsspielraum der Bundesregierung in finanzieller Hinsicht eingeschränkt. Die nachhaltigen Bemühungen Schmidts, die weltwirtschaftlichen Krisenbedingungen auf Weltwirtschaftsgipfeln kooperativ zu lösen, waren nur begrenzt erfolgreich, da die nationalen Eigeninteressen kooperative Handlungsstrategien behinderten.

l) Seit den Haushaltsberatungen 1981 zeichneten sich schwerwiegende *Differenzen* mit dem Koalitionspartner FDP ab. Die FDP forderte nachhaltige Einsparungsmaßnahmen am Staatshaushalt, lehnte staatliche Beschäftigungsmaßnahmen ab und propagierte im Blick auf die sozialen Sicherungssysteme das Selbstbeteiligungs- und Selbstverantwortungsprinzip gegenüber dem von der SPD vertretenen Solidarprinzip. Außerdem wurden die Privatisierung von Staatsleistungen gefordert und den Gewerkschaften Lohnverzichte anempfohlen, während den Unternehmern Steuererleichterungen zugestanden wurden. Da die SPD auch in der Wählergunst immer mehr an Boden verlor, brach die Koalition 1982 auseinander. Die FDP bildete eine Koalition mit der CDU unter dem Bundeskanzler Kohl, die vom Wähler im März 1983 bestätigt wurde. Damit fand eine Wirtschaftspolitik ein Ende, die zeitweise nachfrageorientierte (1974, 1975, 1978, 1979) und zeitweise angebotsorientierte Maßnahmen (1976, 1977, 1980ff.) favorisierte. Es war der Versuch, die negativen Krisenwirkungen im Sinne „sozialer Symmetrie" zu verteilen und eine einseitige „soziale Demontage" bzw. einen Umverteilungskampf von „unten nach oben" zu verhindern. Angesichts der weltwirtschaftlichen Abhängigkeiten und unter Hinweis auf die vergleichsweise positiven Daten in der Bundesrepublik konnte Schmidt 1976 und 1980 die Bundestagswahlen erfolgreich für sich und sein Programm bestreiten.

TEXTE: Der Grundlagenvertrag

Text 11

Grundlagenvertrag (1972)
Vertrag über die Grundlagen der Beziehungen zwischen der Bundesrepublik Deutschland und der Deutschen Demokratischen Republik vom 21. Dezember 1972 (Grundlagenvertrag):

Die Hohen Vertragschließenden Seiten
eingedenk ihrer Verantwortung für die Erhaltung des Friedens,
in dem Bestreben, einen Beitrag zur Entspannung und Sicherheit in Europa zu leisten,
in dem Bewußtsein, daß die Unverletzlichkeit der Grenzen und die Achtung der territorialen Integrität und der Souveränität aller Staaten in Europa in ihren gegenwärtigen Grenzen eine grundlegende Bedingung für den Frieden sind,
in der Erkenntnis, daß sich daher die beiden deutschen Staaten in ihren Beziehungen der Androhung oder Anwendung von Gewalt zu enthalten haben,
ausgehend von den historischen Gegebenheiten und unbeschadet der unterschiedlichen Auffassungen der Bundesrepublik Deutschland und der Deutschen Demokratischen Republik zu grundsätzlichen Fragen, darunter zur nationalen Frage,
geleitet von dem Wunsch, zum Wohle der Menschen in den beiden deutschen Staaten die Voraussetzungen für die Zusammenarbeit zwischen der Bundesrepublik Deutschland und der Deutschen Demokratischen Republik zu schaffen,
sind wie folgt übereingekommen:
Artikel 1: Die Bundesrepublik Deutschland und die Deutsche Demokratische Republik entwickeln normale gutnachbarliche Beziehungen zueinander auf der Grundlage der Gleichberechtigung.
Artikel 2: Die Bundesrepublik Deutschland und die Deutsche Demokratische Republik werden sich von den Zielen und Prinzipien leiten lassen, die in der Charta der Vereinten Nationen niedergelegt sind, insbesondere der souveränen Gleichheit aller Staaten, der

Achtung der Unabhängigkeit, Selbständigkeit und territorialen Integrität, dem Selbstbestimmungsrecht, der Wahrung der Menschenrechte und der Nichtdiskriminierung.

Artikel 3: Entsprechend der Charta der Vereinten Nationen werden die Bundesrepublik Deutschland und die Deutsche Demokratische Republik ihre Streitfragen ausschließlich mit friedlichen Mitteln lösen und sich der Drohung mit Gewalt oder der Anwendung von Gewalt enthalten.

Sie bekräftigen die Unverletzlichkeit der zwischen ihnen liegenden Grenze jetzt und in der Zukunft und verpflichten sich zur uneingeschränkten Achtung ihrer territorialen Integrität.

Artikel 4: Die Bundesrepublik Deutschland und die Deutsche Demokratische Republik gehen davon aus, daß keiner der beiden Staaten den anderen international vertreten oder in seinem Namen handeln kann.

Artikel 5: ...Sie unterstützen die Bemühungen um eine Verminderung der Streitkräfte und Rüstungen in Europa, ohne daß dadurch Nachteile für die Sicherheit der Beteiligten entstehen dürfen...

Artikel 6: Die Bundesrepublik Deutschland und die Deutsche Demokratische Republik gehen von dem Grundsatz aus, daß die Hoheitsgewalt jedes der beiden Staaten sich auf sein Staatsgebiet beschränkt. Sie respektieren die Unabhängigkeit und Selbständigkeit jedes der beiden Staaten in seinen inneren und äußeren Angelegenheiten.

Artikel 7: Die Bundesrepublik Deutschland und die Deutsche Demokratische Republik erklären ihre Bereitschaft, im Zuge der Normalisierung ihrer Beziehungen praktische und humanitäre Fragen zu regeln ...

Artikel 8: Die Bundesrepublik Deutschland und die Deutsche Demokratische Republik werden ständige Vertretungen austauschen ...

Artikel 9: Die Bundesrepublik Deutschland und die Deutsche Demokratische Republik stimmen darin überein, daß durch diesen Vertrag die von ihnen früher abgeschlossenen oder sie betreffenden zweiseitigen und mehrseitigen internationalen Verträge und Vereinbarungen nicht berührt werden.

(Presse- und Informationsamt der Bundesregierung [Hg.], Verträge, Abkommen und Vereinbarungen 1973, S. 17ff.)

Text 12

Brief zur deutschen Einheit (1972)
Brief zur deutschen Einheit der Regierung der Bundesrepublik Deutschland an die Regierung der DDR vom 21. Dezember 1972:

An den
Staatssekretär beim Ministerrat
der Deutschen Demokratischen Republik
Herrn Dr. Michael Kohl
Sehr geehrter Herr Kohl!

Im Zusammenhang mit der heutigen Unterzeichnung des Vertrages über die Grundlagen der Beziehungen zwischen der Bundesrepublik Deutschland und der Deutschen Demokratischen Republik beehrt sich die Regierung der Bundesrepublik Deutschland festzustellen, daß dieser Vertrag nicht im Widerspruch zu dem politischen Ziel der Bundesrepublik Deutschland steht, auf einen Zustand des Friedens in Europa hinzuwirken, in dem das deutsche Volk in freier Selbstbestimmung seine Einheit wiedererlangt.

Mit vorzüglicher Hochachtung
Bahr

(Presse- und Informationsamt der Bundesregierung [Hg.], Bulletin vom 22. Dezember 1972.)

Text 13

Zwei deutsche Staaten und Gesamtdeutschland

Aus dem Urteil des Bundesverfassungsgerichts zum Vertrag über die Grundlagen der Beziehungen zwischen der Bundesrepublik Deutschland und der Deutschen Demokratischen Republik vom 31. Juli 1973:

Die klare Rechtsposition jeder Regierung der Bundesrepublik Deutschland ist: Wir haben von der im Grundgesetz vorausgesetzten , in ihm „verankerten" Existenz Gesamtdeutschlands mit einem deutschen (Gesamt) Staatsvolk und einer (gesamt-)deutschen Staatsgewalt auszugehen. Wenn heute von der „deutschen Nation" gesprochen wird, die eine Klammer für Gesamtdeutschland sei, so ist dagegen nichts einzuwenden, wenn darunter auch ein Synonym für das „deutsche Staatsvolk" verstanden wird ...

Die Deutsche Demokratische Republik ist im Sinne des Völkerrechts ein Staat und als solcher Völkerrechtssubjekt. Diese Feststellung ist unabhängig von einer völkerrechtlichen Anerkennung der Deutschen Demokratischen Republik durch die Bundesrepublik Deutschland. Eine solche Anerkennung hat die Bundesrepublik nicht nur nie förmlich ausgesprochen, sondern im Gegenteil wiederholt ausdrücklich abgelehnt. Würdigt man das Verhalten der Bundesrepublik Deutschland gegenüber der Deutschen Demokratischen Republik im Zuge ihrer Entspannungspolitik, insbesondere das Abschließen des Vertrages als faktische Anerkennung, so kann sie nur als eine faktische Anerkennung besonderer Art verstanden werden.

Das Besondere dieses Vertrages ist, daß er zwar ein bilateraler Vertrag zwischen zwei Staaten ist, für den die Regeln des Völkerrechts gelten und der die Geltungskraft wie jeder andere völkerrechtliche Vertrag besitzt, aber zwischen zwei Staaten, die Teile eines noch immer existierenden, wenn auch handlungsunfähigen, weil noch nicht reorganisierten, umfassenden Staates Gesamtdeutschland mit einem einheitlichen Staatsvolk sind, dessen Grenzen genauer zu bestimmen hier nicht nötig ist ...

Die Bundesregierung verliert durch den Vertrag nicht die Rechtstitel, überall im internationalen Verkehr, auch gegenüber der Deutschen Demokratischen Republik, nach wie vor die staatliche Einheit des deutschen Volkes im Wege seiner freien Selbstbestimmung fordern zu können und in ihrer Politik dieses Ziel mit friedlichen Mitteln und in Übereinstimmung mit den allgemeinen Grundsätzen des Völkerrechts anzustreben. Der Vertrag ist kein Teilungsvertrag, sondern ein Vertrag, der weder heute noch für die Zukunft ausschließt, daß die Bundesregierung jederzeit alles Mögliche dafür tut, daß das deutsche Volk seine staatliche Einheit wieder organisieren kann ...

Ebensowenig darf der Vertrag dahin verstanden werden, daß er die Bundesregierung und alle übrigen Organe in Bund und Ländern von der verfassungsmäßigen Pflicht entbindet, das öffentliche Bewußtsein nicht nur für die bestehenden Gemeinsamkeiten, sondern auch dafür wachzuhalten, welche weltanschaulichen, politischen und sozialen Unterschiede zwischen der Lebens- und Rechtsordnung der Bundesrepublik Deutschland und der Lebens- und Rechtsordnung der Deutschen Demokratischen Republik bestehen. Jeder Versuch, die Bundesregierung in diesem Bereich in ihrer Freiheit und verfassungsmäßigen Vertretung der Interessen der freiheitlich-demokratischen Grundordnung zu beschränken mit der Behauptung, sie verstoße gegen den Inhalt und Geist des Vertrages und mische sich in die inneren Angelegenheiten der Deutschen Demokratischen Republik ein, handelt also vertragswidrig, stellt seinerseits eine Vertragswidrigkeit dar ...

(Bundesministerium für innerdeutsche Beziehungen [Hg.] Die Entwicklung der Beziehungen zwischen der Bundesrepublik Deutschland und der Deutschen Demokratischen Republik. Bonn 1977, S. 191ff.)

48

Text 14

Rainer Barzel (1973): Kritik am Grundlagenvertrag
Der Versuch, die Einheit der Nation bei Existenz von zwei Staaten in Deutschland zur Grundlage des Vertrages und des Verhältnisses zwischen beiden Staaten in Deutschland zu machen, ist nicht gelungen. ...
    Wir vermissen die Ausgewogenheit von Leistung und Gegenleistung. Was die DDR wollte, steht überwiegend im Vertrag. Das, worauf wir Wert legten und was die Bundesregierung selbst wollte, ist weitgehend – und das auch nur zum kleinen Teil – in Absichtserklärungen enthalten. Eine unmenschliche Trennungslinie wird zu einer unmenschlichen Grenze. ...
    Wir haben, wie gesagt, der Herstellung der Freizügigkeit für Menschen, Informationen und Meinungen und der Verwirklichung entscheidender Erleichterungen stets besondere Bedeutung beigemessen, auch für den Abschluß des Grundvertrages. Der Grundvertrag selbst enthält über diese wichtigen Punkte keine Aussage. Gewisse menschliche Erleichterungen sind in einigen Absichtserklärungen außerhalb des eigentlichen Vertrages, also in Protokollnotizen, in Briefwechseln und in einseitigen mündlichen Erklärungen, lediglich in Aussicht genommen; das heißt, sie sind rechtlich nicht hinreichend und verläßlich abgesichert. ...
    Der Vertrag sollte – und dies ist ein anderer Punkt – verläßliche Grundlagen für das Verhältnis zwischen beiden Teilen Deutschlands schaffen. Statt dessen sind Grundfragen, wie die Einheit der Nation, Freiheit, Menschenrechte, entweder gar nicht berührt, oder sie wurden so formuliert, daß unterschiedliche Auslegungen Anlaß ständigen Streites sein können ...

(*Carl Christoph Schweitzer (Hg.) Die deutsche Nation.* Köln 1976, S. 485)

TEXTE zum Nationenbegriff

Text 15

Aus dem Grundgesetz der Bundesrepublik Deutschland (1949)

Präambel. Im Bewußtsein seiner Verantwortung vor Gott und den Menschen, von dem Willen beseelt, seine nationale und staatliche Einheit zu wahren und als gleichberechtigtes Glied in einem vereinten Europa dem Frieden der Welt zu dienen, hat das Deutsche Volk in den Ländern Baden, Bayern, Hamburg, Hessen, Niedersachsen, Nordrhein-Westfalen, Rheinland-Pfalz, Schleswig-Holstein, Württemberg-Baden und Württemberg-Hohenzollern, um dem staatlichen Leben für eine Übergangszeit eine neue Ordnung zu geben, kraft seiner verfassungsgebenden Gewalt dieses Grundgesetz beschlossen.
    Es hat auch für jene Deutsche gehandelt, denen mitzuwirken versagt war. Das gesamte Deutsche Volk bleibt aufgefordert, in freier Selbstbestimmung die Einheit und Freiheit Deutschlands zu vollenden.

Text 16

Einheit und Freiheit
Zur Verbindung von Einheit und Freiheit sagte Walter Scheel als Bundespräsident 1978 vor dem Deutschen Bundestag:
... In der Präambel unseres Grundgesetzes steht der schöne verpflichtende Satz: „Das gesamte Deutsche Volk bleibt aufgefordert, in freier Selbstbestimmung die Einheit und Freiheit Deutschlands zu vollenden." ... Es heißt nicht, „die Einheit Deutschlands wiederher-

zustellen", es heißt nicht, „die Einheit Deutschlands herbeizuführen" – es heißt: „die Einheit Deutschlands zu vollenden". Also ist schon ein Anfang mit der Einheit Deutschlands gemacht. Wo ist dieser Anfang zu finden? Hier bei uns, hier in diesem freiheitlichen, demokratischen, sozialen Rechtsstaat. Das ist ein sehr kühner und ein sehr richtiger Gedanke. Der Gedanke der Einheit Deutschlands hat sich mit dem Gedanken der Freiheit verbunden ...

Es wird häufig gesagt: Die Einheit sei ein unmögliches Ziel; unsere Nachbarn in Ost und West würden sie nicht zulassen. Ein vereinigtes Deutschland sei für sie mit zu vielen Risiken verbunden. Selbst wenn dem heute noch so wäre: Können wir nicht unsere Nachbarn überzeugen, daß von einem freien Deutschland keine Gefahren und Risiken, auf welchem Gebiet auch immer, für sie ausgehen werden? .. Wenn dieser Staat beharrlich der Freiheit nach innen und außen dient, wenn er seine geistigen, politischen und wirtschaftlichen Mittel einsetzt, nicht um zu herrschen, sondern um zu helfen; wenn er konsequent auf der Seite der Gerechtigkeit gegen die Ungerechtigkeit steht – dann wird sich auch die Angst vor einem vereinigten Deutschland verlieren, dann könnte es sein, daß eines Tages unsere Nachbarn ein vereinigtes Deutschland wünschen, weil es, auch in ihrem Interesse, sein größeres Gewicht auf die Waagschale des Friedens legen könnte. ...

Die Einheit Deutschlands wird das Ergebnis eines langen historischen Prozesses sein. Wenn sie realisierbar wird, wird uns die Geschichte auch die Formen anbieten, die dann an der Zeit sind. ...

(*W. Scheel, Zur Wiederkehr des 17. Juni 1953.* Ansprache vor dem Deutschen Bundestag am 17. Juni 1978; herausgegeben vom Bundesminister für innerdeutsche Beziehungen o.J., S. 11f.)

Text 17

Zwei Tendenzen des Nationalbewußtseins

Nun gab es allerdings in der Geschichte des Nationalbewußtseins zwei Strömungen oder Tendenzen. Bei der einen wird die von uns angeführte Auffassung, daß es sich beim Entstehen der Nation in erster Linie um einen Prozeß des politischen Wollens handelt, gewissermaßen offengelegt. Diese Variante des Nationalbewußtseins ist eng mit der Entwicklung der modernen Demokratie verknüpft.

Eine andere, man wird sagen können, weniger rationale Ausprägung des Nationalbewußtseins, hat ihre Quellen im deutschen Idealismus und vor allen Dingen in der Romantik. Diese Variante des Nationalbewußtseins war es vor allem, die von den für die deutsche Romantik charakteristischen Analogien aus der organischen Natur lebte. Hier wurde die Existenz der Nation nicht so sehr auf einen politischen Willensakt, sondern auf sogenannte objektive Gegebenheiten wie gemeinsame Geschichte, Volksgeist, Sprache, Sitte und Kultur zurückgeführt. Aber eben dieser Bezug auf solche „Objektivitäten" ist problematisch. Das Ergebnis war jedenfalls die Erhebung dessen, was man unter Nation verstand, zu einer Wesenheit eigener und überindividueller Realität, zu einer Art organischem Lebewesen mit eigenem Lebensrecht. ...

(*Funkkolleg Sozialer Wandel*, Studienbegleitbrief 12, herausgegeben vom Deutschen Institut für Fernstudien an der Universität Tübingen, 1975, S. 19f.)

Text 18

„Nation" aus DDR-Sicht (1973)

... Es gibt zwei Typen von Nationen: die bürgerliche und die sozialistische Nation. Die bürgerliche Nation beruht auf der kapitalistischen Produktionsweise, daher ist sie in antagonistische Klassen gespalten und wird durch Klassenkämpfe und soziale Konflikte erschüttert. Das Schicksal der bürgerlichen Nation ist untrennbar mit der Entwicklung des Kapitalismus und der Politik der herrschenden Klasse verbunden ...

Die sozialistische Nation beruht auf der sozialistischen Produktionsweise, sie kennt keine Klassenantagonismen, sondern ist durch die wachsende politisch-moralische Einheit des Volkes gekennzeichnet, weshalb sie wesentlich stabiler als die bürgerliche Nation ist. Ihre führende Kraft ist die Arbeiterklasse, die im Bündnis mit der Klasse der Genossenschaftsbauern und allen werktätigen Schichten unter Führung der marxistisch-leninistischen Partei den Sozialismus baut.

Die Entwicklung und Annäherung der Nationen ist eine historische Entwicklungsstufe, die letzten Endes, im Ergebnis einer langen Entwicklung nach dem Sieg des Kommunismus im Weltmaßstab zur Aufhebung der nationalen Unterschiede führt.

(*Kleines politisches Wörterbuch*, Berlin Ost 1973, S. 567ff.)

6. Die Wende

Im September 1982 zerbrach nach 13 Jahren die sozialliberale Koalition, nachdem sich die FDP schon seit geraumer Zeit in wesentlichen Fragen von der SPD fortbewegt hatte. In Fragen der Staatsverschuldung, der Steuerpolitik, der Beschäftigungslage und vor allem der Sozialpolitik waren die Differenzen zu stark geworden. Außerdem fiel die SPD in der Wählergunst immer weiter zurück, und die FDP mußte befürchten, in diesen Abwärtssog mit hineingezogen zu werden. Eine konservativ-liberale Koalition wählte durch Anwendung eines Konstruktiven Mißtrauensvotums den Bundeskanzler Helmut Kohl. Mit großem Aufwand in Medien und Öffentlichkeit wurde eine „Wende" ausgerufen, und es gelang der CDU/CSU und FDP, bei vorgezogenen Neuwahlen im März 1983 eine stabile Mehrheit zu erringen, während die SPD unter die 40-Prozent-Marke fiel. Ihr wurden die über 2 Millionen Arbeitslosen politisch angelastet, ihre Zustimmung zur Stationierung amerikanischer Mittelstreckenraketen und die Unentschiedenheit in ökologischen Fragen trieben viele ehemalige SPD-Wähler den GRÜNEN zu, die über die 5-Prozent-Marke sprangen. Die Wende erhielt eine beträchtliche Schubkraft durch eine konservative Mehrheitsstimmung, deren „Aufschwungoptimismus" viele Wähler mitzog und ein Ende des „Krisengeredes" einleiten sollte. Ein überzeugendes Profil zu gewinnen, fiel der Opposition aus SPD und GRÜNEN auch deshalb schwer, weil in der Koalition ein breites Meinungsspektrum vertreten wurde: Wirtschaftsliberale Positionen (FDP und Teile der CDU/CSU) mit unternehmerfreundlicher Zielsetzung stritten sich mit arbeitnehmerfreundlichen Positionen (z.B. Sozialausschüsse in der CDU), ordnungspolitische Vorstellungen von einem starken Staat (Teile der CDU, CSU) rangen mit liberalen Rechtsstaatspositionen (FDP), wenn es um Fragen des Datenschutzes und des Demonstrationsrechtes (Vermummungsverbot bei Demonstrationen) ging.

Aussenpolitisch gelang trotz Massendemonstrationen der Friedensbewegung die parlamentarische Durchsetzung der Stationierung amerikanischer Mittelstreckenraketen, obwohl sich die SPD noch in gleichsam letzter Minute zu deren Ablehnung durchringen konnte. Obwohl eine „demographische" Mehrheit gegen die Stationierung ausgemacht wurde, rief der „demokratische" Parlamentsbeschluß für die Stationierung keine inneren Unruhen hervor. Bewegung wurde in die Raketenfrage erst wieder durch die erstaunliche Initiative des sowjetischen Generalsekretärs Gorbatschow gebracht, der sich mit dem amerikanischen Präsidenten Reagan auf die Verschrottung aller atomarer Mittelstreckenwaffen über 1000 km einigen konnte (INF-Vertrag 1987). Seitdem verlagert sich die sicherheitspolitische Diskussion auf nichterfaßte atomare Kurzstreckenwaffen und vor allem auf das Problem der Rüstungsbegrenzung im konventionellen Bereich.

Europapolitisch wird unter dem Stichwort „Binnenmarkt 1992" eine bedeutende Umstrukturierung angestrebt. Nach der Einheitlichen Europäischen Akte vom Juli 1987 sollen ab 1992 die Grenzkontrollen und nationalen Reglementierungen fallen und die unterschiedlichen Normen- und Steuersysteme ausgeglichen werden; Aufträge sollen europaweit ausgeschrieben, das Niederlassungsrecht soll liberalisiert werden. Ob diese „größte Deregulierung" der Wirtschaftsgeschichte schon ab 1992 voll durchsetzbar ist, erscheint jedoch zweifelhaft. Besondere Probleme bestehen in der Angleichung der unterschiedlichen Sozialsysteme, wobei besonders die deutschen Arbeitnehmer Einbußen ihrer Sozialrechte (Tarifautonomie, Mitbestimmung, Schutzgesetze, Versicherungen usw.) befürchten müssen.

Deutschlandpolitisch wurde keine Wende eingeleitet. Die Regierung betonte sogar ausdrücklich die Kontinuität mit der 13 Jahre lang bekämpften Ostpolitik. Es kam zu bisher nicht gekannten Milliardenkrediten an die DDR, eingefädelt von Franz Joseph Strauss, der sich einst als schärfster Gegner der sozialliberalen Ostpolitik profiliert hatte. Die Weiterführung der Ostpolitik sorgte im konservativen Lager für beträchtliche Irritationen, ablesbar etwa an Stellungnahmen der maßgeblichen Vertriebenenverbände (Schlesien bleibt unser). 1987 kam es zum ersten Besuch des DDR-Staatsratsvorsitzenden Erich Honecker in der Bundesrepublik. Seit 1985 läßt die DDR auch vermehrt Menschen in die Bundesrepublik übersiedeln und hat den Reiseverkehr unterhalb des Rentenalters liberalisiert. Seit 1986 setzte verstärkt ein Zustrom von deutschen Aussiedlern aus den Oststaaten ein (1988: ca. 200000), die in der Bundesrepublik auf den Arbeits- und Wohnungsmarkt drängen.

In der *Wirtschaftspolitik* wurde der Schwerpunkt auf die Stützung der investiven Kräfte gelegt, in Abgrenzung zur „Umverteilungspolitik" der SPD. Tatsächlich konnte seit 1983 wieder ein durchschnittliches Wirtschaftswachstum von 2,5 Prozent erreicht werden. Die günstige Konjunkturentwicklung verdankt sich jedoch wesentlich außenwirtschaftlichen Faktoren: den gefallenen Ölpreisen, dem zeitweise erhöhten Dollarkurs, der die Exportwirtschaft begünstigte, und einer positiven Weltkonjunktur. Binnenwirtschaftliche Nachfragekräfte wurden erst 1988 durch das Greifen der Steuerreform gestärkt, welche in drei Stufen (1986, 1988, 1990) mit der Begradigung des linearen Steuertarifs eine Steuerentlastung von ca. 50 Milliarden Mark bringt, allerdings durch die Erhöhung von Verbrauchssteuern und die Erhebung neuer Abgaben (Quellensteuer auf Kapitalerträger) die Klein- und Mittelverdiener benachteiligt. Der Staatshaushalt wurde nur bis 1985 konsolidiert; 1988 mußte die Regierung auf Grund von Steuerausfällen und Subventionen (EG, Bauern, Kohle usw.) die höchste Staatsverschuldung in der Geschichte der Bundesrepublik verantworten.

Das größte Legitimationsdefizit der Wenderegierung besteht jedoch nach wie vor in der Höhe der *Arbeitslosenzahlen*. Zwar wurden einige hunderttausend neue Arbeitsplätze geschaffen – auch durch von der Regierung bekämpfte Arbeitszeitverkürzungen –, die Gesamtzahl der Arbeitslosenzahlen sank jedoch nicht. Das geschieht, nachdem die Sozialausgaben empfindlich zurückgeschnitten und Arbeitnehmerrechte (Kündigungsschutz) gelockert wurden, die Lohnforderungen moderat blieben, die Unternehmergewinne allerdings wie in den besten Boom-Zeiten stiegen.

Während die Regierung ihre Erfolge vorweist (Preisstabilität, Exportstärke, Wachstum) und sich überhaupt den allgemeinen „Stimmungswechsel" anrechnet, leidet das öffentliche Bild der Regierung unter schwerwiegenden „*Pannen*" (Wörner-Kiesling-Affäre, Kohls Gorbatschow-Goebbels-Vergleich, Barschel-Affäre in Schleswig-Holstein, Atomskandale usw.). Besonders wurden die Spendenskandale kritisiert. Dabei geht es um den Vorwurf der Bestechlichkeit und der Steuerhinterziehung bei der Zuwendung von Industriespenden an politische Parteien. Die Absicht der Bundesregierung, eine „Amnestie" für „Spendensünder" durchzusetzen, scheiterte am Druck der öffentlichen Meinung.

Schwerwiegende Irritationen riefen besonders bei der konservativ-liberalen Regierungskoalition Veränderungen im innenpolitischen Spektrum der Bundesrepublik seit 1989 hervor. Bei den Bürgerschaftswahlen in Berlin und Kommunalwahlen in Hessen gab es erdrutschartige Verluste der CDU und FDP bei einer relativen Stabilisierung der SPD und der GRÜNEN. Vor allem aber gelang es den rechtsradikalen "Republikanern" in Berlin und der rechtsextremistischen NPD in Hessen bis zu 8 Prozent der Wählerstimmen zu erringen. Diese beachtliche Zahl von Protestwählern weist auf Bindungsverluste der konservativen Traditionsparteien hin, die nicht mehr alle Strömungen „am rechten Rand" integrieren können. Das Erstarken des Rechtsradikalismus, auch in Frankreich und Österreich beobachtbar, läßt sich nicht primär aus Polarisierungen im Links-Rechts-Schema erklären, sondern aus der sozialen Lage jenes Teils der Gesellschaft, welcher dem Modernisierungs- und Wettbewerbsdruck der letzten Jahre nicht gewachsen war. Die Traditionsparteien einschließlich der GRÜNEN gelten dagegen als Interessenparteien einer saturierten Zweidrittel-Gesellschaft.

Unter internationaler Aufmerksamkeit vollzogen sich die Gedenkfeierlichkeiten anläßlich des 40. Jahrestages der deutschen Kapitulation. Reagan und Kohl besuchten den Soldatenfriedhof *Bitburg*, gedacht als sinnbildliche Versöhnungsgeste, die besonders im Ausland auf beträchtliches Unverständnis stieß. Als der Besuch des Soldatenfriedhofs, auf dem auch SS-Angehörige bestattet liegen, nachträglich mit einem Besuch des Konzentrationslagers Bergen Belsen verknüpft wurde, brachen alte Wunden wieder auf. Von vielen Betroffenen wurde die Vergleichbarkeit von „Täter- und Opferschicksal" zurückgewiesen und der Versuch einer „Selbstversöhnung" der ehemaligen Täternation mit den Opfern als unmoralisch abgelehnt. Es kam jedoch auch zu der bedeutenden Rede des Bundespräsidenten Richard von Weizsäcker, der eindrucksvoll den Versöhnungs-

und Friedenswillen über die Beschädigungen in der nationalen Frage stellte. Diese Rede dokumentiert, wie breit der Friedenswille in der Bundesrepublik angelegt ist (vgl. Text 19).

Text 19

Richard von Weizsäcker: Zum 40. Jahrestag der Beendigung des Krieges in Europa.

Wir können des 8. Mai nicht gedenken, ohne uns bewußtzumachen, welche Überwindung die Bereitschaft zur Aussöhnung den ehemaligen Feinden abverlangte. Können wir uns wirklich in die Lage von Angehörigen der Opfer des Warschauer Ghettos oder des Massakers von Lidice versetzen?

Wie schwer mußte es aber auch einem Bürger in Rotterdam oder London fallen, den Wiederaufbau unseres Landes zu unterstützen, aus dem die Bomben stammten, die erst kurze Zeit zuvor auf seine Stadt gefallen waren. Dazu mußte allmählich eine Gewißheit wachsen, daß Deutsche nicht noch einmal versuchen würden, eine Niederlage mit Gewalt zu korrigieren.

Bei uns selbst wurde das Schwerste den Heimatvertriebenen abverlangt. Ihnen ist noch lange nach dem 8. Mai bitteres Leid und schweres Unrecht widerfahren. Um ihrem schweren Schicksal mit Verständnis zu begegnen, fehlt uns Einheimischen oft die Phantasie und auch das offene Herz.

Aber es gab alsbald auch große Zeichen der Hilfsbereitschaft. Viele Millionen Flüchtlinge und Vertriebene wurden aufgenommen. Im Laufe der Jahre konnten sie neue Wurzeln schlagen. Ihre Kinder und Enkel bleiben auf vielfache Weise der Kultur und der Liebe zur Heimat ihrer Vorfahren verbunden. Das ist gut so, denn das ist ein wertvoller Schatz in ihrem Leben.

Sie haben aber selbst eine neue Heimat gefunden, in der sie mit den gleichaltrigen Einheimischen aufwachsen und zusammenwachsen, ihre Mundart sprechen und ihre Gewohnheiten teilen. Ihr junges Leben ist ein Beweis für die Fähigkeit zum inneren Frieden. Ihre Großeltern oder Eltern wurden einst vertrieben, sie jedoch sind jetzt zu Hause.

Früh und beispielhaft haben sich die Heimatvertriebenen zum Gewaltverzicht bekannt. Das war keine vergängliche Erklärung im anfänglichen Stadium der Machtlosigkeit, sondern ein Bekenntnis, das seine Gültigkeit behält. Gewaltverzicht bedeutet, allseits das Vertrauen wachsen zu lassen, daß auch ein wieder zu Kräften gekommenes Deutschland daran gebunden bleibt.

Die eigene Heimat ist mittlerweile anderen zur Heimat geworden. Auf vielen alten Friedhöfen im Osten finden sich heute schon mehr polnische als deutsche Gräber.

Der erzwungenen Wanderschaft von Millionen Deutschen nach Westen folgten Millionen Polen und ihnen wiederum Millionen Russen. Es sind alles Menschen, die nicht gefragt wurden, Menschen, die Unrecht erlitten haben, Menschen, die wehrlose Objekte der politischen Ereignisse wurden und denen keine Aufrechnung von Unrecht und keine Konfrontation von Ansprüchen wiedergutmachen kann, was ihnen angetan worden ist.

54

Gewaltverzicht heute heißt, den Menschen dort, wo sie das Schicksal nach dem 8. Mai hingetrieben hat und wo sie nun seit Jahrzehnten leben eine dauerhafte, politisch unangefochtene Sicherheit für ihre Zukunft zu geben. Dies heißt, den widerstreitenden Rechtsansprüchen das Verständigungsgebot überzuordnen.

Darin liegt der eigentliche, der menschliche Beitrag zu einer europäischen Friedensordnung, der von uns ausgehen kann.

7. Sicherheitspolitik

a) Kaum ein Problem beschäftigte die Öffentlichkeit zu Beginn der 80er Jahre mehr als die *Sicherheitspolitik*. Es schien sich in der Schärfe und Leidenschaft eine Debatte zu wiederholen, die schon in den 50er Jahren die Gemüter aufgewühlt hatte. Damals ging es um die Wiederbewaffnung der Bundesrepublik; Ende der 70er Jahre stand vor allem die Stationierung von atomaren Mittelstreckenwaffen in Westeuropa, besonders der Bundesrepublik zur Debatte. Der Verlauf der Auseinandersetzungen war mit einer zunehmenden Deprofessionalisierung der Militärpolitik verbunden und schärfte die Sensibilität für sicherheitspolitische Probleme. Ihren Ausdruck fanden die Auseinandersetzungen in Massendemonstrationen, die in ihrer Quantität und Qualität ihresgleichen suchten. Hervorzuheben sind besonders die Massendemonstrationen in Bonn (Oktober 1981) und die Oktoberdemonstrationen 1983 mit eindrucksvollen Menschenketten. Relevanz, Schärfe und Leidenschaftlichkeit dieser Debatte sind nur zu verstehen, wenn der Hintergrund der sicherheitspolitischen Situation in der Bundesrepublik beschrieben wird, die Ebenen der Verhandlungen über Abrüstung und Rüstungsbegrenzungen dargestellt werden, der sogenannte „Doppelbeschluß" der NATO vom Dezember 1979 analysiert wird und die Argumente für und gegen die Stationierung von Atomwaffen in Europa konfrontiert werden.

b) Mit dem Eintritt in die NATO stand ein Beitrag der Bundesrepublik zur Sicherheitspolitik in Europa fest, der auf Grund der allgemeinen Wehrpflicht und dem hohen Einsatz finanzieller Mittel zum Aufbau einer der effektivsten konventionellen Armeen des Westens führte. Um nicht die Fehler der Vergangenheit (vgl. die Rolle der Reichswehr in der Weimarer Republik) zu wiederholen, wurde der „Primat des Politischen" in der *Bundeswehr* streng beachtet und das Konzept des „Staatsbürgers in Uniform" entwickelt. Blinde Autoritätshörigkeit und die Isolierung der Armee als „Staat im Staate" sollten damit verhindert werden. Allgemeiner Konsensus war der defensive Charakter der Bundeswehr. Trotz dieser Rahmenbedingungen kam es im Verlaufe der Entwicklung immer wieder zu „Generalkrisen", die das sensible Verhältnis von zivilen und militärischen Lebens- und Denkkategorien eindrucksvoll dokumentierten, jedoch bisher immer zugunsten des Zivilen gelöst wurden. Spektakulär waren die öffentlichen Auseinandersetzungen um den „Traditionserlaß", die sich an der öffentlichen Vereidigung von Rekruten entzündeten.

c) Die Rolle der Bundeswehr ist eingeordnet in die Bündnispolitik der NATO, die weitgehend von den USA bestimmt wird. Die militärtheoretischen *Konzeptionen* haben sich seit der Gründung der NATO (1949) stark verändert. Grundpfeiler aller Konzeptionen ist die Abschreckungsdoktrin. Sie hatte eine eindeutige Verbindlichkeit, solange allein die Amerikaner über Atomwaffen verfügten und der UdSSR bei Verletzung des Status quo den Einsatz von vernichtenden Atomwaffen androhen konnten. Als die UdSSR ihrerseits in den 60er Jahren ein massives Atomwaffenarsenal aufbauen konnte, verwandelte sich die einseitige Abschreckungsmöglichkeit in eine wechselseitige „Todespartnerschaft", die auf der Fähigkeit zum vernichtenden Zweitschlag beruht. Ein erster Einsatz von Atomwaffen würde demnach „Selbstmord" bedeuten. Doch die wechselseitige Abschreckungsfähigkeit gewann ab 1967 mit der westlichen Konzeption der „flexible response" eine neue Dimension. Sie zeigte die Fragwürdigkeit der „massiven Vergeltung" an, da bei konventionellen Kriegshandlungen der Gegenseite die Drohung mit dem Vernichtungseinsatz von Atomwaffen die Androhung des Selbstmordes auf Grund der Zweitschlagsfähigkeit bedeuten würde. Sollte etwa Chicago für Berlin geopfert werden? Der Zweifel an der Glaubwürdigkeit der „massiven Abschreckung" erforderte eine neue Doktrin.

d) Man ersetzte deshalb das Konzept der „massiven Abschreckung" durch das Konzept der „abgestuften Reaktion". Danach sollte einer künftigen Aggression der UdSSR nicht gleich mit einem massiven atomaren Hammerschlag, sondern mit konventionellen und nuklearen Mitteln begegnet werden, die dem Ausmaß des Angriffs entsprachen. Erst wenn die konventionelle Antwort versagen sollte, kämen abgestufte nukleare Antworten mit vorsichtiger Eskalation in Frage. Dem Aggressor sollte bei jeder Eskalationsstufe das Risiko einer Fortsetzung der Aggression verdeutlicht werden. Wichtig war bei diesen Überlegungen, daß das Anheben der jeweiligen Eskalationsstufe für den Gegner unkalkulierbar blieb. Diese Konzeption führte schon früh dazu, die Atomwaffen immer stärker zu miniaturisieren, um sie entsprechend jeder Eskalationsstufe einsetzen zu können. Auf der untersten Stufe stehen sich die konventionellen Systeme (Panzer, Truppen usw.) gegenüber. Es folgen als nächste Eskalationsstufe die nuklearen, taktischen Kurzstrecken- und eurostrategischen Mittelstreckenraketen, mit denen sich auf Grund der verkürzten Reichweite nicht die USA und UdSSR gegenseitig bedrohen, sondern die Bedrohung auf den europäischen (und asiatischen) Raum beschränkt bleiben könnte. Allerdings hat die UdSSR immer wieder betont, daß sie die Differenzierung der Atomwaffen nicht akzeptieren und jeden Atomschlag mit dem massiven Gegenschlag beantworten würde. Erst die dritte Eskalationsstufe würde entsprechend der „flexible response" den vernichtenden Einsatz der strategischen Systeme bedeuten. Befürworter dieser Abschreckungstheorie betonen die Notwendigkeit der „Triade" mit abgestuften Abschreckungsqualitäten. Würde ein Glied der Triade ausfallen, ergäbe sich zumindest die Gefahr der politischen Erpreßbarkeit.

e) Das Tempo und die Entwicklung der Nuklearrüstung waren atemberaubend. Das Auftürmen nuklearer Vernichtungswaffen hat inzwischen eine mehrfache „overkill"-Kapazität erreicht. Damit steigerte sich die offensichtlich unsinnige Fähigkeit, die Todesstrafe in beiden Richtungen mehrfach zu vollstrecken. Angesichts dieser irrationalen Aufhäufung von Atomwaffen kam es zur *Entspannungspolitik*, die die Politik der 70er Jahre beherrschte. Dem Beharren auf militärischem Gleichgewicht wurde eine politische Entspannungskomponente zugeordnet, was auch Verhandlungen um die Begrenzung von Atomwaffen implizierte. Im SALT I-Abkommen (1972) kam es zu einer Einigung über die Begrenzung von Raketenabwehrsystemen, um die abschreckende Zweitschlagsfähigkeit aufrechtzuerhalten. 1979 folgte das SALT II-Abkommen mit der Festlegung von Obergrenzen für Interkontinentalraketen. Wegen sachlicher Bedenken im Hinblick auf die Kontrollmöglichkeiten und wegen der sowjetischen Intervention in Afghanistan wurde das SALT-II-Abkommen jedoch vom amerikanischen Kongress nicht ratifiziert. Seit über zehn Jahren finden die MBFR-Verhandlungen in Genf statt, in denen über beiderseitige, ausgeglichene Truppenreduzierungen in Europa verhandelt wird. Auf der Konferenz für Sicherheit und Zusammenarbeit in Europa (KSZE) gelang es 1975 in Helsinki, sich in einer Schlußakte auf gegenseitigen Gewaltverzicht, technische und ökonomische Zusammenarbeit und die Achtung der Menschenrechte zu einigen, wobei es jedoch um reine Absichtserklärungen geht. Die Entspannungspolitik kam aus vielen Gründen schon in der zweiten Hälfte der 70er Jahre in eine Krise. Verantwortlich waren dafür die forcierte Menschenrechtspolitik der Amerikaner mit beträchtlicher Sogwirkung in Ostblockländern (Dissidenten, Gewerkschaftsbewegung in Polen usw.), die Annäherung von China und den USA, die Ausschaltung der UdSSR bei der Lösung der Nahostkrise, der Mangel bei der technisch-ökonomischen Zusammenarbeit, die Verweigerung der Meistbegünstigungsklausel für die UdSSR, die Afrika- und Südamerikapolitik der UdSSR. Die UdSSR befürchtete angesichts der Umwälzungen in Persien eine Destabilisierung durch die muslimischen Minderheiten und nahm auch das zum Anlaß des Einmarsches in Afghanistan. Dazu kam der streng antikommunistische Kurs der Reagan-Regierung, der mit starken ideologischen Ausfällen gegen das „Reich des Bösen" auf die Überlegenheit der USA hinzielte.

f) Eine dramatische Zuspitzung der Sicherheitspolitik ergab sich durch den *Doppelbeschluß der NATO* (Dezember 1979). Schon 1977 hatte Helmut Schmidt in einer aufsehenerregenden Rede in London ein zwar annäherndes Gleichgewicht der strategischen Waffenarsenale konstatiert, aber ein Ungleichgewicht bei eurostrategischen Waffen behauptet. Schmidt forderte deshalb dringlich die Einbeziehung dieser „Grauzonenwaffen" in Abrüstungsverhandlungen. Der Außenminister Genscher meinte angesichts des Aufbaus modernisierter Mittelstreckenraketen (SS 20) eine „Vorrüstung" der Sowjetunion feststellen zu müssen, dem bei Nichtabbau eine westliche „Nachrüstung" zur Herstellung des eurostrategischen Gleichgewichts folgen müsse. Diese Überlegungen wurden von der amerikanischen Regierung zunächst nicht beachtet und führten erst im Dezember 1979 zum NATO-Doppelbeschluß. Er bestand aus einem Stationierungsbeschluß von 572 Sprengköpfen (108 Pershing II-Raketen und 464 Marschflugkörper), bot aber gleichzeitig über den Verlauf von 4 Jahren Abrüstungsverhandlungen an, die die Stationierung der Mittelstreckenwaffen überflüssig machen sollten. Diese Verhandlungen in Genf führten zu keinem positiven Ergebnis. Im November 1983 wurde der Stationierungsbeschluß bestätigt. Seitdem läuft die Stationierung, die sich etwa über 4 Jahre hinziehen wird.

g) Der Stationierungsbeschluß hatte seit 1980 die Öffentlichkeit in der Bundesrepublik nachhaltig erregt und führte zu spektakulären Großdemonstrationen. Im Oktober 1983 ergaben verschiedene Umfragen eine demoskopische Mehrheit der Bevölkerung gegen die Stationierung, die jedoch nicht in eine parlamentarische Mehrheit umgesetzt werden konnte. Die *Gegner der Nachrüstung* bestreiten zunächst, daß überhaupt eine *„Abschreckungslücke"* existiert, die geschlossen werden müßte. Die Entdeckung einer angeblichen sowjetischen „Vorrüstung" beruhe auf einer propagandistischen Fehlinformation der Öffentlichkeit. Diese komme dadurch zustande, daß nicht die tatsächlichen Vernichtungspotentiale auf beiden Seiten miteinander verglichen würden. Bei Fixierung auf landgestützte Systeme komme man in der Tat auf ein quantitatives und qualitatives Übergewicht der UdSSR, das jedoch bei Einbeziehung der seegestützten Systeme auf westlicher Seite voll ausgeglichen werde. Gemeint sind vor allem die amerikanischen, französischen und britischen U-Boote, die mit insgesamt 1000 Nuklearwaffen ausgerüstet sind. Landgestützte Systeme machen im Westen nur 2% der Mittelstreckensysteme aus, was jedoch angesichts der seegestützten Systeme keinesfalls ein Ungleichgewicht bedeute. Der Westen hat sich bisher beharrlich geweigert, diese seegestützten Systeme einzurechnen, da sie schon bei den SALT II-Verhandlungen als strategisches Potential berücksichtigt worden seien. Andererseits wurde SALT II von den Amerikanern nie ratifiziert. Außerdem wurden die amerikanischen U-Boote eindeutig dem eurostrategischen Arsenal der NATO zugeordnet. Ihr Abzug aus dem strategischen Arsenal der Amerikaner bedeutet keine Verringerung der amerikanischen Abschreckungsqualität im strategischen Bereich, ist jedoch aus der Perspektive der UdSSR als eurostrategisches Droh- und Abschreckungspotential zu sehen.

Die Gegner des Doppelbeschlusses bestreiten jedoch nicht nur die Existenz eines Ungleichgewichts im eurostrategischen Bereich; sie setzen ihre Kritik noch tiefer an, indem sie die *Abschreckungsdoktrin* für nicht mehr glaubhaft ansehen. War bisher die atomare Aufrüstung an die abschreckende Funktion der Waffen gekoppelt, also eine Kriegsverhinderungsstrategie, so könnte die fortgeschrittene Technik der Waffensysteme zu einer offensiven Kriegsführungsstrategie eingesetzt werden. Die extreme Treffgenauigkeit, die nur 5-minütige Vorwarnzeit bei den Raketen und die Unterfliegungsmöglichkeit des gegnerischen Radarschirms durch Marschflugkörper könnten zu einer Konventionalisierung eines künftigen Atomkrieges führen. Punktgenaue Atomschläge könnten schon auf der konventionellen Ebene eingesetzt werden. Reden amerikanischer Politiker über die Begrenzbarkeit, Regionalisierbarkeit und sogar Gewinnbarkeit nuklearer „Enthauptungsschläge" schüren nachhaltig diese Angst besonders in westeuropäischen Ländern, die sichere Opfer einer solchen Strategie wären. Die Stationierung eurostrategischer Waffen könnte dazu verführen, einen atomaren Schlagabtausch der Großmächte auf Europa und insbesondere auf Deutschland abzulenken. Außerdem würde die Gefahr bestehen, durch immer perfektere Miniaturisierungen die *atomare Hemmschwelle* abzubauen, zumal diese Waffen nicht zu einem vernichtenden und abschreckenden Zweitschlag geeignet wären. Sie müßten also als Erstschlagwaffen, wenn auch für nur punktuelle Ziele eingesetzt werden. Ihre deshalb möglichst frühzeitige Ausschaltung durch den Gegner müßte einen präventiven Ausschaltungsschlag gleichsam magnetartig auf sich ziehen und das Risiko eines Atomkrieges vergrößern. Es war deshalb logisch, daß der erste Bundeskanzler Adenauer und auch Helmut Schmidt in den 50er Jahren landgestützte Systeme für die dichtbesiedelten Länder Europas vehement ablehnten. Gegner der „Nachrüstung" weisen auch nachdrücklich auf die Risiken hin, da menschliche Fehler und technische Pannen einen *Atomkrieg „aus Versehen"* auslösen könnten. Schließlich weisen die Gegner auf die Tatsache hin, daß die im Nachrüstungsbeschluß verborgene Logik nicht zu Abrüstung, sondern zu einem immer unsinnigeren *Wettrüsten* führen muß, obwohl die dadurch verschwendeten Mittel dringend für wichtigere Problemlösungen (Hunger, Entwicklungshilfe usw.) eingesetzt werden könnten.

Die Gegnerschaft der Friedensbewegung war in der Bundesrepublik am intensivsten, da das geteilte Deutschland in jedem denkbaren Kriegsszenario der Großmächte vernichtet werden würde. Die schon bestehenden Overkill-Kapazitäten, die Tendenz hin zu einer offensiven Kriegsführungsstrategie, die Angst vor einer Regionalisierung eines Atomkrieges in Europa mit der Abkoppelung der USA von Europa, das irrationale Drohungs- und Bedrohungsdenken, die Einsicht in die Unsittlichkeit eines Atomkrieges, die nicht ausgesprochene Verzichtserklärung auf den Ersteinsatz von Atomwaffen und nicht zuletzt die Erinnerung an die schuldhafte Rolle der Deutschen beim Auslösen des Zweiten Weltkriegs verdichteten sich zu einer breiten Ablehnungsbewegung, die teilweise sogar ein moralisches Widerstandsrecht für sich beanspruchte, da es um die Existenzfrage der Menschen, wenn nicht der Menschheit gehe. Die Friedensbewegung erhielt einen Teil ihrer Überzeugungskraft durch die Tatsache, daß die Bundesrepublik feierlich auf die Herstellung von Atomwaffen verzichtet hat. Ein besonderes Merkmal der sicherheitspolitischen Diskussion besteht darin, daß auch in der DDR eine Friedensbewegung trotz beträchtlicher Hindernisse wirksam wurde. Argwöhnisch werden im Ausland alle Tendenzen beobachtet, die zu einer Art von gesamtdeutschem „Neutralpazifismus" führen könnten.

Eine politisch neue Situation wurde geschaffen, als es wider Erwarten Ende 1987 zum *INF-Vertrag* zwischen der UDSSR und den USA mit der Verschrottung aller atomaren Mittelstreckenraketen über 1000 km kam. Alle politischen Kräfte reklamierten dieses erste wirkliche Abrüstungsabkommen der Geschichte auch als ihren Erfolg. Die Wenderegierung sah ihren Kurs der Standhaftigkeit bei der Stationierung bestätigt; die Friedensbewegung und die GRÜNEN verweisen auf die durch sie bewirkte Sensibilisierung der Öffentlichkeit, und die SPD sieht sich in ihrer langfristig angelegten Entspannungspolitik gerechtfertigt. Tatsächlich kommt das Verdienst jedoch wesentlich dem neuen Kurs Gorbatschows zu, verstärkt durch die Belastungen der jeweiligen zivilen Volkswirtschaften durch die Überrüstung. Mit dem INF-Vertrag werden auch weitere Abrüstungsschritte im Bereich der atomaren Kurzstreckenwaffen und im Bereich der konventionellen Rüstung denkbar. Der Westen geht von einer konventionellen Überlegenheit des Warschauer Paktes aus, doch dürfen die existierenden „Asymmetrien" nicht übertrieben werden. Dem Übergewicht bei Panzern und Kampfflugzeugen stehen Qualitätsvorteile auf Seiten des Westens gegenüber. Der technologische Rückstand, Mobilisierungsprobleme und unruhige Verbündete sind Nachteile des Warschauer Paktes. Den weitreichenden Abrüstungsvorschlägen Gorbatschows steht der Westen bisher eher hilflos gegenüber. In der Bevölkerung treffen nach zahlreichen Unfallkatastrophen besonders militärische Flugschauen und Tiefflugmanöver auf Kritik. Umstritten ist auch die Verlängerung der Wehrdienst- und Zivildienstzeit, die dazu dienen soll, die Soll-Stärke der Bundeswehr bei geburtenschwachen Jahrgängen und zunehmender Zahl der Wehrdienstverweigerer zu gewährleisten.

II Die politische Verfassung

1. Die Verfassungsprinzipien

Nach dem Grundgesetz (Artikel 20) ist die Bundesrepublik Deutschland ein demokratischer und sozialer Rechtsstaat mit föderativem (=bundesstaatlichem) Aufbau. Diese Bestimmungen sind mit dem Artikel 1 GG (Schutz der Menschenwürde) unveränderbar und werden deshalb als „Verfassungskern" (Theodor Eschenburg) oder sogar als „Verfassung in Kurzform" bezeichnet. Das Menschenwürde-, Demokratie-, Rechtsstaats-, Sozialstaats- und Bundesstaatprinzip bilden die Rahmenbedingungen des staatlichen Aufbaus der Bundesrepublik.

Das *demokratische* Prinzip bedeutet, daß das Volk der Souverän ist. Das Volk übt die Staatsgewalt nicht unmittelbar, sondern mittelbar, nämlich durch gewählte Vertreter aus (=parlamentarische Form der Demokratie). Die wichtigste Legitimierung für das politische Handeln wird durch Wahlen gewährleistet, die auf der Ebene der Gemeinden, Bundesländer und des Bundes abgehalten werden. Bei den Wahlen spielen die Parteien eine wichtige Rolle. Sie konkurrieren mit- und gegeneinander.

Das Prinzip des *Rechtsstaates* besagt, daß alles legislative, exekutive und judikative Handeln an die verfassungsmäßige Ordnung, an Recht und Gesetz gebunden ist. Verletzen Politiker bei der Wahrnehmung von Staatsaufgaben Recht und Gesetz, können sie vor Gericht gestellt werden.

Das *Sozialstaatsprinzip* ist eine Ergänzung des Rechtsstaatsprinzips. Der Staat ist zum Schutz der sozial Schwächeren verpflichtet und hat sich um soziale Gerechtigkeit zu bemühen. Eine bestimmte Sozial- oder Wirtschaftsordnung ist durch das GG jedoch nicht festgelegt worden.

Das Prinzip der *Bundesstaatlichkeit* berücksichtigt die Interessen der 10 Bundesländer und Westberlins, bedeutet eine Konkretisierung des Demokratieprinzips (Landtags- bzw. Bürgerschaftswahlen) und bildet ein Gegengewicht zu den Gefahren eines überzentralisierten Einheitsstaates durch Machtteilung und Machtbalancierung.

2. Die Verfassungsinstitutionen

Die Umsetzung der Verfassungsprinzipien in die politische und gesellschaftliche Wirklichkeit soll durch den institutionellen Aufbau der Bundesrepublik gewährleistet werden. Die wichtigsten demokratischen Institutionen der Bundesrepublik sind der Bundestag, die Bundesregierung, der Bundesrat und das Bundesverfassungsgericht.

a) Das Parlament der Bundesrepublik heißt der *Bundestag*. Für ihn nominieren die Parteien ihre Vertreter, die alle vier Jahre von den wahlberechtigten Bürgern (ab dem 18. Lebensjahr) in allgemeinen, direkten, gleichen und geheimen Wahlen gewählt werden. Das Wahlsystem ist eine Verbindung aus einem relativen Mehrheitswahlrecht mit der Direktwahl von 248 Kandidaten

Abb. 5: Die Staatsinstitutionen

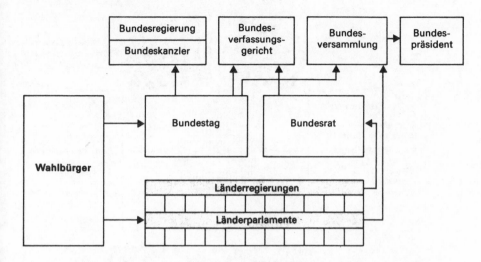

(Personenwahl). Die übrigen 248 Abgeordneten werden nach dem Verhältniswahlrecht über die Landeslisten der Parteien gewählt (Parteienwahl). Parteien
müssen 5% der Gesamtstimmen erreichen, um in das Parlament einziehen zu
können (Fünf-Prozent-Klausel).

Die im Bundestag vertretenen Parteien sind die CDU (Christlich Demokra-
tische Union), CSU (Christlich Soziale Union), SPD (Sozialdemokratische
Partei Deutschlands), FDP (Freie Demokratische Partei) und die GRÜNEN.
Jede der im Bundestag vertretenen Parteien bildet eine Fraktion, CDU und
CSU stehen seit 1949 in einer Fraktionsgemeinschaft.

Die Aufgaben des Bundestages sind die Wahl des Bundeskanzlers, die
Gesetzgebung und die Kontrolle der Regierung. Im Plenum des Bundestages
werden die großen Fragen der Innen- und Außenpolitik diskutiert. Die entscheidende Vorarbeit geschieht jedoch in den nicht öffentlich tagenden Ausschüssen. Gesetzentwürfe können aus der Mitte des Bundestages kommen
oder durch den Bundesrat oder die Bundesregierung eingebracht werden. Die
Gesetzentwürfe durchlaufen im Bundestag drei Lesungen. Die Abgeordneten
sind nicht weisungsgebunden, sondern nur ihrem Gewissen verantwortlich.
Gewissensfreiheit, Fraktionsdisziplin und Verbandsangehörigkeit können jedoch wechselseitig das Abstimmungsverhalten der Abgeordneten beeinflussen.

b) Der Bundestag wählt den *Bundeskanzler*, in dessen Händen die oberste
Exekutivgewalt des Bundes liegt. Er besitzt die Richtlinienkompetenz der
Politik und ist ausschließlich dem Parlament verantwortlich. Die Bundesre-
gierung wird durch den Bundeskanzler und die Bundesminister gebildet („Ka-
binett"). Die bisherigen Bundeskanzler in der Reihenfolge ihrer Amtszeiten:
Konrad Adenauer, Ludwig Erhard, Kurt Georg Kiesinger, Willy Brandt,
Helmut Schmidt, Helmut Kohl.

Abb. 6: Das Wahlrecht der Bundesrepublik Deutschland

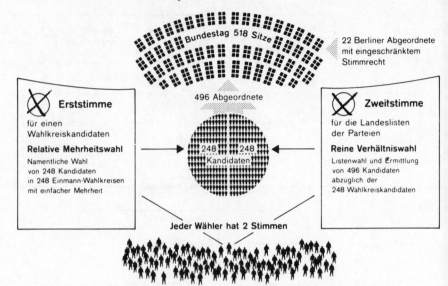

Alle Stimmberechtigten wählen in allgemeiner, unmittelbarer, freier, gleicher und geheimer Wahl

Eine wesentliche Rolle spielt im parlamentarischen Leben der Bundesrepublik die *Opposition*. Da der Bundeskanzler von den Mehrheitsparteien des Bundestages getragen wird, kommt die eigentliche Kontrollfunktion der Opposition zu. Sie hat die Aufgabe, die Regierung zu kritisieren und Alternativen zur Regierungspolitik zu entwickeln.

c) Der *Bundespräsident* ist formal das Staatsoberhaupt. Er vertritt die Bundesrepublik nach außen, ist jedoch in seinen Amtsrechten vor allem auf repräsentative Aufgaben beschränkt. Er wird nicht direkt, sondern von einer eigens zu seiner Wahl berufenen Bundesversammlung von Bundestagsabgeordneten und Delegierten der Landesparlamente gewählt.

d) Erheblichen politischen Spielraum und Einfluß auf die Bundespolitik hat das GG den *föderativen Gewalten* eingeräumt: den Länderbürokratien, den Landtagen und vor allem dem Bundesrat. Die Bundesländer in der Reihenfolge ihrer Einwohnerzahlen: Nordrhein-Westfalen, Bayern, Baden-Württemberg, Niedersachsen, Hessen, Rheinland-Pfalz, Schleswig-Holstein, Berlin (West), Hamburg, Saarland, Bremen. Der Status von Berlin (West) hat besondere Merkmale (z.B. keine Direktwahl der Bundestagsabgeordneten). Die Länder bestimmen in Landtagswahlen (in Bremen und Hamburg Bürgerschaftswahlen, in Westberlin Wahlen zum Abgeordnetenhaus) eigene Parlamente, haben eigene Regierungen, Verwaltungen und Verfassungen und nehmen eigene Steuern ein.

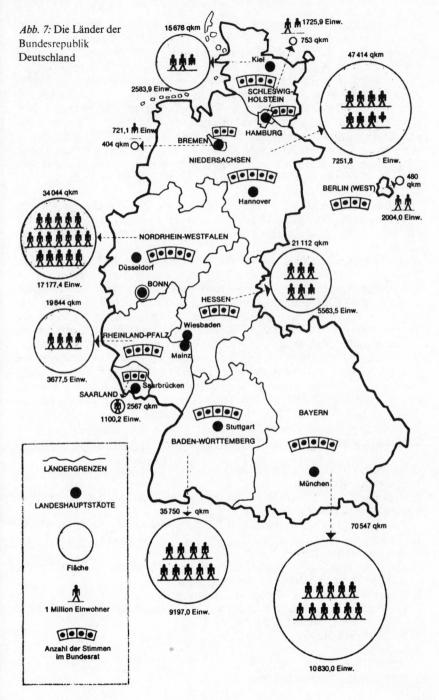

Abb. 7: Die Länder der Bundesrepublik Deutschland

15 676 qkm

1725,9 Einw.

753 qkm

Kiel

SCHLESWIG-HOLSTEIN

47 414 qkm

2583,9 Einw.

HAMBURG

7251,8 Einw.

721,1 Mill Einw.

BREMEN

404 qkm

NIEDERSACHSEN

Hannover

BERLIN (WEST)

480 qkm

2004,0 Einw.

34 044 qkm

NORDRHEIN-WESTFALEN

21 112 qkm

Düsseldorf

17 177,4 Einw.

BONN

5563,5 Einw.

19 844 qkm

HESSEN

Wiesbaden

RHEINLAND-PFALZ

3677,5 Einw.

Mainz

SAARLAND

Saarbrücken

2567 qkm

BADEN-WÜRTTEMBERG

Stuttgart

BAYERN

1100,2 Einw.

München

LÄNDERGRENZEN

LANDESHAUPTSTÄDTE

35 750 qkm

70 547 qkm

Fläche

1 Million Einwohner

9197,0 Einw.

Anzahl der Stimmen im Bundesrat

10 830,0 Einw.

63

Der *Bundesrat* steht als zweite, nichtparlamentarische Kammer neben dem Bundestag. Durch ihn wirken die Bundesländer bei der Gesetzgebung und Verwaltung des Bundes mit. Gesetze des Bundes bedürfen der Zustimmung des Bundesrates, wenn Interessen der Länder berührt werden. Mehr als die Hälfte aller Bundesgesetze sind zustimmungspflichtig und können vom Bundesrat blockiert werden. Bei „einfachen" Gesetzen hat der Bundesrat das Recht zum Einspruch, den der Bundestag überstimmen kann. In jedem Fall von Uneinigkeit muß ein Vermittlungsausschuß angerufen werden, der meist einen Kompromiß aushandeln kann. Zwischen 1972 und 1976 wurden nur 8 von 274 Gesetzen vom Bundesrat abgelehnt. Der Bundesrat setzt sich aus 41 Mitgliedern zusammen, die von den Landesregierungen delegiert werden. Jedes Land hat mindestens 3 Stimmen; Länder mit größerer Bedeutung haben 4 oder 5 Stimmen.

Am eindrucksvollsten tritt der Föderalismus in der *Kulturhoheit* der Länder in Erscheinung. Das Erziehungswesen und das kulturelle Leben (Theater, Museen, Orchester usw.) stehen weitgehend in der Verantwortung der Länder.

e) Die höchste richterliche Autorität hat in der Bundesrepublik das *Bundesverfassungsgericht* (BVG) mit Sitz in Karlsruhe. Dieses Verfassungsorgan ist einmalig in der deutschen Verfassungsgeschichte und dient der Sicherung der verfassungsmäßigen Ordnung der Bundesrepublik. Es besteht aus 2 Senaten mit jeweils 8 Richtern, die jeweils zur Hälfte von Abgeordneten des Bundestages und Delegierten des Bundesrates gewählt werden. Sollte ein verkündetes Gesetz nicht der Verfassung entsprechen, kann ein „abstraktes Normenkontrollverfahren" durch Verfassungsorgane beim BVG eingeleitet werden. Auch Gerichte können während eines Verfahrens bei Verfassungszweifeln an Gesetzen das BVG anrufen (konkrete Normenkontrolle), jedoch auch der einfache Bürger kann nach Durchlaufen der vorgeordneten Gerichtsinstanzen Verfassungsbeschwerde beim BVG erheben. Allein das BVG hat das Recht, die Verfassungswidrigkeit von Parteien festzustellen und damit das Verbot von Parteien zu erwirken.

Aufgaben des BVG
Verfassungsstreitigkeiten
a. Organstreit zwischen obersten Bundesorganen (Bundespräsident, Bundestag, Bundesrat, Bundesregierung)
b. Streitigkeiten zwischen Bund und Ländern oder zwischen einzelnen Bundesländern
Verfassungsbeschwerde
Gegen jeden Akt der öffentlichen Gewalt, der Grundrechte verletzt. Prinzipiell erst nach Erschöpfung des Rechtsweges zulässig.
Prüfung der Verfassungsmäßigkeit von Gesetzen
a. Auf Antrag der Bundesregierung, einer Landesregierung oder eines Drittels der Mitglieder des Bundestages
b. Nach Vorlage durch ein Gericht
Anklageverfahren
a. Parteiverbot
b. Verwirkung von Grundrechten

c. Anklage gegen den Bundespräsidenten
d. Richteranklage gegen Bundesrichter
Sonstige Verfahren
Wahlprüfung, Entscheidung über den Mandatsverlust von Bundestagsabgeordneten, über die Zulässigkeit von Volksbegehren

3. Die Verfassungswirklichkeit

Die Bestimmungen des GG sind weitgehend durch die Erfahrungen des Scheiterns der Weimarer Republik geprägt. Hitler und das nationalsozialistische Regime hatten 1933 im Rahmen der Weimarer Verfassung „die Macht ergreifen" können und sogar mit verfassungsrechtlicher Legalität die demokratischen Grundsätze durch das „Ermächtigungsgesetz" aufheben können. Um die Wiederholung einer derartigen Entwicklung zu verhindern, wurden folgende Elemente bestimmend in das GG aufgenommen:

a) Vorrang der Grund- und Menschenrechte

Im Unterschied zur Verfassung von Weimar sind die Grundrechte vorausgestellt und als unmittelbar verbindliches Recht festgestellt. Die Art. 1–17 behandeln die Grundrechte, die in keinem Fall in ihrem Wesensgehalt angetastet werden dürfen (Art. 19,2). Allerdings können die Grundrechte durch Gesetz eingeschränkt werden (Art. 19,1), was besonders bei der Verabschiedung der Notstandsgesetze 1968 umstritten war. Gänzlich unaufhebbar sind nach Art. 79,3 die Grundsätze der Menschenwürde (Art. 1), der Volkssouveränität, der Rechts- und Bundesstaatlichkeit (Art. 20). Ein einmaliges verfassungsmäßiges Grundrecht besteht in dem Verweigerungsrecht des Dienstes mit der Waffe aus Gewissensgründen (Art. 4,3).

Die Vorrangstellung der Grundrechte erklärt sich aus dem Bestreben, diktatorische und autoritäre Eingriffe des Staates in die Individualsphäre des Bürgers abzuwehren.

In Art. 18 tritt dagegen das Konzept der „wehrhaften Demokratie" hervor, das sich in dem Grundsatz zusammenfassen läßt: Keine Freiheit den Feinden der Freiheit. Ausdrücklich wird der Mißbrauch der Pressefreiheit (Art. 5,3), der Versammlungsfreiheit (Art. 8), der Vereinigungsfreiheit (Art. 9), des Brief-, Post- und Fernmeldegeheimnisses u.a. gegen die freiheitlich demokratische Grundordnung mit der Möglichkeit der Verwirkung der Grundrechte bedroht.

Die Spannung zwischen der Grundrechtskonzeption und dem Konzept der „wehrhaften" bzw. „streitbaren" Demokratie hat immer wieder zu heftigen Auseinandersetzungen geführt, besonders anläßlich des KPD-Verbots 1956, des „Radikalenerlasses" von 1972 und der Antiterroristengesetze 1978 (vgl. I, 5 i). Angesichts der Antiatom- und Friedensbewegung und des Verlaufs gewalttätiger Demonstrationen wird verstärkt nach einer Verschärfung des Demonstrationsrechts gerufen (Vermummungsverbot; Verbot der „passiven" Bewaffnung; Verhaftung von Demonstranten, die sich nach polizeilicher Aufforderung nicht zurückziehen). Gegner sehen in diesen Tendenzen eine Einschränkung des Versammlungsrechtes. Auch der Datenschutz spielt eine zunehmend wichtige Rolle. Gegenüber einer überhandnehmenden Datensammelei von staatlichen Behörden und Institutionen hat das Bundesverfassungsgericht im „Volkszählungsurteil" ein

„informationelles Selbstbestimmungsrecht" der Bürger geltend gemacht, durch das persönliche Daten der Bürger geschützt werden sollen.

b) Grundgesetzänderungen

Nach Art. 79 sind Grundgesetzänderungen nur durch Gesetz und mit Zweidrittelmehrheit im Bundestag und Bundesrat möglich. Damit soll gewährleistet werden, daß Grundgesetzänderungen nur auf der Basis eines breiten Konsensus über die Parteiengrenzen hinweg möglich sind. Trotz dieser stabilisierenden Verfassungsvorschrift ist das GG seit 1949 über 100 Mal geändert worden, so oft wie keine andere Verfassung der Welt in Friedenszeiten. Besonders umstritten waren:

aa) Die Zulassung der allgemeinen Wehrpflicht 1954 und die Aufnahme der „Wehrverfassung" 1956. Nach 1949 bestand auf dem Hintergrund der NS-Erfahrungen allgemeine Übereinstimmung, daß Deutschland nicht wieder eine Militärmacht werden sollte. Im Zeichen des „Kalten Krieges" und besonders nach dem Koreakrieg wurde diese Position von der CDU und später auch von der SPD (nach dem Godesberger Parteitag 1959) für überholt erklärt.

bb) Die Notstandsgesetze 1968. Auf Grund der negativen Folgen des Notverordnungsparagraphen Art. 48 der Weimarer Verfassung, der dem Reichspräsidenten quasi diktatorische Vollmachten unter dauernder Aushöhlung des parlamentarischen Gesetzgebungsverfahrens übertrug, fehlten im GG ursprünglich Notstandsgesetze. In Fragen des äußeren und inneren Notstandes griffen die Alliierten Sonderrechte ein. Erst 1968 konnten im Rahmen einer Großen Koalition von CDU/CSU und SPD die Notstandsgesetze in das GG eingefügt werden. Das geschah nach 15 Jahren relativer Stabilität in der Bundesrepublik und der ersten schweren Wirtschaftskrise nach dem Krieg. Im Zusammenhang der teilweise erbitterten Auseinandersetzungen bildete sich eine breite außerparlamentarische Opposition (APO) gegen die Notstandsgesetze, der sich in dieser Frage auch die Gewerkschaften, Teile der Presse und der damaligen Oppositionspartei (FDP) im Bundestag anschlossen.

cc) Gesetze zur inneren Sicherheit seit 1972. Angesichts der innenpolitischen Irritationen, die sich im Zusammenhang der studentischen Protestbewegung seit 1968, der Terroristenbekämpfung und auf dem Hintergrund wirtschaftlicher Rezessionserscheinungen einstellten, wurden Gesetze zur „Inneren Sicherheit" durchgesetzt, die in Richtung auf eine Stärkung des Bundesgrenzschutzes für polizeiliche Zwecke (Art. 38, 2), auf den Ausbau der polizeilichen Zusammenarbeit von Bund und Ländern (Art. 73, 10) und des Datenwesens des Verfassungsschutzes (Art. 87, 1) gingen.

Die teilweise beträchtlichen Änderungen des Grundgesetzes werfen eine wichtige Frage auf: Beweisen sie die Fähigkeit hoher demokratischer Mobilität und Anpassungsfähigkeit, oder zeigt sich in ihnen der Trend zu immer autoritäreren Staatssicherungsmaßnahmen?

c) Parteienprivileg

Den Parteien wurde in Art. 21 ausdrücklich ein Mitwirkungsrecht bei der politischen Willensbildung des Volkes zuerkannt. Parteien genießen deshalb, einmalig in der deutschen Verfassungsgeschichte, Verfassungsrang. Allerdings müssen die Parteien in ihrer inneren Ordnung demokratischen Prinzipien entsprechen und über die Herkunft ihrer finanziellen Mittel Rechenschaft ablegen. Die starke verfassungsmäßige Stellung der Parteien lassen die Bundesrepublik als „Parteiendemokratie" im Sinne einer „Konkurrenzdemokratie" erscheinen. Über die Verfassungswidrigkeit von Parteien entscheidet das Bundesverfassungsgericht. Eine Partei kann also nicht einfach durch exekutive Maßnahmen als verfassungsfeindlich verboten werden.

In die Diskussion ist das Parteienprivileg geraten, seitdem das Bundesverfassungsgericht die Zugehörigkeit zu einer verfassungsfeindlichen Partei unter anderem als Hinderungsgrund für die Übernahme eines Bewerbers in den öffentlichen Dienst anerkannt hat. Deshalb wurde dem BVG die Preisgabe seines Verbotsmonopols vorgeworfen.

Ein anderes Problem besteht in der Stellung der Parteien anderen gesellschaftlichen Gruppen gegenüber. Kritiker betonen einen zu starken Ausbau des Parteienstaates in der Bundesrepublik. Besonders die undurchsichtigen Finanzierungspraktiken über anonyme Gelder von Interessengruppen führten in den 80er Jahren zu einer „Vertrauenskrise" den Parteien gegenüber (bes. Flick-Spenden-Skandal u.a.). Um anonyme Finanzierungen auszuschalten, hatte das Bundesverfassungsgericht die Offenlegung von Spenden ab einer bestimmten Größenordnung gefordert, und um die Chancengleichheit der Parteien zu gewährleisten, wurde eine staatliche Wahlkampfkostenerstattung durchgesetzt (je Wählerstimme 5 DM). Außerdem wurde 1983 die „Gemeinnützigkeit" der Parteien vom Bundestag beschlossen.

d) *Die Fünf-Prozent-Klausel*

Die Erfahrung der Parteienzersplitterung im Parlament während der Weimarer Republik, durch die unter anderem die Koalitions- und Regierungsbildung unmöglich wurde, bestärkte den Parlamentarischen Rat, im GG die Fünf-Prozent-Klausel einzuführen, nach der nur die Parteien in den Bundestag einziehen können, die fünf Prozent der Wählerstimmen erhalten.

Immer wieder wurde besonders in den letzten Jahren die Fünf-Prozent-Klausel in Frage gestellt. Neue politische Bewegungen beklagen die Erstarrung des herkömmlichen Parteiengefüges und fühlen sich in ihren Artikulations- und Organisationsmöglichkeiten behindert. Seit dem Einzug der GRÜNEN in den Bundestag (1983) ist diese Diskussion jedoch merklich abgeflacht.

e) *Verzicht auf „direkte Demokratie"*

Im nationalsozialistischen Staat wurden Volksabstimmungen als Akklamationsinstrument für längst beschlossene und vollzogene Handlungen mißbraucht. Deshalb wurde die direkte Mitwirkung des Volkes an der Gesetzgebung durch Abstimmungen nach dem GG äußerst restriktiv behandelt. Allein im Fall der Neugliederung der Bundesländer sind Volksbegehren und Volksentscheid zugelassen (Art. 29 GG). Die politische Mitwirkung beschränkt sich damit weitgehend auf die Stimmabgabe der Wahlbürger bei den alle vier Jahre stattfindenden Wahlen.

Die Diskussion über die stärkere Einbeziehung der Wähler in den politischen Mitbestimmungsbereich hält an. Besteht nicht die Gefahr der Ablösung des Parlaments von den Wählern, vermag das Parlament die differenzierten Meinungsumschwünge der Wähler flexibel genug aufzufangen (vgl. die APO, die Grünen und Bunten, die alte und neue „Friedensbewegung")? Führt der Mangel an direkten Einflußmöglichkeiten der Wähler nicht zur vielbeklagten Parteien-, Politik- und Staatsverdrossenheit? In der öffentlichen Diskussion wurde deshalb die Einführung „konsultativer" Plebiszite in „Existenzfragen" erörtert, um den Parlamentariern Entscheidungshilfen zu geben und die „Entfremdungserscheinungen" zwischen Bevölkerung und Parlament abzubauen.

Angesichts dieser und anderer Fragen wurde schon Ende der 60er Jahre die Forderung nach Erweiterung der Demokratisierung laut, die auch in Brandts erster Kanzlerrede 1969 in dem Satz „Mehr Demokratie wagen" zum Ausdruck kam. Danach dürfen Partizipation und Mitbestimmung nicht auf den staatlichen Sektor beschränkt bleiben, sondern sollen den gesellschaftlichen Lebensbereich jedes einzelnen Bürgers (Schule, Arbeitsplatz, Presse, usw.) durchdringen (J. Habermas). Von konservativer Gegenseite wurden der Ausdehnung des politischen Demokratiebegriffs auf den sozialen Lebensbereich die auf Ungleichheit basierenden Leistungshierarchien in Schule, Universität und Betrieb entgegengehalten (W. Hennis), dem Streben nach Herstellung von „Chancengleichheit" der Begriff der „Gleichmacherei" entgegengestellt (H. Schelsky).

f) Parlamentarische Kanzlerdemokratie

Im Unterschied zur Weimarer Verfassung wurde eine plebiszitäre Präsidentenwahl auf Grund der Entwicklung zu einer Präsidialdiktatur in der letzten Phase der Weimarer Republik nicht in das GG aufgenommen. Der Bundespräsident wird deshalb auf indirektem Wege durch ein eigens zu seiner Wahl bestelltes Verfassungsorgan (Bundesversammlung) gewählt und ist weitgehend beschränkt auf die repräsentative Rolle eines Staatsoberhauptes. Die parlamentarische Kanzlerdemokratie des GG stellt eine Variante des klassischen demokratischen Gewaltenteilungsmodells dar (Legislative, Exekutive, Judikative), die sich an das englische Verfassungsmodell anlehnt. Die Stärkung des von der Parlamentsmehrheit abhängigen Bundeskanzlers beruht auf der Abwehr der schwachen Stellung des Reichskanzlers in der Weimarer Republik, der sowohl abhängig war von dem Vertrauen des Reichspräsidenten als auch von der Zustimmung des Reichstags. Der Bundeskanzler, vom Parlament als höchster Exekutivgewalt des Bundes gewählt, und in der Regel auch die Bundesminister sind gleichzeitig Abgeordnete des Parlaments (der Legislative) und Vertreter der Exekutivgewalt. Das Parlament steht deshalb der Regierung nicht als Ganzes gegenüber, sondern die Parlamentsmehrheit und die aus ihr hervorgegangene Bundesregierung stehen in enger Beziehung miteinander, die parlamentarische Kontrolle ist vor allem Aufgabe der parlamentarischen Opposition, deren Rolle kaum überschätzt werden kann für die Funktionsfähigkeit des parlamentarischen Systems in der Bundesrepublik.

Angesichts der komplexen Verflechtung („Verfilzung") von Verbänden (Gewerkschaften, Arbeitgeberverbänden, Kirchen, Lobbys usw.), Parteien und Staatsverwaltungen erhebt sich in der neueren Diskussion die Frage, ob Parlament und Bundesregierung nicht immer stärker in den Sog eines Verwaltungsstaates „korporativer" Prägung geraten. Linke Kritiker haben die Unmöglichkeit eines am Allgemeininteresse orientierten Parlamentes auf Grund des antagonistischen Charakters der spätkapitalistischen Gesellschaft sehen wollen. In der Kritik von rechts wird angesichts des „anarchischen" Parteien- und Verbändewesens ein starker Staat gefordert.

g) Konstruktives Mißtrauensvotum

Der Parlamentarische Rat schränkte die Möglichkeiten zur Auflösung des Bundestages ebenso ein wie die Möglichkeiten, den Bundeskanzler zu stürzen. Nach der Weimarer Verfassung hatte der Reichspräsident das Recht zur Parlamentsauflösung, das in der Endphase der Weimarer Republik zur Außerkraftsetzung des Parlaments und zur Verlagerung der politischen Willensbildung auf die Straße führte. Im Unterschied zur Weimarer Verfassung ist der gewählte Kanzler nur noch durch ein Konstruktives Mißtrauensvotum – also bei gleichzeitiger Wahl eines Nachfolgers – absetzbar. In der Geschichte des Bundestages wurde das Konstruktive Mißtrauensvotum im Jahre 1972 gegen den Bundeskanzler Willy Brandt allerdings erfolglos versucht. Dagegen wurde 1982 zum erstenmal erfolgreich ein Konstruktives Mißtrauensvotum gegen den Bundeskanzler Helmut Schmidt durchgeführt. Ermöglicht wurde dieses Mißtrauensvotum durch die Politik der FDP, die Koalition mit der SPD zu verlassen und sich einer Koalition unter dem Bundeskanzler Kohl zuzuwenden. Die Auseinandersetzungen um diesen Koalitionswechsel waren außerordentlich heftig. Die SPD beschuldigte die FDP des „Treubruchs", da die FDP im Jahre 1980 ausdrücklich mit dem Bekenntnis zur Weiterführung der Koalition die Wahl mitgewonnen hatte; die FDP dagegen behauptete, daß wichtige politische Essentials mit der SPD nicht mehr realisierbar gewesen seien.

Das Konstruktive Mißtrauensvotum 1982 warf eine Fülle von Problemen auf. Bestritten wurde die demokratische Legitimierungsbasis des Machtwechsels, da der Wählerwille nicht beachtet worden sei. Die Kohl-Genscher-Regierung sah sich deshalb gezwungen, vorzeitige Neuwahlen auszuschreiben. Diese Neuwahlen konnten jedoch nur durch eine „fingierte" Verweigerung des Vertrauens für den Bundeskanzler Kohl erreicht werden, was verfassungsrechtliche Zweifel hervorrief. Die SPD hatte dagegen sofortige Neuwahlen gefordert.

h) Das Bundesverfassungsgericht

Zum BVG hat es innerhalb der deutschen Verfassungsgeschichte kein vergleichbares Gegenstück gegeben. Ausschlaggebend für die Einrichtung des BVG war die Sorge um den Rechtsstaat. Hatte ein rein formal verstandener Rechtspositivismus vor dem nationalsozialistischen Unrecht kapituliert, so ging es bei der Einrichtung des BVG darum, die materielle Übereinstimmung der Gesetze mit der Verfassung zu kontrollieren. Das BVG betrachtet sich als „Hüter der Verfassung".

Obwohl das BVG kein politisches Organ, sondern einen Teil der Rechtsprechung darstellt, hat es weitgehende politische Urteile gefällt, z.B. Parteienverbote (DRP, KPD) ausgesprochen, das Verbot eines Regierungsfernsehens erwirkt, den Grundvertrag mit der DDR beurteilt, das Verbot der Fristenlösung beim Schwangerschaftsabbruch ausgesprochen und die vom Parlament beschlossene Novellierung des Wehrdienstverweigerungsrechts abgelehnt. Diese Urteile waren in der Öffentlichkeit besonders umstritten. Es wurde die Frage nach der Verrechtlichung der Politik gestellt; außerdem wurde die Gefahr gesehen, daß das BVG durch politische Einzelanweisungen in die Rolle eines „Ersatzgesetzgebers" gedrängt werde.

i) Rechts- und Sozialstaatsprinzip

Das Rechtsstaatsprinzip, durch das alles legislative, exekutive und judikative Handeln einklagbar gebunden ist, wurde in Art. 20 GG durch das Sozialstaatsprinzip ergänzt. Die Sicherung formaler Rechtsstaatlichkeit fand mit der Zuordnung der Sozialstaatlichkeit eine materielle Erweiterung. Der Staat der Bundesrepublik ist deshalb verpflichtet, über die Bewahrung formaler Rechtsgleichheit hinaus soziale Ungerechtigkeiten zu bekämpfen. Hinter dieser Entwicklung hin zum sozialen Rechtsstaat steht die Erfahrung seit dem Ende des 19. Jahrhunderts, daß die Garantie gleicher formaler Individualrechte die Ungleichheit sozialer Lebenschancen nicht aufzuheben vermochte. Gleichheit vor dem Gesetz bedeutet nicht Gleichheit der Lebenschancen. Das Sozialstaatspostulat schlägt sich vor allem nieder in der staatlichen Daseinsvorsorge, in der Ausgleichsfunktion des Staates bei sozialen Auseinandersetzungen, der gerechten Verteilung sozialer Lasten usw. Obgleich das Sozialstaatsprinzip den Rang eines unveränderbaren Verfassungsartikels einnimmt, hat das GG Zurückhaltung gewahrt bei der Festlegung einer bestimmten Sozial- und Wirtschaftsordnung. Weder wurden bestimmte soziale Grundrechte in die Verfassung aufgenommen (im Unterschied zur Weimarer Verfassung und einigen Landesverfassungen), noch wurde eine bestimmte Wirtschaftsordnung (z.B. die „soziale" Marktwirtschaft) grundgesetzlich verordnet. Die Offenheit der Sozial- und Wirtschaftsverfassung hängt mit den Interessengruppen im Parlamentarischen Rat zusammen, die sich nicht auf die Einbeziehung wichtiger sozialer Aspekte (z.B. Streikrecht und Recht auf Aussperrung) einigen konnten. Auch spielte die Einsicht in die relative Situationsabhängigkeit sozialer Rechte gegenüber den als „ewig" verstandenen Individualrechten eine gewichtige Rolle für diese Zurückhaltung. Besonders die SPD ließ weitergehende Präzisierungen der sozialen Verfassung offen, um die Möglichkeit der Wiedervereinigung nicht zu behindern und schnell zu Wahlen zu kommen. Um so bemerkenswerter ist es, daß im Art. 14 und 15 GG die Sozialbindung des Privateigentums festgeschrieben wurde und auch die Möglichkeit der Enteignung (Sozialisierung, Vergesellschaftung) von Grund und Boden, Naturschätzen und Produktionsmitteln nicht ausgeschlossen wurde.

Das Sozialstaatsprinzip war in seinem Umfang, in seinen Maßstäben und in seiner Realisierung umstritten: Der konservative Staatsrechtler E. Forsthoff läßt das Sozialstaatsprinzip im Rechtsstaatsprinzip aufgehen; andere Interpreten (z.B. Kurt Biedenkopf) sehen die bestehende Wirtschaftsordnung der „sozialen Marktwirtschaft" als vom GG geboten an, was jedoch vom Bundesverfassungsgericht nicht bestätigt wurde. Angesichts sich verschärfender ökonomischer und sozialer Spannungen wird neuerdings von konservativer Seite die Einschränkung sozialer Leistungen des Staates gefordert: Das „soziale Netz" sei zur „sozialen Hängematte" verkommen; die „Anspruchsinflation" auf staatliche Zuwendung müsse zurückgeschraubt werden; „Schlupflöcher" im Labyrinth sozialer Leistungen (Subventionen, Arbeitslosengeld, Wohngeld usw.) müßten verstopft werden. Auf der anderen Seite wird der Staat angesichts wachsender Arbeitslosenzahlen zu einer aktiven Vollbeschäftigungspolitik aufgefordert; über Investitionslenkung wird nachgedacht, und angesichts der „neuen" Wohnraumnot wird eine Bodenrechtsreform wieder stärker in die Diskussion einbezogen. Von dieser Seite werden die Tendenzen der „sozialen Demontage" schärfstens zurückgewiesen.

III Die Parteien in der Bundesrepublik

1. Eine allgemeine Einführung

Die Parteien (von lat. pars=Teil) spielen in der Bundesrepublik eine nicht zu unterschätzende Rolle bei der Gestaltung des politischen und gesellschaftlichen Lebens. Das Grundgesetz gibt im Unterschied zu den Verfassungen anderer Länder den Parteien sogar einen *verfassungsmäßigen* Rang und hat ihre Funktion im politischen System damit festgeschrieben. Nach Art. 21 GG sind die Parteien Vereinigungen von Bürgern, die auf die „politische Willensbildung" Einfluß nehmen wollen und bereit sind, an der Vertretung des Volkes in den Parlamenten von Bund und Ländern teilzunehmen. Parteien haben also den Verfassungsauftrag, den Wählerwillen zu artikulieren, zu formieren und zu repräsentieren. In ihrer inneren Ordnung müssen sie demokratischen Grundsätzen entsprechen und über ihre finanziellen Mittel Rechenschaft ablegen. Parteien, die die freiheitlich demokratische Grundordnung bekämpfen, können verboten werden, allerdings nur durch das Bundesverfassungsgericht. Solange Parteien nicht als verfassungswidrig verurteilt werden, dürfen sie von staatlichen Organen nicht diskriminiert werden (Parteienprivileg).

In der öffentlichen Diskussion wird die Bundesrepublik häufig als „Parteienstaat" charakterisiert. Kritiker meinen sogar, daß der Parteieneinfluß auf das öffentliche Leben zu stark ist und reduziert werden müßte, um andere gesellschaftliche Gruppen nicht zu benachteiligen. Die Forderung nach *innerparteilicher Demokratie* soll die Bildung autoritärer „Führer"parteien verhindern. Allerdings sind bei den Parteien nicht immer Spannungen zwischen Basis und Parteiführung auszuschließen, besonders dann nicht, wenn die Partei die Regierung stellt. Daß die Parteien Rechenschaft über ihre *finanziellen Mittel* ablegen müssen, soll anonyme oder versteckte Abhängigkeiten von mächtigen Interessengruppen ausschalten. Abweichungen von dieser Pflicht, die Herkunft der Mittel offenzulegen, waren immer wieder Anlaß zu schweren öffentlichen Auseinandersetzungen um Spendenaffären.

Wer die Parteien in der Bundesrepublik *typisieren* will, hat davon auszugehen, daß „reine" Typen kaum noch zu identifizieren sind, weder die Honoratiorenparteien des 19. Jahrhunderts mit wenigen Mitgliedern und ehrenamtlichem Führungspersonal aus den gehobenen Ständen noch Klassenparteien mit sozial eindeutig bestimmbarem Wählerpotential noch Weltanschauungsparteien mit ideologisch starren Programmen. SPD und CDU/CSU treten mit dem Anspruch von *Volksparteien* auf, deren Mitglieder und Wählerschaft sozial unterschiedliche Gruppen umfassen. Auf Grund der Fünfprozentklausel läßt sich eine Tendenz zur Konzentration auf wenige Parteien feststellen, wobei alle Parteien den politischen Kampf um die „Mitte" führen. Obwohl das Grundgesetz den Parteien Programme vorschreibt, lassen sich die Parteien nur bedingt als Programmparteien klassifizieren, da die Programmatik stark auf pragmatische Anpassungen hin entworfen ist.

Die im Parlament vertretenen Parteien akzeptieren alle die Legitimierungsformen der *Wahlen*, die auf Bundes- und Landesebene alle vier Jahre stattfinden. Da die Wahltermine jeweils verschieden sind, herrscht in der Bundesrepublik so etwas wie eine permanente Wahlkampfstimmung, besonders dann, wenn Landtagswahlen unter bundespolitischem Akzent geführt werden. Das Wahlsystem beruht auf Parteienkonkurrenz und findet in allgemeiner, unmittelbarer, freier, gleicher und geheimer Form statt. Jeder Wähler hat bei Bundestagswahlen zwei Stimmen. Eine wird für einen Kandidaten abgegeben, der mit einfacher Mehrheit gewählt wird (248 Abgeordnete). Mit der Zweitstimme werden Parteien gewählt. Nach dem Berechnungsverfahren von D'Hondt werden 248 Sitze nach dem Verhältniswahlrecht vergeben. Mit Hilfe des Verhältniswahlrechts können auch Parteien im Bundestag vertreten sein, die kein Direktmandat erhalten. Ihre Gesamtstimmenzahl muß allerdings fünf Prozent der abgegebenen Stimmen erreichen.

Kritisiert wird am Wahlrecht der Bundesrepublik die Bestimmung der Kandidaten durch die Parteien, womit schon eine Auswahl vor der Wahl getroffen werde, was besonders beim Listenwahlrecht durchschlägt. Punktuell flammt auch immer wieder der Streit um ein reines Mehrheitswahlrecht auf. Befürworter behaupten eine Stabilisierung der Regierungsfähigkeit, die Abwehr der Parteienzersplitterung, die Zurückdrängung der überproportionalen Bedeutung von Parteien, die mit geringer Stimmenzahl das „Zünglein an der Waage" spielen können, und den Zwang der Parteien zu gemäßigten politischen Positionen, um Wechselwähler zu gewinnen. Die Vertreter des gemischten Wahlrechts befürchten bei Einführung des Mehrheitswahlrechts eine Verödung der Parteienlandschaft, die Verkümmerung des Parteienpluralismus und die Nichtrepräsentanz von Minderheitenpositionen. Kritik hat auch die Fünfprozentklausel hervorgerufen, da sie als „Guillotine" für Stimmenanteile unter 5% wirke und damit den Gleichheitsgrundsatz verletze, zu einer Erstarrung traditioneller Wählerkartelle führe und die Flexibilität des parlamentarischen Systems bedrohe. Von der Gegenseite wird bei Aufhebung der Fünfprozentklausel das Argument der Parteienzersplitterung hervorgehoben, das die Regierungsfähigkeit des Systems bedrohen könnte. Andere Kritiker (Ralf Dahrendorf) befürworten sogar die Einführung starker plebiszitärer Komponenten, um den Entfremdungsprozeß zwischen Wählern und Gewählten zu verringern. Diskutiert wird auch wieder die Einschätzung des Abgeordnetenmandats. Das Grundgesetz schützt die Gewissensfreiheit des Abgeordneten, während Kritiker den *imperativen* Charakter des Mandats hervorheben. Danach ist der Abgeordnete in erster Linie seiner Wählerbasis verantwortlich, die auch das Mandat zurückfordern kann. Fraktionswechsler hätten nach dieser Auffassung ihr Mandat an die Partei, die sie nominierte, zurückzugeben. Andere Kritiker stehen der Gewissensfreiheit des Abgeordneten deshalb skeptisch gegenüber, da die Verbandsabhängigkeit der Abgeordneten im Bundestag außerordentlich hoch zu veranschlagen sei. Außerdem werde durch das Faktum der Fraktionsdisziplin auch die Gewissensfreiheit des Abgeordneten eingeschränkt. In der Tat liegen zwischen den Komponenten Gewissensfreiheit, Wählerauftrag, Verbandsangehörigkeit und Fraktionsdisziplin Kollisionsmöglichkeiten vor, die jedoch auch durch die Rückgabe eines Mandats an die Basis nicht ausgeräumt werden können.

Ein Kritiker wie Jürgen Habermas sieht die parlamentarischen Demokratien in einer tiefgreifenden *Legitimationskrise*, die sich mit den langfristigen Krisenerscheinungen des kapitalistischen Systems verstärkt und zu Staatsverdrossenheit der Bürger und politischer und gesellschaftlicher Apathie führt. Die eigentlich aktiven Kräfte organisieren sich im außerparlamentarischen Raum und stellen damit die Funktionsfähigkeit des Parlamentarismus nachhaltig in Frage. Kritiker wie Narr und Agnoli sehen ebenfalls die Legitimationsfundamente schwächer werden, wenn die klassenübergreifenden Konzepte wie Volksparteienprinzip, Sozialpartnerschaft, Politik der Mitte die ihrer Ansicht nach weiter bestehenden Klassengegensätze nicht mehr überspielen können.

2. Die Sozialdemokratische Partei Deutschlands (SPD)

Die SPD kann auf die längste Tradition zurückblicken. Das Kommunistische Manifest von 1848 spielte eine wichtige Rolle, kam jedoch auf Grund der Sonderentwicklung Deutschlands niemals zu einer durchschlagenden Wirkung. Vor allem die späte Industrialisierung Deutschlands, die verzögerte Politisierung des Bürgertums und besonders das Scheitern der bürgerlichen Revolution von 1848 sowie auch die deutsche Kleinstaaterei und die ständisch gebundene Mentalität der zu Lohnarbeitern herabgesunkenen Handwerker ließen politische Radikalkonzepte als utopisch erscheinen. Der von Ferdinand Lassalle 1863 gegründete *Allgemeine Deutsche Arbeiterverein* verfolgte zwar die selbständige Vertretung der Arbeiterinteressen, stritt jedoch zunächst einmal für die Realisierung demokratischer Rechte (allgemeines Wahlrecht, Koalitionsrecht, Pressefreiheit) und die Durchsetzung sozialer Reformen im monarchischen Staat. Nicht der von Marx postulierte revolutionäre Klassenkampf mit der Diktatur des Proletariats als Ziel, sondern eine mit demokratischen Mitteln zu erreichende Reform des Staates zu einer demokratischen Republik war die Absicht Lassalles. In dieser Konzeption sollte der monarchische Staat nicht zerschlagen, sondern für die Interessen der Arbeiterklasse gegen die Bourgeoisie eingesetzt werden, was durch staatlich geförderte Produktionsgenossenschaften erreicht werden sollte. Dieses Konzept eines etatistischen Sozialismus auf demokratischer Grundlage, über das Lassalle sogar mit Bismarck diskutierte, wurde von der 1869 von Karl Bebel und Wilhelm Liebknecht gegründeten *Sozialdemokratischen Arbeiterpartei* Deutschlands als „Verpreußung" der Arbeiterbewegung abgelehnt und mit den radikalen Positionen des Kommunistischen Manifests konfrontiert, nach denen der Staat als Herrschaftsinstrument der herrschenden Klasse angesehen wurde.

Seit der Vereinigung beider Richtungen auf dem *Gothaer Parteitag* 1875 ist die Spannung zwischen reformistisch-demokratischen und revolutionär-klassenkämpferischen Kräften in der Sozialdemokratie lebendig geblieben, wobei sich jedoch der reformistische Flügel jeweils mehrheitlich durchsetzte. Der Einfluß der SPD verstärkte sich zunehmend, was bei den großen Erfolgen während der Reichstagswahlen zum Ausdruck kam, so daß Bismarck 1878 das *Sozialistengesetz* verkünden ließ, das die organisierte Arbeiterbewegung in die Illegalität zwang. Gleichzeitig versuchte er, die politische Mobilisierung von unten durch eine staatlich verordnete Sozialpolitik von oben abzufangen. Daß sich jedoch die Massenbasis der Sozialdemokraten noch verbreitert hatte, wurde nach der Aufhebung der Sozialistengesetze bei den Reichstagswahlen 1890 überdeutlich. Die Spannung zwischen dem reformistischen und revolutionären Konzept wurde auf dem *Erfurter Parteitag* 1890 durch die mittlere Position Karl Kautskys programmatisch aufgearbeitet, indem die reformistische Praxis des politischen Alltags mit einer revolutionären Fernperspektive vermittelt wurde. Gegen diese Konzeption des „revolutionären Attentismus" wandte sich Rosa Luxemburg, die eine Verbindung herzustellen versuchte zwischen spontanen Massenstreiks und praktischer Politik, zwischen Demokratie und Zentralismus der Partei, zwischen Organisation und Spontaneität der Arbeiterbewegung. Im Revisionismus Eduard Bernsteins wurde dagegen ganz auf die revolutionäre Fernperspektive verzichtet, die marxistische Theorie vom Zusammenbruch des Kapitalismus als unwissenschaftlich abgelehnt, einer Reformpolitik der kleinen Schritte das Wort geredet und der Ausbau der Demokratie als „Hochschule des Kompromisses" befürwortet.

Die schon im *Revisionismusstreit* hervorgetretenen Einstellungsdifferenzen führten 1916 zur *Spaltung* der Arbeiterbewegung angesichts der Bewilligung der Kriegskredite im Ersten Weltkrieg. Hatte bei Ausbruch des Krieges noch die Zustimmung zu den Kriegskrediten überwogen, um den Sieg des zaristischen Rußland zu verhindern und einem Parteiverbot zu entgehen, so brach der „nationale Beistandspakt" bei Verlängerung des Krieges auseinander. Aus der USPD spaltete sich schließlich unter Führung von Rosa Luxemburg und Karl Liebknecht der Spartakusbund ab, dessen Aufstand im Januar 1919 von den Mehrheitssozialisten und vor allem mit Unterstützung der reaktionären Reichswehr niedergeschlagen wurde. Damit war der Erprobung einer Räterepublik in Deutschland ein tödlicher Stoß versetzt und die von den Mehrheitssozialisten unter Friedrich Ebert favorisierte Verfassungsreform einer parlamentarischen Republik durchgesetzt. Die SPD entschied sich zu einer Koalition mit bürgerlichen Parteien, beteiligte sich jedoch nur von 1918–1922, 1923 für einige Monate und von 1928–1930 an den Reichsregierungen. Die Spaltung der Arbeiterbewegung, die verhinderte Gesamtdemokratisierung der Gesellschaft, der oft beklagte „Pakt mit dem Gestern" usw. führten angesichts der außenpolitischen Probleme (Versailler Vertrag, Reparationen, Rheinlandbesetzung), der wirtschaftlichen Krisen (Inflation 1923, Weltwirtschaftskrise 1929ff.) und innenpolitischer Zerfallserscheinungen (Selbstentmachtung des Parlaments, Präsidialdiktatur, politische Radikalisierung usw.) zum Erstarken der Rechtskräfte. Eine der ersten Untaten Hitlers war die Verfolgung der Arbeiterführung und der Gewerkschaften. Die SPD leistete zwar bis zuletzt moralischen und politischen Widerstand gegen Hitler, konnte sich jedoch nicht zu radikalen und kämpferischen Widerstandsformen (Generalstreik) bei Hitlers Machtübernahme entschließen. Unheilvoll wirkte auch die Spaltung der deutschen Arbeiterbewegung nach.

Nach dem Zusammenbruch des „Dritten Reiches" wurde die SPD wieder in allen vier Besatzungszonen zugelassen. In der SBZ kam es jedoch unter dem Druck der sowjetischen Besatzungsmacht schon 1946 zur Zwangsvereinigung von KPD und SPD zur *Sozialistischen Einheitspartei* (SED), eine Maßnahme, die in den Westsektoren zur scharfen Abgrenzung der SPD von der KPD führte. Unter dem Vorsitz von *Kurt Schumacher* verfolgte die SPD außenpolitisch den Westintegrationskurs Adenauers außerordentlich skeptisch. Die Sorge um die Wiedervereinigung ließ Neutralisierungspläne Gesamtdeutschlands als Alternative sinnvoll erscheinen. Wirtschaftspolitisch plädierte die SPD für einen Ausbau staatlicher Planungskompetenzen und für die Sozialisierung von Schlüsselindustrien, Banken und Versicherungen, grenzte sich aber mit dem Konzept der „Wirtschaftsdemokratie" gegen die bürokratischen Tendenzen östlicher Verwaltungswirtschaften ab.

In der SPD setzte jedoch nach dem schlechten Wahlergebnis von 1953 ein Prozeß der Umorientierung ein, der im *Godesberger Programm* von 1959 seinen Ausdruck gewann. Die SPD gab das Profil einer Klassenpartei auf und versuchte, sich neue Wählerschichten zu erschließen. Der ideologische Monopolanspruch des Marxismus wurde durch den Ausbau christlicher und humanistischer Tradition relativiert. Der Sozialismus wird als permanente Aufgabe aufgefaßt, die nicht schon mit Verstaatlichungen und der Aufhebung des Privateigentums an Produktionsmitteln erfüllt sei. Mit dem Bekenntnis zum „demokratischen Sozialismus" wurde eine klare Abgrenzung zum bürokratischen Sozialismus vorgenommen, womit auch dessen Konzeptelemente der Planwirtschaft, des Einparteienstaates, Zentralismus, Ablehnung des Meinungspluralismus als inakzeptabel angesehen werden. Die SPD hat einen sehr weiten Demokratiebegriff, der sich nicht auf das politische Leben beschränkt, sondern alle Lebensbereiche der Gesellschaft einbezieht. Mit der Verbindung der Grundwerte Gleichheit und Freiheit wird die einseitige Betonung der Freiheitsrechte des Einzelnen ergänzt durch die Forderung nach Gleichheit der Lebenschancen als der Voraussetzung der Realisierung von Freiheit.

Mit Hilfe des Programms von Godesberg wurde die SPD auch für katholische und mittelständische Wähler akzeptierbar. In der *„Großen Koalition"* von 1966–1969 bewies die SPD ihre Regierungsfähigkeit; von 1969–1982 regierte die SPD unter den Kanzlern *Brandt* (bis 1974) und *Schmidt* (bis 1982) in einer Koalition mit der FDP (Kleine Koalition). Unter Brandt wurde eine „neue" Ostpolitik durchgesetzt, durch die in Ergänzung zur Westpolitik Adenauers die Aussöhnung mit den Ländern des Ostens gesucht wurde. Innenpolitisch setzte sich Brandt für eine stärkere Demokratisierung der gesellschaftlichen Teilbereiche ein und versuchte durch eine ausgedehnte Reformpolitik erstarrte Strukturen der Gesellschaft und Wirtschaft zu beleben. Unter dem „Krisenmanagement" des Kanzlers Helmut Schmidt verstärkte sich zeitweise die innerparteiliche Diskussion in der SPD, die vor allem vorangetrieben wurde von den Jungsozialisten, einer Arbeitsgemeinschaft aller Sozialdemokraten unter 35 Jahren. Die innerparteiliche Kritik richtete sich gegen einen falsch verstandenen Pragmatismus, der nur noch auf Sachzwänge reagiert und genuine sozialdemokratische Anliegen vernachlässigt. Im Mittelpunkt stand die Rolle des Staates, dessen Einschätzung als „Instrument des Monopolkapitals" oder als Mittel antikapitalistischer Strukturreformen kontrovers blieb. Diskussionen gab es auch in der Frage der Stationierung amerikanischer Mittelstreckenwaffen in der Bundesrepublik, die im „Doppelbeschluß" der NATO beim Scheitern von Abrüstungsverhandlungen vereinbart wurde. In einem „*Orientierungsrahmen*" bis 1985 wird die Fixierung auf die Sozialisierungsfrage abgelehnt, die Verantwortung des Staates für die soziale Gerechtigkeit betont und auch der Gestaltungsfunktion des Staates für die Wirtschaft große Bedeutung beigemessen.

Tiefgreifende Differenzen in Sachfragen der Wirtschafts- und Sozialpolitik, jedoch auch das Absinken der SPD in der Wählergunst führten dann 1982 zu einem Zerbrechen der Koalition aus SPD und FDP. Die FDP schwenkte um in eine Koalition mit der CDU, während die SPD unter dem Kanzlerkandidaten Jochen Vogel in die Opposition geriet. Die Entwicklung der SPD wird wesentlich davon abhängen, wieweit sie als traditionelle Arbeitnehmerpartei in der Lage sein wird, Fragestellungen und Positionen zu integrieren, die von den „Grünen" besetzt wurden. Programmatische Anstrengungen sind vor allem erforderlich in der Arbeitsmarktpolitik, der Umweltpolitik, der Sozialpolitik, jedoch auch in der Sicherheitspolitik.

3. Die Unionsparteien (CDU/CSU)

Die Christlich Demokratische Union (CDU) und die Christlich Soziale Union (CSU) sind Parteigründungen nach 1945. Ausgangspunkt für die CDU war die Zusammenfassung des bürgerlichen Wählerpotentials auf der Basis christlicher Überzeugungen. Um den Charakter dieser übergreifenden Sammlungsbewegung zum Ausdruck zu bringen, wurde der Begriff „Union" dem Begriff „Partei" vorgezogen. Das galt auch für die CSU, die als Sammlungsbewegung unter besonderer Berücksichtigung der föderalistischen Interessen Bayerns gegründet wurde. Obwohl dieses *Volksparteienkonzept* einen Neuansatz darstellt, knüpft die CDU/CSU an verschiedene Traditionskomplexe an, die eine pluralistische Binnendifferenzierung dieser Parteien bewirkten.

Eine Partei mit betont christlicher Ausrichtung war das *Zentrum*, das aus dem Kulturkampf Bismarcks gegen die katholische Kirche hervorgegangen war und ein Vorkämpfer für demokratische und parlamentarische Zielrichtungen blieb. Allerdings konnte das Zentrum seine stabile Verankerung in der katholischen Wählerschaft niemals aufbrechen. Deshalb kam es nach 1945 auch nicht wieder zur Neugründung des Zentrums. Der ehemalige Zentrumsabgeordnete Konrad Adenauer versuchte mit der CDU katholische und protestantische Wählerschichten gleichermaßen zu integrieren.

Eine andere Traditionslinie ist die christliche, besonders die *katholische Soziallehre*, die einen dritten Weg zwischen Kapitalismus mit dem sozial ungebundenen Privateigentum und dem Sozialismus mit seiner uneingeschränkten Vergesellschaftung von Produktionsmitteln konzipierte. Das Privateigentum wird grundsätzlich als Naturrecht anerkannt, jedoch durch das Prinzip der Sozialbindung begrenzt. Ein zweites Prinzip der katholischen Soziallehre ist das Subsidiaritätsprinzip, durch das der Einfluß des Staates auf alle gesellschaftlichen Teilbereiche begrenzt werden soll. Subsidiarität bedeu-

76

tet die Übernahme staatlicher Funktionen durch selbstverwaltete Körperschaften in den gesellschaftlichen Teilbereichen Erziehung, Kranken- und Altenpflege, jedoch auch im Wirtschafts- und Medienbereich. Die katholische Soziallehre stellt mit ihren partiellen Elementen einer Kapitalismuskritik und ihrer subsidiären Staatskritik ein belebendes Element innerhalb der Partei dar und wird vor allem von den *Sozialausschüssen* in der CDU vertreten, deren Einfluß in der Partei jedoch faktisch immer begrenzt blieb.

Wurde während der Konstituionsphase noch eine dezidierte Kritik am Kapitalismus vorgetragen, wie sie etwa im Ahlener Programm von 1947 zum Ausdruck kam, so wurde sie spätestens nach Verabschiedung der „Düsseldorfer Leitsätze" (1949) durch das Erstarken der *wirtschaftsliberalen* Position zurückgenommen, die als dritte Traditionslinie aus dem akademischen Bereich der „Freiburger Schule" zu identifizieren ist. Die private Verfügungsgewalt über die Produktionsmittel wird mit einer hohen Einschätzung des freien Unternehmertums verbunden. Eine auf Konkurrenz beruhende Marktwirtschaft soll gegenüber den bürokratischen Verwaltungs- und Planwirtschaften höchste Effizienz garantieren. Der Staat hat die Aufgabe, die Wettbewerbsfähigkeit und Konkurrenz durch Kartellaufsicht und Fusionskontrolle zu schützen. In dieses System eines marktwirtschaftlichen Konkurrenzkapitalismus wird jedoch eine starke soziale Ausgleichskomponente eingebaut, um die offensichtlichen Mängel einer reinen Marktwirtschaft abzuschwächen. Der Risikoschutz des Einzelnen vor Krankheit, Alter, Unfall und Arbeitslosigkeit wird durch Lastenverteilung auf Unternehmer und Arbeitnehmer unter dem Einfluß staatlicher Sozialgesetze gewährleistet. Ludwig Erhard war es, der dieses Konzept der „sozialen Marktwirtschaft" politisch vertrat.

In der CDU wird die Unternehmerseite vor allem durch den *Wirtschaftsrat* in der CDU repräsentiert, der allerdings formal als selbständiger Verein firmiert. Die *Mittelstandsvereinigung* der CDU verfolgt vor allem das Ziel, die Wettbewerbsbedingungen gegenüber monopolistischen Tendenzen in der Wirtschaft zu bewahren. Innerhalb der CDU/CSU kommt es immer wieder zu Auseinandersetzungen zwischen den einzelnen Interessengruppen. So plädiert z.B. Franz Joseph Strauß, der Parteivorsitzende der CSU, für ein endgültiges Abrücken vom Ahlener Programm, während Kurt Biedenkopf das Ahlener Programm für aktualisierbar hält. Der Wirtschaftsrat und die Sozialausschüsse lieferten sich immer wieder harte Auseinandersetzungen. Das kam z.B. zum Ausdruck in der Mitbestimmungsdebatte, in der die Sozialausschüsse sich für einen Ausbau der betrieblichen Mitbestimmung einsetzten, jedoch unterlagen (1971).

Die CDU verlor unter der Kanzlerschaft Adenauers immer stärker den Charakter einer Programmpartei. Sie verstand sich als Kanzlerpartei und setzte sich außenpolitisch vor allem für die Westintegrationspolitik ein. Erst als die CDU/CSU in die Opposition geriet (1969), wurden wieder stärkere programmatische Anstrengungen unternommen. Hervorzuheben ist vor allem die Mannheimer Erklärung von 1975, in der dem umfassenden Demokratiebestreben der SPD in Wirtschaft und Gesellschaft der Freiheitsbegriff entgegengestellt wurde. Diese Entgegensetzung führte 1976 zu dem Wahlslogan *„Freiheit oder Sozialismus"*, der von der SPD erbittert bekämpft wurde. Ein anderer Schwerpunkt bestand in der Formulierung der *„Neuen Sozialen*

Frage", nach der nicht mehr der Gegensatz von Kapital und Arbeit als Hauptwiderspruch in den gesellschaftlichen Beziehungen angesehen ·wird, sondern die organisationsstarken Verbände (Gewerkschaften und Arbeitgeberverbände) den organisationsschwachen Interessengruppen (die Alten, Kranken, Behinderten, Rentner usw.) entgegengestellt wurden. Stärker als die CDU, die in diesem Zusammenhang die sozialpolitische Verantwortung des Staates hervorhebt, vertritt die CSU unter Franz Joseph Strauß die Begrenzung und sogar die Zurücknahme der sozialpolitischen Aktivitäten des Staates mit starken Einschnitten ins „soziale Netz". Die „Grenzen des Sozialstaates" seien erreicht; die „Anspruchsinflation" des Bürgers an den Staat müsse zurückgenommen werden durch Stärkung der Eigenverantwortung des Bürgers. Der Einfluß der CSU auf die CDU ist kaum zu überschätzen, zumal die CSU zeitweise nach dem „Kreuther" Beschluß von 1976 mit dem Gedanken umging, sich als vierte Partei bundesweit zu etablieren, was jedoch den Bruch der Fraktionsgemeinschaft mit der CDU bedeutet hätte.

4. Die Freie Demokratische Partei (FDP)

Die FDP steht in der Tradition des *Liberalismus*, hat es jedoch schwer, eigenständige Konturen zu gewinnen, da auch die anderen großen Parteien das liberale Erbe für sich reklamieren. Obwohl die FDP nur mit 3 bis 10% der Wählerstimmen rechnen kann und deshalb oft mit der Fünfprozentklausel zu kämpfen hat, konnte sie immer wieder die Rolle als Mehrheitsbeschaffer für eine der großen Parteien spielen.

Die Wurzeln des Liberalismus reichen in die Zeit der bürgerlichen Revolution von 1848 zurück, in der der Liberalismus politisch die Durchsetzung der Menschenrechte, der parlamentarischen Demokratie, des Rechtsstaates und ökonomisch den Freihandel und die unternehmerischen Freiheiten gegen die feudalistischen Kräfte anstrebte. Als die bürgerliche Revolution scheiterte, setzte eine weitgehende Entpolitisierung des deutschen Bürgertums ein, die schließlich in der Spaltung des politischen Liberalismus endete (1867). Die Rechts- oder *Nationalliberalen* kooperierten mit Bismarcks Nationalstaatsidee und akzeptierten sogar Bismarcks Eingriffe in das parlamentarische Budgetrecht. Später sympathisierten sie mit den imperialistischen Zielen unter Kaiser Wilhelm II. Die *Linksliberalen* („Freisinn") blieben in kritischer Distanz zur Monarchie. Auch während der Weimarer Republik blieb die Spaltung bestehen. Die rechtsliberale Deutsche Volkspartei vertrat vor allem die Interessen des industriellen Großbürgertums und lehnte den Versailler Vertrag ab. Mit Politikern wie Hugo Preuß, der den Entwurf für die Weimarer Verfassung vorlegte, mit Walter Rathenau, der die Vertragsbestimmungen von Versailles in praktische Politik umzusetzen versuchte und als „Erfüllungspolitiker" 1922 ermordet wurde, und mit Gustav Stresemann, der besonders die Aussöhnungspolitik mit Frankreich durchsetzte, erwuchsen dem Liberalismus Kräfte, die den nationalliberalen Standpunkt überwinden konnten. Friedrich Naumann schließlich unternahm den Versuch, den einseitig ökonomisch ausgerichteten Liberalismus mit seiner Bevorzugung der Unternehmerinteressen nach seiner sozialen Seite hin zu ergänzen.

Nach 1945 wurde die Spaltung der Liberalen überwunden. Die FDP trat zunächst noch stärker als die CDU/CSU, mit der sie bis 1966 koalierte, für einen Laisser-faire-Kapitalismus ein. Thomas Dehler z.B. plädierte für eine Grundgesetzänderung, um den Sozialisierungsartikel 15f zu entfernen. Erst 1966, als die FDP durch die Bildung der „Großen Koalition" in die Opposition geriet, setzte eine Neuorientierung ein, die sich in den *Freiburger Thesen* von 1971 niederschlug und besonders mit den Namen Karl Hermann Flach und Werner Maihofer verbunden ist. Die FDP versuchte mit diesem Programm, ihre Festlegung auf den „alten" Mittelstand (Selbständige, Freiberufler) zu überwinden und Wählerschichten des „neuen" Mittelstandes aus Leitenden Angestellten, Beamten und Facharbeitern zu gewinnen. Im Zentrum der Freiburger Thesen stand eine Neuorientierung in der Deutschland- und Ostpolitik, die in der Koalition mit der SPD (ab 1969) als „neue" Ostpolitik durchgesetzt wurde und nach der Westintegrationspolitik unter Adenauer den Ausgleich und die Aussöhnung mit den östlichen Ländern suchte. Innenpolitisch setzte sich die FDP mit der SPD für die „Demokratisierung der Gesellschaft" ein und versuchte, demokratische Partizipationsrechte auch in den Bereichen Wirtschaft und Gesellschaft durchzusetzen. Außerdem stand die Liberalisierung der Rechtspolitik im Vordergrund. Mit der Weiterentwicklung des ökonomischen zum sozialen Liberalismus wurde eine „Reform des Kapitalismus" intendiert, indem die Effizienzkriterien des kapitalistischen Wettbewerbs- und Leistungsprinzips anerkannt wurden, die gesellschaftliche Ungerechtigkeit des kapitalistischen Wirtschaftsprinzips jedoch durch staatliche Reformmaßnahmen ausgeglichen werden sollte. Die Freiburger Thesen bedeuteten die Umorientierung der FDP von einer Unternehmerpartei zu einer liberalen Reformpartei, die zwar 1969 einen Rückgang der Wählerstimmen in Kauf nehmen mußte, jedoch in der Koalition mit der SPD ihre Position stärken und bei den Bundestagswahlen 1980 mehr als 10% der Wählerstimmen auf sich vereinigen konnte. Das „sozialliberale" Bündnis wurde zu einem politischen Markenzeichen besonderer Art, so daß Maihofer sogar von einem „historischen Bündnis zwischen Arbeiterklasse und politischem Liberalismus" sprechen konnte.

Seit der Rezession 1973 verschoben sich jedoch wieder die Gewichte innerhalb der FDP hin zu Positionen des *Wirtschaftsliberalismus*, der sich besonders in den Wirtschaftsministern Hans Friedrichs und Otto Graf Lambsdorff personifizierte. Die FDP versuchte wirtschaftspolitisch die Unternehmerinteressen und die Interessen des Mittelstandes zu stärken, plädierte für Steuervergünstigungen, gegen ein Anziehen der Steuerschraube, trat für eine starke Begrenzung der staatlichen Kreditaufnahme und gegen staatliche Beschäftigungsprogramme ein und betonte das Selbstverantwortungsprinzip gegenüber dem Solidaritätsprinzip in der Sozialpolitik. Diese Zielvorstellungen trugen zunehmend Spannungen in die Koalition mit der SPD hinein, die 1981 schon fast zum Bruch der Koalition führten und Ende 1982 den Koalitionswechsel der FDP zur CDU ermöglichten. Dieser Wechsel der FDP zur CDU trieb die FDP in eine der schwersten Zerreißproben ihrer Geschichte. Linksliberale Mandatsträger verließen die FDP, die Jungdemokraten gaben die Verbindung mit der FDP auf, und das Wählerreservoir schmolz bedrohlich dahin. Seitdem hat die FDP mit der Fünf-Prozent-Marke zu kämpfen, die bei verschiedenen Landtagswahlen nicht erreicht wurde.

5. Die Grünen

Als bei den vorgezogenen Bundestagswahlen 1983 die Ergebnisse vorlagen, stand eine historische Tatsache fest: Die Grünen hatten die Fünf-Prozent-Marke übersprungen. Damit war zum erstenmal seit 30 Jahren eine neugegründete Partei in der Lage gewesen, das traditionelle Drei-Parteien-Kartell aus CDU/CSU, SPD und FDP aufzubrechen, ein Ereignis, das sich allerdings schon seit einigen Jahren abzeichnete. Schon bei den Landtagswahlen in Niedersachsen und Schleswig-Holstein vermochten die Grünen so viele Stimmen, vor allem der zwischen 20–30jährigen zu binden, daß die FDP unter die Fünf-Prozent-Marke gedrückt und in Schleswig-Holstein sogar der Wahlsieg der SPD vereitelt werden konnte. In Bremen, Berlin, Baden-Württemberg und Hamburg gelang ihnen der Einzug in die Landes- bzw. Stadtparlamente.

Der Erfolg der Grünen ist sicher ein Ausdruck der *mangelnden Bindungskräfte* der traditionellen Bundestagsparteien, die sich den Zukunftsproblemen nur sehr zögernd und unwillig näherten. Wachstums-, Umwelt- und Energiekrise verdichteten sich zu einer Bewußtseinskrise, der die traditionellen Parteien weder langfristige Konzepte entgegenzusetzen noch angemessene Artikulationsmöglichkeiten zu bieten hatten. Besonders attraktiv wurden die Grünen durch die Bekämpfung der Stationierung amerikanischer Mittelstreckenraketen in der Bundesrepublik. Die Grünen machten sich zum Sprecher der „demoskopischen" Mehrheit der Deutschen, die die „Nachrüstung" ablehnte. Das Profil der Grünen erscheint außerordentlich vielschichtig und ist nur schwer in die traditionsbezogenen Deutungsraster des politischen Verhaltens einzuordnen. Die Grünen haben sich herausentwickelt aus dem gesellschaftlichen Vorfeld der Bürgerinitiativen, deren kommunale und regionale Aktivitäten sich an den konkreten Gefährdungserfahrungen im unmittelbaren Lebensraum entzündeten. Besonders die Antiatom-, Umwelt- und Friedensbewegung gaben wesentliche Impulse an die Grünen weiter. Die Betonung von „Gattungsproblemen" gegenüber Partial- oder Klassenfragen verbindet sich mit einem basisdemokratischen Politikbegriff, der sich gegen Bürokratisierungs- und Zentralisierungstendenzen im parlamentarischen Demokratietypus der Bundesrepublik richtet. Mit Hilfe des „imperativen" Mandats sollen die gewählten Delegierten der Grünen an ihre Wählerbasis zurückgebunden werden; durch das Rotationsprinzip, nach dem grüne Abgeordnete nicht die volle Legislaturperiode im Parlament amtieren, sondern automatisch „Nachrückern" Platz machen, soll die Herausbildung einer abgehobenen Funktionärsschicht verhindert werden. Allerdings sind diese Prinzipien auch bei einem Großteil der Grünen umstritten.

Der Slogan: „Wir sind weder links noch rechts, sondern vorn!" verdeckt die Vielfalt unterschiedlicher Einstellungen, die an den Rändern von linken Kadergruppen bis zu konservativ-völkischen Kleinstgruppen reicht. Alternative Zivilisationsflüchtlinge und konservative Naturschützer flankieren eine Mittelgruppe, die eine Versöhnung von Ökologie und Ökonomie anstrebt und einem mittleren Weg zwischen Kapitalismus und Sozialismus anzusteuern versucht. Unter den Stichworten „Umweltfreundlich, Basisdemokratisch, Gewaltfrei" wurde nach teilweise tumultuarischen Parteitagen ein gemeinsamer Nenner gefunden. Die wirtschaftspolitischen Vorstellungen konnten kaum profiliert werden. Der Einsatz für qualitatives Wachstum, die Förderung arbeitsplatzschaffender und umweltfreundlicher Technologien, der Umbau von Großversorgungsanlagen in dezentrale Versorgungseinheiten umschreibt einige Zielvorstellungen der Grünen.

Die Abneigung gegen das *parlamentarische Legitimationsverfahren* mit seiner Trennung von Basis- und Delegationsprinzip, von spontaner Betroffenheit und professionalisierten Politikformen, von Selbstbestimmung und Verwaltungsentscheidungen schlägt sich in der spektakulären Verletzung erstarrter Politikrituale nieder. Die Parlamentarisierung der Grünen schien vielen Fundamentalisten in der Partei als Domestizierungsversuch verdächtig, auch wenn das Gründungsmitglied Petra Kelly das radikale Selbstverständnis als „Antiparteienpartei" pflegt. Die Rolle der Grünen bei der Bewußtmachung lebenswichtiger Fragen wird heute allgemein anerkannt (z.B. Waldsterben, Wasserverseuchung, Friedensfragen usw.), allerdings fällt es den Grünen schwer, ihr „Ein-Punkt-Image" abzuwerfen und in Fragen der Außen-, Sicherheits-, Wirtschafts- und Sozialpolitik eigenständige Problemlösungen anzubieten. Stichworte wie „Versöhnung mit der Natur" und „Versöhnung des Menschen mit dem Menschen" haben zwar einen hohen emotionalen Identifikationswert – besonders angesichts des Problemlösungsdefizits der „Machergeneration" –, lassen sich jedoch nur schwer in konkrete Handlungsstrategien umsetzen. Ob die Grünen im Parlamentarisierungsprozeß von den anderen Parteien aufgesogen werden, oder ob sie ein langfristiges Politikkonzept entwickeln können, wird sich in der Zukunft entscheiden.

Das Abstimmungsverhalten der Grünen ist teilweise irritierend. In Baden-Württemberg unterstützten sie die Rückkehr zur dezentralen Dorfschule gegenüber den Mammutschulen, in Bremen waren stramme rechte Töne zu hören, in Berlin gab es aufreibende Auseinandersetzungen um die Gewaltfrage bei Hausbesetzungen. In Hamburg und Hessen kam es zu Koalitionsgesprächen mit der SPD, die entweder scheiterten oder zu punktuellen Unterstützungsabreden und erst 1985 zu einer Koalition in Hessen führten.

Das Aufkommen der Grünen ging vor allem zu Lasten der SPD und FDP, was in beiden Parteien zu schweren innerparteilichen Spannungen führte. Sollten die Grünen als Gegner oder Mitstreiter, sollte ihr Verhalten als „Protestopportunismus" oder solides Politikverhalten eingeschätzt werden? Kräfte in der SPD um den Parteitheoretiker Richard Löwenthal forderten eine stärkere Abgrenzung von grünen Themen und „Aussteiger"-Tendenzen und propagierten eine intensivere Pflege der sozialdemokratischen Stammwählerschaft, während die Kräfte um Willy Brandt und Erhard Eppler die Öffnung zu grünen Themen hin befürworteten. Nachdem sich nach der „Wende" von 1983 die Hoffnung auf eine Mehrheit „links von der Union" nicht erfüllte, stellt sich für die Grünen das Problem einer „Opposition in der Opposition". Besonders nach der vollzogenen Ablehnung der Stationierung von Mittelstreckenraketen in der Bundesrepublik durch die SPD ergeben sich für die Grünen Profilierungsprobleme, die sich z.B. in der Forderung nach dem Austritt der Bundesrepublik aus der NATO äußern.

6. Grundpositionen der Parteien

Parteiprogramme scheinen auf den ersten Blick mit Leerformeln angefüllt. Jede der im Bundestag vertretenen Parteien hebt auf Grundwerte wie Freiheit,

Gerechtigkeit, Solidarität usw. ab. Erst eine kontextbezogene und vergleichende Analyse der Programmäußerungen läßt bezeichnende Unterschiede hervortreten.

Ein Blick auf den *Freiheitsbegriff* zeigt deutlich unterschiedliche Akzente. Die *CDU* fundiert ihre Leitideen wie die anderen Parteien im Freiheitsbegriff, ordnet jedoch der Freiheit als Recht den restriktiven Pflichtcharakter zu. Aufgabe der Politik ist es auch, „dem Menschen den notwendigen Freiheitsraum zu sichern". Der damit ausgedrückte defensive Charakter des Freiheitsbegriffs kommt auch in der betonten Wehrhaftigkeit gegenüber „Verfassungsfeinden" zum Ausdruck. Der Freiheitsbegriff der CDU hat andererseits eine Entlastungsfunktion für staatliche und soziale Gestaltungsbereiche, was sich in der Hochschätzung der Subsidiarität konkretisiert. Obwohl Subsidiarität und Solidarität formal als sich ergänzende Prinzipien gleichgeordnet werden, wird bei der praktischen Umsetzung des Solidaritätsprinzips vor allem die Risikoabsicherung betont und dabei auf Selbstverantwortung, Selbsthilfe und die Verhinderung des Mißbrauchs sozialer Sicherungssysteme großer Wert gelegt. Der Solidaritätsbegriff wird auch dadurch relativiert, daß leistungsbezogene und quasi „natürliche" Ungleichheiten nicht in Frage gestellt werden.

Die *SPD* eröffnet ihre Grundwerte ebenfalls mit dem Freiheitsbegriff, hebt jedoch kritischer als die CDU/CSU auf die konkreten Freiheitsbeschränkungen ab. Die rechtlich-politische Freiheit wird als beschränkt angesehen, solange ökonomische, soziale und kulturelle Ungerechtigkeiten bestehen. Die Position der SPD zielt darauf ab, den formalen Freiheitsbegriff hin zu einem konkreten Freiheitsbegriff zu erweitern, indem die materiellen Voraussetzungen für seine Realisierungen geschaffen werden. Es fällt auf, daß Freiheit als „Freiheit von" begriffen wird, während die CDU/CSU Freiheit als „Freiheit zu" beschreibt. Freiheit wird als noch nicht realisierter Begriff angesehen, dessen Fundierung durch Chancengleichheit geschieht. Stärker als die CDU/CSU betont die SPD die Gleichrangigkeit von Freiheit, Gerechtigkeit und Solidarität. Bei der Auseinandersetzung mit Verfassungsgegnern soll der demokratischen Form (Diskussion, kritischer Dialog usw.) der Vorzug vor disziplinarischen, juristischen und polizeilichen Maßnahmen gegeben werden.

Im Unterschied zur CDU/CSU und SPD tritt die FDP am nachdrücklichsten für die „größtmögliche Freiheit" des einzelnen Menschen mit dem Vorrang der Person vor den Institutionen (Staat, Wirtschaft, Gesellschaft) ein und betont den Schutz von Minderheiten.

Die *Grünen* orientieren sich in ihren Programmäußerungen an den Stichworten „ökologisch, sozial, basisdemokratisch, gewaltfrei", wobei sie einen kreativen Freiheitsbegriff unter dezentralisierten Selbstbestimmungsformen bevorzugen.

Die *CDU/CSU* betont sehr stark die Ordnungsfunktion *des Staates*, die in den programmatischen Äußerungen Kurt Biedenkopfs auch bezogen wird auf den Bereich der gesellschaftlichen Verhältnisse. Ordnungspolitik des Staates bedeutet nicht nur eine starke Gewichtung der traditionellen Ordnungsfunktionen von Justiz, Polizei, Militär, sondern auch aktive Ordnungspolitik im ökonomischen und gesellschaftlichen Bereich. Auf dem Mannheimer Parteitag 1976 wurde die ordnungspolitische Funktion des Staates im Blick auf die „Neue soziale Frage" präzisiert. Danach sieht die CDU die gesellschaftliche Situation nicht mehr primär geprägt durch den Gegensatz von Kapital und Arbeit, sondern durch den Widerspruch organisierter Interessen (z.B. Kapital und Arbeit, andere Interessenverbände) einerseits und nichtorganisierter bzw. organisationsschwacher Interessen (z.B. Hausfrauen, die Alten, Kranken, Ausländer usw.) andererseits. Die daraus resultierende „Neue soziale Frage" vermag nach diesen Vorstellungen nur durch eine stärkere Ordnungspolitik des Staates gelöst werden. Konkret wird über ein „Verbändegesetz" nachgedacht, durch das die Beziehungen des Staates zu den gesellschaftlichen Interessengruppen (Gewerkschaften, Unternehmer, andere Verbände) und das Verhältnis der Interessengruppen zueinander geregelt werden soll, damit die Individualrechte vor der „Tyrannei der Verbände" geschützt werden. Von den Gewerkschaften wird diese Fassung der Ordnungspolitik jedoch schärfstens abgelehnt, weil sie eine Beeinträchtigung der „Tarifautonomie" befürchten, also den antigewerkschaftlichen Eingriff des Staates in die Tarifverhandlungen der „Sozialpartner" abwehren wollen. Obgleich die CDU/CSU eine starke Ordnungspolitik des Staates vertritt, lehnt sie für den ökonomischen Bereich einen staatlichen Interventionsdruck auf die Unternehmer ab. Die „soziale Marktwirtschaft" auf privatrechtlicher Grundlage wird verteidigt gegenüber der Tendenz zu einer dirigistischen und bürokratischen Staatswirtschaft, der das Prädikat „sozialistisch" zugeschrieben wurde. Auch wird die Reprivatisierung vieler staatlicher Bereiche (Schule, Gesundheit, Rundfunk) gegenüber einem übermäßigen Staatsanteil gefordert.

Die *SPD* hat in ihrem Staatsverständnis weitreichende Veränderungen durchgemacht. Wurde besonders dem monarchistischen und nationalsozialistischen Staat der Klassencharakter zugesprochen, so wird heute der demokratisch legitimierte Staat differenzierter gesehen. Weder wird der Staat als „freischwebend" über der Gesellschaft (bürgerlich-idealistische Staatstheorie) noch einseitig als Instrument des Monopolkapitals (marxistische Staatstheorie) verstanden. Gegenüber dem eher ordnungspolitischen Verständnis des Staates bei der CDU/CSU betont die SPD stärker die gestaltenden Aufgaben des Staates für Wirtschaft und Gesellschaft im Sinne der Wahrnehmung allgemeiner, öffentlicher Interessen. Das gilt besonders für das „magische Viereck" von Wirtschaftswachstum, Vollbeschäftigung, Geldwertstabilität und einer positiven Außenhandelsbilanz. Einseitige dirigistische Eingriffe des Staates werden jedoch von der Mehrheitslinie der SPD im wesentlichen abgelehnt, da die Gefahr der Bürokratisierung des gesellschaftlichen Lebens gesehen wird. Die aktiv gestaltende Rolle des Staates wird nach dem „Orientierungsrahmen" von 1975 vor allem in der Schaffung positiver Rahmenbedingungen für Wirtschaft und Gesellschaft gesehen, jedoch auch der Staat als selbständiger, aktiver Wirtschaftsfaktor bezeichnet, durch dessen Hände rund 40% des Bruttosozialprodukts umgeschlagen werden.

Wesentliche Unterschiede bestehen im *Demokratieverständnis* beider Parteien. Die *CDU/CSU* betont die weitgehende Beschränkung der Demokratisierung auf die politischen Institutionen und wehrt sich gegen eine weitergehende Demokratisierung in Wirtschaft und Gesellschaft. Franz Joseph Strauß, Kanzlerkandidat der CDU/CSU von 1980, sieht hinter der Ausweitung des Demokratieprinzips die Tendenz der „Gleichschaltung", die Unterwerfung von Individualrechten unter das „gleichmacherische" Demokratiepostulat. Andere CDU-Politiker betonen stärker die Leistungshierarchie im ökonomischen und gesellschaftlichen Bereich, deren Funktionsfähigkeit durch eine ausgreifende Demokratisierung bedroht werde. Die *SPD* hält dagegen die Demokratisierung von Wirtschaft und Gesellschaft über die politische Gestaltungsebene hinaus für geboten. Programmatisch wurde diese Position in der Kanzlerantrittsrede Willy Brandts 1969 in der Formel „Mehr Demokratie wagen" zum Ausdruck gebracht. Im wirtschaftlichen Bereich wurde dieses weitergehende Demokratisierungsmodell in der betrieblichen Mitbestimmung und teilweise auch im Schul- und Hochschulbereich durchgesetzt. Gegenüber einem nur formalen Demokratiebegriff versteht die SPD Demokratie als vitales Prinzip, das den Bürger in seinem gesellschaftlichen Lebensbereich zur Mitarbeit und Mitverantwortung motivieren soll. Freiheit und Gleichheit werden nicht wie in einem Teil der CDU/CSU als Gegensätze verstanden, da Gleichheit als „Chancengleichheit" begriffen wird.

In Fragen der *Sozialstaatlichkeit* betont die CDU gegenüber der SPD eher die erreichten Grenzen des Sozialstaates und plädiert für eine Reduktion der Aufgaben des überforderten Staates und für eine Stärkung der privaten Verantwortung. Die SPD orientiert sich stärker an der sozialen Gestaltungspflicht des Staates und legt traditionell starkes Gewicht auf den Konsens mit der gewerkschaftlich organisierten Arbeitnehmerschaft, deren Interessen nicht der „sozialen Demontage" ausgesetzt werden sollen.

Die *FDP* richtet sich sowohl gegen ein autoritäres Staatsdenken wie gegen einen dirigistischen Staatsbürokratismus. Sie betont vor allem die privatrechtliche Individualsphäre und teilt in dieser Hinsicht viele Positionen der CDU. Andererseits wurde die Demokratisierung gesellschaftlicher Bereiche von der FDP und der SPD gemeinsam getragen. Die soziale Gestaltungspflicht des Staates ist seit den Freiburger Thesen von 1971 gegenüber einem einseitigen Wirtschaftsliberalismus stärker akzentuiert worden. Allerdings haben sich nach der „Wende" wieder die wirtschaftsliberalen Positionen in der FDP verstärkt. Der nachhaltige Appell an die Kräfte der Selbstverantwortung und die Einschränkung der sozialen Gestaltungspflicht des Staates verbinden sich mit gewerkschaftskritischen Positionen.

7. Positionen der Parteien / Bundestagswahl März 1983

Text 20 (aus Stern)

Arbeitsplätze

Die *CDU* lehnt spezielle „Beschäftigungsprogramme" ab, sie will statt dessen mehr Anreize für private Investoren schaffen sowie durch öffentliche Investitionen die Konjunktur wieder ankurbeln. Die Gewerbesteuer soll gesenkt werden. Ferner will sie den Mittelstand steuerlich weiter entlasten. Mehr Arbeitsplätze sollen auch durch eine Senkung der flexiblen Altersgrenze auf 60 oder 59 Jahre und durch Förderung von Teilzeitarbeit erreicht werden.

Die *CSU* hat ähnliche Vorstellungen zur Beseitigung der Arbeitslosigkeit wie die CDU. Sie drängt zudem auf den Abbau „investitionshemmender Vorschriften". Im „Neuburger Appell" der CSU zur Bundestagswahl heißt es: „Wer den übertriebenen Forderungen eines falsch verstandenen Umweltschutzes einen totalen Vorrang einräumen will, muß wissen, daß er damit die hohen Lebensverhältnisse des einzelnen, die soziale Sicherheit für alle, die Zukunftsaussichten und Hoffnungen der Jugend zerstört".

Mit einer Konjunkturspritze von rund 40 Milliarden Mark sollen Investitionen angekurbelt werden. Die staatlichen Investitionen sollen unter anderem dem öffentlichen Wohnungsbau und dem Umweltschutz zugute kommen. Außerdem soll die Gründung kleinerer und mittlerer Unternehmen gefördert werden. Die *SPD* drängt auf einen „internationalen Beschäftigungspakt", der sowohl die Verkürzung der Wochenarbeitszeit (Einstieg in die 35-Stunden-Woche) wie auch der Lebensarbeitszeit (Rente ab 60) einschließen soll.

Staatliche Ausgabenprogramme zur Ankurbelung der Wirtschaft und Schaffung neuer Arbeitsplätze lehnt die *FDP* ab. Sie setzt auf bessere Rahmenbedingungen für die Wirtschaft. Der Abbau von bürokratischen Investitionshemmnissen und vor allem „maßvolle Lohnabschlüsse" der Tarifpartner sollen Arbeitsplätze sichern und schaffen. Auch die FDP ist für „eine Liberalisierung der Arbeitszeit". Dabei tritt sie für Teilzeitarbeit und eine Verkürzung der Lebensarbeitszeit ein.

Die *Grünen* plädieren für eine drastische und rasche Arbeitszeitverkürzung. Vor allem soll die wöchentliche Arbeitszeit auf 35 Stunden reduziert werden – bei vollem Einkommensausgleich „für die Bezieher unterer und mittlerer Einkommen". Die Verkürzung der Lebensarbeitszeit lehnen die Grünen als „Ausgliederung" älterer Arbeitnehmer ab. Die Arbeitslosigkeit soll langfristig durch eine Entflechtung der Großkonzerne und eine Förderung der mittelständischen und alternativen Betriebe gesenkt werden.

Raketen

Der Doppelbeschluß der Nato wird von der *Union* als „Fahrplan zur Abrüstung" bezeichnet. Ziel ist die „Null-Lösung", d.h.: Die Sowjetunion verschrottet alle in Osteuropa bereits stationierten SS-20-Raketen, die Nato verzichtet auf die Aufstellung neuer Atomraketen in Westeuropa. Scheitern die Verhandlungen in Genf, soll noch in diesem Jahr die Nachrüstung in Angriff genommen werden. Allerdings müsse die Nato flexibel bleiben, wenn die Sowjetunion zu einem späteren Zeitpunkt doch noch einlenkt.

CSU-Chef Strauß hält im Gegensatz zu Kanzler Kohl die Aussicht auf eine „Null-Lösung" für „illusorisch". Die Sowjetunion wolle ihren „Bedrohungsvorsprung" behalten und werde niemals ihre Raketen diesseits des Urals wieder abbauen. Deshalb solle der Westen schon jetzt mit den Vorbereitungen zur Nachrüstung mit Mittelstreckenraketen beginnen. Ebenso wie die CDU lehnt die CSU eine atomwaffenfreie Zone in Europa ab.

Für die *SPD* gilt: „Sowjetische Raketen abbauen, um die Stationierung neuer amerikanischer Mittelstreckenwaffen überflüssig zu machen". Eine Stationierungs-Automatik neuer US-Raketen in Deutschland im Falle des Scheiterns der Genfer Verhandlungen lehnt die SPD ab. Wie es dann weitergehen sollte, will die SPD im Herbst auf einem Parteitag entscheiden. Ziel der SPD-Politik bleibt ein atomwaffenfreies Europa. Im Falle von Raketenstationierungen sollen die Standorte öffentlich bekanntgegeben werden.

Wenn es nach den Liberalen geht, dann soll in Genf „auf USA und Sowjetunion eingewirkt werden, zügig, ernsthaft und mit der Bereitschaft zu Teilkompromissen zu verhandeln". Die *FDP* will über eine mögliche Stationierung neuer US-Raketen erst auf einem Bundesparteitag entscheiden, wenn die Ergebnisse der Genfer Abrüstungsverhandlungen auf dem Tisch liegen. Stationierungsorte sollen sofort öffentlich bekanntgemacht werden. Fernziel bleibt eine atomwaffenfreie Zone, die ganz Europa umfaßt.

Die *Grünen* wollen die Nachrüstung der Nato mit Pershing-2-Raketen und Marschflugkörpern („Cruise missiles") mit allen Mitteln verhindern. Sie wenden sich auch gegen jede Lagerung von Giftgas, chemischen sowie biologischen Waffen in der Bundesrepublik. Längerfristig sollen in Europa eine atomwaffenfreie Zone und ein neutraler Gürtel entstehen. Die Rüstungsbetriebe sollen auf zivile Güter umgestellt werden.

Ostpolitik

Die mit Ostberlin, Moskau und Warschau geschlossenen Verträge sollen „nach Buchstaben und Inhalt" (Kanzler Kohl) eingehalten werden. Die *CDU* wird der DDR gegenüber auf Verbesserungen im Reise- und Besuchsverkehr drängen. Davon sollen weitere Geldleistungen an Ostberlin abhängig gemacht werden. Obenan steht auch die Forderung an die DDR-Führung nach Aufhebung des Schießbefehls an der innerdeutschen Grenze. Dem gesamten Ostblock verspricht Kohl die „Fortsetzung der Entspannungspolitik".

Für die *CSU* beschränkt sich die „deutsche Frage" nicht nur auf die Bundesrepublik und die DDR, sondern auch auf die „ostdeutschen Gebiete jenseits von Oder und Neiße" (CSU-Vize Zimmermann). Sie bekennt sich zum „Fortbestand des Deutschen Reiches" in den Grenzen von 1937 und fordert, an den Schulen „die Erhaltung und Pflege des gesamtdeutschen Bewußtseins zu fördern". Zur DDR müsse „wieder ein richtiges Verhältnis von Leistung und Gegenleistung" hergestellt werden.

Fortsetzung der Vertragspolitik mit der DDR heißt für die *Sozialdemokraten*: „Respektierung der Unabhängigkeit und Selbständigkeit der DDR". Gegenüber der Sowjetunion und ihren Partnern will die SPD die von Willy Brandt eingeleitete und von Helmut Schmidt fortentwickelte Entspannungspolitik weiter betreiben.

Die Beziehungen zwischen der Bundesrepublik und der DDR haben für die *FDP* „einen besonderen Rang" und sind Teil einer „europäischen Friedenspolitik". Sie tritt für eine Fortsetzung der Vertragspolitik mit der DDR, für wirtschaftliche Konsultationen zwischen den Regierungen ein. Auch gegenüber den anderen Ländern des Ostblocks soll gelten: durch mehr Gespräche und Kontakte zu einem ständigen gesamteuropäischen Dialog zu kommen.

Auf die Deutschland- und Ostpolitik gehen die *Grünen* in ihrem Bundesprogramm nicht direkt ein. Sie fordern allerdings eine „ökologische Außenpolitik" mit der Schaffung einer waffenfreien Zone in und den Abzug aller fremden Truppen aus Ost- und Westeuropa.

Wohnen

Das neue Mietrecht, das im freifinanzierten Wohnungsbau den Mieterschutz lockert, Mieterhöhungen erleichtert und damit den Eigentümern eine bessere Kapitalverzinsung ermöglicht, soll so bleiben, wie es im Dezember 1982 die *CDU/CSU-FDP*-Koalition beschlossen hat. Weitere staatliche Programme sollen den Wohnungsbau zusätzlich fördern.

Auch die *CSU* will nach dem 6. März am neuen Mietrecht festhalten. Sie will den Eigenheimbau steuerlich stärker fördern. Bauminister Oscar Schneider: „Mein Ziel ist – für jede zweite Familie die eigenen vier Wände".

Die Mietrechtsänderungen der christlich-liberalen Koalition will die *SPD* weitgehend rückgängig machen. Beim Wohnungsbau soll wieder der Genossenschaftsgedanke gefördert werden. Mit einem neuen Bodenrecht soll Grundstücksspekulationen entgegengewirkt werden.

Grundsatz der *FDP*: Jeder Bürger bleibt für seine Wohnungsversorgung selbst verantwortlich und muß dafür einen marktgerechten Preis entrichten. Härtefälle sollen durch Wohngeld-Gewährung gemildert werden. Bauen soll sich für den Vermieter dank einer besseren Rendite wieder mehr lohnen als bisher.

Die Renovierung des Altbaubestandes soll gefördert, „Luxusmodernisierung" verhindert werden. Beim Wohnungsneubau sind die Finanzhilfen weg von dem Eigentums- hin zum Mietwohnungsbau zu verlagern. Mietergenossenschaften sollen unterstützt werden. Die Änderungen im Mietrecht werden rückgängig gemacht *(Grünen)*.

Umweltschutz

In einem europäischen Aktionsprogramm sollen Sofortmaßnahmen gegen das Waldsterben über die Grenzen hinweg angekurbelt und koordiniert werden. Nahziel: entsprechend der Initiative der Kohl/Genscher-Regierung den Schadstoffausstoß bei Kohlekraftwerken und anderen Großfeuerungsanlagen drastisch zu senken. Die *CDU* fordert außerdem Gewässer- und Lärmschutzprogramme. Nach dem Verursacherprinzip sollen alle Umweltverschmutzer selbst für die Schadensbeseitigung aufkommen.

Die *CSU* schließt sich formal den Vorstellungen der CDU an, läßt aber keine Gelegenheit aus, vor „übertriebenem Umweltschutz" zu warnen. Gleichwohl erklärt Innenminister Zimmermann die „Rettung des deutschen Waldes", insbesondere der „deutschen Tanne", zur „wichtigsten Aufgaben nach der Erhaltung des Friedens".

Das Notprogramm der *SPD* zur Rettung des Waldes sieht vor: eine Sonderkonferenz aller deutschen Länderchefs über die notwendigen Sofortmaßnahmen und eine neue Großfeuerungsanlagenverordnung mit drastisch gesenkten Werten der Schadstoffmengen aus Fabrikschornsteinen. Umweltschutzfragen sollen in *einem* Ministerressort vereint werden. Besserer Gewässerschutz, schärfere Vorschriften zur Luftreinhaltung und eine Erleichterung der Klagemöglichkeiten von Naturschützern sind weitere SPD-Forderungen.

Die *FDP* will den Umweltschutz im Grundgesetz verankern. Die Grundlage soll das Verursacherprinzip bilden, nach dem derjenige für die Beseitigung der Schäden haftet, der sie verursacht hat. Außerdem verlangt die FDP unter anderem ein Sofortprogramm gegen das Waldsterben und die Senkung der Emissionswerte für Großfeuerungsanlagen und Kraftfahrzeuge, die Sanierung der Binnengewässer sowie die Erleichterung der Klagemöglichkeiten für Naturschutz und Landschaftspflege.

Dem Umweltschutz widmen die *Grünen* den größten Teil ihres Programms. Sie fordern unter anderem: Begrenzung der Schadstoffausstoßmengen für Kraftwerke, Industrie und Autos; Verbot der Emission von krebserregenden Schadstoffen; Verbot von Treibgas bei Spray-Flaschen; Umstellung der Produktionsmethoden, so daß nur noch Abwässer mit minimalen Schadstoffresten in die Flüsse eingeleitet werden; Einführung von Produktionsverfahren in der Industrie, die keinen Giftmüll mehr produzieren.

Kernenergie

„Sicherer Schutz von Leben und Gesundheit und gesicherte Entsorgung" sind, so das *CDU*-Grundsatzprogramm, „Bedingung" für eine verstärkte Nutzung von Kernkraft. Die CDU geht zwar davon aus, daß Atomstrom „auf Dauer unverzichtbar ist" (Forschungsminister Riesenhuber), räumt aber der heimischen Stein- und Braunkohle Vorrang vor allen anderen Energieträgern ein. Es sollen erheblich mehr staatliche Mittel als bisher für alternative Energiequellen wie Sonne und Wind eingesetzt werden.

Kernkraftwerke sind für die *CSU* kein Sicherheitsrisiko. Innenminister Zimmermann nennt

Atomstrom eine „saubere und umweltfreundliche Energie". Angesichts der „verheerenden Auswirkungen" der Schadstoffe, die den Schloten konventioneller Kraftwerke entweichen („Saurer Regen"), gehöre dem Atomstrom die Zukunft. Die Errichtung eines Endlagers für radioaktive Abfälle hat für die CSU Vorrang. Außerdem hält sie Wiederaufarbeitungsanlagen für Kernbrennstoffe für unabdingbar.

Langfristiges Ziel der *SPD* ist der Verzicht auf Atomkraftwerke. Deshalb sollen künftig Strom und Wärme in erster Linie aus Kohle gewonnen werden und die Kernenergie an die zweite Stelle rücken. Die SPD will keine öffentlichen Gelder mehr in die Weiterentwicklung des Schnellen Brüters stecken. Die zukünftige Nutzung der Kernenergie macht die SPD davon abhängig, daß die Entsorgung abgebrannter radioaktiver Brennstäbe gelöst wird.

Die weitere Nutzung der Kernenergie ist für die *FDP* nur zu verantworten, wenn die Entsorgung des Atommülls sichergestellt wird. Allerdings treten die Liberalen dafür ein, die Schnelle-Brüter-Technologie (bessere Ausnutzung des verwendeten Urans) weiterzuentwickeln. Der Ausbau der Fernwärme und die Weiterentwicklung anderer Energieträger gehören ebenso zum FDP-Programm wie die Bemühungen um Energie-Einsparung.

Eine der Hauptforderungen der *Grünen* ist die sofortige Stillegung aller Atomkraftwerke. Auch der „Schnelle Brüter" soll gestoppt werden. Die Alternative wird in dezentralen Blockheiz-Kraftwerken für Kohle, in dem Ausbau der Fernwärme sowie „in der verstärkten Nutzung regenerierbarer Energieträger gesehen: Sonne, Wind, Wasser und Biomasse". Die Energieversorgungsunternehmen sollen in Genossenschaften umgewandelt werden.

Zivildienst

Die Wehrdienstnovelle, die die mündliche Gewissensprüfung für Kriegsdienstverweigerer nur noch in Ausnahmefällen vorsieht, soll unverändert beibehalten werden. Hingegen will die *CDU* erneut diskutieren, ob die Verlängerung des Zivildienstes von 15 auf 20 Monate „tatsächlich angemessen" (Arbeitsminister Blüm) ist. Unstreitig ist, daß Zivildienstleistende deutlich länger als Soldaten im Grundwehrdienst dienen sollen. Wer weder Wehr- noch Zivildienst leistet, soll in Zukunft eine Wehrsteuer zahlen.

Nur unter größten Bedenken hat die *CSU* der Abschaffung der mündlichen Gewissensprüfung für Kriegsdienstverweigerer zugestimmt. Sie will aber in Zukunft nicht auf der Wiedereinführung bestehen. Die Verlängerung des Zivildienstes auf 20 Monate hält die CSU für gerechtfertigt, wenn keine mündliche Gewissensprüfung stattfindet. Bei Beibehaltung der Prüfung hingegen dürfe der Zivildienst nur etwa drei Monate länger dauern als der Wehrdienst.

Bereits in den ersten 100 Tagen nach einer eventuellen Regierungsübernahme will die *SPD* ein neues Zivildienstgesetz vorlegen, das die Gewissensprüfung für Kriegsdienstverweigerer abschafft. Die jetzige Dauer des Zivildienstes will sie verkürzen. Der Münchner Parteitag beschloß: „Der Pazifismus ist eine Einstellung, die vollen Respekt verdient und in der SPD historisch und aktuell ihren legitimen Platz hat".

Die Gewissensprüfung für Kriegsdienstverweigerer will die *FDP* ersatzlos streichen – das heißt auch jede mündliche oder schriftliche Prüfung.

Die *Grünen* erwarten im Rahmen ihrer ökologischen Außenpolitik, daß langfristig kein Militärdienst mehr notwendig sein wird. Bis dahin gilt: Aufhebung der Kasernenpflicht für Soldaten, Verbot der Bundeswehr-Werbung an Schulen und Unterstützung aller Verbände, die antimilitärische Arbeit leisten. Der Zivildienst soll nicht länger als der Militärdienst (derzeit 15 Monate) dauern. Die Gewissensprüfung für Kriegsdienstverweigerer wollen die Grünen ganz abschaffen.

Privatfunk

„Die Blockade gegen eine zukunftsträchtige Medienpolitik wird aufgehoben" (Bundeskanzler Kohl). In den vergangenen Monaten wurden die Weichen für die Verkabelung der Republik gestellt. Fernziel: der Empfang von vielen zusätzlichen Fernsehprogrammen. Die *Union* will den Verlegern den Bildschirm öffnen, die sich allerdings einer freiwilligen oder gesetzlichen Selbstkontrolle durch Vertreter der „gesellschaftlichen Gruppen" (Parteien und Verbände) unterwerfen müßten.

Die *CSU* vertritt eine ähnliche Medienpolitik wie die CDU, legt auf eine Kontrolle privater Fernsehprogramme durch die Vertreter „gesellschaftlicher Gruppen" jedoch wenig Wert.

Die *SPD* lehnt die Zulassung privater Rundfunk- und Fernsehstationen ab. Sie ist gegen die Verkabelung und will warten, bis das neue Glasfaserkabel einsatzbereit ist. Auch kommerzielle Kabel-Fernsehprogramme lehnt die SPD ab. Im Bereich der Printmedien ist sie unter anderem gegen eine mögliche Fusion der Großverlage Springer und Burda.

Die *FDP* will die Chancen, „welche neue Medientechniken für eine offene Gesellschaft bieten, konsequent nutzen". Wie das im einzelnen aussehen soll, hat sie noch nicht geklärt. Ihre Prinzipien: Vielfalt und Wettbewerb. Zwar muß nach FDP-Meinung künftig stärker die Glasfaserkabeltechnik gegenüber dem Kupferkabel berücksichtigt werden, aber „absolute Prioritäten sind zur Zeit nicht fixierbar".

Die von der Kohl/Genscher-Regierung begonnene Breitbandverkabelung wollen die *Grünen* sofort stoppen. Privates Fernsehen und Radio wird entschieden abgelehnt, die öffentlich-rechtliche Medienstruktur soll „unter gleichzeitiger Öffnung für soziale Bewegungen" beibehalten werden.

Rechtsstaat

Die *CDU* will das Demonstrationsrecht und den Datenschutz einschränken. Die Praxis des §218 soll dadurch geändert werden, daß Abtreibungen aus sozialen Gründen nicht mehr von der Krankenkasse bezahlt werden. Bei Scheidungsprozessen soll nur noch dann der Versorgungsausgleich geregelt werden, wenn sich die bisherigen Eheleute nicht einigen können. Die CDU lehnt jede Lockerung der Bestimmungen über Radikale im öffentlichen Dienst ab.

Die Demonstrationsfreiheit will die *CSU* noch weiter einschränken als die CDU. Kommt es zu Krawallen, sollen nicht nur Gewalttäter, sondern alle am Aufmarsch Beteiligten belangt werden können. Der Polizei und dem Verfassungsschutz soll der Zugriff zu Personendaten erleichtert werden. Im Scheidungsrecht soll der Partner, der die Ehe aufkündigt, keinen Unterhaltsanspruch mehr haben. Die CSU plädiert für eine noch härtere Gangart gegenüber Radikalen im öffentlichen Dienst.

Die *SPD* ist gegen eine Verschärfung des Demonstrationsrechts. Eine Rücknahme des neuen Scheidungsrechts und eine Neuregelung des Paragraphen 218 lehnt die SPD ab. Den Datenschutz will sie ausbauen. Bei der Einstellung von Angehörigen extremistischer Parteien in den öffentlichen Dienst hält die SPD an ihrer Vorstellung fest, zwischen Beamten mit Hoheitsfunktionen (Richter, Urkundsbeamten) und einfachen Staatsdienern zu unterscheiden.

Eine Verschärfung des Demonstrationsrechts lehnt die *FDP* ab. Beim §218 ist sie gegen die Rücknahme der bisherigen Kostenübernahme durch die Krankenversicherungen. Der Datenschutz soll als Grundrecht verankert, die bisherigen gesetzlichen Regelungen sollen weiter ausgedehnt werden. Die Prüfung auf Verfassungstreue für Angehörige des öffentlichen Dienstes soll liberaler gehandhabt werden; es soll unterschieden werden, ob die betroffenen Staatsbediensteten eine Hoheitsfunktion ausüben oder nicht.

Die *Grünen* fordern ein uneingeschränktes Versammlungs- und Demonstrationsrecht. Außerdem sollen alle Urteile gegen Atomkraftgegner aufgehoben werden. Schwangerschaftsunterbrechungen (§218) dürfen nach Ansicht der Grünen nicht Anlaß juristischer Verfolgung sein. Die Überprüfungen auf Verfassungstreue im öffentlichen Dienst sollen abgeschafft werden. Die gewonnenen Erkenntnisse über Personen in den Dateien der Polizei und der Geheimdienste sollen vernichtet werden.

Bafög

Die von der neuen Koalition beschlossenen Streichungen bei der Schüler-Förderung nach dem Bundesausbildungsförderungsgesetz (Bafög) sollen im Prinzip beibehalten werden. Auch die Umstellung des Studenten-Bafög auf Darlehensbasis soll erhalten bleiben *(CDU/CSU)*.

Die Streichungen beim Schüler-Bafög (wer zu Hause wohnen kann, bekommt keine Ausbildungsbeihilfen mehr) will die *SPD* nach einer Regierungsübernahme rückgängig machen. Dagegen sollen Studenten auch nach den Vorstellungen der SPD das Bafög-Darlehen zurückzahlen.

Die gesamte staatliche Ausbildungsförderung soll neu geordnet werden. Ziel dabei: Unterstützung nach Eignung und Leistung der jungen Leute und nicht nach der Einkommenssituation ihrer Eltern. Die *FDP* will mehr die Eigenbeteiligung der Betroffenen. So soll Bildungssparen staatlich gefördert werden.

Die *Grünen* plädieren für gleiche Ausbildungschancen für alle. Eine konkrete Aussage zum Bafög-Thema machen sie im Wahlprogramm zwar nicht, doch haben sich führende Vertreter der Grünen für eine Rücknahme der Bafög-Beschränkungen ausgesprochen.

Familie

Bei der Einkommensteuer soll noch für 1983 wieder ein Kinderfreibetrag, und zwar in Höhe von 432 Mark je Kind, eingeführt werden. Ab 1. Januar 1984 soll das Familien-Splitting in Kraft treten, wodurch Ehepaare mit Kindern noch mehr gegenüber kinderlosen begünstigt werden. Die *CDU* will, „sobald es die Haushaltslage erlaubt" (Familienminister Heiner Geißler), nichtberufstätigen Müttern ein Erziehungsgeld zahlen. Über die „Partnerrente" soll auch die Hausfrau einen eigenen Altersgeld-Anspruch erwerben.

Auch die *CSU* ist zur Einführung des Familien-Splittings bei der Einkommensteuer bereit, hat aber Zweifel an der Finanzierbarkeit. In der Gleichberechtigungs-Diskussion tritt die CSU für die „Wahlfreiheit" ein: Die Frau müsse selbst entscheiden können, ob sie sich nur ihrer Familie widmen, nur arbeiten oder beides verbinden wolle. Die Zahlung eines „Erziehungsgeldes" für nichtberufstätige Mütter hält die CSU „derzeit nicht für aktuell" (Strauß).

Die *SPD* widersetzt sich allen Plänen, wieder steuerliche Kinderfreibeträge einzuführen, weil diese Familien mit höherem Einkommen stärker zugute kommen. Sie hält am gleichen Kindergeld für alle fest. Die Steuervorteile aus dem Ehegatten-Splitting sollen für die Bezieher höherer Einkommen beschnitten werden. Für die Pflege kranker Kinder sollen Eltern künftig zehn Tage im Jahr bezahlten Urlaub erhalten. Die Gleichstellung von Mann und Frau im Arbeitsalltag soll per Gesetz geregelt werden.

Die *FDP* fordert, daß Kindergeld unabhängig vom Familieneinkommen gezahlt werden soll. Dabei sollen das erste und das zweite Kind „stärker berücksichtigt werden". Die FDP ist strikt gegen alle Pläne, die Steuervorteile für Ehepaare aus dem Ehegatten-Splitting zu vermindern. Sie fordert ein Gleichberechtigungsgesetz. Für Frauen sollen mehr Teilzeit-arbeitsmöglichkeiten geschaffen und Beschäftigungsverbote aufgehoben werden.

Die *Grünen* möchten das derzeitige Ehegatten-Splitting ganz abschaffen. Kinderfreibeträge sollen gestrichen, dafür aber soll das Kindergeld erhöht und vom Einkommen der Eltern abhängig gemacht werden. Die Grünen wollen die „volle Gleichberechtigung zwischen Mann und Frau". Dazu gehören: gleicher Lohn für gleiche Arbeit, die Abschaffung der Leichtlohngruppen und ein besonderer Kündigungsschutz für alleinstehende Frauen und Männer mit Kindern.

Steuern

Die Investitionsabgabe von 5 Prozent der Steuerschuld, die Besserverdienende (Ledige mit mehr als 50 000 Mark, Verheiratete mit mehr als 100 000 Mark Brutto-Jahreseinkommen) 1983 und 1984 zahlen müssen, soll nach der Vorstellung der *CDU* nun doch nicht zurückgezahlt werden. Eine Anhebung des Spitzensteuersatzes von derzeit 56 Prozent des steuerpflichtigen Einkommens auf 58 oder gar 60 Prozent wurde von der CDU erwogen, aber nicht beschlossen.

Die *CSU* beugte sich im Januar dem Beschluß der CDU-Führung, die ursprünglich als „Anleihe" beschlossene Investitionsabgabe nicht mehr zurückzahlen zu wollen. Die CSU war zunächst der Meinung gewesen, es dürfe überhaupt keine Sondersteuer für Besserverdienende erhoben werden, weil dies konjunkturpolitisch falsch sei. Eine Erhöhung des Spitzensteuersatzes lehnt die CSU als „unerträgliche Diskriminierung von Leistung" (CSU-Chef Strauß) ab.

Die *SPD* wollte, als sie noch an der Regierung war, eine Ergänzungsabgabe von 6 Prozent der Einkommenssteuer und Körperschaftssteuer für alle Brutto-Jahreseinkommen über 60 000/120 000 Mark (ledig/verheiratet) einführen, die nicht zurückgezahlt werden sollte. Sie bleibt bei dieser Forderung. Der Spitzensteuersatz von 56 Prozent soll bei Einkommen über 200 000 Mark pro Jahr auf 60 Prozent erhöht werden.

Die mit der Union beschlossene Investitionshilfeabgabe trug die *FDP* nur unter der Bedingung mit, daß die Abgabe zwischen 1987 und 1989 wieder zurückgezahlt wird und Unternehmer und Selbständige sich durch Investitionen von der Abgabe befreien können. Die Pläne der Union, die Abgabe doch nicht zurückzuzahlen, will die FDP auf keinen Fall in einer neuen Regierung mittragen. Die Liberalen lehnen auch eine Erhöhung des Spitzensteuersatzes strikt ab.

Die *Grünen* treten dafür ein, daß Alleinstehende mit über 50 000 Mark und Verheiratete mit über 100 000 Mark Brutto-Jahreseinkommen eine nichtrückzahlbare Ergänzungsabgabe zahlen. Für Selbständige und Beamte wollen sie eine Arbeitsmarktabgabe einführen. Auch der Spitzensteuersatz soll „deutlich angehoben werden". Angestrebt wird außerdem eine Erhöhung der Vermögenssteuer und die Streichung des Steuerfreibetrages für Freiberufler.

IV Die Europäische Gemeinschaft

Die europäische Gemeinschaft (EG) ist ein wirtschaftlicher und politischer Zusammenschluß von 12 westeuropäischen Staaten. Sie wurde von Belgien, Frankreich, Italien, Luxemburg, den Niederlanden und der Bundesrepublik Deutschland gegründet. Am 1. Januar 1973 wurden Dänemark, Großbritan-

Abb. 8: Organe der EG

nien und Irland aufgenommen. 1981 konnte Griechenland der Gemeinschaft beitreten. Portugal und Spanien folgten 1986; die Assoziierung der Türkei ist beabsichtigt, jedoch ist die Freizügigkeit türkischer Gastarbeiter in die Bundesrepublik ein noch ungeklärtes Problem.

Die EG ist aus drei europäischen Gemeinschaften entstanden: Die Europäische Gemeinschaft für Kohle und Stahl (EGKS=Montanunion), gegründet am 18.4.1951 in Paris von den sechs EG-Kernländern. Sie hat als Ziel den gemeinsamen Markt für Kohle, Stahl, Eisenerz und Schrott; die Europäische Wirtschaftsgemeinschaft (EWG) wurde gleichzeitig mit der Europäischen Atomgemeinschaft (EURATOM) in Rom geschaffen (Römische Verträge 1957). Die EWG hat sich als Aufgabe gestellt, die verschiedenen nationalen Volkswirtschaften zu verschmelzen und als letzten Schritt die politische Einheit Europas zu erreichen. EURATOM fördert die friedliche Nutzung der Kernenergie. 1967 wurden die drei Gemeinschaften zusammengelegt. Seitdem spricht man von der „Europäischen Gemeinschaft" (EG).

Die EG-Länder haben sich zu einer gemeinsamen Politik insbesonders auf folgenden Gebieten verpflichtet:

1. *Schaffung des freien Warenverkehrs* durch Beseitigung der Zölle und anderer Handelshemmnisse. Die Zölle innerhalb der EG wurden am 1.7.1968 vorzeitig abgeschafft. Dadurch hat sich der Handel in der EG enorm erhöht.

92

Ab 1992 soll der freie Warenverkehr weiter liberalisiert werden: die Grenz-kontrollen sollen fallen, die Normenbestimmungen und Steuersysteme sollen harmonisiert werden. Das Niederlassungsrecht wird europaweit begünstigt. Schwierige Probleme entstehen in der Frage der unterschiedlichen Sozial-rechte. Die Übertragbarkeit des deutschen Sozialsystems mit seinen arbeit-nehmerfreundlichen Gesetzen, der Tarifautonomie, der Mitbestimmung und der Lohngestaltung ist skeptisch zu beurteilen. Droht ein „Europa der Unternehmer"?

Durch Zollunion und freien Warenverkehr konnte die EG zu einem der potentesten Weltwirtschaftsfaktoren werden. 1979 betrug ihr Anteil an der Weltwirtschaftsleistung über 20%, am Welthandel sogar fast 35%. Damit hat sich die EG als mächtigste Exportmacht der Welt erwiesen. Besonders die Bundesrepublik konnte vom freien Warenverkehr profitieren. Zwi-schen 1960 und 1980 konnte sie ihre Exporte um das 7fache steigern. Der Löwenanteil entfällt auf den Binnenhandel innerhalb der EG, beson-ders auf den Handel mit Frankreich. Verbunden mit dem freien Warenver-kehr ist auch die Freizügigkeit der Arbeitnehmer innerhalb der EG-Län-der.

2. *Schaffung eines gemeinsamen Agrarmarktes.* Die Landwirtschaft stellt in-nerhalb der EG-Länder ein besonderes Problem dar. Die nationale Le-bensmittelversorgung muß jeweils sichergestellt werden, damit jedoch auch die Existenz der landwirtschaftlichen Betriebe, deren Einkommens-gefälle zu Industrieberufen augenfällig ist. Besondere Bemühungen muß-ten darauf verwandt werden, die Konkurrenzfähigkeit der nationalen Agrarwirtschaften zu erhalten und zu fördern. Deshalb entschloß man sich in den 60er Jahren zur schrittweisen Durchsetzung von einheitlichen Marktordnungen. Gemeinsame Richtpreise wurden für jedes Produkt fest-gelegt; ein Garantiefond für die Landwirtschaft wurde eingerichtet, der den Erzeugern in der Regel über dem Marktpreis liegende Preisgarantien zukommen läßt. Das verleitete die Bauern allerdings dazu, in Überschuß-produktionen zu investieren, was zu den berüchtigten Butter-, Schweine-fleisch- und Rindfleischbergen, zu dirigistischen Preissteigerungen für die Verbraucher und zu spektakulären Billigverkäufen an Länder des Ost-blocks führte. Länder mit einem hohen Anteil am Agrarmarkt profitieren am meisten vom „grünen" Europa (bes. die Niederlande und Frankreich), während die Bundesrepublik und Großbritannien einen größeren Anteil in den Agrarfond einzahlen als sie herausbekommen. Besonders Großbritan-nien drängte deshalb auf eine Ermäßigung seiner Zahlungen in den EG-Fond. Besonders umstritten ist die Agrarpolitik, seitdem die Finanzierung der Überschußproduktionen und die Ausgleichszahlungen an die Bauern fast die gesamten Einkünfte der EG verschlingen. Deshalb stellt sich dringender denn je die Frage nach einer Reform des europäischen Agrar-marktes, um die Überschußproduktionen abzubauen und marktgerech-tere Preise zu erzielen. Der europäische Agrarmarkt wird jedoch auch von Drittländern (USA und Entwicklungsländer) kritisiert. Sie brandmarken die Schutzzölle gegenüber Drittländern als Protektionismus.

3. *Schaffung einer Währungsunion.* Die Verflechtung der einzelnen EG-Län-der hat die Notwendigkeit einer gemeinsamen Wirtschaftspolitik immer deutlicher hervortreten lassen. Besonders durch Währungsschwankungen

ergaben sich beträchtliche Probleme. So führten die Exportüberschüsse der Bundesrepublik zu einer Aufblähung des Geldumlaufs. Dazu kamen noch spekulative Geldzuflüsse, die wegen der Aufwertungserwartungen der D-Mark angezogen wurden. Besonders die immensen Geldvorräte der Ölförderländer und anderer frei vagabundierender Dollarguthaben belasteten den europäischen und besonders den bundesdeutschen Geldmarkt. Einschneidend wirkten sich auch die Dollarkrisen seit 1973 aus, die zum Verfall der festen Wechselkurse führten. Seitdem wurde der Wechselkurs gegenüber dem Dollar freigegeben (Floating), während die EG-Länder untereinander feste Wechselkursparitäten vereinbarten (Währungsschlange). Als auch Frankreich die „Währungsschlange" verließ (1974), schien das Ziel einer europäischen Währungsunion endgültig gescheitert. Auch die Verabredung eines „Europäischen Währungssystems" 1978 brachte nicht die erhofften Resultate. Weder konnten die Wechselkurse „eingefroren" werden, noch konnten trotz massiver Stützungsaktionen Abwertungen des Franc bzw. Aufwertungen der D-Mark verhindert werden. Gemeinsame wirtschaftspolitische Maßnahmen wurden zwar mit der Angleichung der verschiedenen Steuersätze (Mehrwertsteuer) eingeleitet, von einer gemeinsamen Wirtschaftspolitik, z.B. in der Bekämpfung der Arbeitslosigkeit, kann noch keine Rede sein. Auch Gipfelkonferenzen konnten das Dilemma unterschiedlicher nationaler Interessen nicht vollständig auflösen, obwohl bestimmte gemeinsame Erklärungen in der Energiefrage und zum Nahostkonflikt inzwischen möglich geworden sind.

4. *Schaffung einer politischen Gemeinschaft.* Die EG sollte von Anfang an mehr sein als eine Wirtschaftsgemeinschaft. Allerdings wurde das Ziel noch nicht erreicht, über die wirtschaftliche Verflechtung eine politische Union zu schaffen. Das liegt auch an der Konstruktion der europäischen Institutionen. Seit 1979 ist zwar mit der europäischen Direktwahl der Europa-Abgeordneten in das Europa-Parlament (Straßburg) ein sinnfälliger Beitrag zur Festigung der politischen Gemeinschaft geleistet worden, das Parlament kann jedoch keine legislativen Rechte wahrnehmen, sondern hat nur beratende Funktion. Mitentscheiden kann das Europäische Parlament nur in der Frage des Haushalts. Allerdings kann das Parlament die Europäische Kommission, das exekutive Organ der EG, zum Rücktritt zwingen. Beeinträchtigt wird die Rolle der europäischen Institutionen durch das Vetorecht im Ministerrat, in dem die nationalen Minister jeweils die unterschiedlichen nationalen Interessen gegen die Kommission und das Parlament durchsetzen können. Unterschiedliche Auffassungen über den Charakter der EG blockieren obendrein die Zusammenarbeit. Die französische Konzeption vom „Europa der Vaterländer" bzw. vom „Europa der Regionen" beläßt den nationalen Prärogativen einen breiten Raum, auf den auch Großbritannien nicht verzichten möchte. Die Bundesrepublik betont stärker den Gemeinschaftscharakter und das auch aus nationalen Interessen: Eine Wiedervereinigung Deutschlands wird nur über eine europäische Konföderation für möglich gehalten. Auch spielt die Frage „Staatenbund" oder „Bundesstaat" in der öffentlichen Diskussion eine gewisse Rolle. Die kommunistischen Parteien befürchten bei einer weitergehenden Integration vor allem ein Europa unter deutschem Ein-

fluß. Gravierender sind jedoch die Schwierigkeiten, die sich aus den strukturellen Unterschieden in der Gemeinschaft ergeben. Starke und schwache Länder stehen sich mit ihren Interessen in Europa gegenüber. Agrar- und industrieorientierte Länder haben unterschiedliche Interessenschwerpunkte. Augenfällig treten diese Differenzen in den Auseinandersetzungen um Großbritannien hervor. Der Nettobeitrag Großbritanniens in die EG-Kasse, der vor allem der Finanzierung des Agrarfonds dient, ist höher als die Leistung, die Großbritannien zurückerhält. Korrekturen an diesem Finanzierungsmodus wurden durch Sonderzahlungen der Bundesrepublik ausgeglichen. Die Bundesrepublik als größter Nettozahler der Gemeinschaft ist mit ihrer Rolle als „Zahlmeister" auch nicht zufrieden. In der Tat zahlt die Bundesrepublik weitaus mehr in den EG-Topf als sie zurückerhält, andererseits bedeutet der milliardenschwere Finanzeinsatz eine gewisse Kompensierung der Vorteile, die der Bundesrepublik aus der Freihandelsregelung erwachsen. Im eigenen Interesse setzt sich die Bundesrepublik deshalb auch immer wieder für die Freihandelskomponente ein und trifft damit auf einen gewissen Widerstand bei Frankreich, das zum Schutz der nationalen Märkte protektionistischen Maßnahmen nicht immer abgeneigt ist. Kompliziert werden die Bemühungen um eine Gemeinschaft auch durch die Beitrittsverhandlungen mit Spanien, Portugal und der Türkei, wodurch neue Probleme entstehen. Von linken Kritikern wird die EG wegen ihrer Kapitalorientierung kritisiert (EG des Kapitals), während den Problemen einer „Sozialunion" kaum genügend Interesse entgegengebracht werde.

V Die Entwicklungspolitik

Die Bundesrepublik befindet sich nicht nur im Kräftefeld des Ost-West-Gegensatzes. Immer deutlicher schiebt sich das *Nord-Süd-Gefälle* von hochindustrialisierten Ländern, Schwellenländern und unterentwickelten Ländern in den Vordergrund der öffentlichen Diskussion. Die Bevölkerungsexplosion in den Ländern der Dritten Welt, akute Hungerkatastrophen, jedoch auch langfristig angelegte Eigeninteressen (Absatzmärkte, politischer Einfluß usw.) bestimmen die Entwicklungspolitik der Bundesrepublik. Dabei hat sich die entwicklungspolitische Lage seit den 70er Jahren dramatisch verändert. Vor allem die Ölpreiserhöhungen und die Schwankungen der Rohstoffpreise haben einen gigantischen Verschuldungszwang der unterentwickelten Länder heraufbeschworen, der beträchtliche Unsicherheiten und Risiken für das westliche Banken- und Finanzsystem herbeigeführt hat.

Hilfsmaßnahmen sind nur auf internationaler Ebene durchzusetzen. Der Internationale Währungsfonds etwa überbrückt kurzfristige Zahlungsbilanzdefizite, wobei Kredite mit Auflagen verbunden sind, die schmerzhafte Eingriffe in das gesellschaftliche Leben der Schuldnerländer zur Folge haben.

Die Weltbank (Anteil der Bundesrepublik: 6%) ist für längerfristige Entwicklungskredite zuständig. 1984 war zum erstenmal ein „negativer" Finanztransfer zu beobachten, d.h. die Schuldnerländer zahlten eine Milliarde mehr an die Gläubigerländer zurück, als sie an Finanzhilfen erhalten hatten. Die

Banken ihrerseits versuchen die „tickende Schuldenbombe" zu entschärfen, indem sie Umschuldungsaktionen durchführen, Rückzahlungsfristen verlängern oder vollständig aussetzen, Zinssätze modifizieren usw. Auf Welthandelskonferenzen werden Wege gesucht, um die Zusammenarbeit zwischen Industrie- und Entwicklungsländern (AKP-Staaten) zu ordnen. Trotz gewisser Fortschritte ist die Kritik der Entwicklungsländer nicht zu überhören: Die Abschottung der EG-Länder gegen landwirtschaftliche Einfuhren aus Entwicklungsländern wird ebenso kritisiert wie die mangelnde Einrichtung von preisstabilisierenden Rohstofffonds mit Ausgleichszahlungen bei Preisverfällen. 1982 wurden allerdings für 1 Milliarde mehr Waren aus Entwicklungsländern in die Bundesrepublik eingeführt als ausgeführt.

Grundsätzlich hält sich die Bundesrepublik an den entwicklungspolitischen Grundsatz der *„Hilfe zur Selbsthilfe"*, was eine partnerschaftliche Zusammenarbeit mit den betroffenen Entwicklungsländern voraussetzt. Den landwirtschaftlichen Hilfsprojekten wird Priorität eingeräumt; arbeitsintensive Industrien werden bevorzugt entwickelt, doch auch der technisch-wissenschaftlichen Zusammenarbeit wird über die Gesellschaft für Technische Zusammenarbeit (GTZ) verstärkt Aufmerksamkeit gewidmet. Allerdings hat die Bundesrepublik die zugesagte Richtmarke von 0,7% des Bruttosozialprodukts noch längst nicht erreicht. Im Unterschied zu den Vorschlägen der renommierten Nord-Süd-Kommission (Vorsitz: Willy Brandt) hat die „Wende"-Regierung die Eigeninteressen wieder stärker in den Vordergrund gerückt. Die Entwicklungshilfe wird wieder enger an Lieferverpflichtungen deutscher Firmen gebunden. Auch sollen amerikanische Interessen in Mittelamerika stärker mitberücksichtigt werden.

Testfragen zu Teil 2
  1. Beschreiben Sie die Folgen der Kapitulation!
  2. Bestimmungen des Potsdamer „Abkommens"!
  3. Interessengegensätze im Alliierten Kontrollrat!
  4. Was war der Marshallplan?
  5. Wie kam es zur Gründung der Bundesrepublik?
  6. Wie reagierten die Deutschen auf die Einführung der Demokratie? Lesen Sie dazu die Texte 1–3!
  7. Beschreiben Sie die Westintegrationspolitik Adenauers!
  8. Charakterisieren Sie die deutschlandpolitische Konzeption Adenauers!
  9. Beschreiben Sie den Status von Westberlin!
  10. Welchen Problemen sah sich die Spätpolitik Adenauers gegenüber?
  11. Diskutieren Sie die Einschätzungen der Politik Adenauers! Berücksichtigen Sie dabei die Texte 4–10!
  12. Charakterisieren Sie die Kanzlerschaft Erhards!
  13. Leistungen und Grenzen der „Großen" Koalition!
  14. Welche Dokumente zur „neuen" Ostpolitik kennen Sie und welchen Inhalt haben die Vertragstexte?
  15. Diskutieren Sie die Einschätzung der „neuen" Ostpolitik und berücksichtigen Sie dabei die Texte 11–14!
  16. Ziele und Grenzen der sozialliberalen Reformpolitik!
  17. Charakterisieren Sie die Politik Helmut Schmidts!

18. Woran zerbrach die sozialliberale Koalition?
19. Vergleichen Sie die Einstellung der Bundesrepublik und der DDR zur Einheit der deutschen Nation! Berücksichtigen Sie dabei die Texte 15–18!
20. Beschreiben Sie die Rolle der Bundeswehr!
21. Welche militärischen Strategiekonzepte sind Ihnen bekannt?
22. Charakterisieren Sie die Auseinandersetzung um die „Nachrüstung"!
23. Diskutieren Sie die Konzepte der Wende-Regierung!
24. Worin besteht die Bedeutung der Rede Richard von Weizsäckers am 8.5.1985? Vergleiche Text 19!
25. Wie lauten die Verfassungsprinzipien der Bundesrepublik?
26. Nennen Sie die Verfassungsinstitutionen der Bundesrepublik und ihr Zustandekommen!
27. Wie kam es zum Grundgesetz?
28. Stellen Sie die Grundelemente der Verfassung dar und diskutieren Sie die Probleme!
29. Charakterisieren Sie das Parteienwesen in der Bundesrepublik im allgemeinen!
30. Das Wahlsystem der Bundesrepublik!
31. Kritik am Wahlsystem der Bundesrepublik!
32. Charakterisieren Sie die Entwicklung der einzelnen Parteien!
33. Vergleichen Sie die einzelnen Grundpositionen der Parteien!
34. Welche Einzelpositionen nahmen die Parteien bei der Bundestagswahl 1983 ein (Arbeitsplätze, Raketen, Ostpolitik, Wohnen, Umweltschutz, Kernenergie, Privatfunk, Rechtsstaat, Bafög, Familie, Steuern)?
35. Umfang und Organe der EG!
36. Welche Integrationsformen kennzeichnen die EG?
37. Probleme der EG!
38. Charakterisieren Sie die Situation der Entwicklungsländer!
39. Beschreiben Sie einige Grundzüge der Entwicklungspolitik der Bundesrepublik!

Dritter Teil

Die Wirtschaft der Bundesrepublik

I Voraussetzungen

1. Kriegsfolgen

Im Vergleich mit anderen Ländern steht heute die Bundesrepublik als eines der ökonomisch stabilsten Länder der Welt da, kann auf einen unvergleichlichen sozialen Frieden und auf die demokratische Funktionsfähigkeit ihres politischen Systems verweisen. Angefangen hatte die ökonomische und soziale Entwicklung der Bundesrepublik auf dem Hintergrund der katastrophalen Folgen des 2. Weltkrieges: 7,5 Millionen Tote im Krieg, Verlust eines Viertels des ehemaligen Reichsgebiets, Flucht oder Vertreibung von 11 Millionen Deutschen, wobei unzählige Familien zerrissen wurden. Ein Fünftel der Produktionsmittel, zwei Fünftel der Verkehrsanlagen, 15% des Wohnraums waren zerstört. Die Versorgungslage war katastrophal; ein Großteil der Bevölkerung hungerte. Die Reichsmark hatte ihre Funktion als Zahlungsmittel weitgehend verloren, die Geldwirtschaft fiel auf einen einfachen Tauschhandel zurück. Der „Schwarze Markt" blühte. Amerikanische Zigaretten waren der Maßstab für den Wert der Tauschwaren. Dazu kam der Verlust der Souveränität Deutschlands, das in vier Besatzungszonen aufgeteilt wurde. Demontagen der Industrieanlagen und strenge Kontrollmaßnahmen überzogen das wirtschaftliche, soziale und kulturelle Leben.

2. Getrennte Entwicklung

a) Doch schon bald zeigte sich, daß in den drei westlichen Zonen und in der SBZ (Sowjetisch besetzte Zone) sehr unterschiedliche wirtschafts- und sozialpolitische Maßnahmen getroffen wurden. In der SBZ wurden eine Bodenreform mit Zwangsenteignungen und die Verstaatlichung des Bergbaus (1947) durchgeführt. Die planwirtschaftlichen Reglementierungen wurden vorweggenommen, indem Kommunisten in die Zentren und Schaltstellen der Wirtschaftsverwaltung einzogen. In den Westzonen jedoch sollte eine marktwirtschaftliche Ordnung auf der Basis dezentraler Entscheidungsstrukturen, des Privateigentums an Produktionsmitteln und der Abwehr staatlicher Planungseinsätze erhalten bleiben, um Westdeutschland in ein westliches Wirtschaftssystem zu integrieren. Deshalb verhinderte z.B. der amerikanische Militärgouverneur Lucius D. Clay weitergehende Pläne der Sozialisierung der Grundstoffindustrie und der Energiewirtschaft, wie sie in Hessen vorgesehen waren. Restriktionen, Reparationen und Demontagen wurden deshalb in den westlichen Zonen schon sehr bald abgebaut, eine *Liberalisierung der Wirtschaft* schrittweise eingeführt.

b) Zementiert wurde die wirtschaftliche Spaltung Deutschlands durch die *Währungsreform* vom 20. Juli 1948 mit der Einführung der Deutschen Mark in den westlichen Zonen. Damit wurde das durch die Kriegsinflation aufgeblähte Reichsmarkvolumen ungültig. Finanzielle Verbindlichkeiten wurden auf ein Zehntel abgewertet; jeder Bürger erhielt zunächst 40,– DM. Schlagartig erlosch der Schwarzmarkthandel. Die Schaufenster füllten sich mit zurückgehaltenen und gehorteten Waren. Schon 1948/9 deutete sich ein fundamentales Problem an: Die Besitzer von Sachwerten konnten über die „Stunde Null" hinaus bedeutende materielle Werte retten, was von Anfang an die ökonomische und soziale Ungleichheit im sich herausbildenden Weststaat Bundesrepublik befestigte. Auf der anderen Seite standen die „kleinen Leute", deren Erspartes entwertet war, die Flüchtlinge und Vertriebenen, die Hab und Gut verloren hatten, die Kriegsversehrten und Ausgebombten. Auf dem Hintergrund dieser ungleichen Chancenverteilung in Wirtschaft und Gesellschaft stellten sich um so drängender die Probleme einer gerechten Wirtschafts- und Sozialordnung.

c) Brachte die Währungsreform die Grundlage für eine funktionierende Geldwirtschaft, so bedeutete das noch nicht den Einsatz von großen Kapitalien. Das konnte erst durch den *Marshallplan* gelingen. Eine langfristige Dollarkredithilfe der Amerikaner sollte die deutsche Wirtschaft nachhaltig stimulieren, gekoppelt an Importgarantien für amerikanische Fertigprodukte. Dem Marshallplan kam angesichts des Beginns des „Kalten Krieges" auch eine wichtige politische Funktion bei der Eindämmung (containment) östlicher Einflußnahme zu (Truman-Doktrin).

Darüber hinaus bedeutete der Einsatz des Marshallplans eine partnerschaftliche Maßnahme, die der Feindbildfixierung entgegenarbeitete. Von 1948 bis 1952 wurden 1561441 Millionen Dollar als Kredite zum Wiederaufbau der deutschen Wirtschaft eingesetzt.

II Der Streit um die Wirtschaftsordnung

Die Bewältigung der Kriegsfolgelasten, die Begünstigung eines marktwirtschaftlichen Systems durch die Westalliierten, die Währungsreform und die Marshallplanhilfe waren die wichtigsten Markierungspunkte, die die deutsche Wirtschaftspolitik nach Konstituierung der Bundesrepublik als Staat (23.5.1949) vorfand. Damit jedoch war die Frage einer gerechten Wirtschaftsordnung noch nicht gelöst. Die Bundestagswahlkämpfe der 50er Jahre hatten neben der Wiedervereinigungsfrage vor allem die Wirtschafts- und die Sozialordnung als Schwerpunktthemen.

1. Im Wesentlichen standen sich zwei Lager gegenüber. Auf der einen Seite befanden sich die SPD und die Gewerkschaften, die zwecks öffentlicher Kontrolle zu weitgehenden *Verstaatlichungen* von Schlüsselindustrien, Banken, Versicherungen usw. bereit waren und *planwirtschaftliche* Maßnahmen durchsetzen wollten. Diese Position reichte weit ins bürgerliche Lager hinein, wie es z.B. das Ahlener Programm der CDU vom 3. Februar 1947 zeigte, in dem das Versagen der kapitalistischen Wirtschaftsordnung festgehalten wurde. Hier wirkte die Kollaboration der Unternehmer mit dem Hitlerstaat abschreckend nach. Verstaatlichung und Planwirtschaft wurden jedoch von der SPD und den Gewerkschaften nicht im Sinne des östlichen Staatssozialismus (Position der KPD) verstanden, sondern im Sinne einer „Wirtschaftsde-

mokratie:" Nicht die Ersetzung der privaten Kapitalbesitzer durch eine staatliche Planungsbürokratie, sondern die Mitbestimmung der Arbeitnehmer am Arbeitsplatz war die Zielvorstellung des „demokratischen" Sozialismus. Durchsetzen konnte sich diese Position jedoch nicht, da die SPD bis 1966 in der Opposition blieb (vgl. Text 21–24).

2. Die Entscheidung fiel zugunsten der *„Sozialen Marktwirtschaft"*. Dieses wirtschaftspolitische Modell war aus der innerparteilichen Auseinandersetzung in der CDU um das Ahlener Programm hervorgegangen und fand ihren Niederschlag in den „Düsseldorfer Leitsätzen" vom Juli 1949. In die Konzeption gingen die Wirtschaftstheorien der Freiburger Schule mit F. Böhm, W. Eucken und H. Großmann-Doerth ein. Alfred Müller-Armack vertrat die Konzeption der „Sozialen Marktwirtschaft" in vielen Büchern und Aufsätzen; unter dem Bundeskanzler Konrad Adenauer (1949–1963) wurde vor allem der Wirtschaftsminister Ludwig Erhard als „Vater" der „Sozialen Marktwirtschaft" angesehen (vgl. Text 21–24).

Die „Soziale Marktwirtschaft" versteht sich selbst als „Dritter Weg" zwischen der „Freien Marktwirtschaft", die den historischen Ballast sozialer Ungerechtigkeit aufwies, und der bürokratischen Staats- und Planwirtschaft, deren mangelnde ökonomische Effizienz gegenüber der kapitalistischen Wirtschaftsform wenig attraktiv wirkte. Ausgangspunkt der „Sozialen Marktwirtschaft" ist eine Wettbewerbsordnung nach den Gesetzen von Angebot und Nachfrage auf der Grundlage des Privateigentums an Produktionsmitteln, der freien Unternehmertätigkeit, der freien Arbeitsplatzwahl und der freien Konsumwahl. Allerdings ist diesen marktwirtschaftlichen Elementen eine staatliche Sozialpolitik zugeordnet. Staatliche Eingriffe dürfen jedoch nicht den marktwirtschaftlichen Mechanismus mit seiner Selbststeuerungskraft beschädigen. Der Staat hat sogar die Wettbewerbswirtschaft zu fördern und zu schützen. Das geschieht vor allem durch den Schutz der Wettbewerbsbedingungen (vgl. Kartellgesetze 1958, 1973, 1974). Eine aktive sozialpolitische

---

Soziale Marktwirtschaft

Der *Begriff* der sozialen Marktwirtschaft kann so als eine ordnungspolitische Idee definiert werden, deren Ziel es ist, auf der Basis der Wettbewerbswirtschaft die freie Initiative mit einem gerade durch die marktwirtschaftliche Leistung gesicherten sozialen Fortschritt zu verbinden.

Sinn der sozialen Marktwirtschaft ist es, das Prinzip der Freiheit auf dem Markte mit dem des sozialen Ausgleichs zu verbinden. Wenn es nach Jahren einer strengen Wirtschaftslenkung gelang, den Begriff der sozialen Marktwirtschaft in kurzer Zeit in der deutschen Öffentlichkeit durchzusetzen, so war dies den negativen Erfahrungen in einer Zeit mehr und mehr versagender Wirtschaftslenkung und der Währungsunordnung zuzuschreiben. Erst die kritische Auseinandersetzung mit den Funktionsmängeln der Wirtschaftslenkung und der Währungslenkung machten den Weg dafür frei, daß erstmalig in den letzten Jahrzehnten ein freiheitliches System nicht nur erfolgreich den Anspruch, die sozialen Probleme lösen zu können, zu erheben vermochte, sondern auch in breitesten Schichten allgemeine Zustimmung fand.

(Alfred Müller-Armack, Artikel „Soziale Marktwirtschaft". In: „Handwörterbuch der Sozialwissenschaften". Stuttgart 1956, S. 390)

Rolle spielt der Staat vor allem bei der Einkommenspolitik, der gerechten Verteilung des Bruttosozialprodukts, durch die Gewährung von Sozialleistungen (z.B. Renten, Versicherungen, Kindergeld, Wohngeld, Ausbildungsförderung, Gesundheit usw.) und durch staatliche Konjunktur- und Strukturmaßnahmen, die das wirtschaftliche Gleichgewicht erhalten sollen.

Zwei miteinander konkurrierende Zielvorstellungen sollen in der „Sozialen Marktwirtschaft" also miteinander harmonisiert werden, einerseits die im Begriff der Marktwirtschaft implizierte Freiheit der Unternehmer (Investition, Preisfestsetzung, Gewinnstreben) und Arbeitnehmer (Arbeitsplatzwahl und Vertragsfreiheit), der Verkäufer und Käufer durch das „freie Spiel der Kräfte" von Angebot und Nachfrage; andererseits wird durch das Attribut „sozial" die Begrenzung der wirtschaftlichen Freiheit dort festgelegt, wo gesellschaftlich ungerechte Begleitphänomene der Wettbewerbswirtschaft auftreten (Massenarbeitslosigkeit, Ausbeutung, Unfall-, Krankheits- und Altersproblematik). In diesem Zusammenhang ist auch die Sozialbindung des Privateigentums zu erwähnen, obwohl das Grundgesetz das Privateigentum schützt. Außerdem ist die Vergesellschaftung von Produktionsmitteln als Möglichkeit nach den Grundgesetzartikeln 14 und 15 vorgesehen.

3. *Vergleich:* Mit der Durchsetzung der „Sozialen Marktwirtschaft", einer kapitalistischen Wirtschaftsordnung mit sozialem Härteausgleich, wurde ein Gegenmodell zu den östlichen Planungswirtschaften, aber auch ein Gegenentwurf zu der damals von der FDP favorisierten „Freien Marktwirtschaft" entwickelt (vgl. Text 21–24).

In den folgenden Skizzen sind die Unterschiede noch einmal zusammengefaßt:

Abb. 9

Marktwirtschaft und Zentralverwaltungswirtschaft

Ordnungselemente		*Ordnungselemente*
dezentrale Planung mit marktwirtschaftlicher Koordination	**Möglichkeiten der Planung in einer Volkswirtschaft**	zentrale Planung mit administrativer Wirtschaftsführung
Privateigentum Persönliches Eigentum	**Eigentumsformen**	Gesellschaftliches Eigentum (Staatseigentum und Genossenschaftliches Eigentum) Privateigentum und persönliches Eigentum
Erwirtschaftung eines Gewinns	**Produktionsziele von Unternehmen**	Erfüllung eines bestimmten Planes
Preisbildung auf dem Markt	**Möglichkeiten der Preisbildung**	Preisfestsetzung durch den Staat
Lohnfestsetzung durch die Tarifpartner	**Möglichkeiten der Lohnfestsetzung**	Lohnfestsetzung durch den Staat

101

| Durchsetzung von Löhnen/verbesserten Arbeitsbedingungen für die Arbeitnehmer | **Aufgaben der Gewerkschaften** | Verbreitung parteilicher/staatlicher Zielsetzungen |

(*Informationen zur Politischen Bildung*, hg. v. Bundeszentrale für politische Bildung, Nr. 180, 1979)

Abb. 10

```
 ┌─────────────────────────────────────────────────────────────┐
 │ Idealtyp "Marktwirtschaft"                                   │
 │ 1. Anarchie (totale "Laisser-faire-Wirtschaft")             │
 │   2. Spezieller Ordnungsrahmen für die Wirtschaft           │
 │      - vor allem zur Sicherung des Wettbewerbs              │
 │     3. Staatliche Steuerung von Nichtwettbewerbsbereichen   │
 │        (für öffentliche Güter)                              │
 │       4. Redistributionspolitik ("Soziale Markt-           │
 │          wirtschaft")                                        │
 │        5. Globalsteuerung auf Marktebene                    │
 │           ("Gelenkte Marktwirtschaft")                      │
 │          6. Steuerung auf Branchenebene                     │
 │             ("Planification")                                │
 │           7. Mikrosteuerung auf Unternehmens-              │
 │              ebene (z.B. Investitionskontrolle             │
 │ Konvergenz oder Unvereinbarkeit?                            │
 │           7. Betriebliche Investitionsfreiheiten           │
 │              ("Marktsozialismus")                            │
 │          6. Staatliche Produktionsvorgaben                  │
 │             nur bis Branchenebene                           │
 │         5. Staatliche Planvorgaben mit betrieblichen        │
 │            Produktionsfreiheiten                            │
 │        4. Dezentralisierung bei staatl. Planerstellung     │
 │           ("Neues ökonomisches System")                     │
 │       3. Freiheit haushaltlicher Einkommens-               │
 │          erzielung (Arbeitsplatzwahlfreiheit)              │
 │      2. Freiheit haushaltlicher Einkommensverwendung       │
 │         (Konsumfreiheit)                                     │
 │   1. Vollständige Mikrosteuerung (totale "Kommandowirtschaft") │
 │ Idealtyp "Zentralverwaltungswirtschaft"                    │
 └─────────────────────────────────────────────────────────────┘
```

(nach P. Ackermann u.a., Politik, Hamburg 1980)

4. *Die Konvergenztheorie*: Die „Soziale Marktwirtschaft" stellt sich in ihrer Entwicklung als eine „gemischte" Wirtschaftsform dar, in der marktwirtschaftliche und staatliche Handlungselemente miteinander verbunden sind. Ein großer Kreis von westlichen Wirtschaftstheoretikern beobachtet auf Grund dieser Mischung eine gewisse Tendenz der Angleichung der Wirtschaftssysteme in Ost und West. Während sich in den westlichen Gesellschaften ein immer stärkerer Anteil des Staates am Wirtschaftsgeschehen nachweisen läßt, wächst in den zentralverwalteten Volkswirtschaften des „Ostblocks" das Gewicht der betrieblichen Entscheidungen. Während in den marktwirtschaftlichen Gesellschaften das „Eigentum" immer nachhaltiger durch die Funktionselite des Managements bestimmt wird, verlagert sich in den östlichen Verwaltungswirtschaften das Gewicht vom Planungszentrum auf die einzelbetrieblichen Kompetenzen. Kritisch ist zu allen Spielarten der Konvergenztheorie zu sagen, daß sie den sozioökonomischen Bereich zu einseitig vom politischen und gesellschaftlichen Bereich ablösen, also nur auf Grund einer ökonomistischen Blickverengung zur Konvergenz gelangen (vgl. Abb. 10).

TEXTE: Die Parteien zur Marktwirtschaft

Text 21

SPD

Der moderne Staat beeinflußt die Wirtschaft stetig durch seine Entscheidungen über Steuern und Finanzen, über das Geld- und Kreditwesen, seine Zoll-, Handels-, Sozial- und Preispolitik, seine öffentlichen Aufträge sowie die Landwirtschafts- und Wohnbaupolitik. Mehr als ein Drittel des Sozialprodukts geht auf diese Weise durch die öffentliche Hand. Es ist also nicht die Frage, ob in der Wirtschaft Disposition und Planung zweckmäßig sind, sondern wer diese Disposition trifft und zu wessen Gunsten sie wirkt. Dieser Verantwortung für den Wirtschaftsablauf kann sich der Staat nicht entziehen. Er ist verantwortlich für eine vorausschauende Konjunkturpolitik und soll sich im wesentlichen auf Methoden der mittelbaren Beeinflussung der Wirtschaft beschränken.

Freie Konsumwahl und freie Arbeitsplatzwahl sind entscheidende Grundlagen, freier Wettbewerb und freie Unternehmerinitiative sind wichtige Elemente sozialdemokratischer Wirtschaftspolitik. Die Autonomie der Arbeitnehmer- und Arbeitgeberverbände beim Abschluß von Tarifverträgen ist ein wesentlicher Bestandteil freiheitlicher Ordnung. Totalitäre Zwangswirtschaft zerstört die Freiheit. Deshalb bejaht die sozialdemokratische Partei den freien Markt, wo immer wirklich Wettbewerb herrscht. Wo aber Märkte unter die Vorherrschaft von einzelnen oder von Gruppen geraten, bedarf es vielfältiger Maßnahmen, um die Freiheit in der Wirtschaft zu erhalten. Wettbewerb soweit wie möglich – Planung soweit wie nötig!

...

Wettbewerb durch öffentliche Unternehmen ist ein entscheidendes Mittel zur Verhütung privater Marktbeherrschung. Durch solche Unternehmen soll den Interessen der Allgemeinheit Geltung verschafft werden. Sie werden dort zur Notwendigkeit, wo aus natürlichen oder technischen Gründen unerläßliche Leistungen für die Allgemeinheit nur unter Ausschluß eines Wettbewerbs wirtschaftlich vernünftig erbracht werden können.

Wirksame öffentliche Kontrolle muß Machtmißbrauch der Wirtschaft verhindern. Ihre wichtigsten Mittel sind Investitionskontrolle und Kontrolle marktbeherrschender Kräfte.

Grundsatzprogramm der Sozialdemokratischen Partei Deutschlands, beschlossen vom außerordentlichen Parteitag der Sozialdemokratischen Partei Deutschlands in Bad Godesberg, 13.–15. November 1959

Text 22

F.D.P.

These 1: Liberale Wirtschaftspolitik erweitert Freiräume

Liberale Wirtschaftspolitik dient allen Bürgern; sie ist nicht auf Gruppeninteressen und Privilegien ausgerichtet. Die persönliche Freiheit aller Bürger, ihre Entscheidungsfreiheit und ihre Möglichkeiten, sich selbst zu verwirklichen, müssen erhalten, neue Freiheitsräume geschaffen werden. Liberale Wirtschaftspolitik mißt daher Eigenverantwortung und Eigeninitiative besondere Bedeutung zu.

...

These 2: Grundlagen liberaler Wirtschaftspolitik sind Markt und Wettbewerb, soweit sie Freiheit verwirklichen

Im Markt richtet sich das Angebot von Gütern und Dienstleistungen grundsätzlich am Bedarf der Verbraucher aus. Wir kennen kein leistungsfähigeres System für die Versorgung der Verbraucher. Aber nur bei funktionierendem Wettbewerb werden die Produktionsfaktoren über den Markt in die produktivsten Verwendungen gelenkt. Er gibt Ansporn zur Erforschung und Einführung neuer Produkte und Produktionsverfahren und beschleunigt den technischen Fortschritt. Deshalb ist es die Aufgabe staatlicher Wirtschaftspolitik, ständig für wirksamen Wettbewerb zu sorgen.

Der Sanktionsmechanismus des Marktes bewirkt, daß Unternehmen, die an den Verbraucherwünschen vorbei produzieren, Verluste erleiden und schließlich aus dem Markt ausscheiden müssen. Es sind die Bindung von Gewinnchance und Verlustrisiko an die Befriedigung der Verbraucherbedürfnisse und die Koppelung von Eigentum und Haftung, die ein freies Unternehmertum und privates Eigentum an Produktionsmitteln gesellschaftlich legitimieren. Der funktionierende Wettbewerb im Markt ist ein nichtautoritäres System der Kontrolle wirtschaftlicher Macht ...

Beschlüsse des Bundesparteitages der Freien Demokratischen Partei in Kiel (Kieler Thesen), 6.–8. November 1977

Text 23

CDU

65. Die Soziale Marktwirtschaft hat ihr geistiges Fundament in der zum Menschenbild des Christen gehörenden Idee der verantworteten Freiheit. Der Ordnungsrahmen der Sozialen Marktwirtschaft wurde erdacht und geschaffen, um diese Freiheit auch im Zeitalter von Industrialisierung und Arbeitsteilung für jedermann zu schaffen und das Bewußtsein für Selbstverantwortung ebenso wie die Bereitschaft zur Mitverantwortung für den Mitmenschen und für das Allgemeinwohl zu wecken und wirksam zu machen.

66. Die Soziale Marktwirtschaft ist ein wirtschafts- und gesellschaftspolitisches Programm für alle. Ihre Grundlagen sind:
- Leistung und soziale Gerechtigkeit,
- Wettbewerb und Solidarität,
- Eigenverantwortung und soziale Sicherung.

Wir wollen die Soziale Marktwirtschaft so fortentwickeln, daß die persönliche Initiative gestärkt und immer mehr Teilhabe am gesellschaftlichen und wirtschaftlichen Fortschritt verwirklicht wird. Auf dieses gesellschaftspolitische Ziel müssen alle wirtschafts-, finanz- und sozialpolitischen Entscheidungen gerichtet sein.

Die Soziale Marktwirtschaft steht im Gegensatz zur sozialistischen Einengung freiheitlicher Rechte, zur Vergesellschaftung von Produktionsmitteln und zu unkontrollierten Wirtschaftsformen liberalistischer Prägung. Sie ist privilegfeindlich und richtet sich gegen jeden staatswirtschaftlichen Dirigismus. Die Soziale Marktwirtschaft ist wie keine andere Ordnung geeignet,
- persönliche Freiheit,
- Gleichheit der Chancen,
- Eigentum,
- wachsenden Wohlstand und
- sozialen Fortschritt

für alle zu verwirklichen und zu sichern.

Grundsatzprogramm der CDU, beschlossen auf dem Bundesparteitag in Ludwigshafen, 23.–25. Oktober 1978

Text 24

CSU

In einer freiheitlichen Wirtschaftsordnung ist das Privateigentum an Produktionsmitteln einschließlich Grund und Boden unverzichtbar. Auch die Freiheit der Konsumwahl ist ein wirtschaftliches Grundrecht.

Die Wirtschaftsordnung der Sozialen Marktwirtschaft ist eine ökonomische Garantie der Freiheitsrechte aller Bürger. Sie ist daher eine wesentliche Bedingung einer am Prinzip Freiheit orientierten gesellschaftlichen und staatlichen Ordnung. Die Soziale Marktwirtschaft hat bewiesen, daß sie diese Rechte am besten zu sichern weiß. Sie beruht auf Privateigentum, freiem Wettbewerb, Steuerung des Einsatzes der Produktionsmittel durch den Markt, durch Vertrags- und Koalitionsfreiheit, durch Tarifautonomie, Chancengerechtigkeit und optimale soziale Absicherung. Die Soziale Marktwirtschaft vereint größte wirtschaftliche Leistungsfähigkeit mit einem Höchstmaß an individuellen Selbstverwirklichungschancen. Sie hat ein umfassendes soziales Sicherungssystem und einen weitgehenden sozialen Ausgleich ermöglicht.

Erst die freiheitliche Ordnung der Sozialen Marktwirtschaft schafft die Voraussetzung für Entfaltung der privaten Initiative im Wirtschaftsgeschehen. Die Erfahrung zeigt, daß überall dort, wo die private Initiative für entbehrlich und der Unternehmer und seine Funktion für überflüssig erklärt werden, schon vom Ansatz her unüberwindbare wirtschaftliche Schwierigkeiten auftreten. Allen Versuchen sozialistischer Systemveränderer, die Soziale Marktwirtschaft auszuhöhlen, die Privatwirtschaft zugunsten einer verstärkten Staatswirtschaft zurückzudrängen und den Unternehmer zu diffamieren und abzuschaffen, tritt deshalb die Christlich Soziale Union nachdrücklich entgegen.

Grundsatzprogramm der Christlich Sozialen Union, beschlossen vom Parteitag der Christlich Sozialen Union in München, 12.–13. März 1976

III Die Unternehmen und Banken

Obwohl die Bundesrepublik eines der höchst industrialisierten Länder der Welt ist, nimmt die Zahl der Industriebetriebe immer stärker ab. Im Jahre 1966 gab es noch 103 850 Industriebetriebe, gegenwärtig liegt die Zahl unter

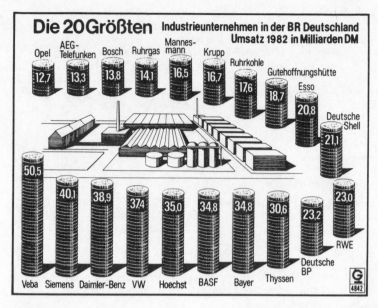

Die 20 Größten Industrieunternehmen in der BR Deutschland
Umsatz 1982 in Milliarden DM

Opel 12,7 — AEG-Telefunken 13,3 — Bosch 13,8 — Ruhrgas 14,1 — Mannesmann 16,5 — Krupp 16,7 — Ruhrkohle 17,6 — Gutehoffnungshütte 18,7 — Esso 20,8 — Deutsche Shell 21,1

Veba 50,5 — Siemens 40,1 — Daimler-Benz 38,9 — VW 37,4 — Hoechst 35,0 — BASF 34,8 — Bayer 34,8 — Thyssen 30,6 — Deutsche BP 23,2 — RWE 23,0

G 4842

Abb. 11

90 000. Obwohl drei Viertel Kleinbetriebe mit weniger als 50 Beschäftigten sind und knapp über 20% als Mittelbetriebe mit einer Beschäftigungszahl zwischen 50 und 500 ausgestattet sind, arbeitet mehr als die Hälfte aller Beschäftigten in Großbetrieben mit mehr als 500 Arbeitnehmern (vgl. Abb. 11), obwohl nur 3% aller Betriebe auf Großbetriebe entfallen, die in der Regel in der Rechtsform der Aktiengesellschaft organisiert sind (vgl. Abb 14).

Der marktwirtschaftliche Wettbewerbsschutz war in den ersten Jahren der Bundesrepublik ein heißumkämpftes Thema. Es ging darum, marktbeherrschende Monopolbildungen zu verhindern, um die Konkurrenz möglichst zahlreicher Marktsubjekte zu gewährleisten. Obwohl das Bundeskartellamt sogar über das Instrument der Fusionskontrolle verfügt, ließ sich der Trend zur Konzentration nicht aufhalten. Das Verbotsprinzip von Monopolbildungen wurde durch zahlreiche „Erlaubnisvorbehalte" durchlöchert, so daß auch heute der Konzentrationsprozeß weitergeht (vgl. Abb. 12 und 13).

Die Verflechtung der Wirtschaft und ihr immenser Kapitalbedarf hat den *Banken* eine immer bedeutendere Funktion im Wirtschaftsgefüge der Bundesrepublik zukommen lassen. Als Universalbanken wird ihnen neben den traditionellen Aufgaben des Bankengeschäfts (Zahlungsverkehr, Finanzierungsgeschäft, Anlagevermittlung) auch der Beteiligungsbesitz in Industrie und Handel erlaubt. Die Deutsche Bank etwa, das größte Bankhaus der Bundesrepublik vor der Dresdner Bank und der Commerzbank, ist in weit über 300 Firmenaufsichtsräten vertreten und spielte 1985 eine entscheidende Rolle bei der Fusion von Daimler und AEG. Auch an der größten Finanztransaktion der Nachkriegszeit, der Übernahme des Flickkonzerns, war sie wesentlich beteiligt. Allein das Geschäftsvolumen der Deutschen Bank (ca. 250 Milliarden DM) entspricht in etwa der Höhe des Staatshaushalts der Bundesrepu-

Unternehmensformen

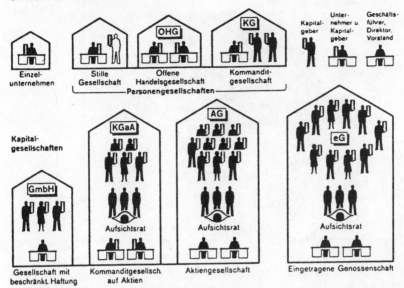

Der *Einzelunternehmer* ist alleiniger Eigentümer; er haftet unbeschränkt für die Geschäftsschulden. Der erwirtschaftete Gewinn gehört ihm. Bei den *Personengesellschaften* schaffen sich die Gesellschafter mit ihren Kapitaleinlagen zugleich ein persönliches Wirkungsfeld. Zu diesen Gesellschaften zählen die *Offene Handelsgesellschaft (OHG)*, die *Kommanditgesellschaft (KG)* und die *Stille Gesellschaft*. Die OHG ist eine handelsrechtliche Vereinigung von zwei oder mehreren Personen zum Betrieb eines Handelsgewerbes unter gemeinsamer Firma. Jeder Gesellschafter haftet unbeschränkt gegenüber den Gläubigern der OHG. In der KG haftet der persönlich tätige Gesellschafter (Komplementär) unbeschränkt, während die übrigen (Kommanditisten) nur in Höhe ihrer Einlage haften. Dafür sind sie an der Geschäftsführung nicht beteiligt. Der Stille Gesellschafter beteiligt sich mit seiner Einlage·am Gewinn. Er tritt nach außen nicht in Erscheinung und haftet auch nicht.

Kapitalgesellschaften haben im Gegensatz zu Personengesellschaften eine eigene Rechtspersönlichkeit; sie sind juristische Personen. Hierzu gehören die *Aktiengesellschaft (AG)*, die *Kommanditgesellschaft auf Aktien (KGaA)* und die *Gesellschaft mit beschränkter Haftung (GmbH)*. Bei der AG sind die Gesellschafter (Aktionäre) mit Einlagen auf das in Aktien zerfallende Grundkapital (mindestens DM 100 000,–) beteiligt. Die Haftung ist auf Grundkapital und Rücklagen beschränkt. Die Aktionäre haben das Recht auf Anteil am Reingewinn (Dividende). Bei der KGaA haftet mindestens ein Gesellschafter unbeschränkt, die übrigen mit ihrem Anteil am Grundkapital. Die Gesellschafter der GmbH sind mit Einlagen am Stammkapital beteiligt, ohne persönlich für die Verbindlichkeiten der GmbH zu haften.

Eingetragene Genossenschaften mit beschränkter Haftung (eGmbH) sind Selbsthilfeorganisationen. Sie bezwecken die Förderung des Erwerbs oder der Wirtschaft ihrer Mitglieder (Genossen) mittels gemeinschaftlichen Geschäftsbetriebes. Die Haftung jedes Genossen ist auf eine Haftsumme begrenzt, die nicht kleiner als sein Geschäftsanteil sein darf.

(Informationen zur politischen Bildung, Wirtschaft 2, Nr. 175, hg. v. Bundeszentrale für politische Bildung, Bonn 1978)

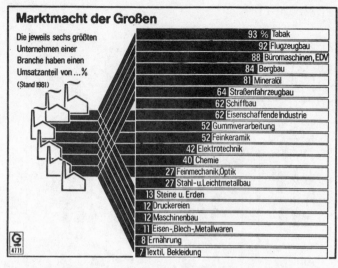

Marktmacht der Großen

Die jeweils sechs größten Unternehmen einer Branche haben einen Umsatzanteil von ... %
(Stand 1981)

%	
93	Tabak
92	Flugzeugbau
88	Büromaschinen, EDV
84	Bergbau
81	Mineralöl
64	Straßenfahrzeugbau
62	Schiffbau
62	Eisenschaffende Industrie
52	Gummiverarbeitung
52	Feinkeramik
42	Elektrotechnik
40	Chemie
27	Feinmechanik, Optik
27	Stahl- u. Leichtmetallbau
13	Steine u. Erden
12	Druckereien
12	Maschinenbau
11	Eisen-, Blech-, Metallwaren
8	Ernährung
7	Textil, Bekleidung

Abb. 12

blik. Während die Groß-, Regional- und Privatbanken sich vor allem dem kurzfristigen Kreditgeschäft (Aktivgeschäfte) widmen, sind die Sparkassen vornehmlich im Passivgeschäft (Annahme von Spareinlagen) tätig. Sparkassen sind öffentlich-rechtliche Anstalten und dem Prinzip der Gemeinnützigkeit verpflichtet. Zum Schutz der Sparer sind sie Sonderregelungen unterworfen. Dem Bundesaufsichtsamt in Berlin kommt die Aufgabe zu, Mißstände im Kreditwesen zu verhindern. Diese entstehen etwa durch mangelnde Eigenkapitalbildung, Liquiditätsunfähigkeit, Aufblähung des Kreditvolumens. Als es 1974 zum Zusammenbruch der Herstattbank kam, entschlossen sich die Spitzenverbände des Kreditgewerbes zur Einrichtung eines Garantiefonds, der der Einlagensicherung dienen soll, und einer Konsortialbank, die bei Liquiditätsproblemen von Banken einspringt.

IV Wirtschaftsgeographische Ballungsräume

Die über 60 Millionen Einwohner der Bundesrepublik sind sehr ungleichmäßig über das Staatsgebiet verteilt. Etwa 1/3 der Gesamtbevölkerung lebt in Großstädten mit über 100.000 Einwohnern. Fast die Hälfte der Bevölkerung lebt in Ballungs- und Verdichtungsgebieten, die sich seit der Industrialisierung in einem etwa 150 Jahre dauernden Zuwanderungsprozeß bildeten. Zwei Achsen von *Ballungsgebieten* treten besonders augenfällig hervor. Das erste Band wird durch die Kontaktzone von Tief- und Mittelgebirgsland gebildet, das sich von Aachen über das niederrheinische Braunkohlegebiet ins Ruhrgebiet (Duisburg, Essen, Dortmund) erstreckt und über die ostwestfälischen Städte (Bielefeld, Herfort, Minden) in den Großraum Hannover bis Braunschweig übergeht. Das zweite Band erstreckt sich in Nord-Südrichtung, ausgehend von der „Rheinschiene" Duisburg, Düsseldorf, Leverkusen, Köln, Bonn, gefolgt vom Ballungsraum Rhein-Main mit Frankfurt, Mainz, Wiesbaden,

108

Abb. 13

Zusammenschlüsse von Unternehmen

Bindung ohne Kapitalbeteiligung

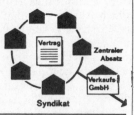

Preiskartell
Gebietskartell
Produktionsk.
Konditionsk.
Rabattkartell
Rationalisie-
rungskartell
u. a.

Zentraler
Absatz

Verkaufs-
GmbH

Fachverband   **Kartell**   **Syndikat**

Bindung durch Kapitalbeteiligung

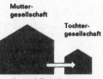

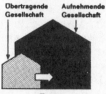

Mutter-
gesellschaft

Tochter-
gesellschaft

Dachgesellschaft
(Holdingges.)

Abhängige
Unternehmen
(1. Stufe)

Abhängige
Unternehmen
(2. Stufe)

Übertragende
Gesellschaft

Aufnehmende
Gesellschaft

Kapital-Beteiligung   **Konzern**   **Trust**

Zusammenschlüsse von Unternehmen finden in unterschiedlicher Form statt. Der Zweck des Zusammenschlusses kann in der Förderung gemeinsamer Interessen, in der Rationalisierung der Produktionsweise wie im Streben nach einem möglichst großen Markteinfluß liegen.

Eine Verbindung in lockerer Form stellen die Fachverbände dar, die ihre Mitglieder fachlich beraten und nach außen hin vertreten. Die angeschlossenen Unternehmen behalten ihre rechtliche und wirtschaftliche Selbständigkeit.

Auf vertraglicher Grundlage beruhen die Zusammenschlüsse von Unternehmen zu Kartellen. Durch Absprachen über Preise (Preiskartell), Geschäftsbedingungen (Konditionskartell), Rabatt-Regelungen (Rabattkartell) u. a. versuchen die Unternehmen, den Wettbewerb einzudämmen. Sie bleiben rechtlich und auch wirtschaftlich selbständig. In der Bundesrepublik verbietet das Gesetz gegen Wettbewerbsbeschränkungen vom 27. 7. 1957 die Kartellbildung, gewährt aber eine Reihe von Ausnahmen. So sind mit Genehmigung des Bundeskartellamtes Zusammenschlüsse zu Exportkartellen (zur Ausfuhrförderung), Krisenkartelle (bei

ständigem Absatzrückgang) usw. erlaubt. Eine besondere Form des Kartells ist das Syndikat. Hier besteht für alle Kartell-Betriebe eine gemeinsame Verkaufsgesellschaft, gewöhnlich in der Rechtsform einer GmbH.

Im Gegensatz zum Kartell sind Konzerne Zusammenschlüsse, die durch kapitalmäßige Verflechtungen (Aktientausch, Erwerb von Aktienmehrheiten) zustande kommen. Vorstufe kann eine einfache finanzielle Beteiligung an einem produktionstechnisch verwandten Unternehmen sein (Mutter- und Tochtergesellschaft). An der Spitze eines Konzerns stehen oft Dachgesellschaften (Holding-Gesellschaften), die alle Konzernmitglieder kapitalmäßig beherrschen, ohne selbst an Produktion und Handel beteiligt zu sein. Eine Fusion liegt vor, wenn sich mehrere Unternehmen unter Aufgabe ihrer Selbständigkeit zu einer neuen Firma zusammenschließen. Eine mehr in den USA verbreitete Form des Zusammenschlusses ist der Trust. Hier verlieren die teilnehmenden Unternehmen neben der wirtschaftlichen auch ihre rechtliche Selbständigkeit. Sie werden Teile eines beherrschenden Unternehmens. In den USA wurde bereits 1890 ein „Anti-Trust-Gesetz" erlassen.

Darmstadt, dem Rhein-Neckar-Zentrum mit Mannheim, Ludwigshafen, Heidelberg und über Karlsruhe weitergeführt in den Stuttgarter Verdichtungsraum. Kreisförmige Ballungsräume befinden sich um die Millionenstädte München, Hamburg und Westberlin, um Bremen, Oldenburg und Münster, im Mittelgebirge um Kassel, Siegen, Nürnberg und Augsburg. Die Bundesrepublik hat im Unterschied zu stark auf die Hauptstadt ausgerichteten Staaten wie Frankreich (Paris) und England (London) eine Vielzahl von Wirtschaftszentren, die über das ganze Land verteilt sind und eine relative Gleichmäßigkeit der Industriestruktur bewirken. Innerhalb dieses relativ homogenen Verteilungsraumes läßt sich jedoch heute ein gewisses Nord-Südgefälle beobachten. Der Norden ist noch überwiegend agrarisch geformt; im Wirtschaftszentrum Deutschlands (Ruhrgebiet) führte die einseitige Fixierung auf den Montanbereich (Kohle und Stahl) zu beträchtlichen Wachstumseinbußen, weshalb sich die Gewichtungstendenz über die „Ruhrschiene" nach Südwest- und Süddeutschland verschoben hat, wo sich eine diversifizierte Industriestruktur herausbildete.

1. Die Ballungsgebiete

a) Das *Ruhrgebiet* in Nordrhein-Westfalen bildet das mit Abstand wichtigste und dichteste Wirtschaftsgebiet in der Bundesrepublik. Fast ein Zehntel der Bevölkerung lebt hier in einem stark durch Städte vernetzten „Revier", das erst in der zweiten Hälfte des 19. Jahrhunderts entwickelt wurde. Die Verdichtungszonen wanderten auf der Kohle. Zuerst wurden im Süden in der Umgebung der Ruhr hoch liegende Kohlenflöze abgebaut. In der nördlich anschließenden Zone um Duisburg, Essen, Bochum und Dortmund muß dagegen die Fettkohle im Tiefbau erschlossen werden. Hier finden sich auch die Zentren der Eisenverhüttung, die oft sehr eng mit Gießereien und Walzwerken verbunden sind. Noch weiter nördlich (Emscherzone) um Oberhausen, Bottrop, Gelsenkirchen und Herne wird neben der Fettkohle die Gas- und Gasflammenkohle in Großzechen abgebaut, die die frühe Grundlage für die Kohlechemie abgab. Der Montanbereich (Kohle, Eisen, Stahl) konnte deshalb eine rapide Aufwärtsentwicklung nehmen, da der Rhein, das nach Norden ausgerichtete Kanalsystem (Dortmund-Ems-Kanal) und der frühe Bau der Köln-Mindener Eisenbahn Infrastrukturvorteile eröffneten. Die günstige Verkehrslage ist auch ausschlaggebend für die Heranführung ausländischer Erze, die heute fast ausschließlich eingesetzt werden. 1957 war das Jahr der höchsten Kohleförderung nach dem Krieg. Danach geriet das Ruhrgebiet in eine anhaltende Strukturkrise. Der Hauptgrund lag in dem Strukturwandel der Energiegewinnung, als an die Stelle der Kohle immer stärker das Erdöl als Energieträger trat und der zunehmende technische Fortschritt bestimmte Bereiche (z.B. die Bundesbahn) von der Kohle abkoppelte.

Dazu trat die Konkurrenz der über Rotterdam eingeführten billigeren Importkohle aus dem Ausland, besonders aus den USA, sowie in den letzten Jahren die „Stahlkrise", die eine beträchtliche Verschärfung der Wirtschaftslage mit sich brachte. Von 1957 bis 1974 wurden 105 Schachtanlagen stillgelegt. Durch die „Ruhrkohle-AG" (1968) sollte die schwierige Wirtschaftslage mit ihrem Strukturwandel stabilisiert werden. Trotz der Ölpreiskrisen (1973 und 1979) blieb die Kohlewirtschaft ein Sorgenkind der Wirtschaftspolitik, woran auch die Einführung des „Kohlepfennigs" kaum etwas änderte. Allerdings gelang der Einstieg in das Elektrizitätsverbundsystem. Dennoch verschob sich die Wirtschaftsachse nach Süden in die sogn. „Rheinschiene" hinein, die beiderseits des Niederrheins das Wirtschaftsgeschehen bestimmt. Nicht überbelastet durch die Strukturprobleme einer „Monoindustrie" und mit einem breiten Angebot im tertiären Wirtschaftsbereich (Düsseldorf und Köln), konnte hier ein wachstumsorientiertes Industriegebiet entstehen.

b) Stuttgart beherrscht die Entwicklung des Mittleren Neckarraums. Nicht fixiert auf die Grundstoffindustrie wie das Ruhrgebiet, dominieren die Investitionsgüterbranchen (Maschinenbau, Elektrotechnik, Autoindustrie), die sich wachstumsfreundlich entwickelten und eine bis heute relativ schwächere Entwicklung der Arbeitslosenzahlen verzeichneten. Ein besonderes Merkmal dieses Wirtschaftsraumes ist jedoch die dezentralisierte Industrieverteilung mit einer Fülle von hochspezialisierten Klein- und Mittelbetrieben, die sich wie ein Mantel um die „Kernstadt" Stuttgart herumlegen. Wenn von der Exportstärke der Bundesrepublik gesprochen wird, ist vor allem an diese Klein- und Mittelbetriebe zu denken.

c) Das *Rhein-Main-Gebiet* hat mit Frankfurt als Metropole eine über das Bundesland Hessen hinausstrahlende Bedeutung. Jeder dritte Industriebetrieb in Hessen liegt in diesem Ballungsraum. Zugute kommt Frankfurt seine Zentrallage in der Bundesrepublik, sein traditioneller Vorteil als Messe-, Banken- und Versicherungsstandort und die Bevorzugung durch ausländische Firmen, die von Frankfurt aus am besten das Wirtschaftsgeschehen überblicken können. Wichtige Verbands- und Verwaltungssitze erhöhen die Bedeutung Frankfurts. Der Eisenbahnknotenpunkt mit dem größten Güterbahnhof der Bundesrepublik und der modernste Flughafen Europas verstärken die Standortvorteile, die eine große Sogwirkung ausüben und deshalb eine beträchtliche Pendlerbewegung von Arbeitskräften hervorrufen.

Bemerkenswert ist auch die Bedeutung der Nachbarstädte um Frankfurt herum, die ihre hochspezialisierten Sonderindustrien der Aufnahme ausländischer Glaubensflüchtlinge verdankten und heute für die Edelmetallverarbeitungsindustrie (Hanau), die Textil- und Lebensmittelherstellung (Offenburg, Neu-Isenburg, Bad Homburg) und die Lederverarbeitung (Offenbach) wichtig sind. Die Stadt Darmstadt hat für die Bereiche der Chemie, Arzneiprodukte und Druckerzeugnisse eine herausragende Bedeutung.

d) Dort wo der Neckar in den Rhein fließt, hat sich, nur etwa 80 km von Frankfurt entfernt, mit den Nachbarstädten *Mannheim und Ludwigshafen* der wichtigste Ballungsraum in Südwestdeutschland herausgebildet. Beide Städte, durch den Rhein getrennt und in verschiedenen Bundesländern gelegen, haben eine unterschiedliche Industriestruktur. In Ludwigshafen bestimmt das Chemiewerk der BASF das Gesamtprofil der Stadt, in Mannheim herrscht die Schwerindustrie vor, wenn auch die Papierindustrie nicht vergessen werden darf. Die Diversifikation der Produktionspalette ist zwar weiter fortgeschritten, erreicht jedoch nicht ganz das Niveau des Stuttgarter Industrieraums. Die Industriehäfen Mannheim und Ludwigshafen spielen neben Duisburg und Dortmund ebenfalls eine herausragende Rolle. Als Einkaufs- und Kulturzentrum überragt Mannheim jedoch Ludwigshafen bei weitem.

e) Mit dem Bau der ersten deutschen Eisenbahnstrecke zwischen *Nürnberg* und Fürth (1834/35) begann der Aufstieg dieser Region zum Industriezentrum in Nordostbayern, in dem etwa die Hälfte der mittelfränkischen Bevölkerung wohnt und etwa zwei Drittel der wirtschaftlichen Kapazität gefördert wird. Im Süden der Stadt Nürnberg wurden bedeutende Anlagen von Siemens, MAN, AEG und Grundig errichtet. Die traditionsreiche Nürnberger Spezialindustrie (Spielzeug, Lebkuchen) ist im Stadtzentrum angesiedelt. Mit über 500 Industriebetrieben bildet Nürnberg den dichtesten Industrieraum, obwohl Fürth, Erlangen und Schwabach mit zur Industrieachse der Gesamtregion gehören. Wegen Wassermangels kann jedoch die chemische Industrie kaum entwickelt werden. Nachteilig wirkt sich heute auch die Randlage in der Bundesrepublik aus.

f) Heute spielt der Industrieraum *München* im Süden Deutschlands die wichtigste Rolle, zumal der tertiäre Sektor im Unterschied zu Nürnberg weitaus günstigere Entwicklungsmöglichkeiten fand. Keine andere Großstadt der Bundesrepublik hat sich innerhalb von 100 Jahren mit solch einer Beschleunigung entwickelt wie München. Von knapp 100000 Einwohnern stieg die Zahl auf über 1 Million. Durch Eingemeindungen verstärkte sich der Einwohnerzuwachs überdurchschnittlich. Als Handelszentrum verfügt München über den größten Handelsmarkt Europas, auf dem vor allem Südfrüchte umgeschlagen werden. Als Industriestadt steht München hinter Hamburg; der tertiäre Sektor übertrifft den industriellen Beschäftigungsbereich jedoch bei weitem. Der Aufstieg Münchens ist beachtlich, da weder eine reichsstädtische noch eine handelsgeschichtliche Tradition vorhanden war (vgl. dagegen Nürnberg, Köln, Frankfurt). Auch die natürlichen Bedingungen brachten kaum Vorteile. Erst 1806 wird München die Landeshauptstadt von Bayern und kommt in den Rang einer Residenzstadt. Das Industriezentrum Augsburg wird in seiner Bedeutung schnell nachgeordnet. Die Verbrauchsgüterindustrie, das Nahrungs- und Genußmittelgewerbe dominierten bis in die 60er Jahre hinein; heute hat der „Äußere Wirtschaftsraum München" mit seiner Investitionsgüterindustrie jedoch eine größere Bedeutung erlangt, die Dreiviertel der Bevölkerung bindet. Interessant ist, daß München trotz seines Industrialisierungsgrades als kulturelles Zentrum und als Fremdenverkehrsziel beträchtliche Anziehungskraft ausübt.

g) Der Großraum *Hannover* zeigt Industrialisierungsansätze eher als das Ruhrgebiet, da wegen der politisch-dynastischen Beziehungen schon früh Impulse der englischen Industrialisierung aufgenommen wurden. Vorteile boten dafür die Rohstoffe (Kali, Kalk, Eisenerz, Zement, Steinkohle), obwohl heute verarbeitende Industrien bevorzugt werden, die eine breite Palette aufweisen. Ein Viertel der Industrie Niedersachsens verdichtet sich um Hannover, ein Fünftel der niedersächsischen Arbeitnehmer ist in diesem Großraum beschäftigt.

h) Mit den Stadtstaaten *Hamburg* und Bremen kommen Ballungszentren in den Blick, deren Bedeutung durch die Hafen- und Handelsgeschichte (Hanse) bestimmt wird. Hamburg ist mit fast 2 Millionen Bewohnern die größte Stadt der Bundesrepublik mit der höchsten Industrialisierungsrate, wobei sich die Funktionen als Seehafenstadt, Handelsstadt, Bundesstaat und Verwaltungsstadt wechselseitig durchdringen. Zwei Drittel der arbeitenden Bevölkerung sind im Dienstleistungssektor tätig, nur ein Drittel im produktiven Industriesektor. Allerdings ist Hamburgs (und Bremens) Lage beeinträchtigt durch die Verlagerung der EG-Handelsströme, durch die Bedeutung des Seehafens Rotterdam und vor allem durch die Randlage an der Grenze der DDR, was die Hinterlandsbeziehungen schmälert. Dazu treten Gezeitenprobleme des Hamburger Hafens. Probleme bringt auch der industrielle Strukturwandel mit sich. Die Werften stecken in einer schweren Krise, die auch durch die Importveredelungsindustrien (Raffinerien, Ölmühlen, Tabak usw.), die Import-Export-Firmen und die zollbegünstigten Freihafenindustrien nur teilweise aufgefangen werden konnte. Dennoch ist es beachtlich, daß in Hamburg 9/10 der Zigarettenindustrie, 2/3 der Mineralölindustrie, die Hälfte der Margarineindustrie, 2/3 der Tiefkühlindustrie usw. konzentriert sind.

i) Die ehemalige Hansestadt *Bremen* verdankt ihre Entstehung einer günstigen Weserfurt. Wegen der Versandung der Unterweser wurde 1827 das nördlich gelegene Bremerhaven gegründet, das seitdem den Überseeverkehr, die Hochseefischerei, die Fischverarbeitung und den Schiffbau versorgt. Im Unterschied zu Hamburg dominieren in Bremen die Hafenwirtschaft und der Handel gegenüber der Industrie. Die Außenhandelsabhängigkeit ist deshalb ein besonders sensibler Punkt. Importierte Rohstoffe und Halbwaren stehen an erster Stelle der Industrie. Zwei Fünftel der Arbeitsplätze sind vom Handel abhängig. Besondere Bedeutung hat die Klöckner-Hütte mit ihrem Einfluß auf das Bremer Industriegeschehen. Bremen steckt heute auf Grund des Strukturwandels in einer besonders schmerzhaften Anpassungskrise.

j) *Westberlin* hat unter den Bundesländern der Bundesrepublik eine besondere politische Stellung. Ökonomisch ist West-Berlin jedoch eng mit der Bundesrepublik verbunden. Nicht nur als Sitz bedeutender Dienstleistungszentren spielt West-Berlin eine wichtige Rolle in der Bundesrepublik, auch als Messe- und Industriestadt (Siemensstadt) hat West-Berlin bedeutende Leistungen aufzuweisen. Doch sind die Probleme gerade in der ökonomischen Struktur offensichtlich. Die „Insellage", eine beträchtliche Überalterungsrate, lange Transportwege und der Mangel an Facharbeitern verstärken die Probleme augenfälliger als in anderen Ballungszentren der Bundesrepublik. Der Rückgang der Beschäftigtenzahlen liegt in Berlin weitaus über dem Bundesdurchschnitt. Nur durch beträchtliche Subventionen, Ansiedlungsprämien und besondere Berlinförderprogramme vermag die Stadt West-Berlin ihr Entwicklungsgefälle auszugleichen. Andererseits ist das kulturelle Niveau West-Berlins immer noch Anlaß für einen starken Besucherstrom aus vielen Ländern.

k) Wichtige industrialisierte Gebiete liegen *außerhalb* der Ballungsgebiete. Das Saarrevier hat unter seiner Monoindustrie (Kohle, Stahl), ungünstigen Schiffahrtswegen, Konjunkturschwankungen und Strukturproblemen (Stahlkrise) besonders zu leiden. Das Siegerland verfügt über eine „vererbte" Industriestruktur (Eisenindustrie). Die Industrielandschaft im Harzvorland und im Gebiet um Peine (Erz und Erdöl) ist bis heute eingebunden in die Umgebung des Hofbauernlandes. Bezeichnend ist die Situation der Salzgitterwerke, die 1938 aus politischen Gründen in Ostwestfalen errichtet wurden. Noch heute werden 60% des Stadtgebiets zur Agrarnutzung freigegeben.

2. Probleme der Ballungsräume

a) Ballungsbebiete mit ihrer Verdichtung von Wohnen und Arbeiten weisen in den Bereichen Freizeitangebot, Kulturszene, Bildungsmöglichkeiten, bessere Berufsaussichten, höhere Löhne usw. beträchtliche *„Fühlungsvorteile"* auf, doch zeigen sich heute auch immer deutlicher die *Nachteile* von überbelasteten Verdichtungsräumen: Lärmbelastung, Luftverschmutzung, steigende Bodenpreise und Bodenspekulation, Wohnungsprobleme, Verkehrsbehinderungen usw. Die Belastung der Gemeinden durch Außenraumfaktoren, die Verlagerung der Wohngebiete in die Außenbezirke und die Zersiedlung des Umlandes, Konzepte der Stadtsanierung und Umweltschutzprobleme treten immer stärker in das Blickfeld der Öffentlichkeit. Das gesetzliche Instrumentarium ist diesem Problemdruck immer weniger gewachsen. Der privatrechtliche Eigentumsschutz dominiert eindeutig vor der Sozialbindung des Privateigentums. Die Flächennutzungsplanung und die Bodenrechtsgesetzgebung sind ebenfalls unzureichend. Die Gemeindesteuergesetzgebung ist einseitig auf die Industrieansiedlung orientiert. Die Gemeinden selbst beharren viel zu häufig auf einem antiquierten Selbstverwaltungsrecht, wodurch übergreifende Planungsinteressen unzureichend berücksichtigt werden. Auch durch Gemeinde-, Verwaltungs- und Bundesstaatsgrenzen entstehen Probleme, da zusammenhängende Ballungszentren durchschnitten werden. Als Beispiel möge der Rhein-Neckarraum gelten, in dem sich drei Bundesstaatsgrenzen treffen, Zuständigkeiten zersplittert sind und Rationalisierungsmöglichkeiten ungenutzt bleiben. Zwar versucht man in Kernstädten wie Frankfurt oder Stuttgart durch die Einrichtung von „Umlandverbänden" das Problem des Verflechtungsraumes angemessener zu beantworten, auch hat sich beispielhaft in Hannover durch die Anlage von punktförmigen Entlastungsstädten im Umkreis von 25 km um die Kernstadt die Planungskompetenz eines Verbundsystems von 210 Gemeinden bewährt, wofür als Vorbild der „Siedlungsverband Ruhrkohlenbezirk" aus dem Jahre 1920 gelten kann, auch wurden wie in Hamburg durch die Anlage von „Entwicklungsachsen" dichtere Bebauungszonen in der Nähe von Verkehrsknotenpunkten und den Entlastungsgebieten und Zwischenzonen geringerer Bebauungsdichte aufeinander zugeordnet. Doch all diese Maßnahmen sind nur in der Lage, schon vorhandene Strukturen beschränkt umzuorientieren.

b) Auch die Bundesregierung hat sich der *Raumordnungsproblematik* angenommen. Maßgebend ist heute für die Raumordnungspolitik die Förderung strukturschwacher Gebiete. Im Ganzen sind 12 Schwerpunkträume mit besonderen Strukturschwächen ausgewiesen. Mit Milliardenprogrammen wird den Strukturschwächen entgegengesteuert. Abwanderungsgebiete wie Schleswig-Holstein, das westliche Niedersachsen, das Gebiet Niederrhein, Eifel-Saar und Ostbayern sollen durch Industrialisierungsanreize, Infrastrukturverbesserungen und durch das Angebot von Dienstleistungsbetrieben attraktiver gestaltet werden. Besondere Probleme bieten in diesem Zusammenhang die Zonenrandgebiete, deren einstiges Wirtschaftsgebiet zerschnitten wurde. Die Subventionspolitik hat auch Kritik hervorgerufen. Die Wirkung wird als sehr beschränkt angesehen, der Subventionsmechanismus wird als „Gießkannenprinzip" kritisiert, obwohl die Förderungsmaßnahmen durchweg auf Zentralorte beschränkt werden.

Abb. 15	**Exportabhängigkeit der deutschen Wirtschaft 1981**		
Kohlenbergbau	47%	Chemie	59%
Eisenschaffende		EDV	53%
Industrie	77%	Kunststoffwaren	43%
Straßenfahrzeuge	47%	Textil	48%
NE-Metall	71%	Feinmechanik, Optik	42%
Ernährung	21%	Feinkeramik	48%
Luft-Raumfahrt	45%	Schiffbau	33%
Maschinenbau	62%	EBM-Waren	41%
Elektrotechnik	44%	Bekleidung	19%

Abb. 16   **Abhängig vom Welthandel**

Warenausfuhr 1981 in Prozent der Wirtschaftsleistung

USA	8 Prozent	Italien	22 Prozent
Japan	13 Prozent	England	22 Prozent
Frankreich	19 Prozent	BRD	26 Prozent

c) Im politischen Bereich wurden die rapiden Strukturveränderungen durch *Gebietsreformen* beantwortet. Zwischen 1968 und 1978 wurde die Zahl der selbständigen Gemeinden (24.000) um zwei Drittel verringert (8.700); die Zahl der kreisfreien Städte reduzierte sich von 132 auf 92, die der Landkreise von 425 auf 235; durch Eingemeindungen dagegen stieg die Zahl der Großstädte. Ziel der Gebietsreform ist es, Verwaltungs-, Wirtschafts- und Lebensräume sinnvoll aufeinander zu beziehen, größere Planungseinheiten zu schaffen und die Zahl der Planungsträger zu verringern. Die Gebietsreform stieß nicht überall auf Gegenliebe. Kommunalpolitische Konkurrenz und Rivalitäten, Sonderinteressen, traditionsgebundene Verhaltensmuster und eine oft laut beklagte „Bürgerferne" führten sogar zur Rücknahme bestimmter großräumiger Gebietsreformen, z.B. die Auflösung des Sieg-Lahnkreises in Hessen.

V Die außenwirtschaftlichen Beziehungen

Die Bundesrepublik Deutschland gehört mit den USA und Japan zu den größten Handelsländern der Welt. Jede vierte D-Mark wird durch den Export verdient. Das bedeutet eine starke Exportabhängigkeit der deutschen Wirtschaft (vgl. Abb. 15). Diese Abhängigkeit vom Welthandel ist bei keinem der westlichen Länder so stark wie bei der Bundesrepublik (vgl. Abb. 16). In den einzelnen Branchen herrscht ein außerordentlicher Konkurrenzdruck (vgl. Abb. 17). Exportabhängigkeit bedeutet eine weitgehende Abhängigkeit der deutschen Wirtschaft von internationalen Entwicklungen wie Währungsschwankungen, Zinsniveau, Protektionismus, Rezessionen in anderen Ländern. Andererseits ist die Bundesrepublik jedoch auch ein importabhängiges Land, was besonders für die Energieversorgung und Rohstoffbeschaffung gilt. Wirtschaftliche Kooperation ist deshalb für die Wirtschaftspolitik ein beherrschendes Thema. Die seit 1958 bestehende Europäische Gemeinschaft

Deutsche Exportgüter auf dem Weltmarkt

Position der Bundesrepublik
Deutschland unter den
westlichen Industrieländern

1.

2.

3.

| Medizin. u. pharma-zeut. Erzeugnisse 16 |
| Anorganisch e Chemikalien 16 |
| Sanitär- und Heizungsanlagen 16 |
| Eisen und Stahl 17 |
| Meß- und Prüf-instrumente 17 |
| Straßenfahrzeuge 19 |
| Möbel 20 |
| Sonst. chem. Erzeugn. 21 |

| NE-Metallwaren 15 |
| Garne, Gewebe 17 |
| Sonstige Metallwaren 19 |
| Organische Chemikalien 20 |
| Sonst. Industriemasch. 21 |
| Spezialmaschinen 21 |
| Kunststoffe 22 |
| Metallbearbeitungsmaschinen 24 |
| Farben 30 |

| Waren aus minera-lischen Stoffen 12 |
| Fotoapparate, Uhren 12 |
| Flugzeuge, Schiffe, Schienenfahrz. 12 |
| Kautschukwaren 15 |
| Kraftmaschinen 15 |
| Elektr. Maschinen 16 |

Anteil am Warenexport der westlichen Industrieländer 1984 in Prozent

ZAHLENBILDER

Abb. 17

© Erich Schmidt Verlag GmbH   390 650

mit ihren Mechanismen des Freihandels und des Abbaus von Zollbarrieren ist in diesem Zusammenhang von überragender Bedeutung. Über die Hälfte des Außenhandels wird mit den EG-Ländern abgewickelt, während die Entwicklungsländer mit nur einem Sechstel, die östlichen Staatshandelsländer jedoch nur mit einem Anteil von einem Zwanzigstel zu Buche schlagen (vgl. Abb. 18). Schwerpunkte des Exports sind Vor- und Endprodukte der Investitionsgüterindustrien, wobei allein Maschinen und Fahrzeuge fast die Hälfte der Ausfuhren bestreiten (Abb. 19). Die Ausfuhren übersteigen immer den Anteil der Einfuhren und sorgten dafür, daß die Handelsbilanzen Überschüsse aufwiesen. In den Jahren 1979 bis 1981 entwickelte sich jedoch die Leistungsbilanz negativ, was vor allem auf das Konto der explodierenden Öl- und Gasrechnungen ging.

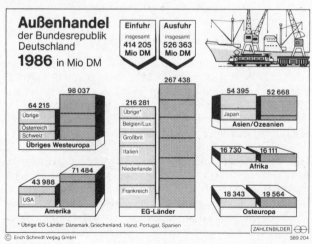

Außenhandel
der Bundesrepublik
Deutschland
1986 in Mio DM

Einfuhr	Ausfuhr
insgesamt	insgesamt
414 205 Mio DM	**526 363 Mio DM**

98 037
64 215
Übrige
Österreich
Schweiz
Übriges Westeuropa

43 988   71 484
USA
Amerika

267 438
216 281
Übrige*
Belgien/Lux.
Großbrit.
Italien
Niederlande
Frankreich
EG-Länder

54 395   52 668
Japan
Asien/Ozeanien

16 730   16 111
Afrika

18 343   19 564
Osteuropa

* Übrige EG-Länder: Dänemark, Griechenland, Irland, Portugal, Spanien

ZAHLENBILDER

Abb. 18

© Erich Schmidt Verlag GmbH   389 204

Deutsche Trümpfe auf dem Weltmarkt

Ausfuhr der Bundesrepublik 1981 in Mrd DM

Bekleidung 5,1
Mineralölprodukte 6,3
Büromaschinen, EDV 6,5
Kunststoffwaren 6,8
Feinmechanik, Optik 7,7
Flugzeuge u.ä. 8,1
NE-Metalle 9,0
EBM-Waren 11,0
Textilien 13,1
Nahrungs- u. Genußmittel 19,5
Eisen u. Stahl 21,0
Elektrotechnik 37,5
Chemische Erzeugnisse 52,5
Autos 62,2
Maschinen 62,6

Abb. 19

Seit 1983 können wieder Jahr um Jahr Ausfuhrüberschüsse (Abb. 20) verzeichnet werden. 1985 brachte den größten Rekord bei Aus- und Einfuhren. 1986 und 1987 stiegen die Exporte nicht mehr, der Außenhandelsüberschuß stieg um mehr als zwei Drittel auf Grund des Ölpreis- und Dollarverfalls, durch welche die Einfuhrkosten erheblich entlastet wurden. Testet man die internationale Wettbewerbsfähigkeit der deutschen Wirtschaft (vgl. Abb. 21), so liegt die Bundesrepublik etwa auf dem 4. Rang hinter Japan, der Schweiz und den USA. Positive Kriterien sind etwa der gute Service, Qualität und technische Ausstattung der Produkte, die positive Handelsbilanz, das üppige Devisenpolster, die Geldwertstabilität, die liberale Wirtschaftsordnung und das stabile politische Umfeld. Negative Kriterien sind die geringere Arbeitszeit, die hohen Arbeitskosten, die Abgabenbelastung, mangelnder Einsatz von Risikokapital und zu geringe Renditen in der Bundesrepublik. Die Leistung der deutschen Exportwirtschaft wird noch deutlicher, wenn man das Exportvolumen und die Bevölkerungsgröße gleichzeitig betrachet. In Japan leben mehr als doppelt so viele Menschen, in den USA viermal so viele. Allerdings muß man berücksichtigen, daß die Deutschen pro Kopf fast doppelt so viel wie die Amerikaner und fast viermal so viel wie die Japaner importieren.

VI Entwicklungslinien der Wirtschaft

1. Das „Wirtschaftswunder" (1950–1966)

Die Zeit der 50er Jahre heißt im Volksmund auch das „Deutsche Wirtschaftswunder". Ein Wunder lag natürlich nicht vor. Die rasante Aufwärtsentwicklung war geprägt durch einen ungeheuren *Nachholbedarf* an materiellen Gütern. Außerdem waren die Produktionsanlagen durch den Krieg und Demontagen nicht so stark beschädigt, wie häufig angenommen wird. Andererseits bot der industrielle Neuaufbau die unmittelbare Anknüpfung an die

117

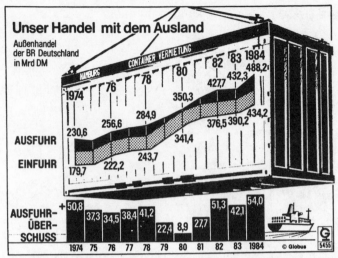

Abb. 20

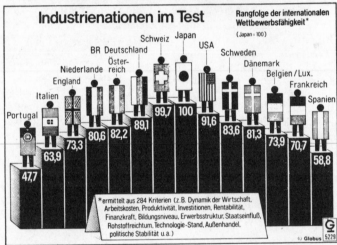

Abb. 21

hochentwickelten und modernsten Formen der *Technologie*, was beträchtliche Wettbewerbsvorteile auf dem Markt bewirkte. Durch den *Marshallplan* wurde die Wirtschaft der Bundesrepublik nachhaltig stimuliert. Die *Auslandsnachfrage* nahm unaufhörlich zu. Schon 1952 wies die Außenhandelsbilanz positive Zahlen auf. Die Ursachen für das exportorientierte Wachstum lagen in den niedrigen Lohnkosten, die auf dem Weltmarkt Konkurrenzvorteile durch billigere Preise brachten, in der Preisstabilität der DM und in der Nachfrage nach hochwertigen technischen und elektronischen Gütern, in denen die deutsche Wirtschaft traditionell ihren Schwerpunkt hatte. Genannt werden muß vor allem die Integration in die westlichen Wirtschaftsstrukturen, die mit der *Europäischen Wirtschaftsgemeinschaft* (EWG, seit 1979 EG)

118

seit 1958 wirksam wurde. Die EWG als Freihandelszone mit dem Verzicht auf Handelsbeschränkungen, der Abbau der Zollschranken und die Freizügigkeit der Arbeitnehmer schufen die Voraussetzung für die Wachstumsschübe der deutschen Wirtschaft. Die „Soziale Marktwirtschaft" bot darüber hinaus außerordentliche *Gewinnchancen* der Unternehmer und andererseits die Garantie des *sozialen Friedens*. Berücksichtigt werden muß auch die gemäßigte *Lohnpolitik* der Gewerkschaften, die hohe Arbeitsmoral und Arbeitsproduktivität der Arbeitnehmerschaft. Der Staat half durch *Steuervergünstigungen* und weitreichende *Abschreibungsmöglichkeiten*. Schließlich muß auf die sozialpsychologischen Bedingungen des „Wirtschaftswunders" eingegangen werden. Die übermäßig ökonomisch ausgerichtete „Output"-Mentalität nach dem Krieg ermöglichte kompensatorisch die moralische und sittliche Bewältigung der Vergangenheit, die im buchstäblichen Sinne „abgearbeitet" wurde. So konnte Ludwig Erhard schon Anfang der 60iger Jahre stellvertretend für einen Großteil der Bevölkerung mit neuem Selbstbewußtsein sagen: „Wir sind wieder wer".

2. Die Rezession 1966/67

Nach über 15 Jahren kontinuierlichen Aufschwungs der deutschen Wirtschaft bedeutete das Jahr 1966/67 einen ersten tiefen Einschnitt. Erstmals trat eine Konjunkturkrise („Rezession") zutage; die Produktion sank, und die Arbeitslosenzahlen stiegen kurzfristig auf 600000. Die Ursachen dieser Krise werden verschieden gedeutet: Der neomarxistische Wirtschaftstheoretiker Ernest Mandel sieht diese erste Rezession nach dem Kriege als Folge einer sich schon seit 1960 abzeichnenden Tendenz der Überproduktion und Unterkonsumtion, der Sachverständigenrat zur Begutachtung der wirtschaftlichen Tätigkeit sah in der restriktiven Geld- und Kreditpolitik der Bundesbank den entscheidenden Krisenbeschleuniger, da eine sich anbahnende Inflation durch die Drosselung des Geldumlaufs abgefangen werden sollte. Der Schock dieser ersten Rezession führte zum Sturz des „Vaters des Wirtschaftswunders", des Bundeskanzlers Erhard. Die Alleinregierung der CDU/CSU wurde abgelöst durch eine „Große Koalition" von CDU/CSU und der bisherigen Oppositionspartei, der SPD, die dann ab 1969 in einer „Kleinen Koalition" zusammen mit der FDP die Regierungsverantwortung übernahm.

3. Die Globalsteuerung

Die Einbeziehung der SPD in die Regierungsverantwortung bedeutete keinen Bruch mit der bisherigen Wirtschafts- und Sozialpolitik. Schon im Godesberger Programm 1959 hatte die SPD Folgerungen gezogen aus den Erfolgen der „Sozialen Marktwirtschaft". „Freie Konsumwahl und freie Arbeitsplatzwahl ... sind entscheidende Grundlagen, freier Wettbewerb und freie Unternehmerinitiative sind wichtige Elemente sozialdemokratischer Wirtschaftspolitik". Mit dieser Konzeption hatte die SPD sich auf den Boden der marktwirtschaftlichen Ordnung begeben. Im Gegensatz zur CDU wurde jedoch die wachsende Rolle des Staates im Wirtschaftsprozeß berücksichtigt, schon deshalb, weil über 40 Prozent des Bruttosozialprodukts durch die öffentliche Hand abgewickelt werden. Schulen, Hochschulen, Krankenhäuser, Verwaltungen, Post, Bahn, Nahverkehrsbetriebe, kulturelle Einrichtungen usw. werden weitgehend vom Staat verwaltet und finanziert. Hatte die Wirtschaftspolitik Erhards den Staat nur als „Feuerwehrmann" der Wirtschaft zur akuten Krisenbewältigung einsetzen wollen, so vertritt die SPD eine langfristige und vorausschauende Wirtschaftspolitik, die mit dem Begriff der „Globalsteuerung" umschrieben wurde und tatsächlich zur Bewältigung der Rezession wesentlich beitrug.

Die Grundlage der Wirtschaftstheorie der „Globalsteuerung" ist die Wirtschaftslehre von John Maynard Keynes. Danach steigert der Staat bei einer konjunkturellen Abschwächung seine Ausgaben, um die Konjunktur wieder „anzukurbeln". Bei einer „Überhitzung" der Konjunktur (Boom) hat der Staat die Aufgabe der „Gegensteuerung". Durch bestimmte Maßnahmen (Steuererhöhungen, Ausgabenkürzungen usw.) wird die Konjunktur gebremst, die Übernachfrage, die sich in erhöhten Preisen (Inflation) niederschlägt, zurückgedrängt.

Das Wirtschaftsmodell der „Globalsteuerung" mit einer aktiven Rolle des Staates und der „Konzertierten Aktion" der Sozialpartner kam vor allem im Stabilitäts- und Wachstumsgesetz vom 8.6.1967 zum Ausdruck: „Bund und Länder haben bei ihren wirtschafts- und finanzpolitischen Maßnahmen die Erfordernisse des gesamtwirtschaftlichen Gleichgewichts zu beachten. Die Maßnahmen sind so zu treffen, daß sie im Rahmen der marktwirtschaftlichen Ordnung gleichzeitig zur Stabilität des Preisniveaus, zu einem hohen Beschäftigungsstand und außenwirtschaftlichem Gleichgewicht bei stetigem und angemessenem Wirtschaftswachstum beitragen." „Globalsteuerung" bedeutet jedoch keinen staatlichen, direkten Dirigismus in der Wirtschaft, sondern die allgemeine Rahmenplanung der Wirtschaft, um das „magische Viereck" von Wirtschaftswachstum, Preisstabilität, Vollbeschäftigung und ausgeglichener Handelsbilanz zu erfüllen.

Um das „gesamtwirtschaftliche Gleichgewicht" zu gewährleisten, stehen der Wirtschaftspolitik eine Reihe von Instrumenten zur Verfügung:

Zunächst ist die unabhängige *Bundesbank* zu nennen, deren Hauptaufgabe die Regelung des Geldumlaufs zur Bewahrung der Preisstabilität ist. Durch die Festsetzung des Diskontsatzes nimmt sie Einfluß auf die Zinsgestaltung bei der Vergabe von Krediten. Eine Erhöhung des Diskontsatzes erhöht die Zinsbelastung der Kreditnehmer, drosselt also die Investitionsbereitschaft der Unternehmer; eine Verringerung des Diskontsatzes beschleunigt hingegen die Wirtschaftstätigkeit durch billigere Kreditzinsen. Über die Mindestreservepolitik, also die Hinterlegung von Bankguthaben bei der Bundesbank, kann die Geldmenge beeinflußt werden. Die Bundesbank kauft im Rahmen der sogn. Rediskontingentierung auch Wechsel auf. Durch die Verengung und Erweiterung der Kaufspielräume nimmt sie damit Einfluß auf das Geldvolumen der Banken. Durch die Offenmarktpolitik tritt die Bundesbank als Käufer oder Verkäufer von Wertpapieren in Erscheinung (z.B. Bundesanleihen). Verkauft sie Wertpapiere, entzieht sie dem Wirtschaftskreislauf Geld.

Die *Ausgabenpolitik* der öffentlichen Hand stellt ein weiteres Mittel der „Globalsteuerung" dar. Über eine mittelfristige Finanzplanung werden Erhöhung und Senkung staatlicher Ausgaben festgelegt. Durch die Verabschiedung von zwei Sonderhaushalten (1967) wurde ein Investitionsprogramm der öffentlichen Hand von 2,5 und 5,2 Milliarden DM zur Ankurbelung der Wirtschaft durchgesetzt.

Mit der *Steuerpolitik* werden ebenfalls Steuerungsmaßnahmen durchgeführt. Durch Steuererleichterungen wurde die schwache Konjunktur nachhaltig belebt.

Mit der *„Konzertierten Aktion"* wurde ein Organ geschaffen, in dem sich die Sozialpartner (Gewerkschaften und Arbeitgeberverbände) mit der Regierung abstimmten. Die Regierung gab Orientierungsdaten (Lohnleitlinien/Eckdaten) vor, an die sich die „Sozialpartner" in freier Kooperation binden konnten. 1967 und 1968 wurden tatsächlich die niedrigsten Tarifabschlüsse in der Geschichte der Bundesrepublik getätigt.

Die Anwendung dieses Instrumentariums der „Globalsteuerung" führte die Wirtschaft der Bundesrepublik tatsächlich aus der „Talsohle" heraus. Zu dem Gelingen trug jedoch noch ein wichtiger Faktor bei, nämlich die überaus günstige Außenhandelsentwicklung und die Tatsache eines weltweiten Booms im Rahmen der Welthandelsbedingungen. Die Rezession 1966/67 war im wesentlichen „hausgemacht".

4. Anpassungskrisen im Wohlstand (Die 70er Jahre)

Im Jahre 1969 lief die Konjunktur aus einem „Aufschwung nach Maß" in eine „überhitzte" Konjunktur über. Die Regierung unter Bundeskanzler Brandt und dem Wirtschaftsminister Schiller war deshalb gezwungen, *Dämpfungsmaßnahmen* zu ergreifen. Durch die Erhöhung des Diskontsatzes wurden die Investitionslust der Unternehmen zurückgedrängt, ein Stabilitätszuschlag auf die Steuern mittlerer und höherer Einkommen erhoben, eine Investitionssteuer verordnet und Abschreibungserleichterungen zeitweise ausgesetzt. 1973 mußte der Stabilitätskurs drastisch verschärft werden, da der Preisauftrieb in der Bundesrepublik immer noch zu hoch ausfiel.

Ein weiteres Problem stellte die Unterbewertung der DM im Währungsvergleich dar. In Erwartung einer DM-Aufwertung flossen ausländische Geldmengen, besonders der amerikanische Dollar, in bisher unvorstellbaren Maßen in die Bundesrepublik. Der Wertverfall des Dollars zeichnete sich ab, nachdem besonders die Kriegsausgaben für Vietnam inflationär finanziert wurden, wofür die Aufgabe der Goldbindung des Dollars (1971) ein unübersehbares Signal war. Die Geldmenge wurde durch die immensen Dollarzuflüsse übermäßig aufgebläht, was mit inflationstreibenden Wirkungen verbunden war. Es mußten mehrere *DM-Aufwertungen* vorgenommen werden, um die Inflationsschübe zurückzudrängen.

Im Jahre 1973 zerbrach schließlich das *feste Wechselkurssystem* von Bretton Woods. Die DM konnte seitdem gegenüber dem Dollar „floaten". Die Bundesbank ist nicht mehr verpflichtet, Dollars zu festen Wechselkursen, sondern nach den echten Wertverhältnissen aufzunehmen. Der Dollar wird nur dann gestützt, wenn sich die DM so stark verteuert, daß Exportnachteile zu erwarten sind. Innerhalb der „Währungsschlange" der EWG blieben jedoch zunächst die Wechselkurse fest oder durften nur in bestimmten „Bandbreiten" schwanken. Frankreich und England verfolgten jedoch eine inflationstreibende Wirtschaftspolitik, so daß die Währungsschlange nicht bestehen konnte. Erst seit 1979 wurde mit der Einrichtung des „Europäischen

Währungsverbundes" (EWS) der Versuch unternommen, wieder feste Wechselkurse einzuführen. Auf- und Abwertungen konnten jedoch nicht vermieden werden, wurden aber kooperativ abgesprochen. Ein Währungsfond wurde bereitgestellt, um Zahlungsbilanzprobleme einzelner Länder abzufangen und Stützungskäufe einzelner Währungen zu ermöglichen. Eine eigene Bewertungseinheit (ECU) wurde vereinbart, um eine weitgehende Unabhängigkeit vom Dollar zu erreichen. Funktionsfähig ist das EWS jedoch nur dann, wenn die Währungspolitik durch eine harmonisierte Wirtschaftspolitik der einzelnen Mitgliedsländer flankiert wird. Die Bundesrepublik legt dabei allergrößten Wert auf die Erhaltung der Preisstabilität und einen freien Warenverkehr.

Einen besonderen Einschnitt in der Entwicklung der Wirtschaft bedeutete die Ölpreiskrise des Jahres 1973. Der dadurch ausgelöste Problemdruck hält bis heute an. In Verbindung mit anderen Faktoren (Erhöhung der Rohstoffpreise, Wirtschaftsflaute im Weltmaßstab, Innovationsmangel usw.) wurde eine weltweite *Rezession* ausgelöst, die sich in unzähligen Betriebsstillegungen und Pleiten niederschlug (bes. im mittelständischen Wirtschaftsbereich) und mit einer sprunghaften Steigerung der *Arbeitslosenzahlen* verbunden war. Im November 1973 wurden über eine Million Arbeitslose und fast eine Million Kurzarbeiter gezählt. Obendrein wurde die Arbeitslosigkeit noch durch den Rationalisierungsdruck verstärkt. Seitdem gehört zum Bild der Bundesrepublik eine „Sockelarbeitslosigkeit". Die Tarifkonflikte verschärften sich.

Mit dem Ölschock entwickelten sich jedoch auch die Auseinandersetzungen um eine angemessene *Energiepolitik*, die noch nicht abgeschlossen sind. Besonders die friedliche Nutzung der Kernenergie steht im Mittelpunkt des teilweise erbitterten Streites zwischen Kernkraftwerkbefürwortern und Kernkraftgegnern (Atomkraft – Nein Danke). Die Bundesregierung versuchte sich die Option für die Entwicklung der Kernkraft offenzuhalten, war jedoch unter dem Druck der öffentlichen Meinung gezwungen, ihr ursprünglich expansiv angelegtes Kernenergieprogramm zu reduzieren, etwa nach dem Grundsatz: Soviel Kernkraft wie nötig, so wenig Kernkraft wie möglich. Besondere Probleme bieten die Fragen der Endlagerung von Kernkraftrückständen und die Wiederaufbereitungsanlagen für Plutonium. Finanzierungsprobleme um den „Schnellen Brüter" in Kalkar, die gewaltsamen Auseinandersetzungen in Grohnde und Brokdorf, die beträchtlich zurückgenommenen Wachstumsprognosen der Energiewirtschaft und die Suche nach alternativen Energieträgern und energiesparenden Technologien bestimmen die öffentliche Diskussion.

Die Krise von 1973 konnte durch die Regierung Schmidt/Genscher relativ erfolgreich *abgewehrt* werden. Behilflich waren dabei der Verzicht auf kostspielige Reformvorhaben der vergangenen Regierung Brandt/Scheel, vorsichtige Korrekturen in der Haushaltspolitik, die vielleicht zu spät vorgenommene Lockerung des restriktiven Kurses der Bundesbank, eine Steuerreform im Jahre 1975; vor allem jedoch überlagerte der enorme Leistungsausstoß der deutschen Exportwirtschaft die tiefgreifende Rezession. Stark umstritten waren die zur Ankurbelung der Wirtschaft eingesetzten Konjunkturprogramme. Als Konjunkturprogramm ist auch die rund 100 Milliarden Mark umfassende Steuererleichterung zu beurteilen, durch die Unternehmen und private Haushalte zur Wirtschaftsaktivität motiviert wer-

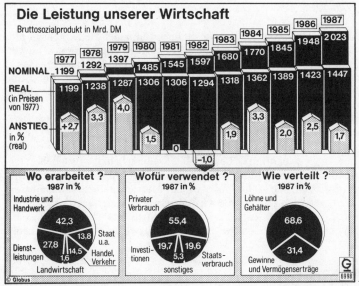

Die Leistung unserer Wirtschaft
Bruttosozialprodukt in Mrd. DM

	1977	1978	1979	1980	1981	1982	1983	1984	1985	1986	1987
NOMINAL	1199	1292	1397	1485	1545	1597	1680	1770	1845	1948	2 023
REAL (in Preisen von 1977)	1199	1238	1287	1306	1306	1294	1318	1362	1389	1423	1447
ANSTIEG in % (real)	+2,7	3,3	4,0	1,5	0	−1,0	1,9	3,3	2,0	2,5	1,7

Wo erarbeitet?
1987 in %

Industrie und Handwerk 42,3
Staat u.a. 13,8
Dienstleistungen 27,8
14,5 Handel, Verkehr
1,6 Landwirtschaft

Wofür verwendet?
1987 in %

Privater Verbrauch 55,4
Investitionen 19,7
19,6 Staatsverbrauch
5,3 sonstiges

Wie verteilt?
1987 in %

Löhne und Gehälter 68,6
Gewinne und Vermögenserträge 31,4

© Globus 6998

Abb. 22

den sollten. Die direkten staatlichen Nachfrageprogramme hatten ein geringeres Volumen. Im Jahre 1975 wurde eine Investitionszulage von 10 Milliarden Mark eingesetzt, die vor allem der Bauwirtschaft helfen sollte. Das Programm verpuffte jedoch ohne sonderliche Wirkung, da die Zulage dazu diente, schon längerfristig geplante Ersatzinvestitionen vorzunehmen, so daß die Investitionsgüterindustrie 1976 ein Auftragsloch verzeichnete. Erfolgreicher war die Ankurbelung der Wirtschaft, da der Staat verstärkt als Käufer auf dem Markt auftrat. Während die Jahre 1976 und 1977 mit dem Haushaltsstrukturgesetz eine Rückführung der Staatsverschuldung versuchten, kam mit dem 1977 einsetzenden Zukunftsinvestitionsprogramm (ZIP) ein Belebungsprogramm von 20 Milliarden heraus, das auch strukturpolitische Elemente enthielt, so daß Bereiche mit investivem Nachholbedarf besonders begünstigt wurden (Energie, Wohnungsbau, moderne Technologie usw.). Der beschäftigungspolitische Effekt der Programme wird unterschiedlich eingeschätzt. Tatsächlich blieb die Zahl der Arbeitslosen mit über 1 Million hoch, doch trugen die Konjunkturprogramme dazu bei, die Rezession nicht in eine tiefe Depression umschlagen zu lassen. Es müssen auch die Bemühungen der Regierung Schmidt berücksichtigt werden, durch internationale Konferenzen (Weltwirtschaftsgipfel und Weltwährungskonferenzen) die außenwirtschaftlichen Einflußfaktoren (Internationale Zinsentwicklung, Festigung der Währungsrelationen, Abwehr des Protektionismus) in gemeinsamer Absprache mit den führenden Industrienationen kooperativ zu regulieren. Trotz der erkennbaren Problemsituation konnte der seit 1974 regierende Kanzler Schmidt in den Jahren 1976 und 1980 die Bundestagswahlen gewinnen. Der Hinweis darauf, daß die Bundesrepublik die Krise besser gemeistert habe als andere europäische Staaten, verfehlte seine Wirkung nicht.

Mit der zweiten Ölpreisverteuerung verschärfte sich auch die Krisensymptomatik in der Bundesrepublik. Die Arbeitslosenzahlen stiegen rapide und erreichten Ende 1982 eine Zahl von über 2 Millionen. Die Inflation stieg 1981 auf den Stand von 1974. Die Wachstumsrate ging bedrohlich nach unten, und der Staatshaushalt mußte mit einer bislang nicht gekannten Verschuldung fertigwerden. Zum erstenmal auch verschlechterten sich auf Grund der immensen Ölrechnungen die Außenhandelsziffern, so daß die Außenhandelsbilanz zeitweise ins Negative absank. „Die fetten Jahre sind vorbei!"; „Ende oder Wende?"; „Den Gürtel enger schnallen!"; „Nicht über die Verhältnisse leben!"; „Die Anspruchsinflation bekämpfen" –, diese Schlagworte beherrschten das öffentliche Leben. In der Tat setzte sich jetzt notgedrungen die lange verdrängte Einsicht durch, daß die Krise nicht eine der zahllosen Abschwungphasen in einer letztlich wachstumsorientierten Wirtschaftsentwicklung darstellt, sondern Ausdruck einer tiefer greifenden Strukturkrise ist, deren spezifischer Charakter auch mit dem Begriff der „Anpassungskrise" umschrieben wird.

1. Wachstumskrise

Die Krise läßt sich in ihrer äußeren Erscheinungsform zunächst einmal als Wachstumskrise beschreiben. Überblickt man den Konjunkturverlauf der letzten 30 Jahre, so läßt sich erkennen, daß die Wirtschaft nicht kontinuierlich wuchs, sondern mit ausgeprägten Schwankungen zu kämpfen hatte (Abb. 22). Als Maßstab der Berechnung gilt das Bruttosozialprodukt, d.h. der Wert aller pro Jahr erzeugten Güter und Dienstleistungen. In den Jahren 1970 und 1977 stieg das reale Wachstum, abzüglich der preisbedingten Steigerungen, um etwa 19%. Eine absolute Verringerung des Wachstums (Minus- oder Nullwachstum) hat es bisher nur 1967, 1975 und in den 80er Jahren gegeben. Ein Blick auf die Wachstumswellen zeigt aber auch, daß in der Gesamttendenz die durchschnittlichen Wachstumsraten fallen, also eine auslaufende Wellenbewegung unverkennbar ist. Wenn von Wachstumsraten die Rede ist, muß jedoch auch die Bemessungsgrundlage berücksichtigt werden. 1950 bedeutete 1% Wachstum 1,4 Milliarden Mark, 1982 bedeutet 1% Wachstum mehr als 9 Milliarden Mark. Die oft beschworene Zahl von 6% Wachstum als Heilmittel gegen die Arbeitslosigkeit würde bedeuten, daß sich das Bruttosozialprodukt in 10 Jahren etwa verdoppelt. Diese Perspektive ist illusorisch und auf Grund der Begleiterscheinungen wohl auch nicht wünschenswert. Es ist deshalb davon auszugehen, daß die hohen Wachstumsraten der Vergangenheit angehören. Zu Beginn der 80er Jahre verringerten sich die Wachstumskräfte beträchtlich. So fiel der Anteil der Anlageinvestitionen am Bruttosozialprodukt von 24,2% im Jahre 1970 auf 20,8% von 1976 bis 1980 und sackte zum erstenmal in der Nachkriegsgeschichte ab. Unternehmergewinne fließen nicht mehr primär in den produktiven Sektor, sondern werden zunehmend in hochverzinslichen Wertpapieren angelegt, da sich die Gewinnerwartungen aus Investitionen unattraktiv gestalten. Allerdings zogen die Börsenwerte von Unternehmensaktien besonders 1985 wieder stark an, was auf ein günstigeres Investitionsklima hindeutet. Trotzdem: Der Anteil des Staates am

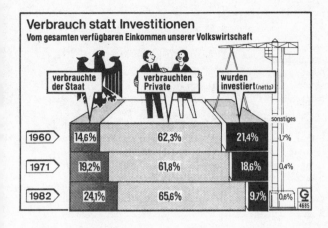

Verbrauch statt Investitionen
Vom gesamten verfügbaren Einkommen unserer Volkswirtschaft

	verbrauchte der Staat	verbrauchten Private	wurden investiert (netto)	sonstiges
1960	14,6%	62,3%	21,4%	1,7%
1971	19,2%	61,8%	18,6%	0,4%
1982	24,1%	65,6%	9,7%	0,6%

Abb. 23

gesamten verfügbaren Einkommen der Volkswirtschaft wuchs zwischen 1971 und 1982 um 5 Prozent, und auch der private Verbrauch wuchs stark an, die investiven Ausgaben jedoch verringerten sich kontinuierlich (vgl. Abb. 23). Überhaupt ist die Wachstumseuphorie vergangener Jahre verflogen. Vor allem ein primär quantitativ orientierter Wachstumsbegriff hat zahlreiche Kritiker gefunden. Die Wachstumsschäden in natürlicher, sozialer und psychischer Hinsicht wurden schärfer als früher gesehen, und nachdrücklicher als früher wird die Möglichkeit qualitativen Wachstums erörtert (vgl. Text 25 u. 26).

Text 25

Argumente der Wachstumskritiker
1. Umwelt-, energie- und rohstoffbezogene Grenzen des Wirtschaftswachstums.
2. Implikationen der Armut in der Dritten Welt für die Industrieländer in einer endlichen Welt.
3. Verabsolutierung des Prinzips der ökonomischen Rationalität.
4. Soziale und ökologische Grenzen der Konsumgesellschaft.
5. Fortgesetztes Wirtschaftswachstum bringt keine Lösung des Verteilungsproblems.
6. Ökonomisierung der Gesamtgesellschaft.
7. Wirtschaftswachstum, Technologie, Arbeitsteilung und Arbeitszufriedenheit.
8. Zunehmende Abhängigkeit des einzelnen von Markt- und Staatsinstitutionen.
9. Abnehmende Beschäftigungseffekte des Wirtschaftswachstums.
10. Wertwandel von materialistischen zu postmaterialistischen Zielen.

(*Chr. Leipert, Theoretische und wirtschaftspolitische Konsequenzen aus der Kritik an der Wachstumsgesellschaft.* In: Aus Politik und Zeitgeschichte, B 25/81 vom 20.6.1981, S. 31–52)

Argumente der Wachstumsbefürworter
1. Wirtschaftswachstum sichert einen hohen Beschäftigungsstand.
2. Wirtschaftswachstum erleichtert den Strukturwandel.
3. Wirtschaftswachstum dämpft die nationalen und internationalen Verteilungskonflikte.
4. Wirtschaftswachstum ermöglicht mehr Umweltschutz ohne Arbeitsplatzrisiko.
5. Wirtschaftswachstum schafft günstige Voraussetzungen zur Verbesserung der Arbeitsbedingungen und für ressourcensparende Investitionen.
6. Wirtschaftswachstum dient der Erhaltung des sozialen Sicherungssystems.
7. Wirtschaftswachstum ist Ausdruck individueller Präferenzen.

(O.Schlecht, Wirtschaftswachstum wozu, wie, womit? Tübingen 1980)

2. Sättigungstendenzen
Die Wachstumsschwäche hat viele Ursachen. Unverkennbar sind Sättigungstendenzen, so daß ganze Industrien immer stärker zu Ersatzbedarfsindustrien schrumpfen müssen. Augenfällig ist das der Fall in der „weißen" Industrie, bei Elektrogeräteherstellern und auch in der inländischen Automobilindustrie. Gerade diese Industrien waren in der Vergangenheit wachstumsorientiert und müssen, falls Exportmöglichkeiten ausbleiben oder Innovationen versäumt werden, beträchtlich schrumpfen (vgl. Abb. 24).

3. Innovationen
Hatten in der Vergangenheit vor allem Innovationen die Konjunkturabschwünge immer wieder in beschleunigte Wachstumsspiralen hineingedreht, so sind von den neuesten Innovationen (Kernkraft, Computer, integrierte Schaltkreise usw.) bislang keine vergleichbaren Wachstumsschübe ausgegan-

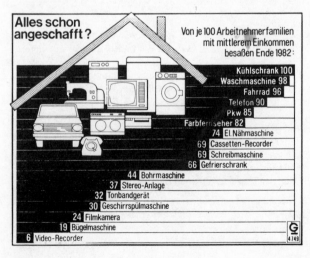

Abb. 24

126

Wettbewerb um Zukunftsmärkte

Marktanteile beim Export von Produkten der Spitzentechnologie

1972

USA 32%
BR Deutschland 26
England 14
Japan 13
11
Frankreich 4
Schweiz

1983

37% USA
17 BR Deutschland
10 England
25 Japan
8
3 Frankreich
Schweiz

Abb. 25

gen, wie sie z.B. durch die Dampfmaschine (1787–1842), die Stahlindustrie (1842–1897) und durch die Chemie-, Elektro- und Automobilindustrie (ab 1897) provoziert wurden. Die neuen Innovationen sind auch in Richtung auf ihren Beschäftigungseffekt nicht vergleichbar mit den arbeitskraftabsorbierenden Technologien früherer Zeiten.

Eine starke öffentliche Wirkung hatte die Konstatierung einer angeblichen „technologischen Lücke" in Zukunftstechnologien (vgl. Abb. 25), besonders in den Bereichen der Mikroelektronik, Kommunikationstechniken, Gentechnik usw. Das Schlagwort ging um, die Bundesrepublik sei zwar „Weltmeister" in traditionellen Technologien, habe jedoch den Anschluß an die „dritte" technologische Revolution verschlafen. Mangelnde Risikobereitschaft, Bürokratisierung von Wirtschaft und staatlicher Forschungsförderung, fehlende Bereitstellung von Risikokapital, Schwächen im Bildungssystem, mangelnde Kooperation von Wirtschaft, Wissenschaft und Staat werden für diese technologische Lücke verantwortlich gemacht. Doch werden auch differenziertere Analysen vertreten (vgl. Text 27).

Text 27

Noch nicht auf dem Abstellgleis

Aber die USA und Japan machen bei neuen Technologien das Tempo

München, 27. Juli – Enzündet hat sich die Diskussion über die technologische Lücke an der Entwicklung der internationalen Wettbewerbsposition in den letzten Jahren. Der deutsche Anteil am Welthandel hat seit den siebziger Jahren abgenommen. Das wird jedoch vor allem auf die außergewöhnlichen Preiserhöhungen für Rohöl und Ölprodukte (die diese Umsätze aufblähten) zurückgeführt. Auch die USA mußten Federn lassen. Japan ist es dagegen gelungen, sich ein größeres Stück vom Welthandelskuchen abzuschneiden. Nach Angaben der Bundesbank ist der deutsche Anteil in jüngster Zeit allerdings wieder gestiegen, von 10 Prozent 1980 auf 11 Prozent 1983. Die Bundesrepublik konnte 1982 bei den Industriegütern sogar weltweit den ersten Platz erobern.

127

Dennoch wurden dunkle Wolken ausgemacht. Verschiedene Studien stellen nämlich fest, daß die Wirtschaft insgesamt *noch* gesund ist, registrieren gleichzeitig aber Schwächen auf den neuen wachstumsträchtigen Sektoren. Die Bundesrepublik hat beim Export von Gütern der Spitzentechnologie an Boden verloren, warnte zum Beispiel die Bundesbank ... und handelte sich damit einen Rüffel aus Bonn ein. Als „voreilig" qualifizierte das Bundeswirtschaftsministerium diesen Schluß ab und verwies auf die willkürliche Auswahl der hochtechnologischen Produkte, für die es ohnehin keine genaue Definition gebe.

Marktanteile verloren

So bezieht sich die Untersuchung der Bundesbank auf eine sehr kleine Gruppe von Produkten (u.a. Datenverarbeitung, Nachrichtentechnik, Elektronenröhren/Transistoren, Meßinstrumente, medizinische Geräte), auf die nur etwa 3,5 Prozent der deutschen Ausfuhr entfallen. Der Vergleich der sechs wichtigsten Lieferländer ergibt hier für den Zeitraum 1972/83 eine Zunahme des Exportanteils der USA von 32,2 auf 37 Prozent und Japans von 13 auf 25 Prozent. Dagegen hat der deutsche Marktanteil von 26,3 auf 17 Prozent abgenommen. Auch eine Studie des Hamburger HWWA-Institutes zeigt deutliche Rangverluste der Bundesrepublik bei Gütern hoher Technologie auf. Das Institut für Weltwirtschaft in Kiel errechnet jedoch bei einer wesentlich breiteren Abgrenzung (etwa 40 Prozent der Ausfuhr) bis 1980 nur einen geringfügigen Rückgang des deutschen Anteils (um etwa 1 Prozent).

Noch kleiner ist die Einbuße bei Hochtechnologiegütern nach Angaben des Münchner Ifo-Instituts für die Periode 1970/82. Bei Produkten mit immerhin noch gehobener Technologie sieht Ifo sogar Marktanteilgewinne der deutschen Industrie. Das Ministerium selbst kommt in einem Vergleich (für elf Gütergruppen mit ca. 15 Prozent Anteil am deutschen Export) zu dem Fazit, daß der Marktanteil der Bundesrepublik von 1966 bis 1979 gehalten wurde, dann etwas absackte und 1982 wieder auf 15,3 Prozent stieg. Damit wurde der Schnitt der vorhergehenden Jahre von gut 17 Prozent noch nicht ganz erreicht. Diesen Zahlen zufolge konnte Japan seinen Anteil bis 1981 mehr als verdoppeln, ist 1982 aber etwas (auf 16 Prozent) zurückgefallen. Für die USA wird ein Anteil von 25,4 Prozent 1982 gegenüber 27,2 Prozent 1966 ermittelt.

Schwierige Diagnose

Die Diagnosen über Umfang und Gefährlichkeit der schwachen Stellen bei „High-tech"-Gütern gehen je nach Abgrenzung weit auseinander. Dennoch, die kritischen Punkte lassen sich eindeutig einkreisen. So übersteigen nach der Untersuchung der Bundesbank die Einfuhren bei der Datenverarbeitung sowie elektronischen Bauelementen die Exporte. Bei diesen High-tech-Produkten des Überbegriffs Mikroelektronik sowie der Unterhaltungselektronik ist die Bundesrepublik Nettoimporteur. Größere Marktanteilsverluste stellte das Bundeswirtschaftsministerium außerdem bei chemischen Düngemitteln und Schädlingsbekämpfungsmitteln, anorganischen Chemikalien sowie der Warengruppe Meß- und Regeltechnik, optische, medizinische und photographische Apparate fest.

Das muß allerdings nicht unbedingt an einem technologischen Rückstand liegen. Preis, Marketing oder Produktionskapazitäten können hier eine ebenso bestimmende Rolle spielen. Aber selbst wenn man einen Innovationsmangel unterstellt, bleibt das Urteil ein Blick zurück, sagt noch nichts über die heutige oder künftige Wettbewerbsfähigkeit aus. Denn nach Meinung vieler Experten ist die deutsche Wirtschaft dabei, aufzuholen. Auch die Bundesrepublik konstatiert für 1983, daß die Ausfuhr auf dem Gebiet der Spitzentechnologie nicht nur kräftig gewachsen ist, sondern die Einfuhr stärker übertroffen hat als im Vorjahr.

(W. Ludsteck, Süddeutsche Zeitung 28.7.1984)

4. Export

Hatte sich bisher der Export immer noch als Ausweg aus inländischen Absatzkrisen angeboten, so wuchsen auch hier die Probleme. Über die Hälfte aller exportierter Waren gehen in die Länder der EG, die selbst mit Sättigungserscheinungen zu kämpfen haben. Auch der Export in Länder der Dritten Welt und in die Osthandelsländer ist beschränkt, da sich deren Verschuldungsrate dramatisch verstärkt hat. Unter diesen Bedingungen verschärft sich der Konkurrenzkampf der Industrienationen im Weltmaßstab. Die Bundesrepublik hat sich besonders der japanischen Herausforderung zu stellen. Auf Grund rationellerer Produktionsverfahren und niedrigerer Lohn- und Sozialkosten haben die Japaner in bestimmten Bereichen Konkurrenzvorteile, so daß die Bundesrepublik Marktanteile verlor, und das in Technologien, die in den Spitzenbranchen liegen wie Fototechnik, Unterhaltungselektronik, Schaltkreise usw., aber auch im Automobilbau. Weltweit sinkendes Wachstum und steigende Arbeitslosenzahlen bergen darüber hinaus die Gefahr des Protektionismus mit der Abschottung der nationalen Märkte gegen ausländische Importe. Da sich über 150 Länder im GATT zusammengeschlossen haben und damit den Freihandel gegenseitig garantieren (vgl. Abb. 26), werden protektionistische Maßnahmen verdeckt und subtil gehandhabt. Subventionen zum Schutz der nationalen Wettbewerbsfähigkeit, Normbestimmungen, exportfördernde Abwertungen und langwierige Antidumpingkampagnen gegen bestimmte Importeure stellen solche verdeckten Abschottungsmaßnah-

Abb. 26

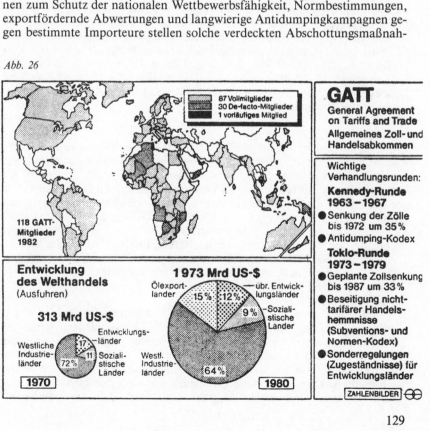

129

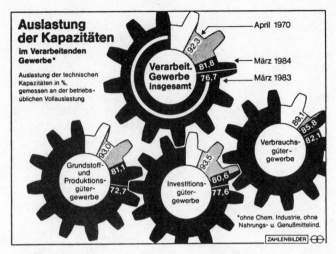

Auslastung der Kapazitäten
im Verarbeitenden Gewerbe*

Auslastung der technischen Kapazitäten in %, gemessen an der betriebsüblichen Vollauslastung

Verarbeit. Gewerbe insgesamt
92,3 — April 1970
81,8 — März 1984
76,7 — März 1983

Grundstoff- und Produktionsgütergewerbe
83,0
81,1
72,7

Investitionsgütergewerbe
93,5
80,6
77,6

Verbrauchsgütergewerbe
89,1
85,8
82,1

*ohne Chem. Industrie, ohne Nahrungs- u. Genußmittelind.

ZAHLENBILDER

Abb. 27

men dar. Für ein exportorientiertes Land wie die Bundesrepublik sind protektionistische Maßnahmen außerordentlich nachteilig. Seit 1983 wuchsen jedoch wieder in unerwartetem Maße die Exportvorteile der Bundesrepublik. Die billigen Ölpreise, die boomende US-Wirtschaft und der exportfördernde hohe Dollarkurs brachten Konkurrenzvorteile. Besondere Probleme ergeben sich aus der Interessenlage der EG-Staaten im Verhältnis zu den USA. So mußte auch die Bundesrepublik Beschränkungen von Stahlexporten und Lebensmittellieferungen in die USA hinnehmen.

5. Erdöl

Erdöl, bis ins Jahr 1973 als billiger Produktionsfaktor hauptverantwortlich für die Wirtschaftsentwicklung der westlichen Industriestaaten, erwies sich nach den Preisschüben als außerordentlich kostenträchtiger Rohstoff. Besonders die Ölpreiserhöhung von 1979 schlug als Wachstumstöter voll durch. Zum erstenmal entwickelte sich die Außenhandelsbilanz der Bundesrepublik negativ. Ein gigantischer Umverteilungsprozeß von Geldkapital in die Länder des Nahen Ostens setzte sich fort und schwächte die investiven und konsumtiven Kräfte ebenfalls nachhaltig. Seit 1986 verfielen jedoch die Ölpreise auf Grund der Uneinigkeit der OPEC-Staaten fast auf den Stand von vor 1979, was wesentlich für die Wachstumsentwicklung der bundesdeutschen Wirtschaft verantwortlich war.

6. Automation und Rationalisierung

Die Krise wird weiterhin verschärft durch den Automations- und Rationalisierungsdruck in den Betrieben. Um wettbewerbsfähig zu bleiben, werden an die Stelle des Kostenfaktors Arbeitskraft hochwertige Automaten gesetzt, die einerseits Arbeitslose freisetzen und andererseits starke Produktionsschübe auslösen. Damit tritt ein tiefgreifender Widerspruch zwischen dem weiter wachsenden produktiven Leistungsvolumen und dem beschränkten ökonomischen Konsumtionsvolumen auf, der dazu führt, daß die industriellen

130

Anlagen nur zu 70% ausgelastet sind (Abb. 27). Wie eingreifend sich Rationalisierungen auswirken, ist eindrucksvoll bei Europas größtem Maschinenbau-Konzern, der Gutehoffnungshütte, bei Bosch oder der Deutschen Babcock zu beobachten, bei denen der produktive Ausstoß in den 70er Jahren um 100% wuchs, die Belegschaft jedoch kaum nennenswert ausgeweitet wurde. Das ist ein Hinweis auch darauf, daß Wachstumssteigerungen nicht unbedingt in einen wachsenden Bedarf an Arbeitskräften umgesetzt werden (Abb. 28). Der Rationalisierungsschub ergriff 1978 in spektakulärer Weise die Druckindustrie, in der es zu schweren Streikauseinandersetzungen kam. Im sekundären Sektor bewirken Rationalisierungen beträchtliche Arbeitslosigkeit; im Dienstleistungsbereich steht die Rationalisierungswelle noch weitgehend bevor.

7. Die internationalen Finanzmärkte
Zu diesem schon tiefgreifenden Strukturwandel treten verschärfend die Verwerfungen der internationalen Finanzmärkte. Die Verschuldung der Ostblockländer und der wachsende Zweifel an der Zahlungsfähigkeit westlicher Schuldnerländer (Mexiko, Brasilien, Argentinien usw.) behindern nachhaltige Exportoffensiven und verschlechtern zunehmend das Wirtschaftsklima. Auch die Abwertungen ausländischer Währungen gegenüber der DM beeinträchtigen Exportspielräume. Eine Schwächung der DM würde dagegen zwar die Exportmöglichkeiten begünstigen, andererseits jedoch die Importe verteuern und damit inflationistische Tendenzen auslösen. Außerdem würde eine Schwächung der DM die Kapitalströme an der Bundesrepublik vorbeiführen und damit die für die Leistungsbilanz notwendigen Devisenmittel verknappen. Nicht nur die in Dollar zu leistenden Kosten für Erdöl und Rohstoffe sind zu begleichen, sondern auch die Transferzahlungen, die durch den Reiseverkehr deutscher Touristen abfließen. Auch die Überweisungen der Gastarbeiter in ihre Heimatländer müssen ausgeglichen werden. Besonders die amerikanische Hochzinspolitik, hervorgerufen durch die Dollarnachfrage, hinterließ in der Bundesrepublik scharfe Bremsspuren. Die Bundesbank sah sich gezwungen, den Zinssatz hochzuschrauben, um spekulative DM-Abflüsse in den Dollar abzuwehren. Dadurch verteuerten sich die Kreditzinsen beträchtlich, was nicht nur die Zahlungsfähigkeit kreditfinanzierter Betriebe belastete, sondern auch die private Güternachfrage behin-

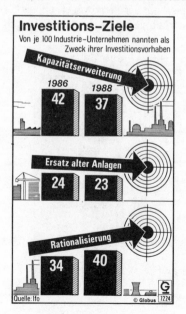

Abb. 28

derte und die Investitionslust restringierte. In Verbindung mit anderen Krisenursachen führte besonders der restriktive Kurs der Bundesbank mit seiner Politik des „teuren" Geldes zu einer bislang nicht gekannten Pleitewelle, die nicht nur den mittelständischen Bereich, sondern erstmals nach dem Krieg auch traditionsreiche Großbetriebe erfaßte (AEG, Dual, Bauknecht, Arbed-Saarstahl, Magirus-Deutz, MAN usw.) und zu Konkursen, Vergleichen und Fusionen veranlaßte. Die Pleitenwelle ist in erster Linie Ausdruck eines übergreifenden Strukturwandels, zeigt jedoch in Einzelfällen auch beträchtliche Fehler im Management und im Unternehmensbereich.

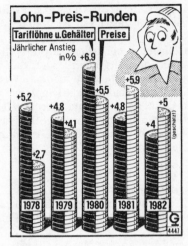

Abb. 29

8. Inflationsentwicklung

Andererseits brachte die harte Geldpolitik der Bundesbank einen Erfolg in der *Inflationsbekämpfung.* Das war auch notwendig, denn 1981 erreichte die Inflation wieder den Stand von 1974 (vgl. Text 28). Verantwortlich waren dafür die immens verteuerten Importkosten für Rohöl, Rohstoffe, Halbwaren und Importgüter, was bei einer relativen Unterbewertung der Mark zu Preisschüben bis über 7% führte. Durch die Geldpolitik der Bundesbank und die Zurückhaltung bei den Lohnforderungen, die zwischen 1981 und 1984 unterhalb der Preissteigerungen lagen, konnte die Inflationsrate ab 1983 kontinuierlich gedrückt werden. 1986 gab es

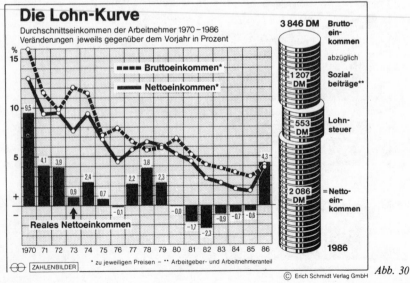

Abb. 30

132

sogar Minusinflation auf Grund der gefallenen Importpreise für Erdöl. Während die Löhne moderat blieben, konnten die Unternehmergewinne beträchtlich gesteigert werden. Dennoch kam es nicht zu einem Abbau der Arbeitslosigkeit, da die Unternehmensgewinne zum größten Teil ins Ausland flossen, 1986 ca. 65 Milliarden Mark. Inflationstreibende Wirkung haben jedoch nicht nur verteuerte Importe, unangemessene Löhne und Sozialkosten, die von den Unternehmern in Preisen weitergegeben werden, sondern auch die Aufblähung des staatlichen Ausgabenvolumens, die den Geldumlauf vergrößert. Auch spekulative DM-Aufkäufe treiben die Inflation. Die Maßnahmen der Bundesbank waren außerordentlich hart, um die Inflation einzudämmen. Sie setzte sich damit dem Vorwurf aus, die Konjunktur zu drosseln und vor allem die hohe Arbeitslosigkeit mitverschuldet zu haben.

Text 28

Inflationstheorien:
Keynes' ratlose Erben
Selbst Dante wird bemüht, wenn es gilt, das Phänomen „Inflation" zu erklären. Ein findiger Forscher stieß in Dantes *Göttlicher Komödie* (die Hölle, 30. Gesang) auf Adam von Brescia, der „mit aufgeblähtem Wanst" im zehnten Graben des achten Höllenkreises für auf Erden begangene Münzfälschung büßen mußte. Die etymologische Deutung der Inflation als „Aufblähung" schien dem Forscher damit hinreichend gesichert.

1. Und die Wirtschaftstheoretiker? Wo büßen sie für Schwachstellen ihrer Inflationstheorien? Der englische Nationalökonom John Maynard Keynes (1883–1946) stellte die *Nachfrage* in den Mittelpunkt seiner Inflationstheorie. Er unterschied dabei vier Schlüsselgruppen: den Staat, die Unternehmen, die Privathaushalte und das Ausland. Die Preise werden nach oben gezogen (*demand-pull*), wenn die Nachfrage dieser Gruppen das vorhandene Angebot an Gütern und Dienstleistungen übersteigt. Die inflatorische Lücke wird geschlossen, wenn erhöhte Preise Nachfrage und Angebot wieder ins Lot bringen.

In der Logik dieser Nachfrageinflation müßten sich die Preise eigentlich stabilisieren, wenn Angebot und Nachfrage wieder im Gleichgewicht sind. Mehr noch: Sie müßten sogar sinken, wenn der ursprüngliche Nachfrageschub ein größeres Angebot erzeugt als der Markt verkraften kann. Die Praxis hat diesen Teil der Keynesianischen Inflationstheorie freilich vielfach widerlegt.

In der Automobilkrise von 1974/75 haben die Hersteller trotz sinkender Nachfrage und dramatisch wachsender Lagerbestände die Preise weiter erhöht. Und die Gewerkschaften haben trotz zunehmender Arbeitslosigkeit die Löhne weiter nach oben treiben können.

2. Die Politiker tauften dieses scheinbar unlogische Phänomen *Stagflation*, und die Wissenschaftler hatten längst die theoretische Erklärung parat. Sie erklärten diese *Kostendruckinflation (cost-push)* nicht wie ihr Kollege Keynes von der Nachfrageseite her, sondern aus der Sicht der Anbieter. Danach sind die Anbieter von Gütern (auch von Arbeit) imstande, ihre Preise auf Grund ihrer Marktmacht weitgehend unabhängig von der jeweiligen Nachfragesituation zu bestimmen.

Einige Wissenschaftler sahen in dieser Konstellation ein Doppelmonopol von Gewerkschaften und Unternehmen gegenüber den Verbrauchern, deren Spielraum für Lohn- und Preiserhöhungen kaum eingeengt werden kann, weil der Staat eine politische Vollbeschäftigungsgarantie abgegeben hat.

Eine Schlüsselrolle in der Kostendruckinflation spielen die Löhne, weil sie in den meisten

Wirtschaftszweigen den bedeutendsten Einzelposten der Gesamtkosten ausmachen. Wenn die Unternehmen die von den Gewerkschaften durchgesetzten Lohnerhöhungen nicht vollständig durch Gewinnminderung und Produktivitätssteigerung abfedern können, müssen gleichsam naturgesetzlich die Preise nach einer Lohnerhöhung steigen.

3. Die wirtschaftliche Praxis bestätigt gelegentlich die Theorie von der *Gewinndruckinflation (profit push)*. Wo der Markt auf ein paar dominierende Firmen zusammenschrumpft (Oligopol), kann das Prinzip der Konkurrenz weitgehend außer Kraft gesetzt werden. Die wenigen großen Unternehmen können auf Grund ihrer marktbeherrschenden Position die Preise unbehelligt festsetzen und beinahe jeden beliebigen Gewinn erzielen.

Die Preise werden demnach durch die Gewinne nach oben getrieben. Eine fortschreitende Konzentration im Unternehmensbereich und die daraus resultierende „Vermachtung der Märkte" wird – so die Theorie – das Gewicht der Gewinndruckinflation weiter vergrößern.

4. Macht ist auch in den *politischen Inflationstheorien* die entscheidende Größe. Diese Theorien unterstellen einen ständigen Kampf der organisierten Interessen, vor allem der Arbeitnehmer und der Arbeitgeber um einen größeren Einkommensanteil. Die rivalisierenden Gruppen versuchen über eine Erhöhung der Preise für von ihnen angebotene Produkte oder Arbeitsleistungen möglichst hohe Einkommen zu erzielen. Dieser ständige Kampf führt zu einem unaufhörlichen Anstieg der Preise.

Neben vielen anderen Mängeln weisen all diese Inflationstheorien eine gravierende Schwäche auf: Sie äußern sich nicht zur Finanzierung der steigenden Preise und lassen damit monetäre Größen weitgehend außer acht.

5. Beim Geld setzen die monetären Inflationstheorien an. Sie machen ein übertriebenes Wachstum der Geldmenge im Verhältnis zur Produktion verantwortlich. Der amerikanische Nationalökonom Irving Fisher (1867–1947) stellte mit seiner Quantitätsgleichung einen proportionalen Zusammenhang zwischen der Geldmenge und dem Preisniveau her. Wenn sich das Angebot der Waren und Dienstleistungen sowie die Geschwindigkeit, mit der das Geld in der Wirtschaft umläuft, nicht ändert, bewirkt jede Erhöhung der Geldmenge proportional steigende Preise. Die Inflation in den 20er Jahren, als die Notenpressen auf Hochtouren liefen, hat dieser Theorie zumindest historisches Gewicht verliehen.

Moderne Quantitätstheoretiker gehen bei ihren Inflationstheorien differenzierter zu Werke als Fisher. So unterscheiden sie bei ihrem analytischen Bemühen zwischen Unter- und Vollbeschäftigung.

Bei Unterbeschäftigung führt eine Erhöhung der Geldmenge auch zur erhöhten Güterproduktion, ohne notwendigerweise die Preise nach oben zu treiben. Im Zustand der Vollbeschäftigung hingegen schürt die monetäre Expansion nach Ansicht der modernen Quantitätstheoretiker immer die Inflation.

(*Peter Christ*, ZEIT 5. Oktober 1979)

9. Die Rolle des Staates

Die Wachstumskrise Anfang der 80er Jahre wurde noch durch die Verschuldung der öffentlichen Haushalte verstärkt. Nicht nur der Etat der Bundesreigierung, sondern auch der Länderhaushalte zeigte einen Schuldenstand, der zwar international nicht besonders auffällig erschien, dessen Verschuldungstempo jedoch Anlaß zu Beunruhigung gab. Den Mindereinnahmen standen Staatsausgaben gegenüber, die den Staat bei Beibehaltung der vorgegebenen Ausgabenstruktur zu einer höheren Nettokreditaufnahme zwangen. Allein die Finanzierung des „sozialen Netzes", dem größten Posten des Haushalts, zwang angesichts der Wirtschaftskrise zu erhöhten Ausgaben: So wuchsen die Lohnersatzkosten

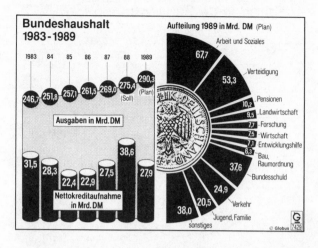

Abb. 31

zwischen 1970 und 1982 um das 25fache, die Arbeitslosenhilfe um das 39fache. Problematischer noch ist die Finanzierung des zweiten Großpostens im Staatshaushalt, des Militäretats, der jedoch weitgehend aus der öffentlichen Diskussion herausgehalten wird. Allein für den Schuldendienst (Zinsen und Tilgung) mußte ein Beitrag aufgebracht werden, der über der Hälfte der Sozialausgaben lag.

Die angebotenen Lösungen zur Sanierung des Staatshaushalts waren zwischen den Parteien und in der öffentlichen Diskussion sehr umstritten. Wichtige Kräfte in der SPD und in den Gewerkschaften setzten auf Steuererhöhungen, Subventionsabbau, Beschäftigungsprogramme zur Eindämmung der Arbeitslosigkeit und nachfragefördernde Lohnabschlüsse. Einschnitte ins soziale Netz wurden nicht grundsätzlich abgelehnt, aber nur bei Berücksichtigung sozialer Symmetrie befürwortet. Mit der Wende 1982 setzten sich jedoch die Konzeptionen der FDP und CDU/CSU durch. Die FDP forderte zur Entlastung des Staatshaushalts eine verstärkte Eigenleistung des Bürgers bei der Finanzierung der Sozialausgaben; sie plädiert für eine Ermäßigung des Solidarprinzips zugunsten des Subsidiarprinzips und fordert die Reprivatisierung staatlicher Leistungsangebote. Auch untertarifliche Lohnabschlüsse wurden vorgeschlagen. FDP und CDU/CSU setzten maßgeblich auf die Förderung der Angebotsseite der Wirtschaft. Steuererleichterungen sollten die Investitionsbereitschaft der Unternehmen erhöhen, administrative Investitionsbarrieren (Energiebereich, Kommunikationstechniken) sollten abgebaut werden. Vor allem wurden jedoch schmerzhafte Einschnitte ins „soziale Netz" vorgenommen (vgl. Abb. 33). Die Mißbrauchsverfolgung bei Sozialhilfeempfängern wurde verstärkt, der Kündigungsschutz der Arbeitnehmer gelockert, das Mutterschaftsgeld gekürzt, die Ausbildungsförderung der Studenten (BAFÖG) auf Darlehen umgestellt.

Tatsächlich gelang es der Wenderegierung zunächst, die Staatsverschuldung zurückzuführen. Besonders im Jahr 1985 blieb die Nettokreditaufnahme unterhalb der Nettoinvestitionen des Staates. Doch seit 1986 stieg sie wieder, und 1988 wurde ein bisher nicht erreichter Schuldenstand erreicht, hervorgerufen durch Ausfälle auf Grund der Steuerreform, durch Subventionen für die EG und die

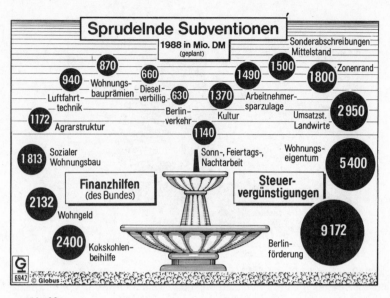

Sprudelnde Subventionen

1988 in Mio. DM
(geplant)

Finanzhilfen (des Bundes):
- 870 Wohnungsbauprämien
- 940 Luftfahrttechnik
- 660 Dieselverbillig.
- 630 Berlinverkehr
- 1172 Agrarstruktur
- 1813 Sozialer Wohnungsbau
- 2132 Wohngeld
- 2400 Kokskohlenbeihilfe

Steuervergünstigungen:
- Sonderabschreibungen Mittelstand
- 1500
- 1800 Zonenrand
- 1490
- 1370 Arbeitnehmersparzulage
- 1140
- 2950 Umsatzst. Landwirte
- 5400 Wohnungseigentum
- 9172 Berlinförderung
- Sonn-, Feiertags-, Nachtarbeit
- 1370 Kultur

© Globus 6942

Abb. 32

Abb. 33

Abbau der Sozialleistungen

1982: Abkoppelung der Erhöhung der **Regelsätze** nach dem Bundessozialhilfegesetz von der allgemeinen Preissteigerungsrate. Die Folge: Die Sätze stiegen 1982 um drei Prozent, die Inflationsrate aber lag bei 5,5 Prozent. **Arbeitsförderungsgesetz:** Anrecht auf Arbeitslosengeld hat nur noch jemand, der in den vergangenen Jahren mindestens zwölf Monate (früher sechs) beitragspflichtig beschäftigt war. Arbeitslosenhilfe erhält nur der, der mindestens 150 Tage (früher 70) Beiträge geleistet hat. **Überstundenzuschläge,** Weihnachts- und Urlaubsgeld werden nicht mehr berücksichtigt. Die Folge: Die Höhe des Arbeitslosengeldes schrumpft von nominal 68 Prozent auf rund 61 Prozent des letzten Nettoeinkommens.

1983: Kürzung der Bezugszeit beim **Arbeitslosengeld** von 26 auf 17 Wochen bei einjähriger und von 52 auf 35 Wochen bei zweijähriger Beitragzeit. Erhöhung des **Regelsatzes** der Sozialhilfeempfänger um 2 Prozent wird um 6 Monate auf den 1.7.1983 verschoben. Die Folge: Die Anhebung liegt aufs Jahr umgerechnet bei einem Prozent, die Preissteigerungen bei 3,5 Prozent.

1984: Kürzung des **Arbeitslosen-, Kurzarbeiter-** und **Schlechtwettergeldes** für kinderlose Leistungsempfänger von 68 auf 63 Prozent des letzten Nettogehaltes, faktisch sind das nur noch 56,9 Prozent des früheren Nettogehaltes. Kürzung der **Arbeitslosenhilfe** für Ledige von 58 auf 56 Prozent, faktisch auf 50,6 Prozent des einstigen Nettoentgelts. Senkung des **Arbeitslosengeldes** für Jugendliche, die nach der Ausbildung keinen Job bekommen, durch Reduzierung der Bemessungsgrenze. Früher waren es 75, jetzt sind es 50 Prozent des theoretisch erreichbaren Anfangsgehalts.

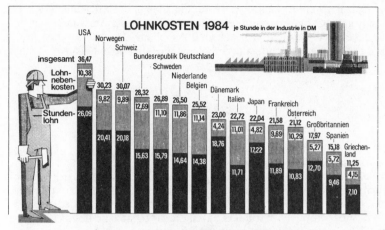

LOHNKOSTEN 1984 je Stunde in der Industrie in DM

insgesamt 36,47
Lohn-nebenkosten 10,38
Stundenlohn 26,09

USA
Norwegen 30,23 | 9,82 | 20,41
Schweiz 30,07 | 9,89 | 20,18
Bundesrepublik Deutschland 28,32 | 12,69 | 15,63
Schweden 26,89 | 11,10 | 15,79
Niederlande 26,50 | 11,86 | 14,64
Belgien 25,52 | 11,14 | 14,38
Dänemark 23,00 | 4,24 | 18,76
Italien 22,72 | 11,01 | 11,71
Japan 22,04 | 4,82 | 17,22
Frankreich 21,58 | 9,89 | 11,89
Österreich 21,12 | 10,29 | 10,83
Großbritannien 17,97 | 5,27 | 12,70
Spanien 15,18 | 5,72 | 9,46
Griechenland 11,25 | 4,15 | 7,10

Arbeitskosten: Die Deutschen wurden wettbewerbsfähiger

Abb. 34

Bauern, für die Stahl- und Kohlehilfen, für Strukturhilfen in leistungsschwachen Bundesländern, für Airbus- und Weltraumprojekte u.a. Die Oppostion kritisert die soziale Unausgewogenheit der konservativ-liberalen Haushaltspolitik auf Grund der Einschnitte ins „soziale Netz" und konstatiert eine „Umverteilung von unten nach oben". Zu wenig werde für den Abbau der Arbeitslosigkeit getan – trotz immens gestiegener Unternehmergewinne. Die GRÜNEN beklagen mangelnde Investionstätigkeit in den Bereichen des Umweltschutzes.

Mit besonderer Intensität wurden drei Reformwerke in der Öffentlichkeit diskutiert. Zunächst die dreistufige Steuerreform seit 1986, die als „Jahrhun- dertreform" angekündigt wurde. Die Einführung eines linearen Steigerungssatzes für Steuerpflichtige wurde positiv aufgenommen, die Steuererleichterungen bei unteren und mittleren Einkommen jedoch als zu schwach angesehen, besonders weil die Steuerausfälle des Staates über die Erhöhung von Verbrauchssteuern teilfinanziert werden. Umstritten ist auch die Erhebung einer Quellensteuer auf Kapitalerträge, welche zur Kapitalflucht führte. Kontrovers diskutiert wurde auch die Gesundheitsreform, durch welche die explosionsartige Kostensteigerung im Gesundheitswesen behoben werden sollte. Vor allem wurde die Selbstbeteiligung der Patienten spürbar erhöht, während die tatsächlich kostentreibenden Faktoren im Gesundheitswesen (Krankenhäuser, Ärztehonorare, Medikamente) kaum zurückgeschnitten wurden. Da bei wirkungsgleichen Medikamenten nur noch die billigeren Angebote erstattet werden, befürchtet man die Einführung einer

Anteil der Unternehmensgewinne am Volkseinkommen in Prozent

9,3
8,6
8,4
7,5
6,5
5,1 5,1

80 81 82 83 84 85* 86**

* geschätzt – ** Prognose

Abb. 35

137

„Billigmedizin". Weniger kontrovers wurde die Rentenreform diskutiert, da es der Regierung gelang, die Oppositionspartei der SPD in die Verhandlungen mit einzubeziehen. Man einigte sich auf eine Anhebung der Altersgrenze in der Rentenversicherung und auf eine Erhöhung des Bundesanteils zur Rentenversicherung.

10. Die wissenschaftliche Diskussion

Der besondere Charakter der Krisenproblematik hat auch in der wissenschaftlichen Auseinandersetzung seinen Niederschlag gefunden. In den letzten Jahren haben vor allem die *angebotsorientierten* Ökonomen bedeutenden Einfluß ausüben können, besonders durch die professionelle Politikberatung in den USA und in Großbritannien. In der Bundesrepublik vertreten diese Position der Sachverständigenrat und der Wissenschaftliche Beirat beim Bundeswirtschaftsministerium, jedoch auch die Bundesbank und einige Wirtschaftsforschungsinstitute.

Die angebotsorientierten Ökonomen gehen von der Angebotsseite der Unternehmer aus und erklären die Investitions- und Wachstumsschwäche mit der sinkenden Rendite, für die eine Fülle von Faktoren verantwortlich gemacht werden. Weltwirtschaftliche Veränderungen im Rahmen der Arbeitsteilung und Verwerfung der weltwirtschaftlichen Konkurrenzverhältnisse werden ebenso angeführt wie mikroökonomische Ursachen: Der Lohnkosten- und vor allem der Lohnnebenkostenanteil, Arbeitszeitverkürzungen, Umweltschutzauflagen, staatliche Eingriffe usw. werden für eine Verschlechterung der Angebotsseite haftbar gemacht. In der Regel wird bei angebotsorientierten Ökonomen der Geldmengenpolitik im Gegensatz zur Konjunkturpolitik eine wichtige Rolle zuerkannt. Durch die restriktive Behandlung des Geldumlaufs soll die Inflation gebremst werden. Hingewiesen wird auch auf die subjektive Seite der Produktion, wenn Risikomangel, Mobilitätsschwäche, Subventionsmentalität usw. beklagt werden. Die Nachfrageschwäche wird nicht als Ursache der Krise, sondern als Folge der Angebotsschwäche angesehen. Bei Verringerung des Kostendrucks bei den Unternehmen würde die Angebotsseite wieder positiv gestaltet werden und die Nachfrage steigen.

Die *nachfrageorientierten* Ökonomen spielten bis in die 70er Jahre hinein eine entscheidende Rolle in der Bundesrepublik. Gewerkschaften und das Deutsche Institut für Wirtschaftsforschung vertreten diese Position und hatten vor allem Erfolg mit der Politik der „Globalsteuerung", die einen Ausweg aus der ersten Rezession 1966/67 ermöglichte. Vorherrschend gilt die gesamtwirtschaftlich unzureichende Nachfrage als Kern der gegenwärtigen Wirtschaftskrise. Deshalb kommt es zur Unterauslastung der Produktionskapazitäten. Lohnzurückhaltung der Arbeitnehmer wird als nachfrageschwächende Maßnahme nicht empfohlen. Nachfrageschwäche führt zur Überproduktionskrise, wobei nachfrageorientierte Ökonomen eine zyklische Bewegung von Boom und Rezession beobachten wollen.

Während in der Bundesrepublik zu Beginn der 70er Jahre die nachfrage-orientierte, von 1974 bis 1982 eine gemischte, d.h. eine aus nachfrage- und angebotsorientierten Elementen zusammengesetzte Wirtschaftspolitik und seit 1983 verstärkt angebotsorientierte Konzepte erprobt wurden, dominierte in den USA die massive Förderung der anbietenden Unternehmerseite durch die Verringerung der Steuerbelastungen, wobei allerdings ein inflationstrei-bender Staatshaushalt in Kauf genommen wurde und sich die Handelsbilanz nachhaltig verschlechterte. In Großbritannien wurde vor allem das monetari-stische Konzept zur Inflationsdämmung eingesetzt, was sich jedoch in steigen-den Arbeitslosenzahlen niederschlug. Darüber hinaus neigen angebotsorien-tierte Konzepte zur Zurückschneidung des sozialen Netzes, da Sozialkosten als Mitursache der Krise und nicht als deren Folge angesehen werden. Auch die nachfrageorientierte Ökonomie, in der Bundesrepublik bis weit in die 70er Jahre hinein praktiziert, leidet an Steuerungsdefiziten, da ihr Instrumenta-rium der individuellen und öffentlichen Nachfragestimulierung nur unzurei-chend griff: Sättigungstendenzen im privaten Verbrauch, das Abfließen von Lohnteilen in Sparkapital und die inflationstreibende Aufblähung des Staats-haushalts bewirkten ein nur unzureichendes Stimulanz für Wirtschaftswachs-tum. Vor allem war jedoch auch das Problem der Arbeitslosigkeit nicht lösbar, da die Tendenzen der Rationalisierung und technologischen Umstel-lung nicht regulierbar waren.

Angesichts der Grenzen von „klassischen" Wirtschaftskonzepten wird neu-erdings ein Theoriekonzept diskutiert, das von einem „nachindustriellen" Zeit-alter ausgeht. Dem Wirtschaftswachstum soll nicht mehr Priorität zuerkannt werden, zumal umwelt-, energie- und rohstoffbedingte Grenzen des Wirtschaf-tens ausgemacht werden. Das Ende der traditionellen Arbeitsgesellschaft wird deshalb konstatiert. Als Heilmittel werden eher defensive Maßnahmen vorgeschlagen: Arbeitszeitverkürzungen, die Rückverlagerung der Produk-tion in die Kleinbetriebe und der Aufbau „kleiner" Versorgungsnetze in den Bereichen der Großproduktion (vgl. Text 29).

Text 29

Nachfrageorientiertes Modell

DIAGNOSE	STRATEGIEN
a) *unzureichende gesamtwirtschaftliche Nachfrage*	a) *Expansion der privaten Nachfrage*
– mangelnde Konsumnachfrage aufgrund von „Lohnverzicht", steigender Abga-benlast und hoher Arbeitslosigkeit;	– „aktive Lohnpolitik" zur Erhöhung der Masseneinkommen und der priva-ten Konsumnachfrage;
– mangelnde Investitionsnachfrage auf-grund von Überkapazitäten in der Folge des Investitionsbooms 1968 bis 1973;	– tarif- und steuerpolitische Umvertei-lungen zugunsten einkommensschwä-cherer Schichten zur Erhöhung der Konsumquote.
– mangelnde Staatsnachfrage aufgrund prozyklischer Haushaltskonsolidie-rungspolitik	

   – mangelnde Exportnachfrage aufgrund einer depressiven Weltwirtschaft und steigender Weltmarktkonkurrenz.

b) *Sättigungserscheinungen*
- partielle Sättigung bei Gütern des privaten Bedarfs;
- Mangel an Produktinnovationen;
- unzureichende Deckung des steigenden Bedarfs an öffentlichen Gütern (Zukunftsinvestitionen)

b) *Expansion der Staatsnachfrage*
- Auflage eines langfristigen Beschäftigungsprogramms im Bereich der Infrastruktur-, Sozial- und Zukunftsinvestitionen;
- Ausweitung des Bereichs öffentlicher und sozialer Dienste zur Kompensation stagnierender (weil partiell gesättigter) privater Nachfrage.

c) *exzessive Unternehmensgewinne*
- strukturelle Verteilungsungleichgewichte und konjunkturbedingte Gewinnexpansion induzieren Überkapazitäten;
- in der Rezession investieren die Unternehmen mit guter Liquiditätslage nicht in Realkapital, sondern in besser rentierliche Finanztitel;
- „Gewinnsubventionierung" durch Umverteilung „von unten nach oben" erhöht nicht die Realkapitalinvestitionen, sondern schmälert die Masseneinkommen und die Konsumnachfrage.

c) *Arbeitszeitverkürzung*
- Zügige Einführung der 35-Stundenwoche bei vollem Lohnausgleich;
- Ausweitung von Erholungs- und Bildungsurlaub, Vorverlegung des Rentenalters, vermehrte Teilzeitarbeit.

d) *Marktversagen und unzureichende staatliche Steuerungskapazität*
- konjunkturelle und strukturelle Ungleichgewichte signalisieren eine Blockierung des Marktmechanismus durch den Widerspruch zwischen einzelwirtschaftlicher Rationalität und gesamtwirtschaftlichen Erfordernissen;
- diese Blockierungen können nur durch Steuerungseingriffe des Staates aufgelöst werden (Konjunktur- und Strukturpolitik); gerade bei strukturellen Ungleichgewichten reicht aber die Steuerungskapazität des Staates nicht aus;
- das Warten auf die „Selbstheilungskräfte" des Marktes ist mit unzumutbaren Kosten verbunden.

d) *Ausbau der staatlichen Steuerungskompetenz*
- Ausweitung der Kompetenzen und des Instrumentariums für eine staatliche Struktur- und Investitionslenkung;
- Intensivierung der staatlichen Einkommens- und Vermögensverteilungspolitik.

Angebotsorientiertes Modell

DIAGNOSE

a) *überhöhtes Kostenniveau*
- überhöhtes Reallohnniveau (im Trend über den Produktivitätszuwächsen);
- überhöhtes Niveau der Lohnnebenkosten (Sozialabgaben u.a.);
- nivellierte Lohnstruktur (Politik der Sockelbeträge);
- ansteigendes Niveau der Energie-, Rohstoff-, Umweltschutz- u.a. -kosten

b) *überzogene Auflagen und Regulierungen*
- investitionshemmende Gesetzes- und Verordnungsflut
- Investitionsstau durch zeitaufwendige Genehmigungsverfahren, Einsprüche, Baueinstellungen etc.;
- Widerstand gegen Großprojekte und technologische Innovationen.

c) *abnehmende Flexibilität und Risikobereitschaft*
- abnehmende Mobilitäts- und Flexibilitätsbereitschaft („Verweigerung des strukturellen Wandels");
- abnehmende Reagibilität auf gesamt- und weltwirtschaftliche Datenänderungen (Subventionsmentalität);
- verringerter Handlungsspielraum des Staates aufgrund des überhöhten Verschuldungsniveaus;
- gestiegene Risiken (Weltwirtschaft, Kosten- und Nachfrageentwicklung etc.) bei abnehmender Bereitschaft, Risiken zu übernehmen.

d) *Realkapitalmangel*
- rückläufige Profitrate – Rückgang der Spar- und Investitionsquote – Schwäche der Realkapitalbildung;
- steigender Kapitalkoeffizient + rückläufiger Trend der Nettoinvestitionen
- struktureller Mangel an wettbewerbsfähigen Arbeitsplätzen.

STRATEGIEN

a) *Reduzierung der Produktionskosten*
- Dämpfung des Lohnkostenanstiegs;
- Korrektur der Lohnrelationen;
- Abbau der Lohnnebenkosten.

b) *Reduzierung der Abgabenlast und der Auflagen*
- Dämpfung der Unternehmenssteuern und -abgaben;
- Rückführung der Staatstätigkeit;
- Konsolidierung der Staatsfinanzen;
- Durchforstung investitionshemmender Umwelt-, Arbeitsschutz- und anderer Auflagen.

c) *Revitalisierung der Marktkräfte*
- Anreize für mehr Mobilität und Flexibilität;
- Reprivatisierung staatlicher Aktivitäten und Beteiligungen;
- Rückverlagerung der Verantwortung für Vollbeschäftigung vom Staat auf die Tarifvertragsparteien.

d) *Anreize für Innovation und Wachstum*
- Förderung von Forschung, Technologietransfer und Innovation;
- Abbau von Unsicherheit und Stärkung des Zukunftsvertrauens durch Verstetigung der Politik;
- Festigung wachstumsorientierter Einstellungen und Wertvorstellungen.

„Nachindustrielles" Modell

DIAGNOSE

STRATEGIEN

a) *weiteres Wachstum nicht machbar und nicht wünschbar*
  - umwelt-, energie- und rohstoffbedingte Grenzen weiteren Wachstums;
  - menschlicher Verschleiß in heutigen Produktionsprozessen (Frühinvalidisierung, Explosion des Gesundheitssektors etc.)
  - Sättigungserscheinungen bei marktgängigen Gütern.

a) *Arbeitszeitverkürzung und -flexibilisierung*
  - Reduzierung der notwendigen Erwerbsarbeitszeit und Verlängerung der freien Zeit;
  - Flexibilisierung der Tages-, Wochen-, Jahres- und Lebensarbeitszeit;
  - mehr Teilzeitarbeit und job-sharing.

b) *Ende der Arbeitsgesellschaft*
  - stetig sich verteuernde Arbeit induziert technischen Fortschritt, der Arbeit zunehmend überflüssig macht;
  - Arbeit, zumal fremdbestimmte, verliert ihren zentralen Stellenwert in post-modernen Gesellschaften.

b) *Humanisierung der Arbeit*
  - Reduzierung der Gesundheitsrisiken und des Niveaus der Frühinvalidisierung;
  - menschengerechtere und sinnerhaltende Gestaltung der Arbeit; mehr Mitbestimmung am Arbeitsplatz;
  - humanere, schadstoffarme („sanfte") Technologien.

c) *Wertewandel*
  - das Streben nach „mehr, immer mehr" hat an Wirksamkeit verloren;
  - die traditionelle Arbeits- und Leistungsethik unterliegt einer stetigen Erosion;
  - Heraufkunft postindustrieller Wertorientierungen: das Streben nach Selbstverwirklichung und erfüllender Tätigkeit.

c) *Arbeitsbeschaffung*
  - Ausbau sozialer Dienste: Beratung, Vorsorge, Betreuung, Rehabilitation etc.
  - Ausbau der Nachbarschaftshilfe und der „kleinen Netze".

d) *alternative ökonomische Reproduktion*
  - Ausweichbewegungen in Untergrund- und Schwarzwirtschaft;
  - Rückverlagerung von Dienstleistungen in den Haushalt (Eigenproduktion);
  - Verlagerung von Versorgungs- und Produktionstätigkeiten in „kleine Netze".

d) *Ausweitung der informellen Wirtschaft*
  - Förderung alternativer Arbeits- und Lebensformen;
  - Ausbildung eines dualen Systems aus formellem und informellem Sektor.

(Übersichten aus: *G. Willke: Wirtschaftspol. Optionen.* In: Aus Politik u. Zeitgeschichte B 12/1984, v. 24.3.1984)

VIII Energiepolitik

1. Energiekrisen
Als im Verlauf des Nahostkrieges 1973 von einem Großteil der arabischen Länder ein partieller Lieferboykott für Mineralöl durchgesetzt wurde, um die Unterstützung Israels durch die westlichen Industrieländer zu unterbinden, wurde nicht nur das Öl knapp und teuer. Ein Bewußtseinsschock wurde in breiten Teilen der Bevölkerung ausgelöst. Mineralöl, bisher anscheinend unbegrenzt verfügbar, erwies sich nicht nur als politisch verknappbares Gut, sondern auch als natürlich begrenzter Rohstoff, was langsam nach der Veröffentlichung des Club of Rome (Meadows-Report) auch in das öffentliche Bewußtsein einzusickern begann. Auch Wochenendfahrverbote, Diskussionen um Geschwindigkeitsbeschränkungen, vor allem jedoch das explosionsartige Aufschnellen der Energiepreise trugen zu der Erkenntnis bei, daß dem bisher sorglos betriebenen Umgang mit Energie ein Ende gesetzt war. Die Ölpreiserhöhungen von 1973 und 1979 hinterließen tiefe Schleifspuren, die sich in weltweiten Rezessionen niederschlugen, einen immensen Verschuldungsdruck besonders auf die Länder der Dritten Welt ausübten und sogar in der exportstarken Bundesrepublik zeitweise (1980) zu einem Defizit in der Leistungsbilanz führten.

2. Pro Kernkraft
Bezeichnend für die Situation in der Bundesrepublik jedoch war es, daß sich das Schwergewicht der öffentlichen Diskussion nicht auf die allgemeine Problematik der Energieversorgung, sondern auf das Für und Wider der Kernenergie konzentrierte. Obwohl die Kernenergie nur zur Stromerzeugung (vgl. Abb. 36) eingesetzt wird und nur auf einen Anteil von inzwischen 10% der Gesamtenergieerzeugung kommt (vgl. Abb. 37), kam es zu erbitterten Auseinandersetzungen zwischen Befürwortern und Gegnern der Kernenergie. Die Befürworter der Kernenergie sind vor allem die großen Energieversorgungsunternehmen, die über den Ausbau der Kernenergie vor allem in den Wärme-

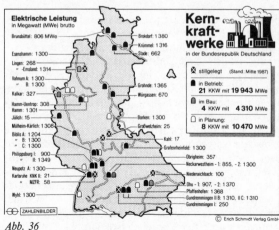

Abb. 36

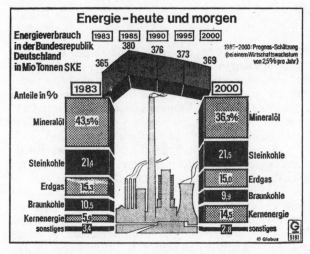

Abb. 37

markt einzudringen versuchen. Der Ausbau der Kernenergie wurde auch mit der unabweisbaren Notwendigkeit der Substitution des Mineralöls als Energieträger begründet.

Begünstigt wurden die Befürworter jedoch auch durch die staatliche Energie- und Forschungspolitik, die der Kernenergieforschung mit immensen Subventionen aus dem Steueraufkommen entgegenkam (über 20 Milliarden). Zu Beginn der Auseinandersetzung wurde auch das Argument der Billigkeit von Atomstrom vorgebracht. Die Gewerkschaften unterstützten den Ausbau der Kernenergie, da das Arbeitsplatzargument für sie primär Gültigkeit hatte. In der neueren Diskussion wird vor allem auf die internationalen Probleme des künftigen Energieausbaus in bisher unterentwickelten Ländern abgehoben, was langfristig die Kernenergie erforderlich macht.

3. Contra Kernkraft

Diese Argumente werden von den Gegnern der Kernenergie vehement bestritten. In der Tat bestätigten sich die Energieprognosen nicht. So stieg der Energieverbrauch von 1973 bis 1978 nur minimal. 1980 fiel der Energieverbrauch trotz realer Steigerung des Bruttosozialprodukts. 1981 sank der Gesamtverbrauch der Primärenergie sogar unter die Marke von 1973. Damit schien der bisher als unumstößlich geltende Zusammenhang von Wirtschafts- und Energiewachstum aufgebrochen. Ferner wird das Eindringen von verstromter Energie auf den Wärmemarkt als unrationell und zu kostspielig abgelehnt. Daß zwei Drittel des gesamten Energieeinsatzes auf dem Wege vom Primärenergieträger bis zur Anwendung als Nutzenergie verloren gehen (vgl. Abb. 38) und die Umwandlung in elektrische Energie besonders verlustreich ist, wird von den Gegnern der Kernenergie als Aufruf zu einer intelligenteren Energienutzung verstanden. Weiterhin wird der Umstieg auf energiesparende Technologien befürwortet, wobei die Nutzung der Abwärme, Biogas, Solarenergie, der Ausbau der Fernwärme usw. propagiert wird. Außerdem wird eine Dezentralisierung der Energieversorgungssysteme (z.B.

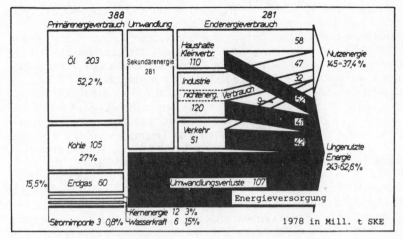

Abb. 38

Blockheizkraftwerke) gefordert. Daß Kernenergie billiger als andere Energiearten sei, wird zurückgewiesen, da bei den Kostenberechnungen die immensen Vorabinvestitionen durch die Steuersubventionen und die Kosten für die Endlagerung und evtl. Wiederaufbereitung nicht berücksichtigt werden. Auch das Arbeitsplatzargument wird als nicht stichhaltig angesehen. Die kollektiven Sicherheitsrisiken werden angesichts der menschlichen und technischen Risikofaktoren besonders hervorgehoben, wobei immer stärker die ungelöste Frage der Endlagerung des Atommülls in den Vordergrund getreten ist. Auf dem Gorleben-Hearing vor dem niedersächsischen Landesparlament (1979) verdichtete sich die Kritik durch wissenschaftliche Gutachten, zumal der Ministerpräsident Albrecht die politische Nichtdurchsetzbarkeit des „integrierten" Entsorgungskonzepts für Gorleben konstatieren mußte. Besonders umstritten ist der Bau von Wiederaufbereitungsanlagen, in denen die Plutoniumrückstände wiedergenutzt werden sollen. Die gigantischen Vorabinvestitionen für den „Schnellen Brüter" in Kalkar führten zu beträchtlichen Finanzierungsschwierigkeiten, obwohl die technischen Probleme und der ökonomische Nutzen noch ungeklärt sind. Von publizistischer Seite wurde auch der Weg in den „Atomstaat" als demokratiebedrohend hervorgehoben (R. Jungk).

4. Politische Entscheidungen
Seit der zweiten Hälfte der 70er Jahre geriet die Atomwirtschaft deshalb unter beträchtlichen Druck. Großdemonstrationen in Whyl, Brokdorf, Grohnde und Gorleben schienen bürgerkriegsähnliche Zustände heraufzubeschwören. Die Regierungen, im Prinzip der Kernenergie zugetan, waren gezwungen, die Akzeptanzbarrieren zu berücksichtigen. Die SPD bejahte auf dem Hamburger Parteitag 1979 die Offenhaltung der Option für Kernenergie, grenzte sich jedoch gegen einen hemmungslosen Ausbau der Kernenergie ab. Seit dem Parteitag von 1984 spricht sie sich für einen langfristigen Ausstieg aus der

145

Kernenergie aus, betrachtet also Kernenergie nur als Übergangsenergie; der Einstieg in die Plutoniumindustrie wird abgelehnt.

Auch eine Enquete-Kommission des Bundestages konnte sich in ihrem Bericht (1980) nicht zu einer klaren Stellungnahme durchringen. Jedoch wurde Kernkraft für die nächsten zehn Jahre nur als Deckungsenergie für den Restbedarf qualifiziert und eine endgültige Entscheidung erst für 1990 vorgeschlagen. Damit schien die Kernenergiefrage prinzipiell offengehalten, ein Zubau von schon projektierten Kernkraftwerken ermöglicht, jedoch auch ein Abschied von gigantomanischen Atomprojekten zugunsten von Energieeinsparungen und alternativen Energiearten in die Wege geleitet. Zum ersten Mal wurde auch ein „Energiepfad" antizipiert, der den Verzicht auf Kernenergie vorsieht. In einem Minderheitengutachten, das vor allem von CDU-Abgeordneten favorisiert wurde, erfuhr vor allem die These von der Kernenergie als Restbedarfsenergie Kritik. Es ist bezeichnend, daß die Bundesregierungen seit 1981 eher der Linie des Minderheitengutachtens folgen und einen stärkeren Akzent auf den Ausbau der Kernenergie legen. Das gilt in starkem Maße auch für die „Wenderegierung", während die GRÜNEN nach wie vor einen sofortigen Ausstieg aus der Kernenergie fordern.

In eine neue Phase trat die Diskussion durch den Unfall des Kernkraftwerks von Tschernobyl, durch kriminelle Schiebereien beim Atommülltransport und durch beängstigende „Pannen" in zahlreichen Atomkraftwerken, die den Sicherheitsstandard in Frage stellen.

IX Ökologie

Der Umweltschutz ist in den letzten Jahren ins Zentrum der öffentlichen Diskussion gerückt. Als die SPD 1961 den „Blauen Himmel über der Ruhr" forderte, fand dieser Programmpunkt kaum ein angemessenes Interesse. Zu einseitig war die Aufbaumentalität der Bürger und Politiker auf immer mehr Wachstum ausgerichtet; Rohstoffe und natürliche Ressourcen wie Luft, Wasser, Boden, Natur wurden als unerschöpfliche Quellen angesehen. Als Kostenfaktoren galten den Ökonomen wohl Kapital und Arbeit, natürliche Güter jedoch wurden als kostenlose Produktionsfaktoren behandelt. Die „Naturvergessenheit" von Ökonomen und Politikern bekam Anfang der 70er Jahre jedoch nachhaltige Denkanstöße durch die Studien des Club of Rome, verstärkt durch die Ölkrise 1973 und durch die immer häufiger auftretenden Umweltskandale. Die Endlichkeit der natürlichen Güter und die destruktiven Folgen der Wachstumsgesellschaften traten stärker in das Blickfeld der Öffentlichkeit.

Schrittmacher des Umweltbewußtseins waren vornehmlich die Bürgerinitiativen, die in den 70er Jahren immer stärkeren Zulauf fanden und es sogar fertigbrachten, eine politische Partei zu etablieren (die Grünen), der auf Länderebene seit 1979 und auf Bundesebene 1983 der Sprung in die Parlamente gelang. Seitdem sind umweltpolitische Themen von steigender öffentlicher Brisanz. Umweltpolitische Maßnahmen der Regierungen wurden jedoch zunächst nur sehr halbherzig durchgeführt. Ökonomische Argumente (Wachstum, Kostenfaktor, Konkurrenznachteile, Arbeitsplatzverluste, gesetzliche Investitionshemmnisse) wurden gegen ökologische Argumente ins Feld geführt. Trat ein Zielkonflikt auf, wurde durchweg zugunsten der Ökonomie entschieden. Das blieb auch so, als Umweltgefährdungen größeren Ausmaßes die Öffentlichkeit beunruhigten. Weder Giftmüll-, Abgas- und Abwasserskandale, weder Smogalarme noch nachgewiesene Giftrückstände in der Nahrungskette, weder die Versalzung von Flüssen, Seen und des Wattenmeeres noch die Überdüngung der landwirtschaftlichen Nutzflächen rüttelten die Bevölkerung jedoch so nachhaltig auf wie das katastrophale Waldsterben, wahrscheinlich hervorgerufen durch den „Sauren Regen". Ende 1982 wurde der Anteil kranker Waldflächen mit 8%, Ende 1983 schon mit 34% und im Oktober 1984 auf mittlerweile 50% geschätzt. Die Verschärfung der „Technischen Anleitung Luft", durch die Schadstoffemissionen und -immissionen gesenkt werden sollen, und die Einbauverpflichtung von Entschwefelungsanlagen in Kohlekraftwerken waren Anzeichen des Umdenkens (vgl. Abb. 39). Umweltschützer halten jedoch auch diese gesetzlichen Maßnahmen für unzureichend. Als entgegen einer Parlamentsentscheidung das Braunkohlekraftwerk Buschhaus ohne Filteranlagen in Betrieb gehen konnte, kam es in der Öffentlichkeit zu erregten Auseinandersetzungen. Angesichts des Waldsterbens wurde von Regierungsseite auch der Versuch unternommen, das umweltfreundliche Katalysatorauto ab 1986 einzuführen. Die Bemühungen, die sich an amerikanischen und japanischen Vorbildern orientieren konnten, ließen sich jedoch nicht erfolgreich durchsetzen. Die Maßnahmen wurden auf der Ebene der EG-Gremien verwässert. Seitdem ist wieder ein Tempolimit in der Diskussion, wogegen die Autoindustrie nachhaltigen Widerstand übt.

Im Ganzen läßt sich auch auf der politischen Entscheidungsebene eine schärfere Sensibilität für Umweltprobleme beobachten. Das geschieht auch aus ökonomischen Gründen. Immerhin betragen die Umweltschäden nach Berechnungen der OECD-Umweltminister etwa 3 bis 5% des Bruttosozialprodukts. Dagegen werden nur 1,5% des BSP für den Umweltschutz ausgegeben. Einem Schaden von jährlich 45 bis 75 Milliarden stehen Umweltschutzausgaben von etwa 20 Milliarden gegenüber. Selbst die Bundesregierung beziffert die jährlichen Verluste durch das Waldsterben mit 1,9 Milliarden DM; die Schäden durch Luftverunreinigung mit den Folgen für die menschliche Gesundheit belaufen sich auf etwa 40 bis 70 Milliarden (vgl. Abb. 40); Gebäudeschäden betragen etwa 1,5 Milliarden; Korrosionsschäden belaufen sich auf 1 bis 2 Milliarden. Unterlassene Umweltschutzmaßnahmen bedeuten also beträchtliche ökonomische Kosten.

Die Umweltpolitik versucht, bei der Bekämpfung von Umweltschäden das „Verursacherprinzip" durchzusetzen (vgl. Abb. 41), die Schäden also nicht nach dem Gemeinlastprinzip den Steuerzahlern aufzubürden. Das Verursacherprinzip soll die Verantwortlichkeit für Umweltschäden klarstellen; individuelle und unternehmerische Haftung soll durchgesetzt werden über Abgaberegelungen, Besteuerungsmaßnahmen und gesetzliche Regelungen. Außerdem

Abb. 39

Saubere Kraftwerke in Sicht
Kraftwerke der öffentlichen Stromversorgung

147

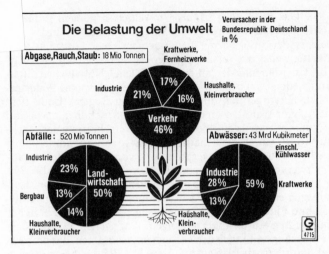

Abb. 40

soll der Umweltschutz stärker in präventive Maßnahmen überführt werden und nicht erst bei der Folgenbeseitigung einsetzen. Die Bayerische Landesregierung hat den Umweltschutz sogar in die Verfassung aufgenommen, das jedoch, nachdem mit dem projektierten Bau des Rhein-Main-Donaukanals Naturlandschaften unwiderrufbar vernichtet werden. Auf Bundesebene wird gefordert, den Umweltschutz in das Stabilitätsgesetz neben die wirtschaftspolitischen Leitziele Wachstum, Vollbeschäftigung, Preisstabilität und außenwirtschaftliches Gleichgewicht gleichrangig aufzunehmen.

Auch die Frontstellung zwischen Umweltschutz und Arbeitsplatzpolitik beginnt sich aufzulösen. Sicher gehen kurzfristig und punktuell Arbeitsplätze in umweltgefährdenden Industrien verloren, dem stehen jedoch beträchtliche Arbeitsplatzgewinne im Umweltschutz gegenüber, die etwa im Bereich der Energieeinspartechnologie geschaffen werden müssen. Im Ganzen rechnet

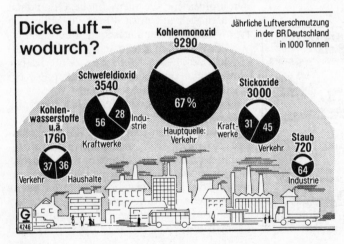

Abb. 41

man mit etwa 700 000 Arbeitsplätzen, die durch den Umweltschutz geschaffen werden können. Allgemein wird ein Umdenken in „vernetzten" Kategorien gefordert, um die Isolierung ökonomischer Teilziele zu überwinden.

Testfragen zu Teil 3

1. *Beschreiben Sie die wirtschaftliche Situation nach dem Krieg!*
2. *Welche ökonomische Sonderentwicklung ging die spätere Bundesrepublik nach dem Zweiten Weltkrieg?*
3. *Charakterisieren Sie die einzelnen Positionen im Streit um die Wirtschaftsordnung der Bundesrepublik nach dem 2. Weltkrieg!*
4. *Ordnen Sie das Konzept der „Sozialen Marktwirtschaft" in andere wirtschaftspolitische Konzeptionen ein!*
5. *Was versteht man unter Konvergenztheorie?*
6. *Welche Gemeinsamkeiten und Unterschiede kennzeichnen die politischen Parteien in ihrer Stellung zur „Sozialen Marktwirtschaft"? Vergleichen Sie die Texte 21–24!*
7. *Welche Unternehmensformen sind Ihnen bekannt?*
8. *Charakterisieren Sie das Wettbewerbsrecht in der Bundesrepublik!*
9. *Beschreiben Sie die einzelnen Ballungsgebiete in der Bundesrepublik!*
10. *Was versteht man unter Nord-Süd-Gefälle?*
11. *Welche Probleme haben die Ballungsgebiete?*
12. *Geben Sie eine Zusammenfassung der außenwirtschaftlichen Beziehungen der Bundesrepublik!*
13. *Was verstehen Sie unter dem sogn. „Wirtschaftswunder" der Bundesrepublik, und welche Ursachen kennen Sie?*
14. *Charakterisieren Sie die Rezession 1966/67!*
15. *Welche Maßnahmen wurden gegen die Rezession ergriffen?*
16. *Welche Probleme stellten sich der Wirtschaft der Bundesrepublik in den 70er Jahren, wie wurden sie bewältigt?*
17. *Welche Problemstellungen bestimmen die Wirtschaft der Bundesrepublik in den 80er Jahren?*
18. *Analysieren Sie die Konjunkturabläufe (vgl. Tab. 22)!*
19. *Wachstumsprobleme in der Wirtschaft der Bundesrepublik. Nehmen Sie Stellung zu den Pro- und Kontraargumenten!*
20. *Nehmen sie Stellung zum Problem der „technologischen Lücke"! Vergleichen Sie Text 27!*
21. *Welche Probleme ergeben sich für die Exportwirtschaft der Bundesrepublik?*
22. *Automation und Rationalisierung in der Bundesrepublik!*
23. *Welchen Einfluß hat die Situation der Internationalen Finanzmärkte auf die Wirtschaft der Bundesrepublik?*
24. *Welchen Einfluß hat der amerikanische Dollar auf die Wirtschaft der Bundesrepublik?*
25. *Wie sieht die Inflationsentwicklung in der Bundesrepublik aus?*
26. *Geben Sie die wichtigsten Inflationstheorien wieder! Berücksichtigen Sie Text 28!*
27. *Welche Probleme werden durch Staatsverschuldung hervorgerufen? Charakterisieren Sie die Lösungsvorschläge der politischen Parteien!*

28. Vergleichen Sie die wichtigsten wirtschaftspolitischen Modellvorstellungen!
29. Stellen Sie die energiepolitische Entwicklung der Bundesrepublik dar!
30. Charakterisieren Sie die Auseinandersetzung um die Kernkraft!
31. Charakterisieren Sie die ökologischen Probleme und Lösungsvorschläge in der Bundesrepublik!

Vierter Teil

Die Gesellschaft der Bundesrepublik

I Strukturmodelle

Die soziale Struktur der Bundesrepublik zu beschreiben, ist mit beträchtlichen Schwierigkeiten verbunden. Weder lassen sich dem bloßen Augenschein nach ausgeprägte Gegensätze extremer Über- und Unterprivilegierung beobachten, die geeignet wären, relevante soziale Strukturen freizulegen, noch lassen sich traditionelle Strukturmodelle auf die Gesellschaft der Bundesrepublik übertragen. Ursache dafür sind die starken sozialen Verwerfungserscheinungen der neueren deutschen Geschichte. Das System des Nationalsozialismus hatte die politische und auch soziale Entmachtung des alten Besitz- und Bildungsbürgertums vollendet, die durch Krieg, Inflation und Wirtschaftskrise in der Zeit der Weimarer Republik vorbereitet wurde. Erst recht setzten das Ende des Zweiten Weltkrieges mit seinen Millionen Kriegstoten, Verfolgten und Exilierten, die einsetzende Vertreibungswelle, die Flüchtlingsbewegungen und die ungeheuren materiellen Verluste soziale Entwertungstendenzen frei, die zu neuen sozialen Maßstäben führten. Ein sozialer Durchmischungsprozeß wurde eingeleitet, der auf eine starke Leistungs- und Aufbaumentalität bezogen war. Dagegen wurden traditionelle Beurteilungskategorien wie Herkunft oder die objektive Stellung im Produktionsprozeß in ihrer subjektiven Bedeutung abgebaut, zumal mit der Anhebung des Lebensstandards und starken Mobilitätsbewegungen äußerliche Ausgleichungsmöglichkeiten zwischen den Schichten der Bevölkerung und Partizipationschancen eröffnet wurden, die in der Vergangenheit undenkbar waren.

1. Nivellierte Mittelstandsgesellschaft

Theoretisch verfestigten sich diese Tendenzen in den 50er Jahren im Beschreibungsmodell der „nivellierten Mittelstandsgesellschaft" (Helmut Schelsky). In diesem Modell dominiert eine relativ einheitliche Mittelschicht, in der die soziale Kluft zwischen der Arbeiterklasse und der bürgerlichen Klasse weitgehend ausgeglichen wurde: Der neue Gesellschaftstypus sei weder als proletarisch noch als bürgerlich zu klassifizieren. Die soziale Stellung wurde vor allem nach der Stellung im Konsumtionsprozeß bestimmt. Der Mangel dieser Theorie besteht darin, daß die beträchtlichen Vermögens- und Einkommensunterschiede nicht angemessen berücksichtigt werden.

a) So ist eine ausgeprägte *Vermögenskonzentration* in der Bundesrepublik festzustellen, die weder durch eine ausgleichende staatliche Sozialpolitik noch durch die allgemeine Einkommensentwicklung verringert wurde. In einer vielbeachteten Untersuchung (Krelle-Report) wurde im Jahre 1968 nachgewiesen, daß 1,7% der Haushalte über 35% des gesellschaftlichen Gesamtvermögens und über 70% des Produktivvermögens verfügen. In einer Studie aus dem Jahre 1978 werteten Mierheim/Wicke stichprobenweise Angaben des

151

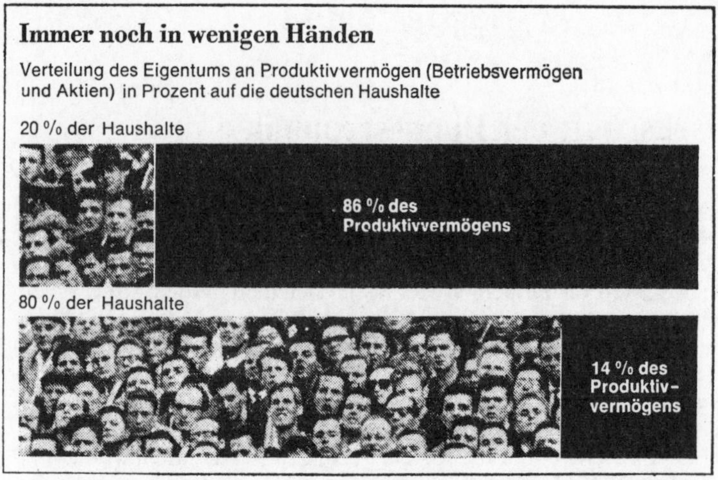

Immer noch in wenigen Händen

Verteilung des Eigentums an Produktivvermögen (Betriebsvermögen und Aktien) in Prozent auf die deutschen Haushalte

20 % der Haushalte

86 % des Produktivvermögens

80 % der Haushalte

14 % des Produktivvermögens

Abb. 42

Statistischen Bundesamtes und der Bundesbank aus dem Jahre 1973 aus. Danach gehörten 78% des privaten Eigentums an Unternehmen, Grundstücken, Wertpapieren, Bargeld usw. 20% der reichsten Haushalte. 3% der reichsten Haushalte konnten fast 40% aller Vermögenswerte auf sich vereinigen. Dagegen verfügen die ärmsten 30% aller Haushalte nur über 1,5% des Gesamtvermögens. Im Unterschied zum Krelle-Report kommt die Mierheim-Wicke-Untersuchung bei der Vermögenskonzentration am Produktivvermögen auf nur 51%, die 1,7% aller Haushalte zukommen. Die Verfasser betonen jedoch, daß es sich bei den Zahlen nur um Mindestkonzentrationen handelt. Obwohl sich die Diskussion sehr stark auf die Vermögenskonzentration beim produktiven Vermögen (vgl. Abb. 42) beschränkt, ist hervorzuheben, daß der Haus- und Grundbesitz die relevanteste Vermögensart darstellt mit einem sechsmal so hohen Wert wie das produktive Kapital. 20% aller Haushalte besitzen auch hier 80% aller Immobilienwerte. Mierheim/Wicke haben nicht nur die Vermögensverteilung auf die Gesamtheit der Haushalte, sondern auch auf die verschiedenen sozialen Gruppen untersucht. Beamten-, Angestellten- und Arbeiterhaushalte schneiden bei der Vermögensbildung schlecht ab (vgl. Abb. 43), während die Selbständigen gemessen an ihrem Bevölkerungsanteil, fast fünfmal, die Bauern dreimal soviel besitzen. In einer Wirtschafts- und Sozialordnung, die entscheidend auf dem Privateigentum beruht, ist die sich immer weiter verschärfende Tendenz zur Vermögenskonzentration ein Grund für ein tiefsitzendes Unbehagen, das sich politisch in vermögensfördernden Maßnahmen wie Bausparförderung, allgemeiner Sparförderung, Volksaktien usw. ausdrückt, bisher aber kaum den Trend umgekehrt hat.

b) Auch die *Einkommensverteilung* mit ihren Durchschnittswerten gibt nur einen blassen Eindruck von den bestehenden sozialen Ungleichheiten, da soziale Bestimmungsfaktoren wie Kinderzahl, Mietbelastung, Bildungs- und Erziehungsausgaben nicht eingerechnet werden. So lag im Jahr 1978 das durchschnittliche Einkommen aller Haushalte bei 2785 DM; für einen vierköpfigen Haushalt reichte diese Summe für die Lebenshaltung aus, jeder

152

Abb. 43: Die gar nicht so armen Bauern. Verteilung des privaten Gesamtvermögens und einzelner Vermögensarten 1973 auf die sozialen Gruppen (Durchschnittsvermögen der Haushalte in Mark). Quelle: Mierheim/Wicke

Gruppe	Zahl der Haushalte (in Millionen)	Gesamt-vermögen	Produktiv-vermögen*	Grund-besitz (in Mark)	Wertpapiere	Spar-guthaben
				davon		
Arbeiter	6,06	**55 737**	358	50 007	728	8 272
Angestellte	4,33	**72 966**	1 521	63 621	3 873	10 195
Beamte	1,35	**68 913**	487	64 305	2 780	10 192
Nichterwerbstätige	7,60	**58 916**	761	40 463	2 838	8 772
Landwirte	0,62	**305 256**	10 664	278 599	1 520	15 377
Selbständige	1,57	**480 182**	145 606	233 853	37 665	44 009
alle Haushalte	21,54	**99 168**	11 606	70 233	4 944	11 760

* ohne Aktien

vierte vergleichbare Haushalt lag jedoch unter 1500 DM, was schon eine beträchtliche Einschränkung der Lebenshaltung bedeutete. In der höchsten Einkommensstufe liegen Selbständige, während vor allem Rentner- und Arbeiterhaushalte in der unteren Einkommensskala zu finden sind. Angestellte und Beamte liegen im mittleren Einkommensbereich (vgl. Abb. 44).

Überlagert werden jedoch die Einkommensunterschiede durch die Ansammlung der privaten Geldvermögen, die auf der immensen Sparleistung der Bürger beruhen. Der Realwert des Geldvermögens hat sich in den letzten 20 Jahren mehr als verdreifacht. Obwohl in der jüngeren Geschichte das Geldvermögen durch zwei Inflationen nach den beiden Weltkriegen fast vollständig entwertet wurde, sind die Deutschen ein Volk von Sparern geblieben (vgl. Abb. 45).

c) Die Theorie der „nivellierten Mittelstandsgesellschaft" übersieht auch die Tatsache, daß innerhalb der „Wohlstandsgesellschaft" eine beachtliche An-

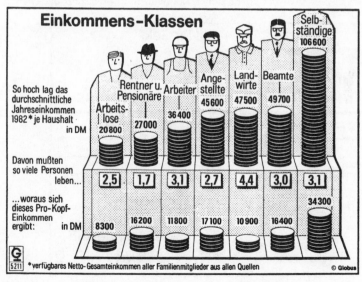

Abb. 44

153

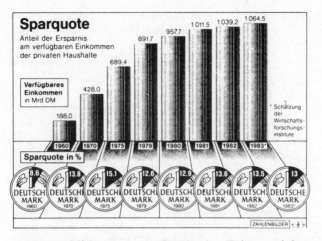

Abb. 45

zahl von Mitbürgern am Rande des Existenzminimums leben. Rentner, Kranke, Arbeitslose, Obdachlose usw. gehören zu dieser Gruppe von Menschen. In der vielbeachteten Geissler-Studie (1976) wurden die Haushalte berücksichtigt, die unterhalb der Bedarfssätze der Sozialhilfe liegen. Dazu zählten 1974 14,5% der Rentner-, 8,4% der Arbeiter- und 5,9% der Angestelltenhaushalte, also im Ganzen 9,1% aller Haushalte in der Bundesrepublik. Erst recht seit der Rezession der 80er Jahre mehrten sich Anzeichen einer *„neuen Armut"*, wobei der Begriff der „Armut" auf die vergleichbaren Lebensbedingungen in der Bundesrepublik bezogen wird. Sie trifft vor allem über längere Zeit von Arbeitslosigkeit betroffene Menschen (vgl. Abb. 46) und Jugendliche, die noch keinen Anspruch auf die Leistungen des Arbeitslosengeldes oder der Arbeitslosenhilfe erheben können. Eine wichtige Frage besteht

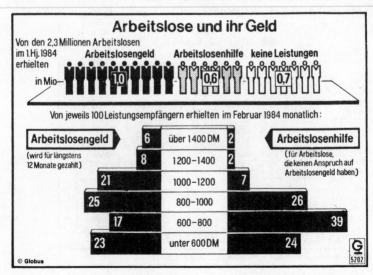

Abb. 46

154

darin, ob sich in der Sozialverfassung der Bundesrepublik die polarisierenden gegenüber den integrierenden Tendenzen verstärken werden.

2. Klassenanalyse

Ende der 60er Jahre traten Erklärungsmodelle hervor, in denen der gesellschaftliche Klassencharakter auch für die Bundesrepublik nachhaltiger betont wurde. Nicht subjektive Bewußtseins- und Statusmerkmale oder die Stellung innerhalb des Konsumtionszusammenhangs, sondern die objektive Stellung im Produktionsprozeß wird als wesentliches Strukturmerkmal sozialer Beziehungen angesehen. Der begrenzten Zahl der Kapitalbesitzer – bei ihrer Festsetzung schwanken jedoch die Theoretiker beträchtlich – steht das Heer von Arbeitskräften gegenüber. Konsumchancen, Rechtssicherheit, bürgerliche Mentalitätsformen auch bei den Arbeitern, Einkommensmaximierung usw. gelten nur als Oberflächenphänomene, die den Schein von Gleichheit und Freiheit erzeugen, in Wahrheit jedoch unter dem Diktat der Verwertungsinteressen des Kapitals stehen. Die Klassentheorie vernachlässigt die Differenzierungen innerhalb der Schichten und unterschätzt die Bedeutung des Mittelstandes, der heute von den Angestellten, Beamten und Facharbeitern gebildet wird. Manager und Betriebsleiter verkaufen zwar einerseits ihre Arbeitskraft, fällen jedoch andererseits Entscheidungen über den Einsatz von Produktionsmitteln und Arbeitskräften. Auch wird die Umschichtung vom sekundären auf den tertiären Wirtschaftsbereich nicht angemessen be-

Selbstbild der Angehörigen verschiedener Statusgruppen

Lage der Gruppe im Statusaufbau	Selbstzugeschriebene Merkmale
Oben	Machtgefühl; elitäres Selbstbewußtsein; Individualismus; »ausgeprägt gute Umgangsformen«; internationale Orientierung; Bindung an das »Grundsätzliche«; Konservatismus
Obere Mitte	Starke Berufs- und Fachorientierung; Erfolgsstreben; Optimismus; Selbstbewußtsein; Energie und Dynamik; Ziel, die Welt aufzubauen und zu verbessern
Mittlere Mitte	»Bürgerliche« Einstellung; Bindung an Institutionen und Ordnung; Amtsbewußtsein; Betonung von »Pünktlichkeit, Treue, Strebsamkeit, absoluter Zuverlässigkeit und Ehrlichkeit«; Akzentuierung der Details
Untere Mitte nicht techn.-industr.	Mittelstandsbewußtsein; soziale Verteidigungsstellung mit Front vor allem gegenüber der aufstrebenden Arbeiterschaft; Gefühl der Schwäche und der Bedrohung; Unzufriedenheit; starkes Sicherheitsstreben mit restaurativen Tendenzen

155

techn.-industr.	Gefühl, »normale Menschen« zu sein, und zwar in Mittelstellung, als »Fachleute«, »zwischen Chef und Arbeitern«; Identifikation mit Betrieb und Technik im allgemeinen; Züge von »Direktheit, Selbstvertrauen und offenem Optimismus«
Oberes Unten nicht techn.-industr.	Unklares Gesellschaftsbild; relativ kontaktarm; die »Anderen« stören ihre Ordnung und Funktion; konkrete Bindung an die Objekte ihres Berufs
techn.-industr.	Selbstbild des »einfachen Menschen«, aber »betont männlich«; ihre Aufgabe: eine »gefährliche Welt von Objekten« (Maschinen, Metalle, Gase etc.) zu meistern; »Realismus«; starke Identifizierung mit Industrie; von daher selbstbewußter Glaube an die Zukunft
Unteres Unten	»Rauhe, verschlossene und robuste Männlichkeit«; starke Bindung an den kleinen Kreis der »Kameraden«; Empfindung eines sozialen Drucks von oben; bei ständiger physischer Konfrontation mit den Kräften der Natur Ausbildung eines Pioniergefühls: »Der Arbeiter, egal, was er arbeitet, ist das Fundament des Staates«
Sozial Verachtete	Selbstbild des »armen Schluckers«, der von den »anderen« nicht akzeptiert und überall herumgestoßen wird; Minderwertigkeitsgefühle; soziale Isolation; Aggressivität

Nach: M. Bolte/D. Kappe/F. Neidhardt: Soziale Ungleichheit. Opladen [3]1974, S. 100

Abb. 47

rücksichtigt. Automation und Rationalisierung haben zudem beachtliche Veränderungen im Bereich produktiver Arbeit selbst bewirkt. Einerseits wird durch den Einsatz moderner Technologie der Qualitätsanspruch an Arbeiter und Angestellte erhöht, andererseits führt der Einsatz moderner Technologien zur weitgehenden Entwertung traditioneller Arbeitsleistungen. Klassische Arbeiter- und Angestelltenmerkmale konvergieren zunehmend auf einen neuen Typus des „angestellten" Lohnarbeiters hin. Die risikoabsichernde Politik der Tarifvertragsparteien (Gewerkschaften und Arbeitgeberverbände) und die staatliche Sozialpolitik haben darüberhinaus den aus dem 19. Jahrhundert stammenden Gegensatz von Lohnarbeit und Kapital abgemildert. Angesichts dieser Strukturveränderungen ist es zumindest problematisch, wenn der Gegensatz von Kapital und Arbeit als fundamentaler Widerspruch gesellschaftlicher Beziehungen angesehen wird, während die Gegensätze von Arbeitsplatzbesitzern und Arbeitslosen, von produktivem und ökonomischem Wachstum, von organisationsstarken und organisationsschwachen Gruppeninteressen als Nebenwidersprüche eingestuft werden.

3. Schichtenmodelle
Während in der Mittelstands- und Klassentheorie subjektive und objektive Faktoren voneinander isoliert werden und dann jeweils die eine oder andere

Statusaufbau und Schichtungen der Bevölkerung
der Bundesrepublik Deutschland

Abb. 48

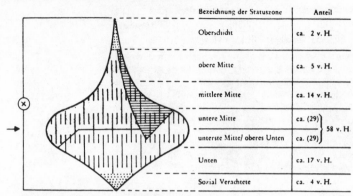

Bezeichnung der Statuszone	Anteil
Oberschicht	ca. 2 v. H.
obere Mitte	ca. 5 v. H.
mittlere Mitte	ca. 14 v. H.
untere Mitte	ca. (29)
unterste Mitte/ oberes Unten	ca. (29) } 58 v. H.
Unten	ca. 17 v. H.
Sozial Verachtete	ca. 4 v. H.

Die Markierungen in der breiten Mitte bedeuten:

☐ Angehörige des sogenannten neuen Mittelstands

▤ Angehörige des sogenannten alten Mittelstands

☐ Angehörige der sogenannten Arbeiterschaft

<u>Punkte</u> zeigen an, daß ein bestimmter gesellschaftlicher Status fixiert werden kann.

<u>Senkrechte Striche</u> weisen darauf hin, daß nur eine Zone bezeichnet werden kann, innerhalb derer jemand etwa im Statusaufbau liegt.

ⓧ = Mittlere Mitte nach den Vorstellungen der Bevölkerung

➡ = Mitte nach der Verteilung der Bevölkerung. 50 v. H. liegen oberhalb bzw. unterhalb im **Statusaufbau**

Aus: Bolte u.a.: Soziale Ungleichheit, S. 98

Faktorengruppe vereinseitigend hervorgehoben wird, versuchen andere Theoretiker, mit Hilfe von „differenzierten Schichtenmodellen" ein multifaktorielles Merkmalsmuster zu entwickeln, das phänomengetreuer die sozialen Gruppenstrukturen abbilden soll. Herkunft, Bildung, Besitz, Einkommen, Stellung in der Berufshierarchie, Selbsteinschätzung usw. werden gleichwertige Zuordnungskriterien (vgl. Abb. 47), die sich jedoch in einzelnen Schichten überlagern können. Im Resultat haben z.B. die Untersuchungen Boltes ergeben, daß die Sozialstruktur der Bundesrepublik der Form einer Zwiebel gleicht, in der einer zahlenmäßig begrenzten Oberschicht und Unterschicht eine breite und dominierende Mittelschicht mit in sich differenzierten Merkmalen einzuordnen wäre (vgl. Abb. 48). Der Mangel dieses Beschreibungsmodells besteht darin, daß die Auswahl und der Stellenwert der einzelnen Faktoren nicht begründet und abgeleitet und subjektive und objektive Merkmale in ihrer Bedeutung nicht einsichtig aufeinander bezogen werden.

157

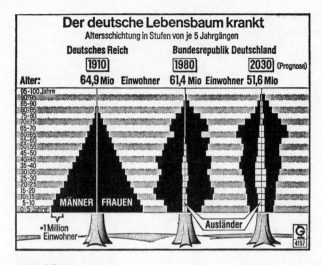

Abb. 49

4. Mobilität

Als Merkmal einer „offenen" Gesellschaft gelten die Mobilitätschancen, d.h.
die Wanderbewegungen innerhalb der einzelnen Schicht- und Statusgruppen.
Hier zeigt sich, daß die schichtspezifischen Grenzen kaum übersprungen
werden, jedoch innerhalb einer Schicht Mobilitätsspielräume in der Genera-
tionenfolge ausgenutzt werden. Besonders die Arbeiterschicht bleibt fast in
sich geschlossen. Dasselbe gilt für die Bauern. Das Überspringen der nächsthöheren Statusgruppe ist immer noch mit großen Schwierigkeiten verbunden. Soziale Ungleichheit ist in der Bundesrepublik wie in jeder anderen
Gesellschaft vorhanden, wird jedoch relativ selten als soziale Ungerechtigkeit
empfunden. Dennoch spielt der Begriff der „Chancengleichheit" eine wichtige
Rolle in der öffentlichen Diskussion. Chancengleichheit kann einmal bedeuten, daß jedem Mitglied der Gesellschaft die gleichen Möglichkeiten offenste-
hen sollen, unabhängig von den unterschiedlichen Voraussetzungen, die der
Einzelne mitbringt; Chancengleichheit kann aber auch bedeuten, daß die
ungleichen Startbedingungen des einzelnen Gesellschaftsmitglieds wie Einkommen, Wohnverhältnisse, Bildung usw. ausgeglichen werden müssen. In
den letzten Jahren hat sich jedoch die Diskussion um die „Chancengleichheit"
abgeschwächt, Tendenzen, eine neue Leistungselite zu schaffen, werden wieder intensiver diskutiert und politisch propagiert.

5. Bevölkerungsentwicklung

Von 1950 bis 1974 wuchs die Bevölkerung der Bundesrepublik von 50 auf 62
Millionen Einwohner. Verantwortlich dafür waren der „Baby-Boom" nach
dem Krieg, der Zustrom von fast 12 Millionen Vertriebenen aus den Ostgebie-
ten und etwa 3 Millionen Flüchtlingen aus der DDR. Dazu kamen etwa 4
Millionen ausländischer Mitbürger (1974). Seit 1974 jedoch nimmt die Gesamtbevölkerung ab. Der „Pillenknick" seit 1967 ist eine Ursache; der Anwerbestopp für ausländische Arbeitnehmer im Dezember 1973 brachte zunächst
auch eine Verringerung von Zuwanderern, was jedoch durch die Familienzu-

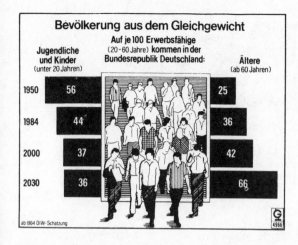

Abb. 50

sammenführung ausländischer Familien wieder aufgehoben wurde.Auf Grund der beiden Weltkriege und des Geburtenrückgangs entwickelt sich der Altersaufbau in der Bundesrepublik ungünstig. Seit 1972 übertreffen die Sterbefälle die Geburten (vgl. Abb. 49 und 50).

6.Erwerbstätigkeit

Die Erwerbstätigkeit der Bevölkerung gliedert sich in den primären Sektor (Landwirtschaft, Forstwirtschaft und Fischerei), den sekundären Sektor mit Industrie, Handwerk und Bergbau und den tertiären Sektor mit den Bereichen Handel, Verkehr und Dienstleistungen. 1850, zu Beginn der industriellen Entwicklung, waren noch 85% in der Landwirtschaft tätig, 1965 erreichte der sekundäre Sektor mit 49% seinen höchsten Anteil; 1975 waren zum erstenmal mehr Menschen im tertiären als im sekundären Sektor tätig. Ausländische Arbeitnehmer sind vor allem in arbeitsintensiven Bereichen tätig, so daß

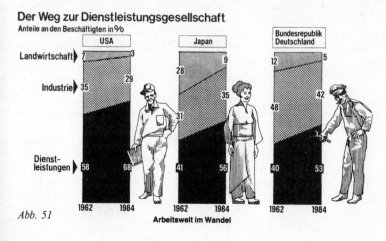

Abb. 51

159

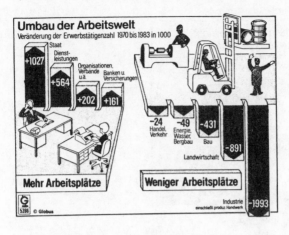

Abb. 52

bestimmte Produktionsabläufe schon ganz von ihnen versorgt werden (vgl. Abb. 51 und 52).

II Die soziale Ordnung

Das soziale System der Bundesrepublik wird reguliert durch ein kompliziertes Netz von staatlichen, halbstaatlichen und nichtstaatlichen Institutionen, für die der Staat durch Gesetze und deren Kontrolle Rahmenbedingungen setzt. Die Sozialversicherungsträger in den Bereichen Alters-, Kranken-, Unfall- und Arbeitslosenversicherung sind in Selbstverwaltungskörperschaften organisiert; den „Sozialpartnern" (Gewerkschaften und Arbeitgeberverbände) wird sogar eine von staatlichen Eingriffsmöglichkeiten freie „Tarifautonomie" bei der Aushandlung von Löhnen, Gehältern und Arbeitsbedingungen zugestanden; zahllose Interessenverbände bestimmen mit ihren direkten und indirekten Einflußmöglichkeiten den gesellschaftlichen Bereich. Angesichts dieser Vielschichtigkeit einer „gemischten" Sozialordnung, in der dem Staat nur eine, wenn auch wichtige Rolle eingeräumt wird, hat man von einer „Verbändedemokratie" und einer Tendenz hin zum „korporativen" Staat sprechen wollen, in der der parlamentarische Willensbildungsprozeß immer stärker durch mächtige Interessengruppen überlagert wird.

1. Sozialpartner

Eine entscheidende Rolle spielen in den sozialen Auseinandersetzungen die Tarifvertragsparteien, zu denen die Gewerkschaften und die Arbeitgeberverbände gehören.

a) Die *Gewerkschaften* existieren in Deutschland seit etwa 100 Jahren und sind Selbsthilfeorganisationen der in Lohnabhängigkeit stehenden Arbeitnehmer. Alle wesentlichen Verbesserungen der sozialen und ökonomischen Situation wie Arbeitszeitverkürzungen, Tarifverträge, Arbeitsschutzgesetze, Kündigungsschutz, Mitbestimmung usw. sind von den Gewerkschaften gegen den Widerstand der Unternehmer durchgesetzt worden. Außerdem waren die

160

Abb. 53 **Gewerkschaftsmitglieder Ende 1982** in 1000

Gew. Gartenbau, Land-u.Forstwirtschaft 43
Gew. Kunst 48
Gew. Leder 53
IG Druck u. Papier 145
Gew. Holz u.Kunststoff 156
Gew.der Polizei 169
Gew. Erziehung u.Wissenschaft 186
Gew. Nahrung,Genuß, Gaststätten 265
Gew.Textil, Bekleidung 276
Gew. Handel, Banken,Versicherungen 360
IG Bergbau u. Energie 368
Gew. d. Eisenbahner 392

DGB
DGB-Gewerkschaften
insgesamt 7,85 Millionen

IG Metall 2 576
Gew.Öffentl.Dienste, Transport u.Verkehr 1180
643
531
457
Deutsche Postgewerkschaft
IG Bau,Steine,Erden
IG Chemie, Papier,Keramik

Deutscher Beamtenbund 813
Deutsche Angestellten-Gewerkschaft
DAG 501
Christlicher Gewerkschaftsbund
CGB 297

GLOBUS

Gewerkschaften in der deutschen Geschichte Vorkämpfer der Demokratisierung in der Gesellschaft. Bis in die 20er Jahre hinein beschränkten sich die Gewerkschaften auf tarifpolitische Fragen. Erst 1925 wurde unter der Leitung von Fritz Naphtali ein langfristiges Gewerkschaftsprogramm entwickelt. Im Zentrum stand das Konzept der „Wirtschaftsdemokratie", nach dem die betrieblichen und überbetrieblichen Entscheidungsstrukturen und auch das Bildungssystem demokratisiert werden sollten. Dieser Ansatz ist bis heute lebendig geblieben und fand vor allem in der Durchsetzung von Mitbestimmungskonzepten seine Konkretisierungen. 1949 verfolgten die Gewerkschaften drei Ziele: volkswirtschaftliche Planung, Kontrolle unternehmerischer Macht (einschließlich Sozialisierung) und gleichberechtigte Mitbestimmung. In der Folgezeit wurden diese Forderungen zwar grundsätzlich beibehalten, jedoch der tatsächlichen Restaurationsentwicklung angepaßt. Hervorzuheben ist jedoch das Konzept der „Humanisierung des Arbeitslebens", womit eindeutig qualitative Gesichtspunkte in die Tarifverhandlungen aufgenommen wurden. Seit der Wirtschaftskrise besinnen sich die Gewerkschaften wieder stärker auf ihre programmatischen Aufgaben. Mittelpunkt der gegenwärtigen Auseinandersetzungen sind die Probleme der Arbeitszeitverkürzung zur Bekämpfung der Arbeitslosigkeit.

Von Hitler verboten und verfolgt, konstituierten sich die Gewerkschaften im Jahre 1945 neu. Im Unterschied zu den angelsächsischen Richtungsgewerkschaften setzte sich in der Bundesrepublik das Prinzip der Einheitsgewerkschaft durch. 1949 wurde deshalb der Deutsche Gewerkschaftsbund (DGB) als Dachorganisation von 16 nach dem Industrieverbandsystem unterschiedenen Einzelgewerkschaften (vgl. Abb. 53) gegründet, dem fast 8 Millionen Mitglieder zuzurechnen sind. Dennoch kann von einem gemäßigten Pluralismus gesprochen werden, da neben den im DGB zusammengefaßten Gewerkschaften z.B. noch die Deutsche Angestellten Gewerkschaft (DAG) mit etwa einer halben Million Mitgliedern, der Christliche Gewerkschaftsbund und der Deutsche Beamtenbund zu nennen sind. Durch die Dominanz des DGB

161

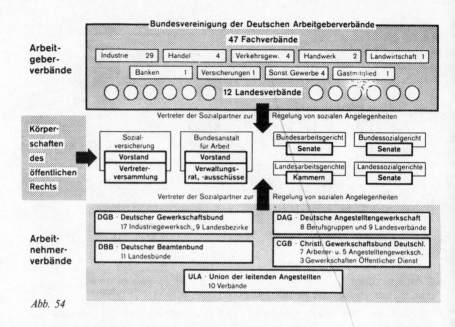

Abb. 54

wurde jedoch eine Gewerkschaftszersplitterung wie in der Zeit der Weimarer Republik verhindert.

b) Arbeitgeberverbände (vgl. Abb. 54) wurden gegründet, um den Gewerkschaften geschlossen entgegentreten zu können. In der Bundesrepublik gibt es über 800 einzelne Arbeitgeberverbände, die in 43 Fachverbänden und 13 Landesverbänden zusammengefaßt sind. Die Bundesvereinigung der Deutschen Arbeitgeberverbände beschränkt sich auf sozialpolitische Aufgaben, während die im Bundesverband der Deutschen Industrie zusammengefaßten Unternehmerverbände allgemeine politische Zielsetzungen verfolgen.

c) Die Tarifvertragsparteien spielen eine wichtige gestaltende Rolle im sozialen Leben, die im *Tarifvertragsrecht* begründet liegt. Basis des Tarifvertragsrechts ist die „Tarifautonomie", die sich vor allem in der Aushandlung von Lohn- und Tarifverträgen durch die Sozialpartner konkretisiert. Zu unterscheiden sind Rahmentarifverträge, in denen meistens für ein Jahr Arbeitsabkommen festgelegt werden, und die Manteltarifverträge, die längerfristig auch Arbeitsbedingungen regeln. Es gelang den Gewerkschaften gegen den massiven Widerstand der Unternehmer zwischen 1948 und 1978 die Realeinkommen um fast 100% zu steigern, die Arbeitszeit wesentlich zu verkürzen und die Arbeitsbedingungen zu verbessern (Lohnfortzahlung im Krankheitsfall, Kündigungsschutz, Urlaubsregelungen usw.).

d) Neben dem Tarifvertragsrecht kommt der Mitbestimmung der Arbeitnehmer in den Betrieben eine kaum zu überschätzende Bedeutung zu. Der Interessengegensatz von Arbeitgebern und Arbeitnehmern soll mit Hilfe der Mitbestimmung gemildert und durch partnerschaftliche Beziehungen geregelt werden. Die Mitbestimmung der Arbeitnehmer im Betrieb ist eine in anderen

162

Ländern nicht vorhandene Regelung der Rechte der Arbeitnehmer im Betrieb und kann auf eine lange Geschichte in der Bundesrepublik zurückschauen. Schon im Jahre 1951 wurde im Montanbereich (Bergbau, Stahl, Eisen) die *Paritätische Mitbestimmung* durchgesetzt: Im Aufsichtsrat, dem Organ unternehmerischer Entscheidungen, sitzen sich mit je 5 Sitzen Arbeitgeber- und Arbeitnehmervertreter gleichgewichtig gegenüber. Bei Stimmengleichheit gibt die Stimme eines „neutralen" 11. Mannes den Ausschlag. Auf den 11. Mann müssen sich beide Seiten einigen. Dieses Paritätische Mitbestimmungsmodell, das nach dem Krieg von den Unternehmern nur zur Verhinderung einer weiteren Entflechtung und Demontage durch die Alliierten anerkannt wurde, fand jedoch in den übrigen Wirtschaftszweigen keine Anwendung (vgl. Abb. 55 und 56).

e) Nach jahrelangen Diskussionen wurde *1976* das *Mitbestimmungsgesetz* verabschiedet. Es brachte jedoch nicht die volle Parität der Arbeitnehmerseite im Aufsichtsrat, bringt also eine schwächere Variante der Mitbestimmung gegenüber der Montanmitbestimmung und gilt nur für Kapitalgesellschaften mit mehr als 2000 Beschäftigten (über 650 Firmen in der Bundesrepublik). Der Aufsichtsrat wird von je 6 Vertretern der Arbeitgeber- und Arbeitnehmerseite gebildet. Bei Stimmengleichheit (Patt-Situation) hat jedoch der immer von der Kapitalseite bestimmte Aufsichtsratsvorsitzende eine zweite Stimme, so daß die Kapitalseite immer das Übergewicht hat. Zu dieser „hinkenden" Parität kommt die Schwächung der Gewerkschaften, die nur 2 Vertreter in den Aufsichtsrat entsenden. Unter den übrigen 4 Arbeitnehmervertretern muß ein leitender Angestellter sein, der von seinem Status her eher zur Kapitalseite neigen wird. Deshalb beklagen die Gewerkschaften die Verlet-

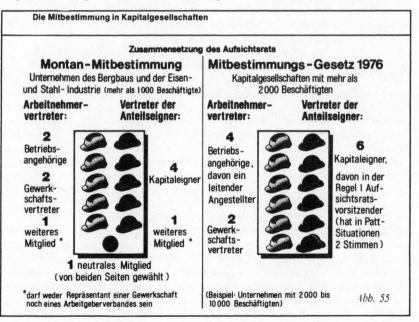

Die Mitbestimmung in Kapitalgesellschaften

Zusammensetzung des Aufsichtsrats

Montan-Mitbestimmung
Unternehmen des Bergbaus und der Eisen- und Stahl-Industrie (mehr als 1000 Beschäftigte)

Arbeitnehmer- vertreter:

Vertreter der Anteilseigner:

2 Betriebsangehörige

2 Gewerkschaftsvertreter

1 weiteres Mitglied *

4 Kapitaleigner

1 weiteres Mitglied *

1 neutrales Mitglied
(von beiden Seiten gewählt)

*darf weder Repräsentant einer Gewerkschaft noch eines Arbeitgeberverbandes sein

Mitbestimmungs-Gesetz 1976
Kapitalgesellschaften mit mehr als 2000 Beschäftigten

Arbeitnehmer- vertreter:

Vertreter der Anteilseigner:

4 Betriebsangehörige, davon ein leitender Angestellter

2 Gewerkschaftsvertreter

6 Kapitaleigner, davon in der Regel 1 Aufsichtsratsvorsitzender (hat in Patt-Situationen 2 Stimmen)

(Beispiel: Unternehmen mit 2000 bis 10000 Beschäftigten)

Abb. 55

163

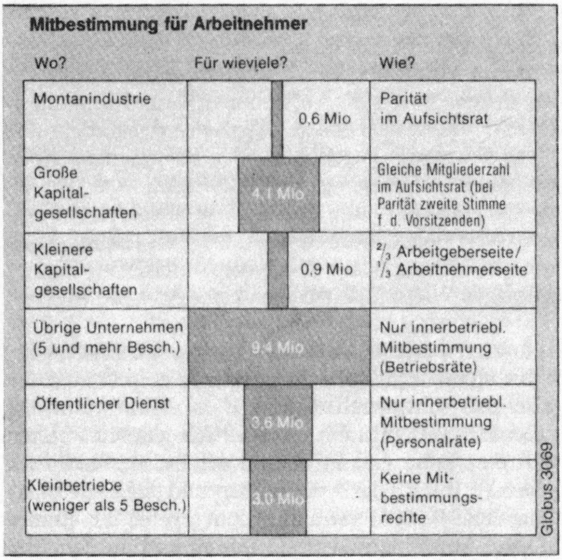

Mitbestimmung für Arbeitnehmer		
Wo?	Für wieviele?	Wie?
Montanindustrie	0,6 Mio	Parität im Aufsichtsrat
Große Kapitalgesellschaften	4,1 Mio	Gleiche Mitgliederzahl im Aufsichtsrat (bei Parität zweite Stimme f. d. Vorsitzenden)
Kleinere Kapitalgesellschaften	0,9 Mio	$^2/_3$ Arbeitgeberseite / $^1/_3$ Arbeitnehmerseite
Übrige Unternehmen (5 und mehr Besch.)	9,4 Mio	Nur innerbetriebl. Mitbestimmung (Betriebsräte)
Öffentlicher Dienst	3,6 Mio	Nur innerbetriebl. Mitbestimmung (Personalräte)
Kleinbetriebe (weniger als 5 Besch.)	3,0 Mio	Keine Mitbestimmungsrechte

Globus 3069

Abb. 56

zung der Einheit der Arbeitnehmerbank. Die Mitbestimmungsregelung von 1976 trägt deutlich die Züge eines Kompromisses der Regierungskoalition, in den vor allem die gewerkschaftskritische Einstellung der FDP eingegangen ist. Während die Mitbestimmung für die Gewerkschaften ein wesentlicher Schritt in die Richtung der Demokratisierung der Wirtschaft („Wirtschaftsdemokratie") ist, sehen die Unternehmer in der Mitbestimmung einen Eingriff in ihre Verfügungsgewalt und Entscheidungsfreiheit, was zur erfolglosen Klage der Unternehmer beim Bundesverfassungsgericht führte (vgl. Text 30).

f) Während die Mitbestimmungsgesetze die Mitbeteiligung der Arbeitnehmer in Unternehmerorganen regeln, bezieht sich das *Betriebsverfassungsgesetz* (1952, 1972) vor allem auf die innerbetrieblichen Kooperationsrechte der Arbeitnehmerseite. Die betrieblichen Rechte werden vom Betriebsrat wahrgenommen, der in Verbindung mit den Gewerkschaften aus den Arbeitnehmervertretern des jeweiligen Betriebs gebildet wird. Der Betriebsrat verfügt über abgestufte Mitspracherechte, wozu vor allem Informationsrechte, Beteiligungsrechte in sozialen Angelegenheiten (Arbeitszeit, Lohngruppen, Arbeitsverwaltung u.a.) und im personellen Bereich (Einstellungen, Versetzungen) gehören. Bei Entlassungen hat der Betriebsrat kein Mitbestimmungsrecht, abgesehen von der Mitwirkung bei Abfindungen und der Aufstellung von Sozialplänen. Spezifisch wirtschaftliche Rechte kommen dem Betriebsrat nicht zu. In Betrieben, die nicht unter die Mitbestimmungsgesetze von 1951 und 1976 fallen, gilt nach dem Betriebsverfassungsgesetz nur die Drittelparität für die Arbeitnehmer im Aufsichtsrat des Betriebs.

g) Obwohl die Tarifautonomie und Mitbestimmung wesentlich zur sozialen Friedenssicherung beigetragen haben, kam es in den 70er Jahren dennoch zu schärferen *Auseinandersetzungen* zwischen den „Sozialpartnern". Zu nennen sind z.B. der Streit um den Ausbau der Mitbestimmung. Die Unternehmer-

164

seite klagte gegen die Regelung von 1976 vor dem Bundesverfassungsgericht, da sie Eingriffe in ihre Verfügungsgewalt und Entscheidungsfreiheit als unvereinbar mit dem Grundgesetz ansah. Diese Klage wurde zwar vom BVG als unbegründet abgewiesen, führte jedoch zu einer nachhaltigen Trübung der Sozialpartnerschaft, die sich im Zerbrechen der „Konzertierten Aktion" äußerte. Die „Konzertierte Aktion" war seit der Rezession 1966/67 der Versuch, staatliche Maßnahmen und Zielvorstellungen der Tarifpartner in einem konstruktiven Dialog aufeinander abzustimmen. Auch der Versuch von Arbeitgebern, die Mitbestimmung durch organisatorische Umstrukturierungen zu unterlaufen (z.B. bei Mannesmann 1979), wurde als Kampfansage an die Gewerkschaften verstanden und führte zum Eingreifen des Gesetzgebers.

h) Auch die Tarifkonflikte nahmen in den 70er Jahren teilweise kämpferische Formen an. 1973 hatten die Gewerkschaften bei den Lohnforderungen sehr zurückhaltend abgeschlossen, was angesichts der überaus günstigen Gewinnentwicklung bei den Unternehmern mit „wilden Streiks" eines Teils der Belegschaften beantwortet wurde. Wilde Streiks sind Arbeitsniederlegungen, bei denen sich Arbeitnehmer nicht auf ein ordentliches Schlichtungsverfahren zwischen Gewerkschaftsvertretern und Arbeitgebern einlassen und auch eine „Urabstimmung" unter den Arbeitnehmern nicht abgewartet wird. Bei der Durchführung von legalen Streiks, die jedoch eine 75prozentige Zustimmung bei einer Urabstimmung erreichen müssen (vgl. Abb. 57), werden die Lohnausfälle teilweise von den Gewerkschaften über die Mitgliedsbeiträge ersetzt. Bei den Streikauseinandersetzungen 1978 ging es vor allem um die Einführung automatisierter Druckanlagen, wodurch Freisetzungseffekte und Abqualifizierungen von Facharbeitern befürchtet wurden. Es kam zu „Punktstreiks", bei denen nicht die gesamte Arbeitnehmerschaft eines Tarifbezirks, sondern nur die Belegschaften ausgewählter, jedoch hochsensibler Produktionsbereiche in Streik traten. Die Unternehmer beantworteten die Punktstreiks mit Aussperrungen, die die Gewerkschaftskassen stark belasteten. Die Gewerkschaften strengten eine Klage beim BVG an, in der sie die „Sozialadäquanz" und „Parität" der Kampfmittel verletzt sahen, waren jedoch nicht erfolgreich (vgl. Text 31). Die härtesten Auseinandersetzungen der Nachkriegszeit gab es im Jahre 1984. Nicht Lohnforderungen wie in den Jahren zuvor oder Fragen

Abb. 57

165

Argumentations-Überblick
zur paritätischen Mitbestimmung

Streitfragen	Standpunkte der	
	Gewerkschaften	Unternehmer
Demokratie	Die Demokratie darf nicht auf den politischen Bereich beschränkt bleiben und vor den Fabriktoren Halt machen. Sie muß auch in der Wirtschaft gelten. Man kann nicht am Arbeitsplatz Untertan, ansonsten aber ein aktiver Demokrat, ein „mündiger Staatsbürger" sein.	In der Wirtschaft geht es nicht wie im Staat um politische Machtfragen, sondern um „Sachfragen innerhalb der vom Gesetzgeber und vom Markt geschaffenen Ordnung". Eine demokratisierte Wirtschaft widerspricht der sozialen Marktwirtschaft.
Gewichtung von Kapital und Arbeit	Kapital und Arbeit *gemeinsam* bilden ein Unternehmen. Deshalb sind Arbeitnehmer-Interessen gleichwertig zu behandeln, ihre Vertreter gleichberechtigt an Entscheidungen zu beteiligen. Auch ist das *Existenzrisiko* der abhängig Beschäftigten schwerwiegender als das bloße *Kapitalrisiko* der Anteilseigner.	Die Gleichberechtigung beider Faktoren ist in der Bundesrepublik Deutschland längst durch Gesetzgebung und machtvolle Gewerkschaften erreicht. Die paritätische Mitbestimmung zerstört dieses Gleichgewicht zuungunsten der Anteilseigner, die alleine das Unternehmensrisiko tragen und für Verluste haften.
Eigentum	Das Eigentum rechtfertigt kein Unterwerfungsverhältnis. Die Mitbestimmung verletzt nicht die Eigentumsrechte, sondern ändert die Willensbildung im Unternehmen zugunsten der auf unselbständige Arbeit angewiesenen Beschäftigten. Sie tastet nur die *Bestimmungsrechte* an, die bereits ohnehin – vielfach getrennt von den bloßen *Kapitalbeteiligungsrechten* der Anteilseigner – beim Management liegen.	Die Mitbestimmung entzieht dem Anteilseigner die Verfügungsrechte. Sie greift über die soziale Bindung hinaus in die Eigentumsrechte ein. Das grundgesetzlich geschützte private Eigentum verliert seine Legitimationskraft und Funktionsfähigkeit, auch wenn es dem Namen nach fortbesteht. Damit ist die Grundlage der sozialen Marktwirtschaft zerstört. Paritätische Mitbestimmung ist „kalte Sozialisierung".
Freiheitlich-demokratische Grundordnung	Zweierlei Recht widerspricht unserer Ordnung: Verfügungsrechte für die einen, Unterwerfung für die anderen. Herrschaftsausübung verlangt das Einverständnis der Betroffenen. Alle Menschen müssen Freiheits-, Gestaltungs- und Verantwortungsräume haben – auch in der Wirtschaft! Indem die Mitbestimmung dazu beiträgt, ist sie nach dem Verfassungs-Anspruch sogar *erforderlich*.	Die paritätische Mitbestimmung verletzt – das *Gleichgewicht* der Kräfte – und die *Eigentumsrechte* zum Nachteil der Kapitalbesitzer und beseitigt dadurch die Eckpfeiler unserer freiheitlichen Wirtschafts- und Gesellschaftsordnung. Sie beschränkt mit der unternehmerischen Freiheit auch die des ganzen Volkes.
Machtkontrolle	Wirtschaftliche Macht, besonders die der Großunternehmen, endet nicht am Fabriktor. Sie wird zur *politischen* Macht. Ihre demokratische Kontrolle und Legitimation sind notwendig, um wirtschaftlichen, gesellschaftlichen und politischen *Mißbrauch* zu verhindern, der z. B. 1933 mit zur Herrschaft des Nationalsozialismus geführt hat.	Vor einem Mißbrauch wirtschaftlicher Macht schützen bereits ausreichend die behördlichen Eingriffs- und Kontrollmöglichkeiten, die Sozialbindung des Eigentums, der Wettbewerb und das Gleichgewicht der gesellschaftlichen Kräfte auch im nichtstaatlichen Bereich. Die Gewerkschaften sind als privatrechtliche Organisationen gar nicht befugt, Kontrolle auszuüben.

| Gewerk-schaftsstaat | Die Macht der demokratisch strukturierten Gewerkschaften ist gering gegenüber der des Kapitals. Zur „Fernsteuerung", als Grundlage für den befürchteten „Gewerkschaftsstaat", läßt sich die Mitbestimmung gar nicht nutzen: Weder haben die die Arbeitnehmer das Übergewicht in den Entscheidungsgremien, noch haben es die Gewerkschaftsvertreter innerhalb dieser Gruppe. Eine weisungsberechtigte Zentrale widerspricht gewerkschaftlichen Vorstellungen. | Paritätische Mitbestimmung zerstört das Gleichgewicht der Kräfte. Die Gewerkschaften bekommen zu ihrer jetzt schon gewaltigen Macht noch die Möglichkeit, die gesamte Wirtschaft zentral zu beeinflussen und zu steuern. Als Alternative bleibt nur:
– Die Gewerkschaften „übernehmen" den Staat („Gewerkschaftsstaat").
– Oder der Staat beseitigt um seiner Selbsterhaltung willen die Autonomie der Arbeitnehmerorganisationen. |

(E. Barthel u.a., Mitbestimmung, Berlin 1980)

Text 31 **Pro und contra Aussperrung**

Gewerkschaften	Arbeitgeber
Aussperrung ist ein Akt unternehmerischer Willkür. Arbeitgeber haben in Lohnverhandlungen schon von vornherein eine stärkere Machtstellung, weil sie die Verfügungsgewalt über die Produktionsmittel besitzen. Streik schafft erst das Gleichgewicht. Die Aussperrung verzerrt die Machtverhältnisse zugunsten der Arbeitgeber.	Die Verfügungsgewalt der Unternehmer über die Produktionsmittel ist durch gesetzliche und tarifvertragliche Regelungen (Mitbestimmung, Kündigungsschutz, Vereinbarungen über Lohn und Arbeitsbedingungen), durch den Markt und die Arbeitnehmer eingeschränkt. Unternehmer können ohne Arbeitnehmer nicht über den Einsatz der Produktionsmittel verfügen. Sie sind auf sie angewiesen (Gegenmacht). Streiks ohne Aussperrung zerstoren das Kräftegleichgewicht und schaffen ein Übergewicht der Gewerkschaften.
Aussperrung verhindert den sozialen Fortschritt, das heißt die Verbesserung der sozialen und wirtschaftlichen Lage der Arbeitnehmer. Aussperrung ist unmoralisch und vergiftet das soziale Klima. Menschen werden als Mittel eines Machtkampfes mißbraucht.	Nicht der Streik, sondern die Aussperrung verbessert die soziale und wirtschaftliche Situation des Arbeitnehmers, weil sie die Arbeitskämpfe verhindert oder abkürzt und damit die wirtschaftliche Leistungsfähigkeit erhöht. Die gewerkschaftliche Streiktaktik beruht auf der Verfügungsmacht über Menschen.
Die Aussperrung ist unsozial, weil sie zum Arbeitsplatzverlust führen kann, Arbeitnehmer Lohneinbußen erleiden und nichtorganisierte Arbeitnehmer erhebliche Nachteile in Kauf nehmen müssen.	Die Auswirkungen von Betriebsstillegungen, die durch Streik verursacht werden, sind härter. Durch Aussperrung geht der Arbeitsplatz nicht verloren.
Die Aussperrung ist verfassungswidrig. Sie ist nach der Hessischen Verfassung (Art. 29, Abs. 5) verboten.	Nach Art. 9 des Grundgesetzes ist ein funktionsfähiges Arbeitskampfsystem und damit auch die Aussperrung gewährleistet. Sie ist durch höchstrichterliche Rechtsprechung abgesichert. Bundesrecht geht vor Landesrecht.
Die im Arbeitskampf der Metallindustrie in Württemberg-Nordbaden durchgeführte Aussperrung verletzt das Prinzip der Verhältnismäßigkeit der Mittel. Mehr Arbeitnehmer sind von der Aussperrung (Flächenaussperrung) betroffen als vom Streik.	Schwerpunktstreiks wirken wie Flächenaussperrungen, weil sie sich weit über die Grenzen hinaus auswirken und hohe wirtschaftliche Schäden anrichten. Die Abwehraussperrung ist nicht gegen den Streik überhaupt, sondern gegen den Schwerpunktstreik gerichtet.

(Inf. z. pol. Bildung Nr. 175, Bonn 1978)

der Humanisierung des Arbeitslebens standen im Mittelpunkt der Streikbewegungen, sondern die Arbeitszeitverkürzung auf die 35-Stunden-Woche. Ein Kompromiß wurde gefunden, der Einstieg in die 38,5-Stunden-Woche erreicht.

i) Ein Vergleich mit den Arbeitskämpfen in anderen Ländern zeigt, daß die Bundesrepublik ein bisher *streikarmes* Land ist (vgl. Abb. 58), wozu die Ausgleichsmechanismen der Wirtschafts- und Sozialverfassung beigetragen haben. Die Lohnabschlüsse der Gewerkschaften waren im Allgemeinen gemäßigt und lagen von 1980ff. sogar unter der Preissteigerungsrate. Angesichts der rapide wachsenden Arbeitslosigkeit besinnen sich die Gewerkschaften auch auf differenzierende Strategien. Die Sicherung des Reallohns rückt in den Vordergrund, Themenkomplexe wie Arbeitszeitverkürzungen und Formen des betrieblichen Beteiligungslohnes an den Unternehmen (Investivlohn) werden nachdrücklicher angegangen.

Um den sozialen Frieden in der Bundesrepublik zu erklären, dürfen jedoch nicht nur die Formen der Sozialpartnerschaft, sondern muß auch die allgemeine Wachstumsentwicklung der Wirtschaft berücksichtigt werden, durch die breite Partizipationsmöglichkeiten freigesetzt wurden. Ob angesichts verringerter Wachstumsraten und wachsender Arbeitslosenzahlen das partnerschaftliche Sozialmodell funktions- und integrationsfähig bleibt, wird eine der großen Zukunftsfragen bleiben.

2. Verbände

Den Gewerkschaften und Arbeitgeberverbänden kommt in der Bundesrepublik eine Sonderstellung auf Grund der Tarifautonomie zu. Doch auch andere

Abb. 59

Deutscher Sportbund	14,2	Deutscher Naturschutzring	2,5
Verband der		Bund der Vertriebenen	2,4
Angestellten-Krankenkassen	9,0	Bund der Konsum-	
Bundesverband		genossenschaften	1,3
der Volksbanken	8,3	Verband d. Kriegsopfer,	
Deutscher Gewerkschaftsbund	7,5	Behinderten, Sozialrentner	1,2
Deutscher Frauenrat	7.0	Arbeitsgemeinsch. christl.	
Allgemeiner Deutscher		Arbeitnehmerorganisationen	1,2
Automobil-Club	5,3	Gewerkschaft öffentl. Dienste,	
Verband Gewerbetreibender	4,9	Transport und Verkehr	1,1
Deutscher Raiffeisenverband	4,3	Deutscher Bauernverband	1.0
Industriegewerkschaft Metall	2,6	Euromil (Europ. Organisation	
Deutsches Rotes Kreuz	2,5	d. Militärverbände	1,0

Abb. 60

Verbände bestimmen nachhaltig das gesellschaftliche Leben, so daß oft von der Bundesrepublik als einer *„Verbändedemokratie"* gesprochen wird. Verbände wirken als Bindeglieder zwischen Bevölkerung und Staat, indem sie Interessen organisatorisch bündeln, artikulieren und zur Durchsetzung bringen wollen. Geschützt sind sie auf Grund eines „pluralistischen" Demokratiekonzepts durch den Artikel 9 des Grundgesetzes, der die „Vereinigungsfreiheit" aller Deutschen garantiert. Im Unterschied zu den Parteien vertreten sie spezielle Teilinteressen ökonomischer, sozialer und kultureller Art.

Neben den Tarifpartnern sind vor allem die Berufsverbände, Verbraucherorganisationen und Bürgerinitiativen zu nennen. 1979 wurden in Bonn 940 *Verbände* registriert, die sich mit etwa 2700 Interessenvertretern (Lobbyisten)

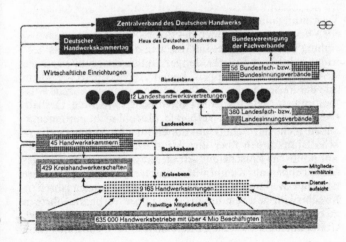

Abb. 61

169

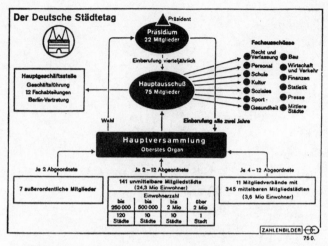

Abb. 62

um Einfluß auf die gewählten Parlamentsvertreter bemühen (vgl. Abb. 59). Bei der Vorbereitung und Durchführung von Gesetzen kommt ihnen eine wichtige beratende und unterstützende Funktion zu, und auch in der Staatsverwaltung sind sie mit Fachausschüssen vertreten. Besonders in bestimmten Ausschüssen des Bundestages sind die Verbandsinteressen stark repräsentiert (vgl. Abb. 60). Eine bedeutende Rolle spielen in der Organisation der gewerblichen Wirtschaft die Industrie- und Handelskammern, die regionalen Zusammenschlüsse der Wirtschaftsverbände, die als Körperschaften des öffentlichen Rechts hoheitliche Staatsaufgaben im Bereich der Gewerbeaufsicht übernommen haben. Ihre Spitzenorganisation ist der Deutsche Industrie- und Handelstag (DIHT). Erwähnenswert ist auch der Zentralverband des Deutschen Handwerks (vgl. Abb. 61), der über 600 000 Handwerksbetriebe in Handwerkerinnungen und Handwerkerkammern zusammenfaßt, und der Deutsche Städtetag (vgl. Abb. 62), dem über 500 Städte und Gemeinden angeschlossen sind und der Einfluß auf alle Gebiete des öffentlichen Rechts und der öffentlichen Verwaltung nimmt.

Interessengruppen bewirken im Rahmen des demokratischen Herrschaftssystems eine Sammlung und Prüfung der Interessen und wirken als „Vorfilter" bei der Konzipierung politischer Entscheidungen. Interessengruppen stellen wichtige Kontingente von Wählergruppen, bauen Abgeordnete vor allem über die Landesliste der Parteien auf, beeinflussen die parlamentarische Ausschußarbeit und bestimmen weite Felder der öffentlichen Meinung. Deshalb sind auch *Gefahren* nicht zu übersehen: Verbände, obwohl nicht parlamentarisch legitimiert, üben nicht nur Schutzfunktionen für ihre Mitglieder, sondern auch Herrschaftsfunktionen über ihre Mitglieder aus. Sie vermögen massiven Druck auf politische Entscheidungsträger auszuüben, indem sie das Gewicht von Wählergruppen als Kampfmittel einsetzen und auch über ihre beträchtliche Finanzkraft Wirkungen erzielen. Die von den Parteien jahrelang geduldete, jedoch rechtswidrige Fremdfinanzierung über Verbände führte in den 80er Jahren zu einer nachhaltigen Diskreditierung des parlamentarischen Systems (Flick-Affäre, Spendenskandale). Interessengruppen gewinnen dann

Abb. 63   **Zahl der Bürgerinitiativen 1982**

Umweltschutz	343	Jugendfragen	100
Kindergärten/		Kommunale	
Spielplätze	322	Einrichtungen	79
Verkehr	240	Sanierung	74
Schule	164	Kulturleben	67
Stadtentwicklung	163	Denkmalschutz	50
Randgruppen	144	Kommerzielle	
Wohnungsfragen	117	Initiativen	41

besonderen Einfluß, wenn sie nicht nur organisationsstark, sondern vor allem wenn sie „konfliktfähig" sind, d.h. wenn sie glaubhaft machen können, daß ihre Leistungsverweigerung zu empfindlichen Störungen des wirtschaftlichen Lebens führt (z.B. Streik der Fluglotsen, der Müllmänner usw.). Funktionseliten sind weitaus konfliktfähiger als etwa Hausfrauen, Rentner, Schwerbehinderte usw. Gegenüber konfliktfähigen Interessengruppen gerät der Einzelne, jedoch auch der Staat unter Umständen in schwere Bedrängnis.

Auch *Bürgerinitiativen* sind in diesem Zusammenhang zu nennen (vgl. Abb. 63). Sie gelten als lockere, zeitlich und örtlich begrenzte Zusammenschlüsse und entfalten ihre Aktivitäten dort, wo unmittelbare Lebensinteressen von Bürgern betroffen werden (z.B. Umweltschutz, fehlende Wohnungen, Stadtsanierung, Kindergärten, Verkehrsbelastungen usw.). Ihr Auftreten weist auf Defizite im Handeln der politischen Parteien hin und fördert das Bewußtsein für bisher vernachlässigte Probleme. In Bürgerinitiativen sind mehr Menschen als in politischen Parteien organisiert. Sie gewinnen, quer zur Parteiangehörigkeit ihrer Unterstützer, oft massive Zustimmung, die sich in Unterschriftensammlungen ausdrückt und auf kommunaler und lokaler Ebene spektakuläre Erfolge aufzuweisen hat (vgl. Anti-Kernkraft-Bewegung in Whyl am Kaiserstuhl). Bürgerinitiativen bedeuten ein Korrektiv der repräsentativen Demokratie, da der Bürger die von ihm an Abgeordnete delegierte Souveränität zurücknimmt. Konservative Politiker kritisieren an den Bürgerinitiativen die mangelnde Legitimität und verweisen gern auf die „Ein-Punkte-Programmatik", der das Allgemeininteresse der Mehrheit entgegenstehe.

Inwieweit die *Kirchen* den Interessengruppen zuzurechnen sind, ist umstritten, betrifft deren Engagement doch den „ganzen Menschen" in seiner geistig-moralischen Gesamtverfassung. Andererseits üben Kirchen in der Bundesrepublik einen tiefgreifenden Einfluß auf das gesellschaftliche Leben aus. Auch wirtschaftliche Interessen sind ihnen nicht fremd, finanzieren sie sich doch über die vom Staat in ihrem Auftrag eingetriebenen Kirchensteuergelder. Andererseits hat der Staat den Kirchen im Bereich der Bildung (Schulen, Universitäten), der Erziehung (Kindergärten), der Fürsorge und Pflege (Krankenhäuser, Altenheime) wichtige öffentliche Aufgaben übertragen. Etwa 90% der Bevölkerung gehören einer christlichen Konfession an, wobei Katholiken und Protestanten etwa denselben Anteil stellen. Protestanten überwiegen in

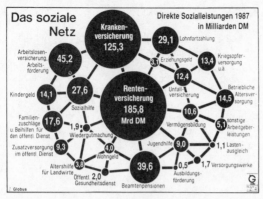

Abb. 64

Norddeutschland, Katholiken in Süddeutschland. Etwa ein Drittel der Katholiken, jedoch nur 10% der Protestanten sind regelmäßige Kirchgänger, doch sagt das wenig über die Verankerung der Kirchen im allgemeinen Bewußtsein aus. Obwohl es in der Bundesrepublik keine Staatskirche gibt, sind Staat und Kirche miteinander partnerschaftlich verbunden. Die CDU/CSU gewann ihre große Anhängerschaft nicht zuletzt mit ihrer Selbstpräsentation als „überkonfessionelle" Volkspartei. Die Evangelische Kirche Deutschlands (EKD) ist ein Bund von 17 relativ unabhängigen Landeskirchen, die katholische Kirche besteht aus 5 Kirchenprovinzen mit 5 Erzbistümern und 16 Bistümern. Hohes Ansehen genießen die Kirchen auf Grund des Widerstandes bedeutender Kirchengruppen gegen die Nazi-Diktatur. Die Katholikentage und die Evangelischen Kirchentage gelten in der Bundesrepublik als Schrittmacher bei der öffentlich Behandlung neuer wichtiger gesellschaftlicher Sachprobleme. So wurde etwa die Ostpolitik der Regierung Brandt/Scheel durch Kirchentage eingeleitet, die Friedensdiskussion wurde maßgeblich von den Kirchen mitgeführt. Auch die Auseinandersetzungen über die Sexualmoral, um Ehescheidung und Schwangerschaftsabbruch wurde wesentlich von den Kirchen getragen.

3. Staatliche Sozialpolitik

a) Die Prinzipien sozialer Sicherung

Der Staat ist ein wichtiges Subjekt innerhalb des sozialen Systems der Bundesrepublik. Seine wichtigsten Aufgaben liegen in der gesetzlichen Normierung der sozialen Sicherungssysteme, der Sozialhilfe, der Wohnungs-, Familien- und Vermögenspolitik usw. Obwohl das Grundgesetz ausdrücklich die Bundesrepublik als *„sozialen Rechtsstaat"* charakterisiert, wurde keine spezifische Form des sozialen Systems vorgeschrieben, so daß man von einer „offenen" Sozialordnung sprechen kann. Die Debatte über den Stellenwert der Sozialstaatlichkeit als gleichgewichtiges oder untergeordnetes Prinzip wird immer wieder ausgetragen und spielt sich heute vor allem ab zwischen Vertretern der Ausdehnung, der Erhaltung und der Verringerung staatlicher Sozialleistungen. In der Tat verfügt die Bundesrepublik über ein eng gespanntes „Netz" staatlicher Sozialleistungen (vgl. Abb. 64), die den Bürger vor den Wechselfällen individueller und gesellschaftlicher Risiken schützen sollen.

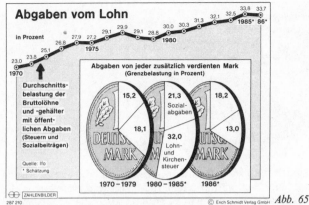

Abgaben vom Lohn

in Prozent

23,0 (1970) · 23,8 · 25,1 · 26,8 · 27,9 · 27,2 · 29,1 (1975) · 29,9 · 29,1 · 28,8 · 30,0 · 30,3 (1980) · 31,3 · 32,1 · 32,5 · 33,8 · 33,7 (1985* 86*)

Durchschnittsbelastung der Bruttolöhne und -gehälter mit öffentlichen Abgaben (Steuern und Sozialbeiträgen)

Quelle: Ifo
* Schätzung

Abgaben von jeder zusätzlich verdienten Mark (Grenzbelastung in Prozent)

	1970–1979	1980–1985*	1986*
Sozialabgaben	15,2	21,3	18,2
Lohn- und Kirchensteuer	18,1	32,0	13,0

ZAHLENBILDER
287 210

© Erich Schmidt Verlag GmbH *Abb. 65*

Drei Prinzipien verschränken sich im sozialen Sicherungssystem: das Versicherungsprinzip mit dem Leistungsanspruch bei Eintritt des Versicherungsfalls (Krankheit, Alter, Tod, Arbeitslosigkeit) auf Grund von Eigenbeiträgen des Versicherten, wobei eine Relation zwischen der Höhe des Versicherungsbeitrags und der Höhe der Versicherungsleistung besteht (Äquivalenz); das Versorgungsprinzip, durch das staatliche Leistungen nicht auf Grund von Beitragszahlungen, sondern durch erlittene Opfer erworben werden (Kriegsopferversorgung, Wiedergutmachung, Lastenausgleich), und das Fürsorgeprinzip, nach dem Bedürftigen und Armen geholfen wird.

Die gegenwärtige Diskussion geht aus von der Anerkennung dieser drei Prinzipien, kontrovers jedoch ist immer die *Bestimmung des Umfangs* staatlicher Sicherungsleistungen geblieben. Mit dem Begriff der Existenzsicherung wird die eher konservierende Aufgabe des Staates für wirklich in Not geratene Menschen umschrieben; mit der Ausgleichsfunktion der staatlichen Leistungen werden gestaltende Aufgaben bezeichnet. Mit Begriffen wie Dynamisierung der Sozialleistungen, Prävention, Rehabilitation usw. werden dagegen reformerische Anliegen angegeben. Die engere oder weitere Fassung des Aufgabengeflechts bleibt ebenso umstritten wie die Zuordnung der individuellen, solidarischen oder subsidiären Beteiligungsformen am Versicherungsumfang. Konservative Kritiker bevorzugen eine engere Fassung der Sozialaufgaben des Staates (Entlastungstheorie) mit einer stärkeren Betonung der Eigenbelastung, Eigenbeteiligung und Selbstverantwortung des Einzelnen. Progressive Vertreter dagegen akzentuieren den weitgehend gesellschaftlichen Charakter der individuellen Risikofaktoren und betonen deshalb den solidarischen Aspekt stärker (Einer für alle – Alle für einen). Mit der Anwendung des Subsidiarprinzips wird ebenfalls eine Entlastung staatlicher Aufgabenstellungen verbunden, da die Regelung der sozialen Bedürftigkeit zunächst den nichtstaatlichen Vergesellschaftungsformen (Familie, Betrieb, Gemeinde usw.) zugeordnet wird und erst bei Ausfall dieser Systeme der Staat eingreift. Kompetente Theoretiker des Subsidiarprinzips wie Osswald von Nell-Breunig gehen jedoch davon aus, daß der Staat den Bürger zunächst in die Lage versetzen muß, sich eigenverantwortlich zu verhalten.

Wer bezahlt die Sozialleistungen?
Sozialaufwand 1978 insgesamt: 398,5 Mrd. DM
davon finanziert durch:

Staat 35%

Beiträge der Arbeitgeber 39%

Sonstige Quellen 4% 22%

Beiträge der Versicherten

Globus 2867

Abb. 66

Bei allen Diskussionen muß jedoch beachtet werden, daß die Sozialleistungen über das Beitrags- und Steueraufkommen finanziert werden müssen. Mit dem Ausbau des „Wohlfahrtsstaates" wuchs deshalb auch die *Abgabenbelastung des Bürgers* (vgl. Abb. 65). Das „soziale Netz" stellt sich deshalb als ein riesiges Umverteilungssystem dar. Was dem Bürger in Form von Beiträgen oder Steuern aus der einen Tasche genommen wird, fließt ihm in Form von staatlichen Transferleistungen wieder zu. Mißbräuchliche Ausnutzung der sozialen Leistungsangebote, die „Anspruchsinflation", die „Überversorgung" und Abtötung der Eigeninitiative zum Wesen der staatlichen Sozialordnung zu erklären statt hier korrigierbare Oberflächenerscheinungen zu sehen, ist ein beliebter Topos in der gegenwärtigen Diskussion um die Finanzierung der sozialen Sicherungssysteme (vgl. Abb. 66 und 67).

Auch Alternativen für eine Umorientierung der Sozialfinanzierungen wer-

Umverteilung: Wer zahlt, wer kassiert

Diese Berufsgruppen:

Landwirte · Selbständige · Angestellte · Beamte · Arbeiter · Rentner · Versorgungsempfänger

...hatten 1978 ein durchschnittliches Einkommen aus Erwerbstätigkeit und Vermögen von ...DM je Haushalt

Landwirte	Selbständige	Angestellte	Beamte	Arbeiter	Rentner	Versorgungsempfänger
57 174	124 875	56 228	47 248	47 700	5 397	8 404

Davon mußten sie an den Staat abführen[1])

| 8 728 | 33 896 | 21 990 | 10 337 | 19 462 | 1 810 | 4 220 |

Vom Staat erhielten sie an Übertragungen[2])

| 3 886 | 2 747 | 4 160 | 3 024 | 4 960 | 16 568 | 24 719 |

Per Saldo waren sie damit um ...DM... ...besser gestellt

14 758 · 20 499

...schlechter gestellt

4 842 · 31 149 · 17 830 · 10 033 · 14 502

[1]) Sozialbeiträge und direkte Steuern;
[2]) Renten, Pensionen, Kindergeld usw.;
iwd 51/52/1979 Dt. Instituts Verlag

Abb. 67

Warum die Rentenreform nötig ist

So würden sich die Beitragssätze zur Rentenversicherung
(Arbeitnehmer- und Arbeitgeberanteil zusammengerechnet) entwickeln...

1988 2000 2015 2030

...ohne
Rentenreform

37
bis
42%

27
bis
30%

22
bis
24%

18,7%

1988 2000 2015 2030

...mit
Rentenreform

26
bis
31%

22
bis
25%

20
bis
22%

18,7%

Quelle: Prognos

Abb. 68

den zunehmend diskutiert. Da die Sozial- und Steuerabgaben vor allem nach Lohn- und Gehaltseinkommen berechnet werden, wird vor allem die menschliche Arbeitskraft belastet. In einer Zeit, in der der Anteil der menschlichen Arbeitskraft an der Produktion schwindet, liegt es nahe, die nichtmenschliche Arbeit (Maschinen) zu belasten (Maschinensteuer).

Früher als in irgendeinem Land und als Vorbild für viele nationalen Sicherungssysteme wurde in Deutschland *staatliche Sozialpolitik* im modernen Sinne eingeführt. Am Anfang stand die Kaiserliche Botschaft von 1881, in der die „Heilung sozialer Schäden" zugesagt und im Aufbau der Gesetzlichen Krankenversicherung (1883), der Unfallversicherung (1884) und der Rentenversicherung der Arbeiter (1889) durchgeführt wurde. 1911 folgte dann die Rentenversicherung für Angestellte und 1927, erst in der Zeit der Weimarer Republik, die Einführung der Arbeitslosenversicherung. Im Selbstverständnis Bismarcks bedeutete die Sozialgesetzgebung „praktisches Christentum in gesetzlicher Betätigung"; im historischen Rückblick jedoch treten die schwere Wirtschaftskrise nach einer Hochkonjunkturphase und vor allem die Spaltung und Integration des revolutionären Proletariats als Hauptmotive in den Vordergrund.

b) Die *Rentenversicherung* stellt mit Abstand den größten Posten im Versicherungsbereich. Grundlage ist der „Generationenvertrag", nach dem die Beitragsleistungen der arbeitenden Generation den Rentnern zufließen (vgl. Abb. 68). Besondere Bedeutung hatte die Rentenreform von 1957, in der die „Lohnersatzfunktion" der Rente festgelegt wurde, nach der nach 40jähriger Beitragszeit 60 % des Lohnes als Rente erreicht wird. Wichtiger noch waren die bruttolohnbezogenen Rentenanpassungen an die allgemeine Einkommensentwicklung (Dynamisierung). 1972 wurde die flexible Altersgrenze eingeführt, nach der ein Rentenanspruch schon mit 63 Jahren besteht und die Rentenversicherung für Selbständige und Hausfrauen geöffnet wurde. Die Rentenversicherung steht immer wieder im Mittelpunkt der öffentlichen Diskussionen. Die vom BVG ab 1984 geforderte Gleichstellung von Mann und Frau bedeutet ebenso eine Herausforderung wie der „Rentenberg", der auf Grund der demographischen Entwicklung entstehen wird. Finanzierungsprobleme wurden bisher über Beitragserhöhungen, höhere Staatszuschüsse und Ermäßigung der Versichungspflichtgrenze gelöst. Auf Grund wachsender

175

Sparprogramm für Krankenkassen

Die Strukturreform im Gesundheitswesen sieht jährlich folgende Einsparungen bei der gesetzlichen Krankenversicherung vor (Schätzungen in Mio. DM)

Weniger Zuschüsse für Zahnersatz und Kieferorthopädie
2 590 Mio. DM

Höhere Rezeptgebühr (übergangsweise) **100**

Zuzahlung bei Heilmitteln **100**

Weniger Zuschüsse für offene Badekuren **165**

Keine neue Brille bei unveränderter Sehfähigkeit **200**

Kein Geld mehr für Bagatellhilfsmittel („Augenklappe"), nicht notwendige oder unwirtschaftliche Arzneimittel

Festbeträge für Arznei- und Hilfsmittel **2 060**

sonstige Einsparungen oder Minderausgaben **2 240**

1 840

Festbeträge für Brillen, Kontaktlinsen, Hörgeräte **975**

Sterbegeld gemindert und nur für Altmitglieder **910**

580

580

Weniger Zuschüsse für Fahrten zum Arzt

Höhere Zuzahlung in Krankenhäusern, Struktureffekte

G 7422

© Globus

Abb. 69

Probleme geht man an die Verschiebung von Rentenanpassungen und bewegt sich vorsichtig auf eine nettolohnbezogene Fassung der Bemessungsgrundlagen zu.

c) Auch die *Krankenversicherung* hat mit beträchtlichen Kostenproblemen zu kämpfen. Als Ursachen für den Kostenschub (vgl. Abb. 69) werden verantwortlich gemacht die „Anspruchsinflation" der Bevölkerung, die kostenintensiven Investitionen im medizinisch-technologischen Bereich, die oligopolistische Marktstruktur (Ärzte, pharmazeutische Industrie, medizinische Zuliefererbetriebe, Krankenhäuser) und Defizite im staatlichen Steuerungsverhalten, da Ärzte Krankenhäuser und Krankenkassen nicht optimal zusammenarbeiten. Nach mehreren Kostendämpfungsgesetzen wurde ab 1989 eine Gesundheitsreform durchgesetzt (Abb. 69), in welcher vor allem die Patienten belastet wurden. Durch eine verstärkte Selbstbeteiligung der Patienten an den Krankheitskosten soll eine Erhöhung der Versicherungsausgaben vermieden werden. Kritik rief die Reform hervor, weil das Versicherungsprinzip, nach welchem die Gesunden für die Kranken zahlen, durchlöchert wurde. Außerdem wurde kritisiert, daß die Reform die kostentreibenden Ausgabenblöcke (Krankenhäuser, Pharmaindustrie, Ärztehonorare) nicht adäquat zurückgeschnitt Positiv wurde der Aufbau einer Pflegeversicherung für alte und kranke Menschen aufgenommen.

d) Bei steigenden *Arbeitslosenzahlen* hatte auch die Bundesanstalt für Arbeit in Nürnberg zeitweise mit Finanzierungsproblemem zu kämpfen. Die Arbeitslosenversicherungsbeiträge werden von Arbeitnehmern und Arbeitgebern gemeinsam aufgebracht. In der Regel wird Arbeitslosengeld ein Jahr lang gewährt. Nach einem Jahr erlischt das Recht auf Arbeitslosengeld und es kann Arbeitslosenunterstützung beantragt werden. Auf Grund der verschlechterten Finanzsituation flossen hohe Sonderzahlungen aus der Bundeskasse an die Bundesantalt für Arbeit, zumal auch Arbeitsbeschaffungsmaß-

176

nahmen, Umschulungs-und Weiterbildungskurse zur Neu- und Besserqualifizierung unterstützt werden. Die Maßstäbe bei der Zahlung des Arbeitslosengeldes sind strenger gefaßt worden. Die Zumutbarkeitsbestimmungen bei der Neuvermittlung eines Arbeitslosen wurden verschärft, so daß ein Arbeitsloser auch einen schlechteren Arbeitsplatz annehmen muß. Die Mißbrauchsaufsicht wurde verstärkt, und durchgesetzt wurden auch geringere Auszahlungsquoten für das Arbeitslosengeld. Problematisch ist, daß immer mehr längerfristige Arbeitslose aus der Arbeitslosenversicherung herausfallen.

e) Im Jahre 1980 wurden 2,1 Millionen Bürger als *Sozialhilfeempfänger* offiziell registriert. Sozialhilfe wird gezahlt, wenn der Betroffene selbst nicht mehr in der Lage ist, für sich und (oder) seine Familie zu sorgen. In Wahrheit leben jedoch mehr als 2,1 Millionen Menschen in „relativer" Armut. Viele Arbeitslose kommen dicht an die Armutsschwelle heran; fast die Hälfte der Menschen, denen Sozialhilfe zusteht, nimmt diese Leistung aus Scham oder Unkenntnis nicht in Anspruch. Zu berücksichtigen sind auch Rentner, die am Rande des Existenzminimums leben. Wurden 1970 3,3 Milliarden DM für Sozialhilfe ausgegeben, so lag 1980 der Aufwand schon bei 13,3 Milliarden DM. Die Sozialhilfe wird von den Kommunen bezahlt, deren Haushalt gerade durch diesen Posten außerordentlich belastet wird. Ein Sozialhilfeempfänger erhält monatlich 338 DM, wobei Miete und Heizung nicht gerechnet ist. Die Festlegung der Regelsätze richtet sich nach einem „Warenkorb", der die lebensnotwendigen Subsistenzmittel enthält.

f) Der *Wohnungsbau* wird in der Bundesrepublik nicht vollständig den Kräften des freien Marktes überlassen. Das hing mit der Wohnungsnot am Ende des Krieges zusammen: Wohnraum war weitgehend zerstört oder beschädigt; Flüchtlingen und Vertriebenen mußten Wohnungen durch Zwangseinweisungen gestellt werden. Auch nach einer vorläufigen Normalisierung und der Freigabe der Mietpreise blieb der Wohnungsbau ein wichtiger Bestandteil der Sozialpolitik. Man unterscheidet grundsätzlich zwischen Objekt- und Subjektförderung. Im Mittelpunkt der Objektförderung stehen der soziale Wohnungsbau, durch den mietengünstige Wohnungen für Einkommensschwache und kinderreiche Familien zur Verfügung gestellt werden, und die staatliche Förderung von Vermögenseigentum an Wohnungen durch steuerliche Entlastungshilfen und durch eine breitgestreute Bausparförderung, Maßnahmen, die jedoch teilweise an bestimmte Einkommensgrenzen gebunden sind. Bei der Subjektförderung geht es um Mietzuschüsse (Wohngeld), mit denen einkommensschwachen Personen und Familien eine tragbare Kostenmiete ermöglicht wird. Ende der 70er Jahre zeigten sich allerdings ernsthafte Krisensymptome in der Wohnungsversorgung und das nach dem größten Bauboom in der Nachkriegszeit im Jahre 1973. Besonders in den Ballungsgebieten wurden preisgünstige Wohnungen Mangelware, so daß von einer „neuen Wohnungsnot" gesprochen wurde. Anspruchsberechtigte Bewerber für eine billige Sozialwohnung finden so gut wie keine Wohnung mehr, zumal der Bau von Sozialwohnungen immer massiver reduziert wurde.

Der freifinanzierte Mietwohnungsbau erschien Kapitalanlegern wie den Versicherungsträgern nicht mehr profitabel genug und wurde stark zurückgefahren. Verantwortlich waren dafür die immensen Kosten für Grund und Boden in den Ballungsgebieten und die rapide gestiegenen Hypothekenzinsen, jedoch auch die Unmöglichkeit, gewinnorientierte Kostenmieten zu erzielen. Deshalb verlagerten die Bauherren ihre Aktivitäten auf den Bau von Geschäfts- und Bürohäusern. Preiswerte Wohnungen wurden aber auch wegen der staatlich mitfinanzierten Sanierungsprogramme zur Mangelware, da preiswerte Altbauten in den Cities vernichtet oder durch Luxussanierungen immens verteuert wurden. Zahlreiche Altbauten in zentralen Wohnlagen standen zum Abriß bereit, um Spekulationsobjekten Platz zu machen. Anfang der 80er Jahre trat dieser Mißstand ins Zentrum der Auseinandersetzungen, als vor allem junge Leute leerstehende Häuser „instandbesetzten", was zu teilweise spektakulären Räumungsaktionen durch die Polizei führte und einen Kristallisationspunkt der Jugendrebellion darstellte. Besondere Formen nahmen diese Auseinandersetzungen in Berlin an, wo die SPD eine Politik der partiellen Legalisierung der Besetzungen versuchte, die CDU jedoch eine härtere Linie praktizierte. Nach der Wende 1983 betrieb die konservativ-liberale Bundesregierung auch eine Wende der Mietgesetzgebung, wodurch die 1970/ 71 von der SPD-FDP-Regierung durchgeführte Mietgesetzreform eingeschränkt wurde. Seitdem wurde das Mietpreissteigerungen abfedernde System der Vergleichsmieten zu Lasten der Mieter verändert; seitdem können auch Staffelmieten mit zuvor vereinbarten Mietsteigerungen in Mietverträge eingebaut werden. Außerdem wurde der Kündigungsschutz für die Mieter verschlechtert. Ziel dieser Maßnahmen soll es sein, die Renditen der Vermieter zu erhöhen und dadurch zu Neuinvestitionen im Wohnungsbau zu ermuntern. Gegner dieser Gesetzgebung bezweifeln jedoch gerade diese Effizienz der Mietrechtsänderungen.

g) Die *Vermögensbildung* in Arbeitnehmerhand kommt immer dann intensiver ins öffentliche Gespräch, wenn Wahlkampfzeiten nahen. Der Hintergrund dafür ist die immer noch ungleichgewichtige Vermögensverteilung in der Bundesrepublik.

Zwar wurde eine Fülle von vermögenspolitischen Maßnahmen durchgesetzt, wie die staatlich unterstützte Spartätigkeit, die Bausparförderung und die von den Arbeitgebern gezahlte Arbeitnehmerzulage. 1977 nutzten immerhin 15,6 Millionen Menschen die Vorteile nach dem Vermögensbildungsgesetz. Allerdings wurden auf Grund der Sparmaßnahmen die Subventionen im Bereich der Sparförderung empfindlich gekürzt. Angesichts der auch rückläufigen Lohnentwicklung werden in den letzten Jahren verstärkt Formen der betrieblichen Gewinn- und Kapitalbeteiligung diskutiert, bei denen ein Teil der Lohnerhöhung nicht konsumiert wird, sondern zur Erhöhung der Eigenkapitaldecke der Betriebe verwandt wird. Die Arbeitnehmer wären Miteigentümer des Betriebs, was auch ihre Bindung an den Betrieb verstärken würde. Problematisch ist bei diesen Plänen der Risikoschutz der Arbeitnehmer, weshalb die Gewerkschaften neben Mitbestimmungsrechten die Bildung überbetrieblicher Vermögensfonds verlangen, eine Forderung, die als „anonyme" Arbeitnehmerbeteiligung von der Gegenseite abgelehnt wird.

h) Eine große Rolle spielt in der sozialpolitischen Diskussion seit jeher die *Steuerbelastung* der Bundesbürger. In der Tat ist die Steuerbelastung der Einkommensbezieher beträchtlich. Rechnet man noch die Sozialabgaben zu den Steuern, werden je nach Einkommenslage 40 % und mehr an den Staat und an

Steuereinnahmen des Bundes und der Länder 1980 in Mio DM (vorläufig)

Einnahmen des Bundes	Einnahmen aus Bundessteuern*)	Einnahmen aus Ländersteuern	Einnahmen der Länder
	21 351 Mineralölsteuer		
	11 288 Tabaksteuer		
	3 883 Branntweinabgabe	Kraftfahrzeugsteuer 6 585	
	1 779 Versicherungsteuer	Vermögensteuer 4 665	
	1 478 Kaffeesteuer	Biersteuer 1 262	
	1 752 Übrige Bundessteuern	Übr. Ländersteuern 3 560	

	Einnahmen aus gemeinschaftlichen Steuern		
63 051 ◀ 42,5 %	Lohnsteuer und veranlagte Einkommensteuer	42,5 % ▶	63 051
12 749 ◀ 50 %	Nicht veranlagte Steuern vom Ertrag und Körperschaftsteuer	50 % ▶	12 749
56 983**) ◀ 67,5 %	Umsatz- und Einfuhrumsatzsteuer	32,5 % ▶	30 371
3 232 ◀ 50 %	Gewerbesteuerumlage	50 % ▶	3 232

Einnahmen insgesamt 177 545 Mio DM | **Einnahmen insgesamt 125 474 Mio DM**

gekürzt um *) EG-Anteil Zölle (4 524 Mio DM) – **) EG-Anteil an Umsatzsteuern (6 095 Mio DM)   ZAHLENBILDER

Abb. 70

die Sozialkassen abgeführt. Aus etwa 50 Steuerquellen bedient sich der Staat, wobei indirekte Steuern (z.B. die Mehrwertsteuer) und direkte Steuern belastend zu Buche schlagen (vgl. Abb. 70). Die Steuerspirale dreht sich immer schärfer für Verdiener in der mittleren Einkommenszone, was mit dem „progressiven" Charakter des Besteuerungssystems zu tun hat. Sehr schnell gelangen Verdiener von der unteren „Proportionalzone" in den steigenden Steuertarif (vgl. Abb. 71). Kein Wunder, daß auch in der Bundesrepublik die „Schwarzarbeit" im Steigen begriffen ist, bei der Sozial- und Steuerabgaben nicht entrichtet werden (vgl. Abb. 72). Besonders bestimmte Handwerksleistungen werden in einem hohen Maß durch Schwarzarbeit erbracht. Die Forderung nach einer entlastenden Steuerreform wird deshalb seit Jahren erhoben. Ob jedoch eine wirkliche Entlastung stattfinden wird, hängt davon ab, ob die indirekten Steuern nicht erhöht oder ob Subventionen gestrichen werden, denn nach den Plänen der Regierung soll die Steuerentlastung von insgesamt 20 Milliarden DM kostenneutral bleiben, also nicht über eine erhöhte Schuldenaufnahme des Bundes finanziert werden.

Abb. 71   *Abb. 72*

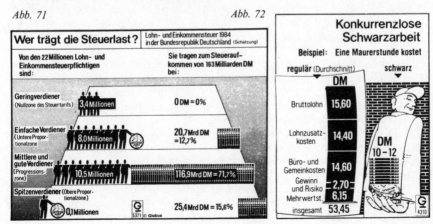

179

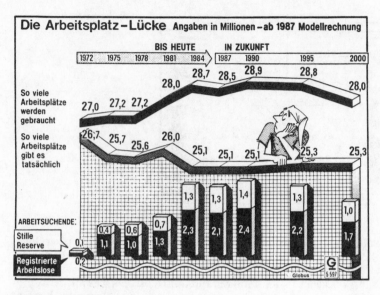

Die Arbeitsplatz–Lücke Angaben in Millionen – ab 1987 Modellrechnung

| | BIS HEUTE | | IN ZUKUNFT | |
| 1972 | 1975 | 1978 | 1981 | 1984 | 1987 | 1990 | 1995 | 2000 |

So viele Arbeitsplätze werden gebraucht: 27,0 27,2 27,2 28,0 28,7 28,5 28,9 28,8 28,0

So viele Arbeitsplätze gibt es tatsächlich: 26,7 25,7 25,6 26,0 25,1 25,1 25,1 25,3 25,3

ARBEITSUCHENDE:

Stille Reserve

Registrierte Arbeitslose

0,1 0,2 ... 1,1 1,0 1,3 2,3 2,1 2,4 2,2 1,7
0,4 0,6 0,7 1,3 1,3 1,4 1,3 1,0

Globus 5 597

Abb. 73

III Soziale Problemfelder

1. Arbeitslosigkeit

Das Problem der *Arbeitslosigkeit* in der Bundesrepublik verschärft sich. Ende 1982 wurde die „magische" Grenze von 2 Millionen überschritten (vgl. Abb. 73), die Prognosen für die Zukunft sehen düster aus. Vom „sozialen Sprengstoff" ist die Rede. Gewerkschaftler und große Teile der SPD fordern drängender denn je staatliche Beschäftigungsprogramme, finanziert über erhöhte Steuern; die Unternehmer und die ihnen nahestehenden Kreise aus CDU/CSU und FDP setzen auf die Verbesserung der Angebotsstrukturen durch Steuererleichterungen, Lohn- und Sozialkostenabbau, Reduzierung gesetzlicher Investitionshemmnisse usw. Die Regierung hat auf Grund des hochverschuldeten Staatshaushalts nur begrenzte Gestaltungsmöglichkeiten, zumal die Ursachen der Arbeitslosigkeit nach übereinstimmender Meinung nicht konjunkturell, sondern strukturell bedingt sind: durch technologische Freisetzungseffekte, branchenspezifischen Nachfragerückgang, die Kostenintensivität der Arbeitskraft und vor allem durch tiefgreifende demographische Entwicklungen. Bis 1985 hätten für 1,5 Millionen Jugendliche neue Arbeitsplätze geschaffen werden müssen, um die geburtenstarken Jahrgänge in den Arbeitsprozeß zu integrieren (vgl. Abb. 74).

Die von Angebotsökonomen entwickelten *Therapievorschläge* haben sich zur Lösung des Arbeitslosenproblems als völlig ungeeignet erwiesen. Daß höhere Investitionen der Unternehmen zu mehr Arbeitsplätzen führen, ist unwahrscheinlich, da die Unternehmen in Rationalisierungen investieren. Außerdem sind Investitionen solange nicht zu erwarten, als die Kapazitätsauslastung der Unternehmen nicht gewährleistet ist. Nachfrageökonomen sind jedoch ebenfalls überfordert, da die Arbeitslosigkeit sich nicht einfach als

180

Jugend ohne Arbeit
Arbeitslosenquote Jugendlicher bis 24 Jahre
1983 in %

Spanien 40
Italien 33
England
Frankreich
Kanada 23
21 20 USA
Bundesrepublik
Deutschland 17
Schweden 12
Japan 9
6

Quelle: OECD 4964

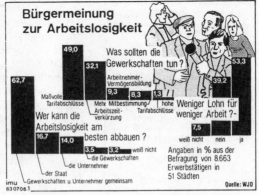

Bürgermeinung zur Arbeitslosigkeit

Was sollten die Gewerkschaften tun?

49,0
32,1
62,7
Arbeitnehmer-Vermögensbildung 9,3
8,3
1,3
53,3
39,2

Maßvolle Tarifabschlüsse
Wer kann die Arbeitslosigkeit am besten abbauen?
16,7
14,0
Mehr Mitbestimmung
Arbeitszeit-verkürzung
hohe Tarifabschlüsse
Weniger Lohn für weniger Arbeit?-
7,5

3,5 3,2 weiß nicht
die Gewerkschaften
der Staat
Gewerkschaften u. Unternehmer gemeinsam
die Unternehmer

weiß nicht   nein   ja

Angaben in % aus der Befragung von 8.663 Erwerbstätigen in 51 Städten

imu 830706.1

Quelle: WJD

Abb. 74   *Abb. 75*

kurzfristiges Konjunkturproblem darstellt. Wer heute Geld hat, gibt es nicht mit vollen Händen aus, weil er alles hat, und wer kaufen möchte, hat nicht genügend Geld.

Angesichts der auch im internationalen Maßstab unverhältnismäßig hohen Arbeitslosigkeit, die einschließlich einer „stillen", d.h. von den Arbeitsämtern nicht registrierten Reserve bei weit über 2 Millionen liegt, verschärften sich besonders im Jahr 1984 die Auseinandersetzungen zwischen Arbeitgebern und Arbeitnehmern. Welche Maßnahmen wurden diskutiert (vgl. Abb. 75 und 76), was wurde durchgesetzt? Die Regierung favorisierte eine Verkürzung der Lebensarbeitszeit auf 58 Jahre (*Vorruhestand*), was jedoch die Rentenversicherungsträger und auch die Arbeitgeber finanziell belastet. Die Beschäftigungswirkung dieser Vorruhestandsregelung ist jedoch zahlenmäßig begrenzt, da sowieso nur noch relativ wenige Menschen zwischen dem 58. und 64. Lebensjahr in Arbeit stehen (vgl. Abb. 77). Die Gewerkschaften kämpften deshalb für die *Verkürzung der Wochenarbeitszeit* auf 35 Stunden. Nur diese einschnei-

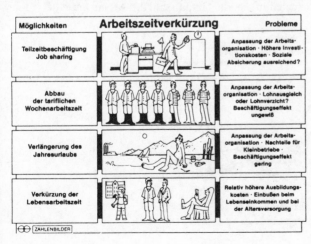

Möglichkeiten	**Arbeitszeitverkürzung**	Probleme
Teilzeitbeschäftigung Job sharing		Anpassung der Arbeitsorganisation · Höhere Investitionskosten · Soziale Absicherung ausreichend?
Abbau der tariflichen Wochenarbeitszeit		Anpassung der Arbeitsorganisation · Lohnausgleich oder Lohnverzicht? Beschäftigungseffekt ungewiß
Verlängerung des Jahresurlaubs		Anpassung der Arbeitsorganisation · Nachteile für Kleinbetriebe · Beschäftigungseffekt gering
Verkürzung der Lebensarbeitszeit		Relativ höhere Ausbildungskosten · Einbußen beim Lebenseinkommen und bei der Altersversorgung

ZAHLENBILDER

Abb. 76

181

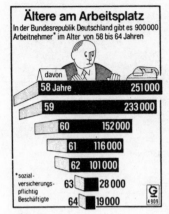

Ältere am Arbeitsplatz
In der Bundesrepublik Deutschland gibt es 900 000
Arbeitnehmer* im Alter von 58 bis 64 Jahren

davon

58 Jahre	251 000
59	233 000
60	152 000
61	116 000
62	101 000
63	28 000
64	19 000

*sozial-
versicherungs-
pflichtig
Beschäftigte

Abb. 77

dende Veränderung könne eine nennenswerte Anzahl arbeitsloser Menschen in Arbeit und Brot bringen. Ein voller Lohnausgleich bei reduzierter Wochenarbeitszeit sei ebenfalls vertretbar, könne er doch aus der höheren Produktivität finanziert werden. Außerdem hätten Arbeitszeitverkürzungen seit jeher die Gesamtentwicklung der Industrialisierung begleitet (vgl. Abb. 78) und beträchtlich dazu beigetragen, die Arbeitslosigkeit auch früherer Zeiten zu verringern. Den Arbeitgebern galt die Verkürzung der Arbeitszeit unter die 40-Stunden-Marke lange Zeit als Tabuthema. Von „Umverteilung des Mangels" oder von „Behandlung der Magersucht durch Nahrungsentzug" wurde gesprochen. Der Kostendruck durch Verteuerung der Arbeitsstunde gefährde die internationale Wettbewerbsfähigkeit. Statt Arbeitsplätze zu schaffen, würde weiter rationalisiert und eventuellen Produktionsengpässen mit „Überstunden" begegnet. Besonders für Klein- und Mittelbetriebe sei die Verkürzung der Wochenarbeitszeit bei vollem Lohnausgleich nicht zu verkraften. Die Arbeitgeber favorisierten *„flexible" Arbeitszeitkonzepte* wie die verstärkte Einführung von Teilzeitarbeitsplätzen und die Anpassung der betrieblichen Arbeitszeit an die jeweiligen Produktionserfordernisse.

Die *Auseinandersetzungen* führten zu den härtesten, teuersten und am stärksten politisierten Streikbewegungen in der Geschichte der Bundesrepublik. Ein Durchbruch wurde im Bereich der metallverarbeitenden Industrie erreicht, als in Schlichtungsverhandlungen eine Festlegung auf die 38,5-Stunden-Woche gelang, allerdings mit einer betrieblichen Flexibilitätskomponente, nach der der festgelegte 8-Stunden-Tag je nach betrieblichen Bedürfnissen überschritten werden kann. Zwar führte diese Regelung im Bereich der Großindustrien schon zu Neueinstellungen, die Gesamtzahl der Arbeitslosen fiel jedoch

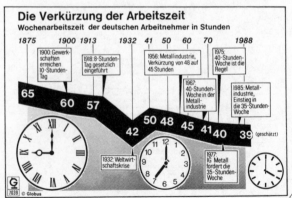

Die Verkürzung der Arbeitszeit
Wochenarbeitszeit der deutschen Arbeitnehmer in Stunden

1875 1900 1913   1932 41 50 60 70   1988

1900: Gewerkschaften erreichen 10-Stunden-Tag

1918: 8-Stunden-Tag gesetzlich eingeführt

1956: Metallindustrie, Verkürzung von 48 auf 45 Stunden

1975: 40-Stunden-Woche ist die Regel

1967: 40-Stunden-Woche in der Metallindustrie

1985: Metallindustrie, Einstieg in die 35-Stunden-Woche

65 60 57   42   50 48 45 41 40   39 (geschätzt)

1932: Weltwirtschaftskrise

1977: IG Metall fordert die 35-Stunden-Woche

Abb. 78

182

keineswegs. Deshalb sind *andere Maßnahmen* notwendig: Durch Steuerentlastungen der unteren und mittleren Einkommen sollen arbeitsplatzschaffende Nachfragekräfte stimuliert werden; steuerliche Begünstigungen von Risikokapital wurden durchgesetzt und für Investitionen in arbeitsplatzschaffende Industrien gefordert. Neue Felder zur Erschließung qualitativen Wachstums (Umweltschutz, Energieeinsparung, Wiederverwendungsindustrien usw.) sollten gefördert werden, und an die Stelle von Einkommenszuwächsen sollte die Beteiligung von Arbeitnehmern am Produktionsvermögen treten, um die Eigenkapitalbasis von Unternehmen zu stärken. Notwendig sei darüber hinaus ein Ausbau der Aus- und Weiterbildung, um den Anteil von unqualifizierten Arbeitslosen herunterzudrücken. Überhaupt müßte die soziale und berufliche Mobilität der Arbeitnehmer erhöht werden, da auch immer stärker qualifizierte Arbeitnehmer von Arbeitslosigkeit betroffen werden (vgl. Abb. 79). Wie weit diese Maßnahmen durchgesetzt und wirksam gemacht werden können, ist jedoch noch ungewiß.

2. Gastarbeiter

Als im Jahre 1964 der einmillionste „Gastarbeiter" in der Bundesrepublik eintraf, wurde ihm zur Begrüßung ein Moped übergeben. So wurden offiziell die Gastarbeiter gefeiert, die in der Zeit des beschleunigten Wirtschaftswachstums und bei anhaltendem Mangel an deutschen Arbeitskräften zur Wohlstandsmehrung beitrugen. Doch die Zeiten änderten sich. Während der Rezession 1973 wurde ein *Anwerbestopp* für Ausländer verhängt, der sich jedoch nicht auf die Freizügigkeit genießenden Arbeiter aus EG-Ländern bezog. Daraufhin verminderte sich die Zahl der ausländischen Arbeitnehmer von 2,6 Millionen auf unter 190 000, doch die Gesamtzahl der ausländischen Mitbürger verringerte sich nicht. Heute leben über 4,5 Millionen Ausländer in der Bundesrepublik (vgl. Abb. 80). Verantwortlich für diese hohe Zahl ist trotz des immer noch geltenden Anwerbestopps der Geburtenüberschuß und die Zuwanderung von Familienangehörigen. Inzwischen ist die Ausländerfrage zu einem der sensibelsten Probleme bundesrepublikanischer Wirklichkeit geworden. Mit der Verschlechterung der wirtschaftlichen Gesamtsituation

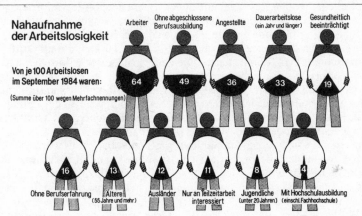

Abb. 79

183

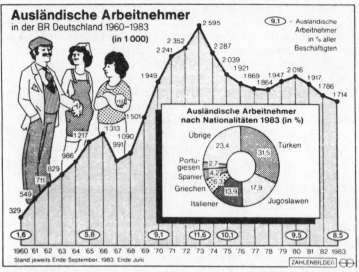

Ausländische Arbeitnehmer
in der BR Deutschland 1960–1983
(in 1 000)

9.1 = Ausländische Arbeitnehmer in % aller Beschäftigten

Ausländische Arbeitnehmer nach Nationalitäten 1983 (in %)

Übrige 23,4
Türken 31,5
Portugiesen 2,7
Spanier 4,2
Griechen 6,3
Italiener 13,9
Jugoslawen 17,9

Stand jeweils Ende September. 1983: Ende Juni

ZAHLENBILDER

Abb. 80

und bei wachsenden Arbeitslosenzahlen ließen sich von interessierter Seite Ressentiments mobilisieren, die besonders zu Beginn der 80er Jahre in teilweise spektakulären Formen hervorbrachen. Bombenanschläge auf Ausländerheime, eine lautstarke „Bürgerinitiative Ausländerstopp" in Nordrhein-Westfalen, ein „Heidelberger Manifest" ausländerfeindlicher Professoren, zunehmendes Diskotheken- und Kneipenverbot für Türken: das sind nur einige Sumpfblüten rechtsradikaler Unterwanderungs- und Überfremdungsängste. Totgeglaubte Gespenster aus der Vergangenheit tauchten wieder auf: Hygiene, Deutschtum, Rassismus sind einige Syndrome aus der Mentalitätsschicht des rechtsradikalen Reservoirs, das doch schon längst überwunden schien.

Die *Ursachen* für diese latenten und manifesten Formen der Fremdenfeindlichkeit sind vielschichtig. Zunächst dominierten in den 60er Jahren Zuwanderer aus Italien, Spanien, Portugal und Jugoslawien, deren Integration leichter zu bewerkstelligen war. Die Kinder dieser Ausländer besuchen inzwischen häufiger eine weiterführende Schule als gleichaltrige Jugendliche aus deutschen Familien. An der Spitze liegen heute jedoch die Türken, die ein Drittel der ausländischen Bevölkerung stellen. Die Unterschiede der kulturellen und religiösen Normen bewirken beträchtliche Assimilationsschwierigkeiten, so daß von vielen Beobachtern das Ausländerproblem auf ein Türkenproblem reduziert wird. Irritiert sind viele Eltern deutscher Kinder, wenn in der Grundschule Kinder aus Türkenfamilien das Klassenbild beherrschen. Als Konfliktbereich ist jedoch auch die Wohnsituation der Ausländer zu charakterisieren. Billigquartiere, die sich zumeist in Sanierungsgebieten befinden, wurden bevorzugt von Ausländern bezogen; deutsche Bewohner wanderten ab, was die Ghettobildung bis hin zur „sozialen Segregation" nach sich zog. In einer Zeit, da auch für Deutsche der billige Wohnraum knapp wird, sind deshalb Ressentiments leichter zu mobilisieren.

Aufschlußreich ist es, den *sozialen Hintergrund* der Ressentimentbildung

Mehrheit der Deutschen gegen Gastarbeiter

Die meisten Bundesbürger sind dafür, daß die Gastarbeiter „wieder in ihr Land zurückkehren." Das ergaben Umfragen der Institute Infas (Bonn) im Dezember 1981 und Emnid (Bielefeld) im März 1982. Infratest (München) hatte die Frage in den vergangenen Jahren gestellt.

Zeitpunkt	Wert
Nov. 1978	39
April 1980	48
Aug. 1981	53
Dez. 1981	66
März 1982	68

Für die Rückkehr aller Gastarbeiter in ihre Herkunftsländer sind Mehrheiten aller Bevölkerungsgruppen, die allerdings unterschiedlich groß sind. Es sprachen sich für die Rückkehr aus: von je 100 Bundesbürgern

im Alter von
	Wert
18 bis 24 Jahren	56
25 bis 34	58
35 bis 49	68
50 bis 64	72
ab 65 Jahren	71

	Wert
mit Volksschulbildung	71
mit mittlerer Schulbildung	54
mit Abitur	51

Nicht so groß ist die Mehrheit, die meint, „auch die in Deutschland geborenen Kinder von Gastarbeitern sollten auf längere Sicht in die Heimatländer zurückkehren". Dafür sprachen sich aus von je 100 Bundesbürgern

insgesamt 50

im Alter von
	Wert
18 bis 24 Jahren	42
25 bis 34	43
35 bis 49	53
50 bis 64	53
ab 65 Jahren	56

	Wert
mit Volksschulbildung	57
mit mittlerer Schulbildung	37
mit Abitur	26

Abb. 81

(vgl. Abb. 81) zu analysieren. Je schwächer die soziale Stellung des deutschen Mitbürgers ist, desto intensiver und irrationaler lebt sich Ausländerfeindschaft aus. Die eigene soziale Bedrohung durch Arbeitslosigkeit und Degradation wird projiziert auf den in der sozialen Hierarchie noch schwächer Gestellten. Der Ablauf dieser „sozialen Hackordnung" ist jedoch ein Musterbeispiel mangelnder sozialer Lernprozesse. Zur Kenntnis wird nicht genommen, daß Deutschland selbst ein Auswandererland erster Ordnung war, als im 19. Jahrhundert etwa 5 Millionen und im 20. Jahrhundert etwa 1 Million das Land verließen. Angst haben viele um einen Arbeitsplatz, den sie gar nicht übernehmen wollen oder können. Denn Ausländer sind in außerordentlich unattraktiven Berufen tätig, die besonders monoton und belastend sind. Ein Ausfall dieses Arbeitskräftepotentials wäre kurzfristig gar nicht ersetzbar. Außerdem wird nicht zur Kenntnis genommen, daß die Exportorientierung der Bundesrepublik arbeitsplatzvernichtend auf die Importländer wirkt. Auch tragen Ausländer in erster Linie zur Finanzierung des „sozialen Netzes" auf Grund der relativ niedrigen Altersstruktur bei, während z.B. Rentenzahlungen an Ausländer kaum stattfinden. Daß bei Entlassungen die Gastarbeiter prozentual stärker als die deutschen Arbeitnehmer betroffen sind, wird ebenfalls häufig übersehen.

Ein anderes Reizthema ist die *Kriminalitätsrate* von Ausländern. 1979 lag der Anteil der Gastarbeiter an der Gesamtbevölkerung bei 6,5 %; der Anteil an der Gesamtzahl der Tatverdächtigen bei strafbaren Handlungen jedoch bei 13,8 %. Doch diese Zahlen müssen differenziert interpretiert werden. So wurden auch ausländische Soldaten, Illegale und Touristen eingerechnet. Außerdem muß berücksichtigt werden, daß unter Gastarbeitern die besonders kri-

185

minalitätsbelastete Alters- und Geschlechtsgruppe von Männern unter 40 Jahren dominiert. Ursache und Wirkung dürfen nicht miteinander verwechselt werden. Ghettobildung, Diskriminierung, Arbeitslosigkeit und Integrationsdefizite schaffen Rahmenbedingungen, die kriminalitätsfördernd sind.

Eine besondere *Dramatisierung* des Ausländerproblems wurde durch die *Asylanten* ausgelöst. Obwohl die Asylanten nur einen geringen Anteil der Ausländer stellen, war der rapide Anstieg von Asylanten 1980 (ca. 150 000) der Hintergrund dafür, daß die Ausländerfeindlichkeit aus dem latenten Schweigezustand in manifeste Aktionsformen umschlug. Die Bundesrepublik gewährt nur politisch Verfolgten Asyl, akzeptiert jedoch keine „Wirtschaftsflüchtlinge" aus ökonomisch schwach entwickelten Ländern. Die Vermischung des Gastarbeiterproblems mit dem Asylantenproblem ergab eine teilweise „explosive" Situation mit Anschlägen auf Ausländerheime und Mobilisierungserfolge rechtsradikaler Neofaschisten. Jetzt reagierten auch die politisch Verantwortlichen. Dabei sind schwerwiegende *sozialethische Fragen* zu lösen. Läßt sich die offizielle Politik der Bundesregierung, die Bundesrepublik sei kein Einwanderungsland, noch halten angesichts der Tatsache, daß zwei Drittel der Türken länger als fünf, ein knappes Viertel sogar länger als 10 Jahre in der Bundesrepublik leben? Was soll mit der zweiten Generation der Türken geschehen, die zwischen zwei Kulturen schweben, von denen keine identitätsbildend verankert wird? Soll die Familienzusammenführung in der Bundesrepublik administrativ begrenzt werden, oder steht die ausländische Familie auch unter dem besonderen Schutz des Grundgesetzes? Kann man Menschen, die einst ins Land geholt wurden, bei Nichtbedarf einfach wieder in ihre Heimatländer abschieben, was eine menschenrechtsverletzende Praxis darstellen würde? Soll das Einbürgerungsrecht für Gastarbeiter liberalisiert oder verschärft werden? Eine Lösung dieser Fragen wird mit ein Gradmesser für die politische und soziale Reife der Gesamtgesellschaft sein.

Seit der „Wende" der Regierungpolitik 1983 verfolgt die CDU/CSU schärfere Maßnahmen, um den *Zuzug von Familienangehörigen* zu beschränken. Besonders umstritten sind die Vorstellungen, das Zuzugsalter von Gastarbeiterkindern aus der Türkei auf sechs Jahre zu begrenzen, um den Kindern die sprachliche und soziale Integration zu erleichtern. Die Gegner dieser Lösung weisen auf die grundgesetzlichen Schutzvorschriften für das Entscheidungsrecht der einzelnen Familien hin. Mit der Aussetzung von Rückkehrprämien wird außerdem von Regierungsseite der Versuch unternommen, Ausländer zur freiwilligen Rückkehr in ihr Heimatland zu bewegen (vgl. Abb. 82).

Ausländer wandern ab
Ausländer in der BR Deutschland in Millionen

1979 1980 1981 1982 1983 1984
(jeweils im Herbst) (Frühjahr)
4,14 4,45 4,63 4,67 4,53 4,47

Abb. 82

186

3. Jugend

Jugendprobleme in der Bundesrepublik, das bedeutet nicht in erster Linie Probleme der Jugend mit sich selbst, sondern Probleme der Jugend mit der Gesellschaft und der Gesellschaft mit der Jugend. Verfehlt wäre es, das Jugendproblem auf den Generationenkonflikt zu reduzieren, eine beliebte Verharmlosung zur innergesellschaftlichen Konfliktentschärfung. In Wahrheit signalisieren Jugendprobleme sensibler und vorzeitiger gesellschaftliche Krisensymptome, deren trendbildende Funktion für gesamtgesellschaftliche Entwicklungen besonders in der Bundesrepublik zu beobachten ist. Als sich die Öffentlichkeit nach den Veröffentlichungen Helmut Schelskys gerade an die „skeptische Generation" mit ihrer „Ideologie der Ideologielosigkeit" gewöhnt hatte, brach mit einer wohl von niemandem erwarteten Wucht Ende der 60er Jahre die „antiautoritäre" Jugendbewegung mit stark ideologischer Färbung besonders an den Universitäten und in den öffentlichen Medien hervor.

Die Ursachen dieser Bewegung sind vielschichtig. Einmal versuchte eine nicht durch die Zeit des Nationalsozialismus und die Kriegserfahrung hindurchgegangene Generation die Hypothek der verdrängten Schuld an Hitler und seinen Folgen aufzuarbeiten und mit der „Unfähigkeit zu trauern" (Alexander Mitscherlich) zu brechen. Diese für einen Großteil stellvertretend übernommene Vergangenheitsbewältigung machte die Auseinandersetzungen in der Bundesrepublik besonders verletzend und schmerzhaft. Dazu kamen Veränderungen des gesamtpolitischen Klimas. Die „Entspannungspolitik" der Großmächte, das Ringen um eine „neue", ausgleichende Ostpolitik und die Notwendigkeiten einer inneren Reformpolitik bauten die Barrieren eines emotionalen Antikommunismus im Sinne des „Kalten Krieges" ab und führten zu einer teils dogmatischen, teils undogmatischen Belebung „linker" Theorie. Der Vietnamkrieg verstärkte die antikapitalistische Schubkraft der Bewegung und entlud sich in teilweise spektakulären Demonstrationsformen.

Einen ersten Höhepunkt erreichten diese in der Anti-Schah-Demonstration 1968, bei der in Berlin der Student Benno Ohnesorg erschossen wurde. Die rebellischen Aktionsformen mit ihren begrenzten Tabuverletzungen hatten jedoch auch eine Wurzel im politischen Immobilismus, der durch die „Große Koalition" von CDU/CSU und SPD (1966–69) unter Ausschaltung einer relevanten parlamentarischen Opposition hervorgerufen wurde. Radikale und direkte Demokratisierungsforderungen irritierten nachhaltig das gesellschaftliche Establishment; dem Privatismus, dem angeblich wertfreien Wissenschaftsideal und einem kulinarischen oder verinnerlichten Kulturbegriff wurden übergreifende Politisierungskampagnen entgegengestellt. Den Aufbauleistungen der Kriegsgeneration, ihrer Ethik des „Ärmelaufkrempelns" wurden am Beispiel negativer Erscheinungsformen „Konsumterror" und „Warenfetischismus" attestiert und die Forderung einer „neuen Sensibilität" entgegengehalten. Daß diese Revolte letztlich scheiterte, hängt mit der begrenzten Massenbasis zusammen, mit dem Verbalradikalismus und dem unzulänglichen „Soziologenchinesisch", vor allem jedoch mit der Verwechslung von Einfluß und Macht. Außerdem bestand eine häufig übersehene Leistung der SPD unter Willy Brandt darin, einen Großteil der kritischen Jugend mit der Hilfe von Reform- und Demokratisierungsversprechen zu integrieren. Jedoch sind auch repressive Maßnahmen wie der „Radikalenerlaß" von 1971 und das Ordnungsrecht an den Hochschulen zu nennen, durch die das politische Engagement empfindlich getroffen wurde. Eine Minderheit wanderte ab in den politischen Untergrund und machte durch Terroranschläge nach dem Vorbild der lateinamerikanischen Stadtguerilla von sich reden (Baader-Meinhof-Gruppe). Deren Mordanschläge an Repräsentanten des gesellschaftlichen Systems führte zum Ausbau staatlicher Verfolgungsinstrumente (Antiterrorgesetze, Verfassungsschutz, Datenbanken usw.).

Auf Grund veränderter ökonomischer Ausgangsbedingungen (Rezessionen seit 1973) verschob sich auch das allgemeine kulturelle Klima, das frühzeitig als *„Tendenzwende"*, „Trendwende" und „Rechtswende" charakterisiert wurde. Als das Jugendwerk der Deutschen Shell 1979 eine Befragung Jugendlicher veranstaltete, schrieb das Deutsche Allgemeine Sonntagsblatt „Lieb Vaterland, magst ruhig sein, noch immer ist die Jugend dein". In der Tat ließ sich bei einem Großteil der Jugend die Tendenz zur „Überanpassung" an die Normsetzungen der Leistungsgesellschaft beobachten, dem vielleicht feierabends entflohen wurde in eine spezielle Musik- und Diskothekenkultur, in zahllose Psycho- und Selbsterfahrungsgruppen. Andererseits waren jedoch auch die Tendenzen der „Unteranpassung" mit einem „Ausstieg" aus der Leistungsgesellschaft in die Drogen- und Alkoholszene nicht zu übersehen. Auch wurde der Formwandel des Jugendprotests nicht ausreichend reflektiert. Gegenüber eskapistischen Fluchtversuchen aus der Gesellschaft organisierten sich Jugendprotest und Jugendopposition im Zusammenhang mit Erfahrungen, die als lebensbedrohend empfunden wurden. Die Antikernkraftbewegung machte mit Großdemonstrationen (Whyl, Brokdorf, Grohnde) von sich reden; aus über 1000 Bürgerinitiativen gingen die „grünen" und „bunten" Bewegungen hervor, denen es nicht nur um die Erhaltung der natürlichen Lebensgrundlagen geht. Ihren Höhepunkt erlebten die zahllosen Protesttendenzen jedoch in der Friedensbewegung, der es im Oktober 1981 gelang, die bisher größte Massendemonstration in der Geschichte der Bundesrepublik gegen die weltweite Aufrüstungspolitik durchzuführen. AKW-Bewegung, Umwelt- und Friedensbewegung haben inzwischen weit über den Jugendbereich hinaus Einfluß gewonnen, was sich auch in den Wahlerfolgen der Grünen auf Landes- und Bundesebene niederschlug.

Es darf auch nicht übersehen werden, daß sich die „alternative" Jugendbewegung inzwischen eine eigene Infrastruktur geschaffen hat, die sich als „Gegenkultur" zur etablierten Kultur verhält. Ganze Stadtteile in Großstädten wie Berlin, Frankfurt, München usw. haben ein Netz von Kleinbetrieben, Geschäften, Betreuungseinrichtungen und Kulturtreffs errichtet, die alternativ funktionieren. Heute wird diese alternative „Subkultur" schon als integrierende und stabilisierende Kraft angesehen, die es ausgestiegenen, nicht eingestiegenen und gefährdeten Jugendlichen ermöglicht, soziale Interaktionsmuster zu erproben, die den Karriere- und Leistungsnormen der „Normalgesellschaft" entgegengesetzt sind. Das Losungswort dieser alternativen Bewegung heißt „Selbstbestimmung" und drückt sich aus in solidarischen, nicht auf Profit hin ausgerichteten, aber auch staatlich subventionierten Lebensformen, in denen der Einzelne Arbeitsrhythmus, Arbeitseinteilung und Produktverteilung bestimmt und das zu Löhnen, die weit unter den tariflichen Festlegungen

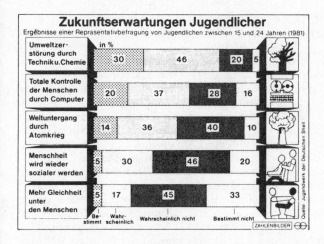

Zukunftserwartungen Jugendlicher

Ergebnisse einer Repräsentativbefragung von Jugendlichen zwischen 15 und 24 Jahren (1981)

	Be- stimmt	Wahr- scheinlich	Wahrscheinlich nicht	Bestimmt nicht
Umweltzer- störung durch Technik u. Chemie	30	46	20	5
Totale Kontrolle der Menschen durch Computer	20	37	28	16
Weltuntergang durch Atomkrieg	14	36	40	10
Menschheit wird wieder sozialer werden	5	30	46	20
Mehr Gleichheit unter den Menschen	5	17	45	33

in %

Quelle: Jugendwerk der Deutschen Shell

Abb. 83

liegen. Aktionen wie Häuserbesetzungen und Demonstrationen indizieren eher seismographisch gesellschaftliche Fehlentwicklungen als die Asozialität derer, die sich gegen diese Mißstände wehren.

Ein Vergleich des Jugendprotests 1968ff und der 80er Jahre läßt bezeichnende Unterschiede hervortreten. Die *soziale Basis* hat sich aus dem studentischen Milieu hin verlagert zu Schichten, für die konkrete Not wie Arbeitslosigkeit, Scheitern an den Leistungsnormen, Wohnungsmangel usw. keine Fremdworte sind. Die Bewegung ist weniger an theoretischen Deutungs- und Identifikationsmodellen interessiert als an praktischen Selbsthilfemodellen. Kapitalismus und Sozialismus werden gleichermaßen als zukunftslose Ausdrucksformen von Leistungs- und Wachstumsfetischismus abgelehnt (vgl. Abb. 83). Die Ausdrucksformen sind weniger artikuliert und rational ausdiskutiert, sondern eher empfunden und in Graffiti zum Ausdruck gebracht: Du hast keine Chance, aber nutze sie! Keine Macht für niemand! Legal, illegal, scheißegal! Wir sind die Typen, vor denen uns unsere Eltern immer gewarnt haben! Es ist sicher ein Zeichen der mangelnden Integrationskraft des politischen Systems, daß der Jugendprotest in dieser Weise aufzutreten vermochte, und sicherlich waren die nachhaltigen Bindungskräfte der Protestbewegungen mit ein Grund für die mangelnde Zustimmung, der die sozialliberale Koalition 1982 erlag.

4. Familie und Frauen

Immer wenn in der Bundesrepublik Bundeswahlen nahen, tritt mit besonderer Hartnäckigkeit die *Familienpolitik* in den Mittelpunkt der öffentlichen Auseinandersetzung, um nach Abklingen der Wahlkampfaktivitäten ein relativ bescheidenes Dasein zu führen, was schon darin zum Ausdruck kommt, daß das Ministerium für Jugend, Familie und Gesundheit nur sehr schwache Entscheidungsbefugnisse hat und anderen Ministerien nachgeordnet ist. Doch kaum ein anderer Themenbereich eignet sich so gut wie die Familie zur ideologischen Selbstprofilierung der Parteien. Besonders die Auseinandersetzungen um die Rolle der Frau in der Gesellschaft oder die Behandlung des el-

189

terlichen Sorgerechts lassen plastisch politische Reaktionsmuster hervortreten, in denen sich jeder wegen seiner Nähe zum familiären Erfahrungsmodell
für kompetent hält.

Kontroversen gab es schon wegen des Grundgesetzartikels 6, der die *Gleichberechtigung* von Mann und Frau festschrieb und das Vormundschaftsrecht
des Mannes über die Frau aufhob. Im Gleichberechtigungsgesetz von 1957
wurde jedoch die formale Gleichberechtigung von Mann und Frau dadurch
abgeschwächt, daß der Frau die Führung des Haushalts dem Recht auf
Berufstätigkeit vorgeordnet wurde. Unter Beibehaltung des formalen Gleichberechtigungsgrundsatzes wird auf die Funktionsunterschiede von Mann
(Berufsarbeit) und Frau (Haushaltsführung) abgehoben. Die praktische Politik der CDU/CSU/FDP-Regierungen orientierte sich auf der materiellen
Ebene auf die Förderung der Mehrkinderfamilie. Seit der zweiten Hälfte der
60er Jahre erforderte der gesellschaftliche Wandel ein Umdenken in der
Familienpolitik. Die Müttererwerbstätigkeit nahm rapide zu; von 1950–1966
war die Zahl der erwerbstätigen Mütter mit Kindern unter 14 Jahren um 77%
gestiegen. Die Scheidungsraten und Unehelichenziffern schnellten nach oben.
Der „Pillenknick" und die „Sexwelle" dokumentierten eine neue Einstellung
zu Kindern und Familie. Alternative Familienprojekte wie Kommunen-,
Kinderladen- und Frauenbewegung trugen viel zur Relativierung der Hausfrauenehe bei. Doch noch im 1. Familienbericht der Bundesregierung (1968)
unter dem Minister Bruno Heck (CDU) wurde auf den ordnenden Charakter
der „natürlichen" Institution „Familie" hingewiesen, was eine schwächere
Gewichtung der Individualrechte der einzelnen Familienmitglieder bedeutete. Materiell wird die Familie durch die Einführung von einkommensabhän-
gigen Steuerfreibeträgen gefördert, die mit steigenden Einkünften selbst an-
steigen. Nach der „Wende" reduzierte die CDU/CSU/FDP-Regierung
zunächst das Mutterschaftsgeld, setzte später (1985) jedoch ein Erziehungsgeld aus, das als familienförderende Maßnahme verstanden wurde.

Programmatisch tritt die *FDP* am stärksten für die Förderung der Indivi-
duen vor den Institutionen ein. Die Forderung nach einem Antidiskriminie-
rungsgesetz wird erhoben. Allerdings zeigt die FDP immer dann Zurückhaltung, wenn die rechtliche Ebene verlassen wird und die materielle Förderung
der Familie zur Debatte steht. Die *SPD* bejaht auch Schutz, Förderung und
Stärkung der Familie. Allerdings legt sich die SPD nicht auf eine bestimmte
Definition der Familie fest, um die Diskriminierung eheähnlicher und part-
nerschaftlicher Lebensmodelle zu verhindern. Nichteheliche Kinder wurden
entsprechend dieser Auffassung den ehelichen Kindern gesetzlich gleichge-
stellt. Die Familienpolitik der SPD konzentriert sich ferner darauf, schicht-
spezifische Benachteiligungen von Kindern und Familien abzubauen. Stärker
als die CDU/CSU bejaht die SPD die veränderte gesellschaftliche Rollenver-
teilung und unterstützt die Emanzipationsbestrebungen der Frauen. Sie setzt
sich deshalb für eine stärkere Förderung von familienergänzenden Maßnahmen (Kinderkrippen, Ganztagsschulen, Tagesmütter) ein. Ein Familien- oder
Erziehungsgeld wird abgelehnt, weil damit die Motivation zur Berufsausbildung bei Frauen wieder unterlaufen werde. 1979 wurden der Mutterschaftsur-
laub und die Zahlung eines monatlichen Mutterschaftsgeldes eingeführt. Gegenüber der Einräumung von Kinderfreibeträgen setzte die SPD direkte und

steuerlich unabhängige Kindergeldzahlungen durch, wodurch für jedes Kind der gleiche Betrag unabhängig vom Einkommen der Eltern gezahlt wird. Mit einem degressiven Kindergeld, das mit fallendem Einkommen der Eltern steigt, konnte sich die SPD allerdings in der Koalition mit der FDP nicht durchsetzen.

Ein besonders umstrittenes familien- bzw. frauenpolitisches Thema betraf die Legalisierung des *Schwangerschaftsabbruchs*. Zwischen einer halben und einer Million illegaler Schwangerschaftsabbrüche wurden Ende der 60er Jahre geschätzt, die nach dem § 218 des StGB mit Strafe bedroht waren. Die Kriminalisierung der Schwangerschaftsunterbrechung hatte außerordentlich unsittliche Folgen: Frauen wurden auf einen in- oder ausländischen Abtreibungsmarkt unter entwürdigenden und gesundheitsschädlichen Praktiken „abgetrieben". Im April 1974 wurde von der SPD-FDP-Koalition nach langen Diskussionen ein Fristenmodell im Bundestag durchgebracht, nach dem Schwangerschaftsabbrüche innerhalb der ersten drei Monate straffrei bleiben sollten. Die katholische Kirche ließ sich zum Mordvorwurf an die Regierungskoalition hinreißen; der Bundesrat verweigerte dem Gesetz die Zustimmung, und die baden-württembergische Landesregierung klagte beim BVG. In einem aufsehenerregenden Urteil (Februar 1975) wurde die Fristenlösung als unvereinbar mit dem Grundgesetz wegen Verletzung des Rechtes auf Leben und körperliche Unversehrtheit und der Menschenwürde zurückgewiesen. Die SPD-FDP-Koalition einigte sich deshalb auf ein Indikationenmodell, nach dem eine Schwangerschaftsunterbrechung bei einer medizinischen (Gefahr für das Leben der Mutter), einer eugenischen (Schädigung der Erbanlagen) und einer kriminologischen (Schwangerschaft durch Vergewaltigung) Indikation vorgenommen werden kann. Besonders umstritten war die Notlagen- oder soziale Indikation, die wie die drei anderen Indikationen auch feststellungspflichtig ist. Im Wahlkampf 1983 stand besonders die vierte Indikation, auch als „Abtreibung per Krankenschein" kritisiert, zur Disposition. Bei der Notlagenindikation werden von den Frauen vor allem finanzielle Gründe und die Fortsetzung einer Berufsausbildung genannt.

Einen weiteren Konfliktbereich stellte die *Reform des Ehe- und Scheidungsrechtes* dar. Seit 1957 hatte die Frau nur berufstätig sein können, wenn sie das mit ihren Pflichten in Ehe und Familie vereinbaren konnte. Damit war die Hausfrauenehe im Prinzip festgeschrieben. Durch die Reform des Eherechts wurde dieses Familienleitbild aufgehoben und die Gleichberechtigung beider Ehegatten zur Erwerbsarbeit festgestellt. Eine weitere wichtige Reform war die Ersetzung des Schuldprinzips durch das „Zerrüttungsprinzip" im Falle einer Scheidung, wodurch die „schmutzige Wäsche" nicht mehr durch die Feststellung der Schuldhaftigkeit eines Ehepartners ausgebreitet werden mußte. Eine Ehe gilt seit 1976 nach einjähriger Trennung eines Partners als zerrüttet, abgesehen von Härtefällen, in denen eine engere Fassung des Zerrüttungsprinzips besteht. Mit der Regelung des Versorgungsausgleichs, durch den im Falle einer Scheidung die gemeinsam erworbenen materiellen Güter geteilt werden, konnte die Rechtsstellung der Frau wesentlich gestärkt werden. Bei der Unterhaltsregelung wird primär vom Wohl der Kinder ausgegangen.

Heiß umstritten waren auch die Bemühungen um eine Reform des *elterlichen Sorgerechts*, das 1980 in Kraft trat. Den Interessen der Kinder soll mit

191

FRAUEN –
Arbeitskräfte
2. Klasse?

Warum Frauen berufstätig sind:

Von je 100 befragten Frauen antworteten:
Sicherung des Lebensunterhalts der Familie — 42
Besondere finanzielle Situation
(Anschaffung eines Autos, Hausbau etc.) — 23
Erhöhung des Lebensstandards, Sparen — 8
Interesse am Beruf, Freude an sozialen Kontakten,
Wille zur Unabhängigkeit — 20
(H. Pross: Gleichberechtigung im Beruf? Frankfurt/M.
1973, S. 214 und 259)

Abb. 84

Arbeits-
losigkeit
in %
(Mai 1977)

MÄNNER 3,2
FRAUEN 5,7

Stunden-
lohn
(brutto,
Industrie,
Jan. 1977)

11,48 DM
8,28 DM

Qualifizierte
Berufs-
ausbildung
in % der
Erwerbstätigen

17,5 %
12,7 %

2463

Abb. 85

Hilfe des Begriffs der elterlichen „Sorge" statt der elterlichen „Gewalt" stärker entgegengekommen werden. Kinder haben seitdem im Konfliktfall mit den Eltern Mitbeteiligungsrechte, die besonders auf die Wahrnehmung des Rechtes auf Bildung und Qualifikation abheben. Von der Katholischen Kirche wird diese Regelung als „Konfliktstrategie" und unberechtigter Eingriff des Staates in das Elternrecht gebrandmarkt.

Ein besonderes Problem bleibt die Durchsetzung des Gleichberechtigungsgrundsatzes in der *Arbeitswelt*. Jede zweite berufstätige Frau hat keine abgeschlossene Ausbildung. Sie sind festgelegt auf einige „Frauenberufe" und werden bevorzugt in monotonen Montier- und Sortierarbeiten eingesetzt, was jedoch als minderwertige Arbeit gegenüber der physisch „belastenderen" Männerarbeit eingestuft wird. Frauen erhalten bei gleicher Ausbildung und sogar bei gleicher Position oft eine geringere Entlohnung als die Männer. Sie sind von Arbeitslosigkeit stärker als Männer betroffen. Die „Doppelbelastung" durch Beruf und Hausarbeit stellt eine weitere Beeinträchtigung der sozialen Stellung der Frau dar. In der öffentlichen Meinung stellt Frauenerwerbstätigkeit häufig noch „Nebenerwerbstätigkeit" dar, so daß im Falle der Wirtschaftskrise der Rückzug der Frau aus dem Beruf in die Familie propagiert wird (vgl. Abb. 84 und 85).

Testfragen zu Teil 4

1. *Welche Strukturmodelle zur Beschreibung der Gesellschaft der Bundesrepublik sind Ihnen bekannt?*
2. *Charakterisieren Sie die einzelnen Modelle!*
3. *Kritisieren Sie die einzelnen Modelle!*
4. *Beschreiben Sie die Vermögensverteilung in der Bundesrepublik!*
5. *Wie sieht die Einkommensverteilung in der Bundesrepublik aus?*
6. *Charakterisieren Sie die „soziale Mobilität" in der Gesellschaft der Bundesrepublik!*
7. *Beschreiben Sie die Bevölkerungsentwicklung in der Bundesrepublik!*
8. *Wie hat sich die Erwerbsstruktur in der Bundesrepublik entwickelt?*
9. *Charakterisieren Sie das System der Sozialpartnerschaft in der Bundesrepublik!*
10. *Entstehung und Entwicklung der Gewerkschaften in der Bundesrepublik!*
11. *Wie sind die Arbeitgeber organisiert?*
12. *Was versteht man unter dem Tarifrecht und unter der „Tarifautonomie"?*
13. *Diskutieren Sie die Mitbestimmungsmodelle! Berücksichtigen Sie Text 30!*
14. *Welche Auseinandersetzungen der Tarifpartner sind Ihnen bekannt? Worum ging es?*
15. *Was geschieht beim Scheitern der Tarifverhandlungen?*
16. *Nehmen Sie Stellung zu den Pro- und Contra-Argumenten zur Aussperrung! Berücksichtigen Sie Text 31!*
17. *Was bedeutet das Schlagwort von der „Verbändedemokratie"?*
18. *Welche Verbände sind Ihnen bekannt?*
19. *Welche Funktion kommt den Verbänden in der Bundesrepublik zu?*
20. *Welche Kritik gegen die „Verbändeherrschaft" ist Ihnen bekannt?*
21. *Was sind Bürgerinitiativen?*
22. *Die Kirchen in der Bundesrepublik!*
23. *Charakterisieren Sie den Begriff „sozialer Rechtsstaat"!*
24. *Welchen Prinzipien ist das soziale Sicherungssystem der Bundesrepublik verpflichtet?*
25. *Die historische Wurzel der staatlichen Sozialpolitik!*
26. *Diskutieren Sie die Probleme der einzelnen Versicherungszweige!*
27. *Charakterisieren Sie das Besteuerungssystem in der Bundesrepublik!*
28. *Die Ursachen der Arbeitslosigkeit und die Maßnahmen gegen sie!*
29. *Die Lage der Gastarbeiter und Ausländer in der Bundesrepublik!*
30. *Kennzeichnen Sie die Jugendrevolten in der Geschichte der Bundesrepublik!*
31. *Zeichnen Sie die Entwicklung der Familienpolitik nach!*
32. *Beschreiben Sie die Stellung der Frau im sozialen System der Bundesrepublik!*

Fünfter Teil

Das kulturelle Leben in der Bundesrepublik

I Kulturelle Vielfalt

Deutschland ist erst sehr spät und auch nur vorübergehend zu einem Einheitsstaat zusammengewachsen. Der *Föderalismus* ist deshalb eine Grundtatsache der deutschen Geschichte. Besonders das kulturelle Leben ist stark dezentralisiert. Früher waren es die unzähligen Territorien mit ihren fürstlichen Höfen, die das Kulturleben der einzelnen Länder beherrschten; heute sind es vor allem die Gemeinden und Bundesländer, die für die Kultur zuständig sind. Eine beherrschende Kulturmetropole hat Deutschland nie besessen. Kulturzentren wie Paris oder London gab es aufgrund der Vielfalt von Kleinstaaten nicht. Allein Berlin nahm für etwa 70 Jahre die Stellung einer kulturellen Hauptstadt ein. Der Polyzentrismus ist auch heute ein wichtiges Merkmal des Kulturlebens in der Bundesrepublik. Eine „abgelegene" Kulturprovinz gibt es deshalb nicht. Kein Bürger muß Hunderte von Kilometern fahren, um interessante Aufführungen besuchen oder gute Musik hören zu können. Während in anderen europäischen Ländern der Dualismus von Kulturmetropole und Provinz das Kulturleben weitgehend bestimmt, ist es in der Bundesrepublik immer noch der Gegensatz von ernster und trivialer Kultur, der in den künstlerischen Produktionen und Rezeptionen eine prägende Rolle spielt.

Der Polyzentrismus wird ausdrücklich von der *Verfassung* geschützt. Die Gemeinden und Bundesländer sind für die öffentlichen Aufgaben zuständig. Besonders das Schul- und Hochschulwesen stehen unter der „Kulturhoheit der Länder", obgleich in den letzten Jahren die Bundeskompetenz durch Rahmenplanung und Rahmengesetzgebung ausgebaut wurde. Theater, Orchester und Museen stehen sogar weitgehend in der Zuständigkeit der Städte und Gemeinden, so daß jedenfalls kulturpolitisch die Nähe zum Bürger gewahrt bleibt. Die starke Dezentralisierung hat aber auch zur Folge, daß sich prominente Politiker kaum über die Kulturpolitik profilieren können. Die mangelnde Zentralplanung macht Kulturpolitik weitgehend von Einzelpersonen auf den unteren Ebenen abhängig. Kulturpolitik wird von etablierten Politikern sehr oft allerdings repräsentativ und damit konservativ verstanden. Innovative Künstler haben es auch deshalb schwer sich durchzusetzen, werden jedoch bei Erfolg reichlich prämiert. Aus der Sicht fast aller maßgeblichen Künstler besteht jedoch auch in der Bundesrepublik der Dualismus von Geist und Macht weiter. Besonders schmerzlich wird dieser Gegensatz erfahren, wenn Künstler den engen Bereich ihrer Kunst überschreiten und zu politischen Fragen Stellung nehmen.

Etwa 1 % aller öffentlichen Haushalte steht für die *öffentliche Finanzierung* der Kulturarbeit zur Verfügung. Das waren in der Vergangenheit etwa 50 Milliarden Mark. 60 % brachten die Gemeinden auf. Drei Viertel entfällt auf Theater, Theaterorchester, sonstige Orchester und Musikpflege der Gemeinden. Unter den Theatern beanspruchen die Musiktheater etwa wieder zwei Drittel der Geldmittel. Diese einseitige Förderung wird neuerdings wieder sehr kontrovers diskutiert, weil Theater, Oper und Operette nur 3 bis 5 % der Bevölkerung erreichen. In den letzten Jahren wurden angesichts der Einsparungen in den öffentlichen Haushalten besonders im kulturellen Bereich empfindliche Kürzungen vorgenommen. Besonders betroffen waren die öffentlichen Bibliotheken. Andererseits gelang es den Künstlern, übergreifende Organisationsformen zu finden. 1969 wurde der Verband Deutscher Schriftsteller gegründet (VS). Heinrich Böll proklamierte das „Ende der Bescheidenheit" und forderte von den Künstlern die „Einigkeit der Einzelgänger". 1974 wurde der VS der Industriegewerkschaft Druck angeschlossen. Durch diese Verbandsarbeit wurden Honorarrechte im Schulbuchbereich, eine Bibliotheksabgabe und eine gesetzliche Künstlerversicherung eingeführt.

Staatliche Eingriffe in das kulturelle Leben werden immer sehr kontrovers diskutiert. Mit dem Regierungsantritt der CDU/CSU/FDP-Koalition im Herbst 1982 wurde ein neuer Akzent auch in der Kulturpolitik gesetzt. Die Forderung nach einer „ausgewogenen" Darstellung der deutschen Kultur im Ausland führte zu einer Auseinandersetzung um die Arbeit der Goethe-Institute. Mit der Forderung nach marktwirtschaftlichen Prinzipien auch in der Kulturpolitik wurde die staatliche Filmförderung Anfang 1984 neu geordnet. Namhafte Künstler verweisen auf die Nichtidentität kommerzieller Erfolge und künstlerischer Leistung und lehnen die direkte Einflußnahme des Staates auf das individuelle Kunstschaffen ab.

Institutionen *auswärtiger* Kulturpolitik sind neben den Goethe-Instituten noch der Deutsche-Akademische-Austauschdienst (DAAD), die Alexander-von-Humboldt-Stiftung, das Institut für Auslandsbeziehungen, Inter Nationes, die Deutsche Stiftung für Internationale Entwicklung und der Deutsche Entwicklungsdienst.

II Kulturelle Tendenzen

In der Geschichte der Bundesrepublik Deutschland lassen sich bestimmte Ideen ausmachen, die das allgemeine geistige Klima zeitweise beherrschen. Die ersten Jahre nach dem Krieg waren die große Zeit des *Existentialismus*, der von dem französischen Philosophen Jean Paul Sartre und den Deutschen Martin Heidegger und Karl Jaspers bestimmt wurde. Einige Leitbegriffe dieser Philosophen wie Angst, Sorge, Geworfenheit, Sein zum Tode, Grenzsituation, entsprachen den Nachkriegserfahrungen vieler Menschen.

Mit dem wirtschaftlichen Aufstieg der Bundesrepublik ließ die Anziehungskraft dieser Philosophie beträchtlich nach. Soziologen sprachen von einer *„skeptischen Generation"* und sahen die Heraufkunft eines Zeitalters der „Ideologielosigkeit". Pragmatische Lösungen von Einzelproblemen waren gefragt, nicht das Ringen um die letzten Fragen.

Ende der 60er Jahre schlug jedoch der „Zeitgeist" um. Mit der Bildung der Großen Koalition aus CDU/CSU und SPD kam eine außerparlamentarische Opposition auf, die radikal die Ergebnisse der Wohlstandsgesellschaft in Frage stellte. Wichtig wurden die Ideen der *Frankfurter Schule*, deren wichtigste Vertreter Max Horkheimer und Theodor W. Adorno eine unorthodoxe Spielart des Marxismus vertraten. Die Rede war von „Warenfetischismus", vom „eindimensionalen Menschen", von „repressiver Toleranz" (Herbert Marcuse), jedoch auch von einer „Philosophie der Hoffnung" (Ernst Bloch), die den utopischen Veränderungsglauben der jungen Generation besonders an den Hochschulen und in den Medien beflügelte. Gegner dieser „Kritischen Theorie" fanden sich im *Kritischen Rationalismus* zusammen (Karl R. Popper, Hans Albert), der sich für schrittweise Reformen der Industriegesellschaften einsetzte und die utopischen Veränderungspläne als „totalitär" brandmarkte.

In den 70er Jahren nahm die Attraktivität der Frankfurter Schule jedoch ab. Verantwortlich dafür waren die Beendigung des Vietnamkrieges, das Einsetzen einer weltweiten Wirtschaftskrise (1973) und die Enttäuschung über die Reformpolitik der seit 1969 regierenden SPD-FDP-Koalition. Eine *„Tendenzwende"* wurde ausgemacht, die sich in der Rückbesinnung auf konservative Werte ausdrückte. In den Thesen „Mut zur Erziehung", vertreten von Golo Mann, Hermann Lübbe, Robert Spaemann u.a., kam diese Wende plastisch zum Ausdruck. Der „emanzipativen" Befreiungspädagogik wurden die traditionellen Erziehungsmittel Fleiß, Disziplin und Ordnung entgegengestellt.

Parallel zur „Tendenzwende" traten jedoch neue Probleme auf, die seit den Studien des „Club of Rome" (1972ff) immer stärker das öffentliche Bewußtsein beeinflußten. Es handelt sich bei diesen Problemen nicht mehr um begrenzte Interessen- oder Klassenkonflikte, sondern um *„Gattungsprobleme"*, die das Schicksal der gesamten Menschheit betreffen. Die Zerstörung der Umwelt, die Erschöpfung der natürlichen Ressourcen, die Grenzen des wirtschaftlichen Wachstums, das Anhäufen von Massenvernichtungswaffen usw. sind einige Probleme, die mit den herkömmlichen Begriffen wie „links" und „rechts" nicht mehr gelöst werden können. Es entstanden und entstehen quer durch alle weltanschaulichen Lager neue Fronten. Symptomatisch für diese Entwicklungen ist das Lebenswerk des Physikers und Philosophen Carl Friedrich von Weizsäcker, der den Versuch unternommen hat, naturwissenschaftliche, sozialwissenschaftliche und anthropologische Aspekte des Wissens „interdisziplinär" zusammenzuführen.

Gleichzeitig entstand als Gegenbewegung zur etablierten politischen, sozialen und kulturellen Ordnung der Gesellschaft eine einflußreiche *Alternativbewegung*. Die wachsende Akademiker- und Jugendarbeitslosigkeit führte zu einer Kritik an den herrschenden Lebens- und Arbeitsbedingungen. An die Stelle utopischer Gegenentwürfe traten Selbsthilfeaktionen, in denen neue Formen des Zusammenlebens und Zusammenarbeitens erprobt wurden. An die Stelle des Leistungs-, Konkurrenz-, Besitz- und Wohlstandsdenkens sollen Werte wie Solidarität, Kommunikation, Selbstverwirklichung und Kreativität treten.

III Das literarische Leben

Die deutsche Literatur ist nicht an Staatsgrenzen gebunden. Auch die Literatur in Österreich und der deutschsprachigen Schweiz ist zur deutschen Literatur zu zählen. Eine besonders interessante Spielart der deutschen Literatur entwickelt sich in der DDR, wo unter den Bedingungen einer „parteilichen"

Kulturpolitik eine Literatur entstand, die sich zum Teil darum bemüht, das Leben in der DDR in „kritischer Solidarität" widerzuspiegeln.

Das Jahr 1945 bedeutete auch für die Literatur eine tiefe Zäsur. Begierig griff man nach der erzwungenen Isolierung durch die Hitler-Diktatur zu den Werken aus dem Ausland. Besonders populär wurden der Realist Ernest Hemingway und der französische Existentialist Jean Paul Sartre. Auch die emigrierten Schriftsteller wie Thomas und Heinrich Mann, Alfred Döblin, Carl Zuckmayer, Bertolt Brecht, Anna Seghers usw. konnten jetzt gelesen werden. Man sprach von der Stunde „Null". Doch gelesen wurden zunächst hauptsächlich Schriftsteller, die in der Hitlerzeit den Weg der *„Inneren Emigration"* gegangen waren. Werner Bergengruen, Rudolf Hagelstange (Venezianisches Credo), Elisabeth Langgässer (Das unauslösliche Siegel), Ernst Kreuder (Die Gesellschaft auf dem Dachboden), Stefan Andres (Wir sind Utopia) u.a. traten jetzt nach langjährigem Publikationsverbot hervor. Vielfältige Formen eines „christlichen Humanismus" wurden nach den Schrecken von Diktatur und Krieg literarisch gestaltet. Es erschienen auch die Spätwerke Hermann Hesses (Das Glasperlenspiel) und Thomas Manns (Doktor Faustus).

Doch auch die junge Generation der Kriegsheimkehrer meldete sich zu Wort und sollte nach zögernden Anfängen die literarische Szene für viele Jahre bestimmen. Ein literarischer *„Kahlschlag"* wurde gefordert, d.h. die Schriftsteller verzichteten auf eine pathetische Redeweise, schrieben nüchtern und lakonisch und versuchten, die Erfahrungen der Kriegsgeneration zu gestalten. Einige Werktitel dokumentieren gut den Charakter dieser „Trümmerliteratur: Inventur (Günter Eich), Draußen vor der Tür (Wolfgang Borchert), Bericht eines Überlebenden (Hans Erich Nossack, Das Begräbnis (Wolfdietrich Schnurre), Wo warst du, Adam (Heinrich Böll).

Ab 1952 etablierte sich das *„lyrische Jahrzehnt"*. Anregungen aus dem Ausland wurden aufgenommen und in hochartifiziellen Lyrikproduktionen verarbeitet. Damit gelang der Anschluß an die modernen Strömungen des Auslandes. Paul Celan (Die Todesfuge), Ingeborg Bachmann (Die gestundete Zeit), Ernst Meister (Unterm schwarzen Schafpelz), Karl Krolow (Die Zeichen der Welt) u.a. sind hier zu nennen. Symptomatisch für die Zeit war der Erfolg Gottfried Benns, der nach anfänglichem Paktieren mit dem Nationalsozialismus den Weg in die „Innere Emigration" angetreten hatte, nach dem Krieg dann mit seiner „absoluten Poesie" ungeahnte Erfolge erringen konnte. Die „reine Form" des künstlerischen Gebildes wurde der vergänglichen Zeit entgegengestellt.

Mit dem „Wirtschaftswunder" in der Bundesrepublik veränderte sich jedoch auch das literarische Klima beträchtlich. Die Schattenseiten der „Wohlstandsgesellschaft", der krasse Egoismus und „existentielle" Materialismus wurden in Romanen eines *„grotesken Realismus"* beschrieben und damit kritisiert. Die Romane Wolfgang Koeppens (Tauben im Gras, 1951; Das Treibhaus, 1953) wurden noch kaum beachtet. Einen Kulturskandal erster Ordnung rief jedoch der Roman „Die Blechtrommel" von Günter Grass hervor. Oskar, der „Antiheld" des Romans, weigert sich, erwachsen zu werden und in die Gesellschaft der Bundesrepublik hineinzuwachsen. Aus der Perspektive eines „Zwerges" werden verdrängte Erfahrungen der Adenauer-Ära ausgesprochen. „Ansichten eines Clowns" von Heinrich Böll leistete mit anderen Mitteln drei Jahre später (1963) ebenfalls eine kritische Bestandsaufnahme. Alfred Andersch (Sansibar oder der letzte Grund) gestaltete in immer wieder neuen Konstellationen die Thematik des Deserteurs, während Martin Walser ab 1966 beginnt, am Beispiel des Anselm Christlein die „Normalexistenz" eines Angestellten zu gestalten (Halbzeit). Uwe Johnson näherte sich in „Mutmaßungen über Jakob" (1959) der Realität im geteilten Deutschland, wofür neuartige und komplizierte Erzählformen erprobt werden mußten. Daß das Medium der dichterischen Sprache selbst Thema der Literatur werden mußte, dokumentieren die Werke von Peter Handke, Peter Härtling, Alexander Kluge, Reinhard Lettau usw. Eine Sonderstellung nimmt das Lebenswerk Arno Schmidts ein. Die Integration unterschiedlichster Sprachebenen, der Anspielungsreichtum und die analytische Sprachkritik suchen ihresgleichen.

Ende der 60er Jahre gab es wieder eine Veränderung in der literarischen Landschaft. Die jungen Schriftsteller wollten aus dem „Elfenbeinturm" der abgehobenen Literatur ausbrechen und begannen sich zu *politisieren*. Hans Magnus Enzensberger ist der bedeutende Repräsentant dieser Literatur. Günter Wallraff schrieb „13 unerwünschte Reportagen" (1969). Beträchtlichen Einfluß auf die politische Kultur der Bundesrepublik gelang dem „Dokumentarischen Theater". Schon 1963 errang Rolf Hochhuths „Der Stellvertreter" internationales Aufsehen mit seiner Anklage gegen die Rolle des Katholizismus in der Nazizeit. Heinar Kipphardt gestaltete das Schicksal des Atomphysikers „Oppenheimer". „Die Ermittlung" von Peter Weiss brachte die erschütternde Auseinandersetzung um Auschwitz (1965). Peter Weiss konnte schon 1964 den nach Brecht bedeutendsten Theatererfolg erzielen. Im „Marat/ Sade" gestaltete er die Alternative von revolutionärem Veränderungswillen und resignativem Verharren, eine hellsichtige Vorwegnahme von weltanschaulichen Frontstellungen, die fünf Jahre später die kulturelle Szene in der Bundesrepublik bestimmten. Der Politisierungswille wurde jedoch abgebremst durch die Krisen der 70er Jahre. Dokumente dafür sind Heinrich Bölls Roman „Fürsorgliche Belagerung" (1979), in dem die Widersprüchlichkeit der Terrorismusbekämpfung behandelt wurde, und Bernward Vespers „Die Reise" (1977), in dem der Selbstzersetzungsprozeß einer politisierten Nachkriegsgeneration erschütternd zum Ausdruck kam. Günter Grass „floh aus der Geschichte in die Geschichte", indem er mit dem „Butt" (1977) einen monumentalen Geschichtsroman um Emanzipation und Rückfall schrieb.

Mit dem Abebben der Politisierungsphase setzte in den 70er Jahren ein „Rückzug in die Innerlichkeit" ein, der auch als *„Neue Sensibilität"* bezeichnet wurde. Das erlebende und reflektierende Ich wurde wiederentdeckt. Selbstfindung und Therapie in einem werden literarisch gesucht. Gabriele Wohmann, Anne Duden, Helga Nowak, Elfriede Jelinek, Ulla Hahn sind herausragende Repräsentanten einer Frauenliteratur.

Nicolas Born (Die Fälschung) gehört in diesen Zusammenhang einer Neubesinnung auf die subjektive Erlebnisseite. Botho Strauss theatralisiert gesellschaftliche Agoniezustände in der Form chaotischer Dialogzersetzungen, während Hermann Lenz eine behutsame Prosa entwickelt hat. Alexander Kluge versucht durch Fragmentierungen die Komplexität von Seh- und Denkerfahrungen zu sensibilisieren, während Ludwig Fels unmittelbare Grenzerfahrungen des ohnmächtigen Menschen zu gestalten sucht. Jürgen

Theobaldy wendet sich Alltagserfahrungen und der Alltagssprache zu, während Peter Rühmkorf dem epigrammatischen Lehrgedicht zuneigt. Ludwig Harigs „Rousseau"-Roman dokumentiert die Wendung zur Thematik des Natürlichen. Auch Familienromane wurden wieder geschrieben. Karin Strucks Roman „Mutter" mag dafür stehen. Michael Ende schrieb mit „Momo" und „Die unendliche Geschichte" (1979) die erfolgreichsten Romane nach 1945. Sie gelten als Kultbücher der Ökologie- und Friedensbewegung, grenzen jedoch schon an die Literatur des Trivialen.

Schriftstellergruppen spielten in der Geschichte der Bundesrepublik eine wichtige Rolle. Zwanzig Jahre lang dominierte die „Gruppe 47" das literatrische Leben. Hans Werner Richter war der Organisator von Schriftstellertreffen und Lesungen. Preise wurden verliehen. 1967 brach die Gruppe auseinander, da Meinungsverschiedenheiten zum Vietnamkrieg nicht auszuräumen waren. Die „Gruppe 61" befaßte sich mit Problemen der industriellen Arbeitswelt. Die „Kölner Schule" unter Dieter Wellershoff richtete sich gegen den grotesken Stil und bevorzugte eine sachlichere und nüchterne Darstellungsweise.

IV Das Buch

Die *Buchproduktion* der Bundesrepublik nimmt international nach den USA und der UdSSR den dritten Platz ein. Jedes Jahr werden über 50 000 neue Titel vorgestellt. Zwischen 1951–1982 erschienen über eine Million Titel. 1982 entfielen 17,7 % auf die Schöne Literatur, 8,7 % auf Wirtschafts- und Sozialwissenschaften, 6,7 % auf Jugendbücher, 6 % auf Schulbücher, 5,8 % auf Religion und Theologie, 4,7 % auf Recht und Verwaltung. Es gibt etwa 2000 Verlage. Rund 100, davon 9 Taschenbuchverlage, haben einen Umsatz von über 8 Millionen DM. 1961–1982 stieg der Anteil der Taschenbücher von 4,6% auf 14 %. Es herrscht eine starke Konkurrenz unter diesen Verlagen. Das größte Verlagsunternehmen ist die Verlagsgruppe Bertelsmann, ein Verbund kleiner und mittlerer Einzelverlage, mit einem Marktanteil von etwa 5 %.

Die Berufs- und *Standesorganisation* des herstellenden und verbreitenden Buchhandels ist der Börsenverein des Deutschen Buchhandels in Frankfurt. Auf seine Initiative geht die alljährlich im Herbst stattfindende Frankfurter Buchmesse zurück. Im Jahr 1977 stellten dort 4506 Verlage aus, darunter 1104 aus der Bundesrepublik. Höhepunkt der Frankfurter Buchmesse ist jedes Jahr die Verleihung des Friedenspreises des Deutschen Buchhandels.

Deutschland besitzt im Gegensatz zu vielen anderen Ländern keine große, jahrhundertealte National*bibliothek*. Durch die Spaltung Deutschlands ist an solch eine Gründung auch heute nicht zu denken. Für die Bundesrepublik wurde die Deutsche Bibliothek in Frankfurt gegründet. Sie sammelt die gesamte deutschsprachige Literatur seit 1949. Die größte Bibliothek ist mit etwa 3,8 Millionen Büchern die Bayerische Staatsbibliothek in München; ihr folgt die Staatsbibliothek Preußischer Kulturbesitz in Westberlin. 48 Bibliotheken haben in der Bundesrepublik einen Bestand von jeweils mehr als 500 000 Bänden. Meist handelt es sich um Universitätsbibliotheken. Den Lese- und Bildungsbedürfnissen breiter Leserschichten dienen die öffentlichen Bibliotheken. Sie werden hauptsächlich von Gemeinden und Kirchen unterhalten. Es gibt etwa 15 000 öffentliche Bibliotheken. 30 Millionen Bücher können aus ihnen entliehen werden.

V Das Theater

Die deutsche Theaterlandschaft ist außerordentlich reich und vielgestaltig. Das hängt mit der Dezentralisierung des Kulturlebens zusammen. Aus den fürstlichen Hoftheatern gingen die zahlreichen Staatstheater hervor. Auch die Stadttheater spielen eine wichtige Rolle. Immer bedeutender werden die Tourneetheater, die an verschiedenen Orten spielen. Nur etwa ein Fünftel der über 300 Theater in der Bundesrepublik wird privat betrieben. Die anderen Theater werden mit staatlichen Geldern *subventioniert*. Nur 16 % der Gesamtkosten erwirtschaften die Theater selbst durch Eintrittsgelder, so daß die öffentlichen Zuschüsse etwa 80 DM pro Theaterbesucher betragen. Die Subventionierung ermöglicht es den Theatern allerdings, nicht nach rein ökonomischen Kriterien Theater zu machen. Das Sprechtheater ist seit Jahren von einem beträchtlichen Zuschauerschwund betroffen (1970/1: 8,8 Mio.; 1981/2: 7,6 Mio.). Ursachen dafür sind die elektronischen Medien und steigende Eintrittspreise bei stagnierenden Einkommen. Konservative Kritiker sehen auch in der Politisierung des Theaters einen Grund für den Zuschauerschwund. Demgegenüber erfreut sich das Musiktheater ungebrochen großer Beliebtheit.

Der Anteil der ausländischen *Stücke* ist mit etwa 40 % hoch. Vor allem Shakespeare wird nach wie vor besonders gern gespielt. Bertolt Brecht ist der meistgespielte deutschsprachige Autor. 1983/4 war das meist besuchte Drama „Die Physiker" von Friedrich Dürrenmatt, das wegen der Atom- und Friedensdebatte eine erneute Bedeutung gewann. „Bruder Eichmann" von Heinar Kipphardt war das meistinszenierte Drama. Dann folgte „Kaldewey Farce" von Botho Strauss. Populär waren auch die Stücke von Thomas Bernhard und Franz Xaver Kroetz, dessen „Volksstücke" seit Jahren schon zum Hauptrepertoire der Bühnen gehören.

Die prägenden *Intendanten* der ersten Jahre nach Kriegsende waren Gustav Gründgens, Heinz Hilpert und Gustav Rudolf Sellner. Gründgens bleibt als besonders irritierende Theatergestalt im Gedächtnis. Obwohl er als Berliner Generalintendant während der Nazizeit hohes Ansehen genoß, wurde er schon im Sommer 1946 rehabilitiert. Sein Regiekonzept ging von der „Werktreue" aus. Unvergeßlich ist seine auch in Filmdokumenten erhaltene Schauspielerleistung als Mephistopheles in Goethes „Faust". Nach dem Krieg wirkte er vor allem in Düsseldorf und Hamburg. Heinz Hilpert errang mit Carl Zuckmayers „Des Teufels General" einen ersten großen Nachkriegserfolg. Gustav Rudolf Sellner verzichtete in seinen Inszenierungen auf psychologische und soziale Personenbestimmungen und entwickelte am Landestheater Darmstadt ein reines Worttheater mit stark „existentialistischem" Einschlag. Gründgens hatte 1952 im „Düsseldorfer Manifest" eindeutig für sein „Werktreuekonzept" geworben. Diese Konzeption der Theaterarbeit richtete sich gegen aus dem Exil *zurückgekehrte Protagonisten* des Theaters aus der Zeit der Weimarer Republik. Gemeint war etwa Erwin Piscator, der einen aktualisierenden und politischen Theaterbegriff vertrat. Ihm sind eindrucksvolle Erstinszenierungen des Dokumentarischen Theaters zu verdanken. Gemeint war auch Fritz Kortner. Ihm gelang es als vitalem Schauspielerintendanten, Empfindungen und Seelenzustände durch Gestik und Bewegung zu „verkörperlichen". Brecht repräsentierte die experimentierfreudigste Potenz des deutschen Theaters. Sein auch theoretisch untermauertes Konzept des „epischen" Theaters arbeitet mit Verfremdungen, um das Publikum aus der Distanz zum Nachdenken zu motivieren. Brecht fand ab 1948 auch deshalb in Ostberlin eine Wirkungsstätte, weil er in Westdeutschland keine attraktiven Arbeitsmöglichkeiten erhielt. Die Stücke Brechts wurden auf bundesdeutschen Bühnen zunächst aus politischen Gründen boykottiert, setzten sich jedoch, ausgehend vor allem von kleineren Provinztheatern, mit überwältigendem Erfolg durch.

In der zweiten Hälfte der 60er Jahre regten sich überall Tendenzen, Realität und Theater, Politik und Kunst in einen engeren Zusammenhang zu bringen. An der Stelle des als „autoritär" kritisierten Intendantentheaters wurden Mitbestimmungsmodelle favorisiert. Besonders in Stuttgart und Frankfurt entwickelten sich kooperative Inszenierungsstile, für die sich besonders Peter Palitzsch einsetzte. An die Stelle des „Schauspielertheaters" trat das „Regietheater", in dem mit formalen Innovationen und Verfremdungen auch Klassiker neu interpretiert wurden. Herausragend war die Theaterarbeit Peter Steins, der in den 70er Jahren das Berliner Theatergeschehen bestimmte. Peter Zadek provozierte mit seinen vitalen Shakespeareinszenierungen am meisten. Claus Peymann bemühte sich besonders um die Stücke Peter Handkes und Thomas Bernhards. Hans Günther Heyme beeindruckte durch seine aktualisierten Klassikerinterpretationen. Rudolf Noeltes Sternheim- und Tschechowinszenierungen beharrten entgegen einer politischen Interpretation auf der individuellen Menschendarstellung.

Es ist jedoch unverkennbar, daß sich das „Regietheater" in eine Krise hineinmanövriert hat. Eine junge Zuschauergeneration, die kaum mit klassischen Schriftstellern in Berührung gekommen ist, muß für das Theater gewonnen werden. Die komplexen Neuinterpretationen des „Regietheaters" treffen deshalb häufig auf Unverständnis und Interesselosigkeit. Deshalb läßt sich seit Beginn der 80er Jahre wieder ein verstärkter Trend „Zurück zu den Stücken" beobachten.

VI Das Musikleben

Die Weltgeltung der deutschen Musik ist unbestritten. Auf engstem Raum entfaltet sich eine Fülle von musikalischen Aktivitäten. In der Bundesrepublik existieren über 70 staatlich oder städtisch subventionierte Orchester und über 60 Musikbühnen. Auch die Symphonieorchester der Rundfunkanstalten genießen hohes Ansehen. Das prominenteste deutsche Orchester ist die Berliner Philharmonie unter ihrem Dirigenten Herbert von Karajan.

Gegenüber der Pflege klassischer Musik hat es jedoch die *experimentelle* „neue" Musik sehr schwer, ihr Publikum zu finden. Verglichen mit den Bayreuther Festspielen und ihrer Wagnerpflege stellen die „Darmstädter Ferienkurse" und die „Donaueschinger Musiktage" immer noch avantgardistische

Treffen dar, die zwar nur von einer Minderheit besucht werden, jedoch weite internationale Ausstrahlung besitzt. Der Durchbruch zur „modernen" Musik gelang 1948 bei den ersten Darmstädter Ferienkursen durch die intensive Auseinandersetzung mit der Zwölftonmusik Arnold Schönbergs. Besonders Karlheinz Stockhausen bestimmte neben Luigi Nono und Pierre Boulez die Entwicklung der „seriellen" Musik, in der es um eine vollständig durchrationalisierte Musik geht. Herbert Eimert konnte seit 1951 im Kölner Funkhaus das erste „Elektronische Studio" einrichten. Unabhängig von Instrumenten oder der menschlichen Stimme werden mit elektronischen Generatoren Klänge (= Geräusche) hervorgebracht.

Gegen das streng gebaute Gefüge der seriellen Musik machten sich jedoch in den 60er Jahren Gegenströmungen bemerkbar. Offene Formen der Komposition (sog. *Aleatorik*) wurden von John Cage entwickelt und von Stockhausen in diskontinuierlichen Raum-Klang-Kompositionen weitergeführt. Interessant ist, daß Cage die Zufallschancen der Toneigenschaften (Höhe, Dauer, Lautstärke, Klangfarbe usw.) nach dem chinesischen Orakelbuch „I ging" erprobte. Der aus Ungarn nach Köln emigrierte György Ligeti führte den Umschlag von serieller Überbestimmtheit in Unbestimmtheit vor; Mauricio Kagel, der 1957 aus Argentinien nach Köln gekommen war, schuf komische und humoristische Sequenzen mit dem Einbau von Sprachklangelementen. Bernd Alois Zimmermann stellte mit den „Soldaten" (1958–60) seine erste Multimediaoper vor.

Zwischen 1968–1974 läßt sich sogar der Eingriff politischer Realität in die moderne Musik erkennen. *Hans Werner Henze*, der allerdings den Kontakt mit der klassischen Musik nie ganz aufgegeben hatte, löste mit dem Einbau von „Ho-Ho-Ho Tschi-minh"-Rhythmen in sein Oratorium „Das Floß der Medusa" einen vieldiskutierten Opernskandal aus. 1969 bekannte Henze jedoch anläßlich seiner Kuba-Sinfonia 6, daß er ein revolutionäres Bekenntnis nicht habe ausdrücken können.

Seit Mitte der 70er Jahre läßt sich bei den Modernen jedoch wieder eine Annäherung an die *klassische Musik* feststellen. Stockhausen überrascht mit einer melodischen Formensprache, Kagel setzt sich mit Beethoven, Henze mit Brahms auseinander. Wolfgang Rihm und Manfred Trojahn bekennen sich zu einer „subjektiven", jedoch „erkenntlichen" Musik. Vielleicht steht hinter dieser Wendung auch das Bedürfnis, die Publikumsfremdheit der modernen Musik zu überwinden.

VII Die Malerei

Die moderne Malerei hatte in der Zeit der Weimarer Republik eine höchst einflußreiche Rolle gespielt. Besonders der *Expressionismus* konnte auch international breite Anerkennung gewinnen. Ebenfalls gewannen die „abstrakten" Maler Paul Klee und Wassily Kandinsky eine weitreichende Bedeutung. Durch den Nationalsozialismus wurde diese Entwicklung unterbrochen. Moderne Kunst galt als „entartete" Kunst. Die Deutschen Wols (eigentlich Wolfgang Schulze) und Hans Hartung wanderten nach Frankreich aus und entwickelten eine Synthese aus expressionistischer und abstrakter Kunst. An diese Entwicklung knüpften nach dem Krieg zahlreiche Maler an. Willi Baumeister, Ernst Wilhelm Nay und Fritz Winter sind zu nennen. Die Gruppe „Zen 49" gewann mit ihrer Anknüpfung an die abstrakte Malerei schulbildende Bedeutung. Neben München entwickelte sich Frankfurt zur Kunstmetropole, wo sich die sog. „Quadriga-Gruppe" durchsetzte. Sie verschrieb sich dem „Tachismus": Der spontane Schaffensprozeß eines Bildes, nicht das Ergebnis stand im Mittelpunkt der malerischen Bemühungen. Wichtige Vertreter waren Bernard Schulze, K.O. Götz, Otto Greis und Heinz Kreutz. Die öffentliche Diskussion wurde maßgeblich durch zwei Bücher bestimmt. Willi Baumeister plädierte für die moderne Kunst in seiner Schrift „Das Unbekannte in der Kunst" (1947), Hans Sedlmayr jedoch beklagte gegenüber den Modernismen den „Verlust der Mitte" (1948).

Die Gruppe „ZERO" markierte Anfang der 60er Jahre einen Neueinsatz. Es ging den Malern dieser Düsseldorfer Gruppe um Otto Piene, Günther Uecker und Heinz Mack um die malerische Einbindung der technischen Umwelt. Reduktion, „minimal-art", Konstruktion waren die wichtigsten Tendenzen dieser Malerei, die bis in die Gegenwart fortbesteht. Piene schockierte mit Rauch- und Feuerbildern, Uecker schuf „Nagelbilder" und Mack wandte sich im Sinne der „op-art" Lichtphänomenen zu. Lichtstelen und Lichtdynamos sowie kinetische Modelle wurden von ihm geschaffen. Besonderen Einfluß gewannen seine auf Umweltveränderungen zielenden Großprojekte, mit denen er eine „Umweltkunst" vorführte. Die Farbflächenkunst fand in Günther Fruhtrunk, Georg Karl Pfahler und Winfried Gaul eine Weiterentwicklung und der Surrealismus wirkte weiter in den Bildern von Edgar Ende, Mac Zimmermann und überragend in Richard Oelze. Phantastische Motive bestimmen die graphische Kunst von Horst Janssen und Hans Bellmer. Uwe Bremer, Peter Ackermann und Friedrich Meckseper gehören in diesen Zusammenhang.

Während die amerikanische Pop-art in der Bundesrepublik kaum Anklang fand, konnte der amerikanische *"Hyperrealismus"* vor allem von Konrad Klapheck und Dieter Asmus weiterentwickelt werden. Besonders Klapheck hatte sich in den 70er Jahren dem Fotorealismus zugewandt. Nicht die Realität wie in der Pop-art, sondern das fotografische Abbild steht im Mittelpunkt seiner Bilder, auf denen Nähmaschinen, Bügeleisen, Schreibmaschinen, Telefone usw. dargestellt werden. Durch malerische Manipulationen werden sie jedoch im Sinne eines „magischen Realismus" so weit verändert, daß eine „neue" Realität entsteht. Der Düsseldorfer Gerhard Richter nahm seine Entwicklung vom Fotorealismus aus und gelangte in den 80er Jahren bis zur abstrakten Malerei. Lambert Maria Wintersberger und Peter Nagel umkreisen in ihrer Malerei den Themenkomplex der „Verwundung", während der Maler Horst Antes mit seinen immer wieder variierten „Kyklopenbildern" breite internationale Anerkennung finden konnte. Eine auf Kopf- und Gliedmaßen reduzierte Einzelfigur, der „Kopf-Füßler-Mensch", durchzieht signalhaft seine Bilder. In den 80er Jahren integrierte Antes indianische Motive in seine Bilder.

Die gegenwärtige Malerei in der Bundesrepublik wird jedoch durch den Siegeszug der *Neuen Wilden* bestimmt. Als Gegenbewegung zur abstrakten Kunst wurde Ende der 70er Jahre eine spontane Farbkunst wiederbelebt, die an die expressionistischen Bilder der 20er Jahre erinnert. Gegenüber der rationalen Konstruktion wird der Malvorgang sichtbar, der bis hin zur „Farbenraserei" vorangetrieben wird. Affekte und Leidenschaften des malenden Subjekts werden damit wieder akzentuiert. Die Bilder der „Neuen Wilden" sind durchweg großformatig, starkfarbig und gegenständlich. Zunächst sah man die Bilder von Georg Baselitz, Markus Lüpertz, Helmut Middendorf u.a. als eine vorübergehende Mode an. Doch keine andere Kunstrichtung vermochte in so kurzer Zeit die internationale Kunstszene so schnell zu erobern. Besonders in Amerika gilt diese Kunst als „typisch deutsch".

VIII Die Plastik

In der Plastik läßt sich keine eindeutige Tendenz feststellen. Figürliche und abstrakte Plastiken sind gleichermaßen vertreten. Nach dem Krieg bestimmten Ewald Matare und Gerhard Marcks die Entwicklung. Beide waren Vertreter einer *abstrakten Figürlichkeit*. In Berlin wirkte Karl Hartung schulbildend. Ihm ging es weniger um die Figuren, sondern um deren plastische Materialien, die er eindrucksvoll zur Geltung brachte. Hans Uhlmann hielt sich zwar noch an die Gesetzmäßigkeiten von Naturgefügen, gab jedoch der abstrakten Konstruktion breiteren Raum.

Im *südwestdeutschen* Raum nahm man die Richtung des „Tachismus" in der Plastik auf. Herbert Otto Hajek, Emil Cimiotti und Wilhelm Loth sind als Hauptvertreter zu nennen. Erich Hauser wurde mit seinen Raumsäulen auch im Ausland sehr bekannt. E.R. Nele schuf ornamentale Spielobjekte.

Experimentelle Plastik dominiert im rheinischen Raum zwischen Köln und Dortmund. Norbert Kricke verwendet Stahldraht zur Herstellung seiner Plastiken; Jochen Hiltmann schuf in vielen Variationen geborstene Kugelplastiken, während Günter Haese fragile Gehäuse aus Messingdraht fertigte, die bei der geringsten Erschütterung zu vibrieren beginnen.

IX Aktionskunst

Schon in den 20er Jahren wurde der traditionelle Kunstbegriff in Frage gestellt. „Kunst ist Leben Leben ist Kunst", so läßt sich das Motto der Aktionskunst angeben. Nicht die anorganischen Materialien wie Farbe, Stein, Holz usw. sind Objekte der Kunst, sondern die Lebensvorgänge, Handlungen, Aktionen und Reaktionen der Menschen sollten gestaltet werden. Diese Happening- oder Fluxusbewegung wurde in den 60er Jahren vor allem von *Wolf Vostell* und *Joseph Beuys* wieder aufgegriffen. Beuys öffnete folgerichtig die Düsseldorfer Kunstakademie für alle interessierten Studenten, ohne sich an formale Aufnahmebedingungen zu halten. Diese Aktion „Direkte Demokratie" (1971) führte zu einem kulturpolitischen Skandal. Beuys gehört in der Bundesrepublik zu den umstrittensten Künstlern der Gegenwart, genießt im Ausland jedoch höchste Reputation. Seine Objekte fertigt er aus Filz, Fett, Fell und Honig, also Materialien, die ebenso ungewöhnlich wie „armselig" sind, jedoch alle den Eindruck von „Schutz" und „Schutzbedürftigkeit" hervorrufen. Seine Skulpturen wenden sich gegen die besonders von Amerika beeinflußten Objekte der „minimal-art": nicht Räume ordnende und strukturierende Plastiken, sondern merkwürdig fließende Gebilde wie die „Honigpumpe" (1977) charakterisieren sein Werk. Die „arme Kunst" wird weiter vertreten durch Reiner Ruthenbeck, der Objekte aus Asche herstellt und Nicolaus Lang, der „Spurensicherung" betreibt, indem er unscheinbare Fundobjekte in Schaukästen präsentiert.

X Museen und Ausstellungen

Die Bundesrepublik verfügt über eine große *Vielfalt von Museen*. 1982 wurden rund 2300 Museen gezählt. Es gibt Landes- und Stadtmuseen, Heimat- und Privatmuseen, Dom- und Schloßmuseen, Freilicht- und Burgmuseen. Die Vielfalt der Museen ist (vgl. Abb. 86) auf die föderalistische Verfassung Deutschlands zurückzuführen. Sie sind im Laufe der Jahrhunderte aus fürstlichen, kirchlichen und später bürgerlichen Sammlungen hervorgegangen. Eine zentral gesteuerte Museumspolitik gibt es in der Bundesrepublik nicht. Sehr oft konkurrieren die einzelnen Museen sogar gegeneinander. 1982 wurde erstmals ein Besucherrückgang der großen Kunstmuseen verzeichnet (52,4 Mio.; 1981: 54 Mio.), während kleinere volks- und heimatkundliche Museen ihre Besucherzahlen erhöhen konnten. Am meisten wurde das kulturgeschichtlich orientierte „Deutsche Museum" in München besucht. Das Germanische Nationalmuseum in Nürnberg beherbergt die größte Sammlung zur Geschichte deutscher Kunst und Kultur.

Die meistbesuchten Museen in der BRD*   *Abb. 86*

Technische und Kulturgeschichtliche Museen

Name	Ort	Besucherzahl 1981	1982
Deutsches Museum	München	1 383 822	1 321 120
Internationale Flugzeugschau/ Ständige Ausstellung von Oldtimer-Flugzeugen	Frankfurt am Main	1 093 253	935 158
Römisch-Germanisches Museum	Köln	630 705	539 254
Salzbergwerk mit Salzmuseum	Berchtesgaden	465 163	463 958
Deutsches Bergbaumuseum	Bochum	464 364	426 682
Museum für Völkerkunde	Berlin/West	–	426 682
BMW-Museum	München	500 000	400 000
Landesmuseum Koblenz und Stattliche Sammlung technischer Kulturdenkmäler	Koblenz	311 721	347 924
Ägyptisches Museum	Berlin/West	309 734	318 525
Mittelalterliches Kriminalmuseum	Rothenburg	300 000	310 000

Schloßmuseen

Name	Ort	Besucherzahl 1981	1982
Schloß Neuschwanstein	Schwangau	1 004 077	1 056 671
Schloß Linderhof	Ettal	725 210	741 586
Schloß Heidelberg	Heidelberg	658 528	673 158
Neues Schloß Herrenchiemsee	Prien	645 900	636 812
Residenz Würzburg und Staatsgalerie	Würzburg	353 131	321 986

Politisch-historische und heimatkundliche Museen

Name	Ort	Besucherzahl 1981	1982
KZ-Gedenkstätte Dachau	Dachau	847 500	872 000
Marine-Ehrenmal Laboe	Laboe	770 722	752 290
Schwarzwälder Freilichtmuseum Vogtsbauernhof	Gutach	487 801	478 500
Reichstagsgebäude (Ausstellung: Fragen an die Deutsche Geschichte)	Berlin/West	–	474 664
Gedenkstätte Plötzensee	Berlin/West	–	339 410
Freilichtmuseum Hessenpark	Neu-Anspach	270 313	314 000

Kunstmuseen

Name	Ort	Besucherzahl 1981	1982
Neue Pinakothek	München	787 316	581 351
Wallraf-Richartz-Museum und Museum Ludwig	Köln	410 349	427 526
Alte Pinakothek	München	345 509	328 699
Westfälisches Landesmuseum für Kunst und Kulturgeschichte	Münster	292 360	321 914

1981/82; Angaben nach einer Erhebung des Instituts für Museumskunde, Berlin/West

Große *Ausstellungen* spielen im kulturellen Leben der Bundesrepublik eine wichtige Rolle. Um diese Ausstellungen entwickelten sich sehr oft übergreifende und das „Kulturklima" prägende öffentliche Diskussionen. Zu nennen sind etwa die Dürerausstellung 1971 in Nürnberg, die Stauferausstellung 1977 in Stuttgart, die Jugendstilausstellung 1976 in Darmstadt u.a. Die Echnaton- und Symbolismusausstellung waren Wanderausstellungen. Kontroverse Auseinandersetzungen in der DDR und der Bundesrepublik riefen die Ausstellungen zum „Preußenjahr" (1981) und „Lutherjahr" (1983) hervor. Hervorzuheben ist die Bedeutung der „Documenta" in Kassel. Im Abstand von 4–5 Jahren findet eine Überschau moderner Kunst statt.

XI Die Architektur

Seit den 70er Jahren wurde Kritik an der funktionalistischen Architektur laut. Entstanden war diese Architekturrichtung am „Bauhaus", das einen epochalen Einfluß auf die Gebrauchskunst ausüben konnte. Durch die Zeit des Nationalsozialismus unterbrochen, kehrte der Funktionalismus nach dem Krieg nach Deutschland zurück. Eine serienmäßige Bauweise ohne Dekoration und innere Differenzierung überzog besonders die Stadtarchitekturen. Die Bauweise war relativ preiswert. Das kam den Bedürfnissen der Nachkriegszeit entgegen, nachdem ein Fünftel des Wohnraums zerstört worden war. Es entstand eine „Behälterarchitektur", die besonders die Innenstadtbereiche mit Verwaltungs- und Büroblocks beherrschte. Der Wohnbereich wurde in gesichtslose Vorstädte („Schlafstädte") verlagert. Mitte der 70er Jahre wurde deshalb wieder eine breitere Rückbesinnung auf baugeschichtliche Vorbilder eingeleitet. Die Architektur des *"Postmodernismus"* wurde durchgesetzt. Architekten schreckten nicht davor zurück, direkte Anleihen bei historischen Vorbildern zu suchen. Menschliche Erinnerung und Geschichtlichkeit sollten so über die Architektur wiedergewonnen werden.

Das zentrale Thema der 70er Jahre war für Architekten die *Stadt*. Es ist hervorzuheben, daß nicht allein der Krieg, sondern auch die Sanierungspolitik von Städten und Gemeinden viel an historischer Bausubstanz zerstört hat. Deshalb wurden historisierende Sanierungskonzepte entwickelt. Als besonders geeignetes Beispiel ist Frankfurt zu erwähnen. Nach einer Kahlschlagsanierung in den 50er und 60er Jahren (z.B. Westend) wurden auf dem Römerberg historisierende „Neubauten" errichtet. Das Hansaviertel in Berlin dokumentiert am besten die künstlerischen Möglichkeiten funktionaler Architektur. Hier bauten Walter Gropius, Le Corbusier und Mies van der Rohe. Doch was hier im Rahmen der Internationalen Bauausstellung geschaffen wurde, sich gegen die neoklassizistischen Epigonen der Naziarchitektur als auch gegen die Bauweise des „Sozialistischen Realismus" in Ostberlin richtete, verflachte in der Folgezeit zur entindividualisierten Massenarchitektur. Ausnahmen blieben Scharouns Bau der Berliner Philharmonie (1956–1963) und die Errichtung des Münchner Olympiaparks (1968–1972), der im Sinne einer weich gestalteten Landschaftsarchitektur Bewunderung erregen konnte.

Immer deutlicher wurde in den letzten Jahren auch die Notwendigkeit erkannt, den *Denkmalschutz* zu beleben und mit größeren Rechten auszustatten.

Die Belastung historischer Monumente durch Umweltschäden ist heute das vordringliche Problem des Denkmalschutzes.

XII Der Film

Seit den 50er Jahren hat der *Filmbesuch* in der Bundesrepublik kontinuierlich abgenommen. Verantwortlich dafür war vor allem das Fernsehen. Zwar ist die Zahl der ortsfesten Filmtheater wieder leicht gestiegen (1973: 3107; 1982: 3598), jedoch wurden die Sitzplätze pro Theater stark reduziert (1973: 396; 1982: 235). Das Programmangebot wird in der Masse durch ausländische Filme bestimmt. Nur 11,3 % entfallen auf deutsche Filmproduktionen. Die erfolgreichsten deutschen Filme in den letzten Jahren waren „Das Boot" (1982), „Die flambierte Frau" (1983), „Die unendliche Geschichte" (1983).

Nach dem Krieg beteiligte sich der deutsche Film keineswegs an der Aufarbeitung der Vergangenheit. Heimat- und Arztfilme (Schwarzwaldmädel), sentimental verkitschte Historienfilme (Sissi), jedoch auch Landserfilme (08/15) beherrschten den deutschen Massenfilm. Eine *„heile Welt"* wurde vorgegaukelt; die Soldaten wurden als mißbrauchte Helden verklärt. Kurt Hoffmanns Film „Wir Wunderkinder" (1959) ragt durch seine Schilderung eines erfolgreichen „Mitläufers" aus der „Schnulzenserie" hervor. In den 60er Jahren kamen Kriminalfilme nach den Romanen von Edgar Wallace in Mode.

1962 wurde in Oberhausen das *"Manifest"* junger deutscher Filmer veröffentlicht. Damit reagierte eine junge Generation auf den wirtschaftlichen und künstlerischen Niedergang des deutschen Films. Die Bundesregierung entschied sich für eine staatliche Filmförderung. Die Filme von Alexander Kluge (Abschied von gestern, 1966) bedeuteten den Durchbruch des „Neuen Deutschen Films". Es folgten „Schonzeit für Füchse" und „Es" von Ulrich Schamoni, die sich ebenfalls kritisch mit der Alltagsrealität in der Bundesrepublik auseinandersetzten. Volker Schlöndorffs „Der junge Törless" konnte sogar ein Kinohit werden. Auch ein „Neuer Deutscher Heimatfilm" entstand, der eine kritische Auseinandersetzung mit der „heilen" Heimatwelt vorantrieb (Jagdszenen in Niederbayern).

Die 70er Jahre brachten unmißverständliche *Auseinandersetzungen* mit der „Sicherungsmentalität" in der Bundesrepublik. Bölls „Katharina Blum" und „Die Blechtrommel" wurden große Publikumserfolge. Vor allem jedoch die Filme von Rainer Werner Fassbinder (Liebe ist stärker als der Tod; Katzelmacher) bedeuteten die Durchsetzung einer neuen Formensprache. „Die Ehe der Maria Braun" (1979) versuchte eine Darstellung der 50er Jahre. Werner Herzogs Filme (Aguirre 1972; Kaspar Hauser 1975; Nosferatu 1979; Fitzcarraldo 1982) wurden auch im Ausland stark beachtet. Mit sensibel angelegten Filmproduktionen (Alice in den Städten 1973; Paris/Texas 1984) gelangen Wim Wenders hochgeachtete Erfolge. Hans Jürgen Syberberg faszinierte mit einer filmischen Mythisierung der deutschen Vergangenheit (Hitler 1976/77; Parsifal 1982). 1979 entstand der Film „Deutschland im Herbst", eine Gemeinschaftsproduktion von Kluge, Fassbinder, Brustellin, Sinkel u.a. Dieser Film der sich aus unterschiedlichen Perspektiven mit den Folgen der Terroristenbekämpfung auseinandersetzt, rief eine heftige Auseinandersetzung hervor und wurde auch im Fernsehen gezeigt. Ein Kinoerfolg wurde auch Margarethe von Trottas Film „Die bleierne Zeit", dem psychologisch wohl eindrucksvollsten Filmdokument zum deutschen Terrorismus.

XIII Die Presse

Zeitungen haben auch nach dem Aufkommen des Fernsehens ihren Platz behauptet. 1954 wurden 13 Millionen, 1977 22 Millionen Zeitungen verkauft. Etwa 75 % der Bevölkerung werden in der Bundesrepublik von der Tagespresse erreicht. Die Pressefreiheit ist in der Verfassung der Bundesrepublik grundrechtlich verankert. Information, Mitwirkung bei der Meinungsbildung, Kontrolle und Kritik sind die wichtigsten politischen Funktionen der Presse. Staatliche Eingriffe in die Pressefreiheit (Spiegelaffäre 1962) wurden als Angriff auf ein wichtiges Grundrecht von der Öffentlichkeit scharf zurückgewiesen.

Die Presse der Bundesrepublik ist im Unterschied zum Rundfunk *privatwirtschaftlich* organisiert. Zeitungsverlage sind gewinnorientierte Unternehmen, die eine wichtige öffentliche Funktion wahrnehmen. Deshalb wird die starke Tendenz zur Pressekonzentration in der Bundesrepublik immer wieder kritisiert. Selbständige „Vollredaktionen" wurden 1954 225, 1977 nur 120 gezählt. Auch medienpolitische Maßnahmen konnten diesen Prozeß nicht verhindern. Die Mehrzahl aller Tageszeitungen bezieht also einen Teil ihres Inhalts von anderen Zeitungen. Die Pressekonzentration wirft viele Probleme auf. Viele Kritiker sehen die Meinungsfreiheit bedroht. Redakteure drängen auch deshalb auf eine stärkere Unabhängigkeit von den Verlegern. Diese Bemühungen werden im Zusammenhang der *„Inneren Pressefreiheit"* diskutiert.

Die politischen Wochenzeitungen vertreten bestimmte politische Grundpositionen, obwohl sich alle als *"unabhängig"* bezeichnen. Die „Zeit" gilt als liberal, die „Deutsche Zeitung" als konservativ und evangelisch, das „Allgemeine Deutsche Sonntagsblatt" als evangelisch und progressiv, der „Rheinische Merkur" als konservativ und katholisch. Herausragend ist die Bedeutung des „Spiegel", dessen respektlose Kritik immer wieder provoziert hat. Mit der Aufdeckung politischer Skandale kommt ihm jedoch eine unersetzbare öffentliche Bedeutung zu. Die größte Massenzeitung ist die „Bild"-Zeitung. Griffige, aber verkürzte Informationen, Anreicherungen mit Sex und Skandalnachrichten, eine stramm antikommunistisch ausgerichtete Grundhaltung machen dieses Blatt zu einer täglichen Konsumware von Millionen Menschen. Aufklärungen über die Manipulationstechniken dieser Zeitung, wie sie Günther Wallraff unternommen hat, änderten wenig an der Massenanziehungskraft dieses Blattes. Zeitungen finanzieren sich nur zu 30 % über den Verkauf, 70 % müssen durch Anzeigen und Annoncen aufgebracht werden. Der Trend hin zur „Sensationspresse" ist für Publikumszeitschriften eine große Versuchung. Der Skandal um die gefälschten Hitler-Tagebücher im „Stern" ist dafür ein Beleg.

XIV Rundfunk und Fernsehen

Rundfunk und Fernsehen gehören in der Bundesrepublik zu den am meisten genutzten Massenmedien. Sie sind weder staatlich noch privatwirtschaftlich organisiert. Sie gelten als *"Anstalten des öffentlichen Rechts"*, d.h. alle relevanten gesellschaftlichen Gruppen müssen in ihren Entscheidungsorganen repräsentiert sein. Die Rundfunkfreiheit ist ein wichtiges Prinzip. Sie äußert sich in der Selbstverwaltung der Rundfunkanstalten. Wichtige Organe sind der Rundfunkrat, in dem Repräsentanten der wichtigsten gesellschaftlichen Interessengruppen vertreten sind, der Verwaltungsrat, der die laufende Geschäftsführung überwacht, und der Intendant, der verantwortlich ist für die gesamte Geschäftsführung einschließlich der Programmgestaltung.

Die *Repräsentanz* der gesellschaftlichen Gruppen ist relativ schwierig auszumachen und z.T. recht willkürlich. Es ist festzustellen, daß die politischen Parteien gegenüber anderen gesellschaftlichen Gruppen immer massiver auf das Programm eingewirkt haben. Viel verhandelt wird das Prinzip der „Ausgewogenheit" des Programms, zumal die Rundfunkanstalten zur Objektivität und Neutralität nach dem Gesetz verpflichtet sind. Die Frage ist allerdings, ob die Ausgewogenheit für die einzelne Sendung oder für das gesamte Programm zu gelten hat.

In der Bundesrepublik gibt es 9 *Landesrundfunkanstalten*. Darin drückt sich wieder der föderalistische Kulturaufbau der Bundesrepublik aus. Die Landesrundfunkanstalten wirken in der Arbeitsgemeinschaft der öffentlich-rechtlichen Rundfunkanstalten (ARD) zusammen, um ein gemeinsames Fernsehprogramm auszustrahlen. Die Rundfunkprogramme werden von den einzelnen Landesrundfunkanstalten gestaltet. Für die Dritten Programme im Fernsehen sind auch die regionalen Sender verantwortlich. Das Zweite Deutsche Fernsehen (ZDF) geht auf einen Staatsvertrag aller Bundesländer zurück. Der Deutschlandfunk und die Deutsche Welle sind Rundfunkanstalten nach Bundesrecht.

Eine wichtige Entwicklung hat mit den neuen *Kommunikationstechniken* eingesetzt. Die Möglichkeiten der Verkabelung und des Satellitenfernsehens bedeuten, daß die Programmangebote erweitert werden können. Deshalb drängen auch private Unternehmen in den Medienmarkt. In der gegenwärtigen Auseinandersetzung wird das Sendemonopol der öffentlichen Sendeanstalten aufgelockert. Privaten Anbietern wird der Zugang zu Sendekanälen eröffnet. Die öffentlichen Anstalten finanzieren sich hauptsächlich über Gebühren; Werbezeiten sind im Fernsehen bisher nur in begrenztem Maße zugelassen. Die Befürworter des Privatfernsehens sprechen von nützlicher Konkurrenz gegenüber den öffentlichen Anstalten und heben auf die vielfältigen Wahlmöglichkeiten der Zuschauer ab. Die Gegner des Privatfernsehens befürchten ein Medienüberangebot und eine rein kommerzielle Ausrichtung der Programme zu Lasten von Information, Kultur und Minderheitenprogrammen.

XV Das Bildungswesen

Kaum ein anderer Bereich des gesellschaftlichen Lebens war in den vergangenen Jahren so starken Wandlungen ausgesetzt wie das Bildungswesen. Die lebhaft geführten Auseinandersetzungen begannen jedoch schon mit der Abfassung des Grundgesetzes. Seitdem ist die *Dezentralisierung* des Bildungswesens eine allgemein anerkannte Tatsache. Die Kulturhoheit der Länder, markantestes Beispiel des föderalistischen Systems der Bundesrepublik, bezieht sich vor allem auf das Schul- und Hochschulsystem. Zentrale Institutionen wie die Kultusministerkonferenz, Bildungsgesamtplanung, Finanzausgleich zwischen Bund und Ländern usw. haben die Kulturhoheit der Länder nur unwesentlich beschränken können. In den 50er Jahren drehte sich die Auseinandersetzung vor allem um die Konfessionalität der Schulen. Bekenntnisschulen schienen jedoch den gesellschaftlichen Bedürfnissen nach einer breiteren weltanschaulichen Öffnung nicht mehr angemessen. Seitdem werden Bekenntnisschulen nur noch als Privatschulen geführt, die jedoch unter staatlicher Aufsicht stehen und quantitativ kaum ins Gewicht fallen.

Die *allgemeine Schulpflicht* hat in Deutschland eine lange Tradition. Schon im 16. Jahrhundert setzten sich Humanismus und Protestantismus, später vor allem aufklärerische Kreise für ein allgemeines Schulsystem ein. Zum erstenmal wurde die allgemeine Schulpflicht 1622 in Sachsen eingeführt. Besonders die Industrialisierung des 19. Jahrhunderts führte dahin, daß der Staat einen allgemeinen Bildungsauftrag übernahm, galt es doch, qualifizierte Fachkräfte für die expandierende Wirtschaft heranzubilden. Im 19. Jahrhundert erhielten auch die Universitäten ein neues Gesicht. Maßgeblich prägten die Ideen Wilhelm von Humboldts die Universitäten, die eine Stätte reiner Wissenschaft und zweckfreier Forschung sein sollten. Der Praxisbezug universitärer Ausbildung stand dagegen nicht im Mittelpunkt der Bildungsbemühungen. Das Humboldtsche Bildungsideal blieb lange in Geltung und wurde erst nach dem Zweiten Weltkrieg durch den Ausbau der naturwissenschaftlichen und technischen Fachrichtungen und durch neue gesellschaftliche Interessen relativiert.

In der Bundesrepublik besteht Schulpflicht vom vollendeten 6. Lebensjahr an (vgl. Abb. 87) und umfaßt mindestens neun, in einigen Bundesländern

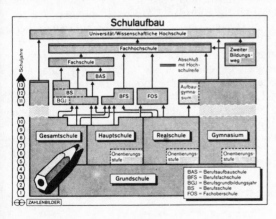

Abb. 87

zehn Schuljahre, die nach dem Jahrgangssystem eingerichtet sind. Eine Vorschulpflicht gibt es nicht. Zwischen dem 3. und 6. Lebensjahr können Kinder jedoch den *Kindergarten* besuchen. Die Teilnahme ist freiwillig; die Betreuung wird durch Gemeinden, Kreise, Kirchen und private Träger übernommen. Über die Hälfte der Kinder besucht heute einen Kindergarten. Die *Grundschule* besuchen alle Kinder vier Jahre lang. In einigen Bundesländern schließt sich an die Grundschule eine zweijährige „Orientierungsstufe" an, in der herausgefunden werden soll, welche Schulart den einzelnen Kindern angemessen ist. Nach der Differenzierung besucht ein Teil der Kinder die *Hauptschule* und tritt nach einem Abschluß ins Berufsleben ein. Ein Viertel besucht weiterführende Schulen, ein Viertel geht direkt in einen Beruf, fast die Hälfte der Hauptschüler nehmen jedoch eine Berufsausbildung auf. Die *berufliche Bildung* ist in der Bundesrepublik „dual" verfaßt, d.h. die praktische Ausbildung wird im privaten Betrieb, die theoretische Ausbildung in öffentlichen Berufsschulen (8 bis 10 Stunden wöchentlich) geleistet. Die Ausbildungsordnungen werden von Wirtschaftsverbänden, Unternehmen und Gewerkschaften gemeinsam vorgeschlagen und von den Bundesministerien erlassen. Nach Abschluß der Ausbildung kann sich der Besuch einer Fachschule anschließen.

Die *Realschule* führt in sechs Jahren zu einem „mittleren" Schulabschluß. Allerdings können auch Hauptschüler durch den Besuch einer „Aufbau-Realschule" den Realschulabschluß nachholen. Danach schließt sich eine Berufsausbildung, der Besuch einer Fachoberschule oder eines Fachgymnasiums an. Wer eine Fachoberschule erfolgreich beendet, erhält eine Studienberechtigung an einer Fachhochschule, die anders als die wissenschaftlichen Hochschulen einen stärkeren Praxisbezug und eine kürzere Studiendauer aufweist. Die Schüler gehen etwa von 8.00 bis 12.00 Uhr täglich zur Schule. Ganztagsschulen sind in der Bundesrepublik immer noch die Ausnahme. Der Nachmittag wird also nicht von der Schule gestaltet, was berufstätige Eltern vor besondere Erziehungsprobleme stellt.

Das *Gymnasium* dauert neun Jahre und schließt mit dem Abitur, das zum Studium an einer wissenschaftlichen Hochschule berechtigt. Gegliedert ist das Gymnasium in einen altsprachlichen, neusprachlichen und einen mathematisch-naturwissenschaftlichen Zweig. Daneben existieren Wirtschaftsgymnasien und Technische Gymnasien, die fachgebundene Studienberechtigungen vergeben. Der Unterricht wird in Jahrgangsklassen abgehalten. Ab der 11. Klasse setzt jedoch ein Kurssystem ein, genannt die „gymnasiale Oberstufe" oder „Sekundarstufe II". Die Schüler sollen verstärkt ihre Leistungsfächer vertiefen, was den Übergang zur Hochschule vorbereiten und einer begabungsmäßigen Spezialisierung entsprechen soll. Die Reform der gymnasialen Oberstufe ist in der öffentlichen Diskussion immer noch umstritten, da eine zu frühzeitige Spezialisierung, die Abwahl allgemeinbildender Fächer und eine zu starke Bürokratisierung beklagt wird. Neben den genannten Schultypen gibt es noch Sonderschulen, in denen körperlich oder geistig behinderte Kinder mit besonderer Rücksicht auf ihre Gebrechen unterrichtet werden. Auch besteht für Berufstätige die Möglichkeit eines „Zweiten Bildungsweges", auf dem versäumte Bildungsabschlüsse bis hin zum Abitur nachgeholt werden können.

Schon Mitte der 60er Jahre wurde das traditionelle Bildungssystem nachhaltig kritisiert. Der „Sputnikschock" in den USA schien auch in der Bundesrepublik einen Bildungsrückstand zu offenbaren. Der mangelnde Praxisbezug der Ausbildung, die mangelnde Finanzausstattung und die Ungleichheit der Bildungschancen traten in den Mittelpunkt einer heftig geführten Diskussion. Von „Bildungsnotstand" (Georg Picht) wurde gesprochen, „Bildung ist Bürgerrecht" hieß es bei Ralf Dahrendorf, und das Schlagwort von der Bundesrepublik als „Wirtschaftsriese und Bildungszwerg" machte die Runde. Tatsächlich rekrutierten sich damals die Gymnasien weitgehend aus den Schichten des mittleren und höheren Bürgertums. Die schichtenspezifische Ungleichheit der Bildungschancen besonders für Kinder aus Arbeiterfamilien war evident. Entsprechende Bemühungen um *"Chancengleichheit"* wurden politisch favorisiert. Stichworte waren: Förderung statt Auslese, Ersatz des vertikal gegliederten Schulsystems durch ein horizontal gegliedertes, emanzipative Bildung statt autoritärem Lehr- und Lernverhalten. Geleistet werden sollte diese Umorientierung durch die Einrichtung von „integrierten" Gesamtschulen. Die starre Dreigliedrigkeit sollte durchlässig gestaltet werden. Durch Kurssysteme konnten Schüler ihre Begabungsreserven differenziert entfalten, indem sie Kurse mit höheren oder schwächeren Leistungsanforderungen belegen konnten. Der starre Leistungs- und Normenkatalog der traditionellen Schule sollte damit aufgebrochen werden, der „Wissensexplosion" sollte eine individuelle Schullaufbahn der einzelnen Schüler zugeordnet werden. In der Bundesrepublik gibt es etwa 200 Gesamtschulen. In den letzten Jahren ist die Reformdiskussion jedoch merklich abgekühlt. Die Förderung „hochbegabter" Kinder tritt zumindest in der öffentlichen Diskussion wieder stärker hervor und im Ganzen ist ein Rückzug auf ein reformiertes dreigliedriges Schulsystem an der Tagesordnung.

Dennoch hatte die Bildungsdiskussion bedeutende *Folgen*: Eine enorme Verschiebung zwischen den einzelnen Schularten setzte ein. Zwischen 1955 und 1980 war der Hauptschulbesuch der 13jährigen von 79 auf 39 % gesunken, während der Realschulbesuch von 6 auf 25 % und der Gymnasialbesuch von 12 auf 27 % angewachsen war. Der Zugang zu den Hochschulen hat sich in den letzten Jahren verdoppelt, weshalb sich die Hochschulen gezwungen sahen, die Zugangsberechtigung in bestimmten Studienfächern zu beschränken (Numerus Clausus). Dadurch setzte in den Schulen ein Leistungswettbewerb nach guten Noten in einer Form ein, die in verstärktem Maße Schülerkonkurrenz, Schülerstreß und ein fragwürdiges Punktesystem zur Folge hatte. Die Tendenzen zur Über- oder Unteranpassung bis hin zum „Aussteigen" wurden dadurch verschärft. Andererseits strebten immer mehr Abiturienten nicht ins Studium, sondern ins Ausbildungsplätze, die vordem Haupt- und Realschülern vorbehalten waren. Angesichts der geburtenstarken Jahrgänge führte das zu Engpässen im Ausbildungssektor.

Die Bundesrepublik verfügt über 51 *Universitäten*, Technische Hochschulen, Medizinische Hochschulen und Pädagogische Hochschulen, an denen etwa 1 Million Studenten eingeschrieben sind, darunter etwa 65 000 Ausländer. Über 20 Hochschulen wurden erst in den letzten 15 Jahren gebaut. Während 1950 etwa 6 % eines Altersjahrgangs ein Studium aufnahmen, bewirbt sich heute jeder vierte um einen Studienplatz. Der Anteil der Studenten aus

Arbeiterfamilien stieg von 4 % (1955) auf heute ca. 15 %. 1950 waren etwa ein Fünftel aller Studierenden weiblich, heute stellen Studentinnen etwa ein Drittel.

Der *Massenandrang* an die Universitäten führte zu notwendigen Strukturveränderungen, die jedoch bis heute umstritten sind. Versuche, das Studium praxisorientierter zu gestalten und die Studienplätze entsprechend umzugestalten, wurden nur sehr halbherzig durchgeführt. Auch die Formen demokratischer Mitbestimmung an der Hochschule mit dem Umbau der Ordinarien- zu einer Gruppenuniversität wurden nur begrenzt praktiziert. Die Studentenunruhen Ende der 60er Jahre haben diesen Prozeß der Demokratisierung einerseits gefördert und andererseits behindert. Auch die Einrichtung von Gesamthochschulen, in denen die Unterschiede der Hochschultypen aufgehoben sind, wurden in den letzten Jahren nicht weiterverfolgt.

Die Hochschulen sind in ihrer inneren Gestaltung, d.h. besonders in den Bereichen Forschung und Lehre weitgehend unabhängig. Früher waren die Universitäten nach Fakultäten gegliedert, heute hat sich eine vielfältige Differenzierung in Fachbereiche in den meisten Universitäten durchgesetzt. Studiengebühren zahlen Studenten in der Bundesrepublik nicht; für den Lebensunterhalt haben die Studenten und ihre Familien selbst aufzukommen. Ist diese Möglichkeit nicht gegeben, wird den Studenten ein später rückzahlbares Darlehen (BAFÖG) gewährt. Die wesentlichste Folge der Massenuniversität besteht jedoch in den verminderten *Berufschancen* der Hochschulabsolventen. Während früher fast jeder Hochschulabsolvent in gut bezahlte und sozial hochgeachtete Berufe aufsteigen konnte, hat sich heute die Situation auf dem Arbeitsmarkt teilweise verschlechtert. Die akademische Arbeitslosigkeit in bestimmten Bereichen (z.B. Lehrer) ist besorgniserregend.

Neben der schulischen Ausbildung hat sich in den letzten Jahren besonders die *Weiterbildung* immer stärker in den Vordergrund geschoben. Verantwortlich dafür ist die Tatsache, daß heute auch die berufliche Qualifikation einer lebenslangen Weiterbildung bedarf. Nur dadurch können die rapiden Veränderungen im jeweiligen Berufsbereich aufgefangen werden. Eine besondere Bedeutung kommt im Bereich der Weiterbildung und Umschulung den Volkshochschulen zu, von denen es in der Bundesrepublik etwa 1000 mit 3300 Außenstellen gibt. Träger sind im allgemeinen die Gemeinden und eingetragenen Vereine. Das Angebot der Kurse geht jedoch weit über den engeren Bereich der beruflichen Weiterbildung und Umschulung hinaus. Etwa 5 Millionen Menschen schreiben sich jährlich in die Kurse ein. Auch die Gewerkschaften und die überregionalen Bildungswerke der Wirtschaft nehmen wichtige Aufgaben im Bereich der Weiterbildung und Umschulung wahr.

Einen besonderen Stellenwert nimmt in der Bundesrepublik die *Forschungsförderung* ein. Neben den Universitäten und der Industrie wird die Forschung vor allem durch außeruniversitäre Großforschungsinstitutionen vorangetrieben, die auf Grund des immensen Finanzbedarfs, der Forschungsgeräte und der kollegialen Teamarbeit notwendig sind. Forschungszentren wurden vor allem für die Kernenergie, Luft- und Raumfahrt, Medizin und Molekularbiologie errichtet. Öffentliche Mittel werden über die Deutsche Forschungsgemeinschaft (DFG) verteilt, die als Selbstverwaltungsorgan der Wissenschaften aufgebaut ist. Eine herausragende Rolle spielt die Max-Planck-Gesellschaft, die 50 eigene Institute unterhält und sich vor allem der Grundlagenforschung im Bereich der Naturwissenschaften widmet. Die Fraunhofer-Gesellschaft befaßt sich mit den Problemen der angewandten Forschung. Bedeutende Mittel werden auch durch Wissenschaftsstiftungen bereitgestellt (z.B. Volkswagen-Stiftung, Fritz-Thyssen-Stiftung, Stifterverband für die Deutsche Wissenschaft).

Testfragen zu Teil 5
 1. *Charakterisieren Sie das kulturpolitische System der Bundesrepublik!*
 2. *Welche kulturellen Haupttendenzen bestimmen die Diskussionen in der Bundesrepublik?*
 3. *Geben Sie die Grundlinien des literarischen Lebens in der Bundesrepublik an!*
 4. *Welche Schriftstellergruppen kennen Sie?*
 5. *Buchproduktion und Buchhandel in der Bundesrepublik!*
 6. *Geben Sie die Entwicklungslinien des Theaters in der Bundesrepublik an!*
 7. *Tendenzen im Musikleben seit 1945!*
 8. *Einige Tendenzen in der Malerei der Bundesrepublik!*
 9. *Beispiele der Aktionskunst in der Bundesrepublik!*
10. *Welche bedeutenden Ausstellungen in der Bundesrepublik sind Ihnen bekannt?*
11. *Entwicklungslinien der Architektur seit 1945!*
12. *Wovon grenzte sich der „neue" deutsche Film ab? Welche Vertreter sind Ihnen bekannt?*
13. *Die Situation der Presse in der Bundesrepublik!*
14. *Die Verfassung von Rundfunk und Fernsehen in der Bundesrepublik!*
15. *Wie ist das Bildungswesen in der Bundesrepublik organisiert?*
16. *Zeichnen Sie einige Linien der Schulgeschichte nach!*
17. *Wie ist das Schulsystem in der Bundesrepublik aufgebaut? Diskutieren Sie die einzelnen Schularten!*
18. *Wie ist die berufliche Bildung in der Bundesrepublik organisiert?*
19. *Welche Kritik wurde in den 60er Jahren gegen das traditionelle Schulsystem erhoben?*
20. *Charakterisieren Sie das Konzept der Gesamtschule!*
21. *Welche Folgen hatte die Bildungsexplosion?*
22. *Charakterisieren Sie das Hochschulsystem in der Bundesrepublik!*
23. *Welche Bedeutung hat die Weiterbildung in der Bundesrepublik?*
24. *Welche Institutionen der Forschungsförderung sind Ihnen bekannt?*

Sechster Teil

Die Deutsche Demokratische Republik im Systemvergleich

Das einschneidende Ergebnis des Zweiten Weltkrieges war neben der Abtretung der Ostgebiete an die Sowjetunion und Polen die Spaltung Restdeutschlands. Die Herausbildung zweier deutscher Staaten mit jeweils unterschiedlich strukturierten gesellschaftlichen, wirtschaftlichen und politischen Systemen wurde bereits vorgezeichnet durch die Zonenaufteilung Deutschlands. Schon früh begannen sich, unterstützt von den jeweiligen Besatzungsmächten, unterschiedliche Politikkonzepte durchzusetzen, was die Spaltung Deutschlands lange vor der Konstituierung zweier Staaten vorwegnahm.

I Parteien und Wahlen

Früher als in den Westzonen wurden in der Sowjetisch Besetzten Zone (SBZ) Parteien zugelassen, die sich in der "Einheitsfront der antifaschistisch-demokratischen Parteien" (Antifa-Block) zusammenfanden. Die Sowjetische Militäradministration unterstützte allerdings nachhaltig die aus dem Moskauer Exil schon am 30.4.1945 eingeflogene KPD-Führung (Gruppe Ulbricht). Der Antifa-Block erwies sich sehr schnell als Gleichschaltungsblock, als die SPD mit der KPD zur *Sozialistischen Einheitspartei* (SED) zwangsvereinigt wurde (21./22.4.1946). Das geschah, nachdem die KP bei den österreichischen Parlamentswahlen im Nov. 1945 eine katastrophale Niederlage hatte hinnehmen müssen. Seitdem existieren in der DDR zwar formal mehrere Parteien, die sich jedoch dem Führungsanspruch der SED unterordnen müssen und das auch nachdrücklich anerkannt haben. Die SPD-Vertreter in der SED wurden schrittweise entmachtet. Mit der Zwangsvereinigung zur SED hatte sich faktisch der Weg in einen Einparteienstaat durchgesetzt.

In den Westzonen wurden demokratische Parteien später als in der SBZ zugelassen. Die Konstituierung konkurrierender, demokratischer Parteien und die Durchführung von Wahlen vollzog sich zunächst auf der unteren Ebene der Gemeinden (Kommunal-und Bürgerschaftswahlen) und Länder, während in der SBZ die KPD „von oben her" eindeutig favorisiert wurde. Eine Abstimmung über die Zwangsvereinigung von SPD und KPD zur SED fand allein in Westberlin statt, wo allerdings 82 % der SPD-Delegierten die Vereinigung ablehnten. Am 20.10.1946 fanden die ersten und letzten freien Wahlen in der SBZ statt. Die SED erhielt trotz massiver Unterstützung durch die Sowjetischen Militärbehörden nur 47 %, in Berlin sogar nur 19,8 % der abgegebenen Stimmen. Dieses schlechte Ergebnis führte in der SBZ zu einer massiven Umorientierung. Ulbricht ließ die SED zu einer „*Partei neuen Typus*" umstrukturieren, was sich in „Säuberungen" gegen mißliebige SPD-Ver-

216

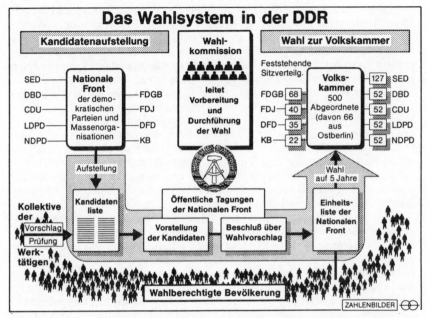

Abb. 88

treter ausdrückte. Die Parteien wurden endgültig gleichgeschaltet; bürgerliche
Satellitenparteien der SED wurden gegründet (Deutsche Bauernpartei, Natio-
naldemokratische Partei), um den bürgerlichen Parteien Mitglieder und
„Wähler" zu entziehen.

1949 wurden alle Parteien in der *„Nationalen Front"* zusammengefaßt.
Seitdem wird unter der Vorherrschaft der SED eine Einheitsliste bei Wahlen
vorgelegt, bei denen jedoch keine Auswahl zwischen konkurrierenden Parteien stattfindet. Die Machtstellung der SED ist unantastbar und durch
Wählerentscheid nicht ablösbar (vgl. Abb. 88).

II Die Spaltung

Der politischen Weichenstellung in Richtung auf einen Einparteienstaat entsprachen tiefgreifende ökonomische Umwälzungen. Eine *„sozialistische Revolution von oben"* wurde verordnet, die schon im Herbst 1945 mit einer durch-
greifenden Bodenreform einsetzte. Der Großgrundbesitz über 100 ha wurde
entschädigungslos enteignet und etwa 325 000 Landlosen und Kleinbauern
übereignet. Die ostelbische „Junkerklasse" existierte nicht mehr. Dem schloß
sich bis August 1946 die „Vergesellschaftung" von Groß- und Schlüsselindustrien an, wodurch die private Produktion auf etwa 40 % reduziert wurde. Bodenreform und Verstaatlichungen dienten auch als Kampfmittel gegen
„Kriegsverbrecher und Naziaktivisten". In Sachsen wurde die Verstaatlichung
von Schlüsselindustrien sogar durch einen Volksentscheid mit einer Zustimmung von 77,6 % legitimiert.

217

In den Westzonen wurden die kapitalistische Wirtschaftsform und die privaten Besitzverhältnisse im Prinzip nicht angetastet. Entflechtungsmaßnahmen gegen Industrien, die mit dem Hitlerstaat kooperiert hatten, wurden nur halbherzig durchgeführt. Die „Entnazifizierung" wurde formell über Fragebögen durchgeführt und personalisiert, ohne daß einschneidende Eingriffe in die sozialen und ökonomischen Besitzverhältnisse vorgenommen wurden. Während in der DDR die Verwandlung in eine *"sozialistische Warenproduktion"* vorangetrieben wurde, kam es in den Westzonen zu einer schrittweisen Liberalisierung der Wirtschaft. Ab 1948 wurden auch die Demontagen zugunsten der Sowjetunion eingestellt, während in der SBZ weiter demontiert wurde. Politisch wurden die drei Westzonen vereinigt, durch die Währungsreform ökonomisch zusammengeführt und durch die Marshallplanhilfe wirtschaftlich entscheidend gestärkt. Als die Währungsreform auch in Berlin durchgeführt wurde, kam es zur Berlin-Blockade (1948), ein Zeichen, daß die Spaltung Deutschlands sich unumkehrbar vertieft hatte.

Die Entwicklung unterschiedlicher politischer, ökonomischer und ideologischer Leitsysteme hatte sich also schon lange vor der Konstituierung zweier Staaten durchgesetzt. Verschärft wurde die Spaltung durch das Einsetzen des *Kalten Krieges* zwischen Ost und West, hervorgerufen durch die rücksichtslose Sowjetisierung der Ostblockstaaten, vertieft durch die Berlin-Blockade, einem gefährlichen Höhepunkt zustrebend durch den Koreakrieg (1950). An einer Wiedervereinigung waren die Länder in Ost und West nicht im geringsten interessiert. Wiedervereinigungsofferten, von der Sowjetunion vorgeschlagen, um ein Abdriften Westdeutschlands in ein westliches Bündnissystem zu verhindern, fanden kein Mehrheitsinteresse im Westen. Im Vordergrund stand der Wiederaufbau und die demokratische Umwandlung, die Wiedervereinigungsfrage wurde als nachrangig betrachtet. Mit der Gründung der Bundesrepublik (23.5.1949) und der DDR (7.10.1949) fanden die unterschiedlichen Entwicklungen in West- und Ostdeutschland ihre Bestätigung.

Die DDR hat, unabhängig von ihrer politischen, ökonomischen und gesellschaftlichen Verfassung, gravierende *Wettbewerbsnachteile* der Bundesrepublik gegenüber. Das Gebiet umfaßt weniger als die Hälfte der Bundesrepublik; die Bevölkerung der DDR mit knapp 17 Millionen erreicht gerade die Einwohnerzahl des Bundeslandes Nordrhein-Westfalen; an Bodenschätzen ist die DDR, abgesehen von Braunkohlenlagern, Kalisalzen und Uranvorkommen, relativ arm. Wirtschaftsräumlich konzentrieren sich 80 % der Industriebetriebe südlich der Linie Magdeburg-Dessau-Wittenberg-Cottbus. Halle, Leipzig, Karl-Marx-Stadt (früher Chemnitz), Zwickau, Dresden und Ostberlin sind Ballungsgebiete. 1952 wurden die Länder Mecklenburg, Brandenburg, Sachsen, Sachsen-Anhalt und Thüringen aufgelöst und durch 14 Bezirke (und Ostberlin) ersetzt. Diese Neugliederung der Verwaltungsbezirke diente der Durchsetzung eines rigiden Zentralismus, während in der Bundesrepublik der föderative Staatsaufbau grundgesetzlich als unaufhebbar verankert wurde.

III Der Aufbau des Sozialismus

Mit der Gründung der DDR wurde im Selbstverständnis der DDR die Phase der „Umwälzung" abgeschlossen und übergeleitet zum „Aufbau des Sozialismus". Die Vergesellschaftung der Produktionsmittel wurde weiter vorangetrieben, so daß bis 1955 über 80 % der industriellen Produktion in „Volkseigenen Betrieben" (VEB) erzeugt wurde. Landwirtschaftliche Produktionsgenossenschaften (LPG) bearbeiteten fast 20 % der landwirtschaftlichen Nutzfläche. Der private Einzelhandel sank auf ein Drittel. Ab 1956 wurde in den noch verbliebenen Privatbetrieben eine staatliche Beteiligung durchgesetzt. Ab 1958 setzte dann die *Vollkollektivierung* der Landwirtschaft ein, der sich jedoch nur die Neubauern willig anschlossen. Die Altbauern standen in ihrer Mehrzahl der Zwangskollektivierung ablehnend gegenüber. Da die Kollektivierung mit scharfen Pressionen durchgeführt wurde, kam es zu einer beispiellosen Fluchtbewegung aus der DDR in die Bundesrepublik. Etwa 2,5 Millionen Menschen, durchweg im arbeitsfähigen Alter, verließen zwischen 1953 und 1963 die DDR. Die Regierung konnte sich dieser „Abstimmung mit den Füßen" allein durch den Bau der Berliner Mauer (13. August 1961) erwehren. Damit führte die undurchlässigste Grenze der Welt (Schießbefehl auf Flüchtlinge) mitten durch Deutschland. Seitdem setzte, so paradox es sich anhört, in der DDR eine Konsolidierung des Herrschaftssystems ein. Den Menschen blieb nichts anderes übrig, als sich mit dem System abzufinden.

Mit dem Abschluß der Zwangskollektivierung hatte sich, so die DDR, der „Sieg der sozialistischen Produktionsverhältnisse" durchgesetzt. Damit gewann die DDR-Führung Spielraum, um eine technokratische Variante des Sozialismus zu erproben. Auf die „Machtsicherungsphase" folgte damit die *„Effektivierungsphase"* (Peter Christian Ludz). An die Stelle von Parteifunktionären trat schrittweise eine selbstbewußte und hochqualifizierte Elite, die am Aufbau eines funktionstüchtigen und effektiven Sozialismus zu arbeiten gedachte. 1963 setzte das „Neue ökonomische System der Planung und Leitung" (NÖSPL) ein, das den starren Planungsapparat zugunsten betrieblicher Entscheidungen auflockern sollte. Die Herrschaftsausübung begann sich zu liberalisieren. Offener Terror und Zwang traten in den Hintergrund. Um die Mitarbeit der Bevölkerung wurde geworben. Diese wurde jedoch rigide auf den ökonomischen Bereich beschränkt. 1971 endete die „Ära Ulbricht", der Übergang zu Erich Honecker sollte die „weitere Gestaltung der entwickelten sozialistischen Gesellschaft" bedeuten. Den „materiellen und kulturellen Bedürfnissen" der Bevölkerung sollte besser Rechnung getragen werden, nachdem es vorher primär um die Industrialisierung zu Lasten der Konsumbedürfnisse gegangen war.

Mit der Anerkennung der DDR als Staat durch die Bundesrepublik im Grundlagenvertrag (1972) wurde das staatliche Selbstbewußtsein in der DDR nachhaltig gestärkt. Um die selbständige Staatsqualität und die Zugehörigkeit zur sozialistischen Staatengemeinschaft zu betonen, wurde in der revidierten DDR-Verfassung von 1974 der Hinweis auf die „Deutsche Nation" getilgt. Seitdem vertritt die DDR einen hochselektiven *„Sozialistischen"* Nationenbegriff, aus dem alle nichtsozialistischen Elemente der deutschen Nationalgeschichte ausgeblendet werden. Die Bundesrepublik beharrt dagegen auf

Formation	Produktivkräfte	Produktions-verhältnisse	Juristischer und politischer Überbau	Gesellschaftliche Bewußtseinsformen
1. Urgesellschaft	Primitives Pflücken und Jagd mit steinernen Waffen, Bogen	Kein Privateigentum	Kein Staat, kein Zwangsapparat	Keine Wissenschaft, primitive Kunst, patriachalische Moral, zuerst keine Religion, dann Animismus usw.
2. Sklavenhalterordnung	Ackerbau und Viehzucht, Arbeitsteilung	Privateigentum an Produktionsmitteln und an Menschen (Sklaverei)	Antiker Staat mit ausgebautem System eines Rechts- und Zwangsapparates	Antike (griechisch-römische) Philosophie, Kunst, Moral und Religion
3. Feudalordnung	Verfeinerte Technik im Ackerbau (Dünger) und im Handwerk	Privateigentum an Produktionsmitteln, Teileigentum an Menschen (Leibeigene)	Mittelalterlicher Feudalismus	Scholastische Philosophie, gotische Kunst, christliche Moral, katholische Religion
4. Kapitalistische Ordnung	Maschinelle Produktion, Gebrauch von Dampf- und elektrischen Maschinen	Privateigentum an Produktionsmitteln, nicht aber an Menschen	Moderne, bürgerliche Republik	Moderne Philosophie, Wissenschaft, Kunst, und Moral, liberaler Protestantismus
5. Sozialistische Ordnung	Große, mechanisierte Industrie	Kein Privateigentum an Produktionsmitteln oder Menschen, gemeinschaftliches Eigentum	Zuerst Diktatur des Proletariats und sozialistischer Staat, dann „Absterben" des Staates und jedes Zwangsapparates	Marxismus-Leninismus und zeitgenössische Wissenschaft, sozialistischer Realismus in der Kunst, kommunistische Moral, keine Religion

Aus: *Informationen zur politischen Bildung Nr. 107, „Kommunistische Ideologie II"* (Autor: Prof. J. M. Bochenski, Freiburg/Schweiz)

Abb. 89

der Einheit der Nation bei Anerkennung zweier Staaten auf deutschem Boden. Während die DDR eine eigene DDR-Staatsbürgerschaft für ihre Bürger fordert, besteht die Bundesrepublik auf einer gemeinsamen deutschen Staatsbürgerschaft für Bürger der DDR und der Bundesrepublik. Andererseits profitiert die DDR von den „besonderen" Beziehungen zur Bundesrepublik, indem ihr besondere Kreditvorteile (Swing) u.a. von Seiten der Bundesrepublik gewährt werden.

IV Ideologische Grundlagen

Das Sozialismuskonzept der DDR orientiert sich an den geschichtsphilosophischen Leitideen des *Marxismus-Leninismus*, der in der DDR die wichtigste Legitimationsgrundlage darstellt. In der Präambel der DDR-Verfassung wird behauptet, die DDR befinde sich in Übereinstimmung mit den „Prozessen der geschichtlichen Entwicklung". Entsprechend betrachtet sich die DDR als „Übergangsgesellschaft" vom Kapitalismus zum Kommunismus (vgl. Abb. 89). Grundlage des Sozialismus ist die weitgehende Abschaffung des Privateigentums an Produktionsmitteln. Die DDR nennt das „Vergesellschaftung"; besser sollte von „Verstaatlichung" gesprochen werden. Im Unterschied dazu wird in der Bundesrepublik das Privateigentum geschützt, obwohl andererseits die Sozialpflichtigkeit des Privateigentums grundgesetzlich vorgeschrieben ist. Die Eigentumsfrage wird in der Bundesrepublik im Unterschied zur DDR nachrangig bewertet. Ausschlaggebend sei nicht der „juristische" Eigentumsbesitz, sondern die Verfügungsgewalt über Produktionsmittel, die über die Partizipationsrechte der Arbeitnehmer weit fortgeschritten sei. Der Wandel des Kapitalismus zur „Sozialen" Marktwirtschaft werde von der DDR nicht adäquat berücksichtigt, die Bedeutung des Dienstleistungsgewerbes nicht richtig eingeschätzt. Außerdem unterschätze die DDR die Verfallsformen eines „subjektiven" Klassenbewußtseins der Arbeiter in der Bundesrepublik. Mit der Abschaffung des Privateigentums an Produktionsmitteln glaubt die DDR, den Antagonismus der Klassen überwunden zu haben. Ein Klassenkampf finde nicht mehr statt. Noch bestehende „Klassenunterschiede" werden durch die „Diktatur des Proletariats" aufgelöst. Diese Diktatur sei jedoch in Wahrheit die Herrschaft der überwältigenden Mehrheit über eine verschwindende Minderheit. Soweit Klassen in der Übergangsgesellschaft noch bestehen, sind sie miteinander verbündet.

Entsprechend der marxistisch-leninistischen Grundüberzeugung hat sich die DDR auf ein ganz bestimmtes Gesellschaftsmodell verpflichtet. Das Grundgesetz jedoch hat für die Bundesrepublik kein bestimmtes Gesellschafts- und Wirtschaftssystem festgelegt. Ein wesentlicher Unterschied kommt in den Blick, wenn die starke Stellung der Grundrechte im Grundgesetz berücksichtigt wird. Sie gelten als Abwehrrechte des Individuums gegen die übermächtigen Ansprüche eines autoritären und/oder totalitären Staates. Der Sozialismus begreift dagegen den Menschen primär als ein „gesellschaftliches Wesen", dessen individuelle Verwirklichung in Übereinstimmung mit den gesellschaftlichen Entwicklungen zu geschehen habe. *Grundrechte* werden in der Verfassung der DDR nicht vorrangig behandelt und als *Grundpflichten* des Bürgers verstanden. Allerdings besteht die DDR auf dem sozialen Grundrecht auf Arbeit, während das Grundgesetz die Leistungsansprüche des Individuums an den Staat nur durch die allgemeine Sozialstaatsklausel impliziert. In der DDR ist jedoch das Recht auf Arbeit auch als Arbeitspflicht des Bürgers durchgesetzt.

Die geschichtsphilosophische Konstruktion des Sozialismus hat schwerwiegende Folgen für die gesellschaftliche Wirklichkeit. Da das Privateigentum an Produktionsmitteln abgeschafft ist und Klassenkämpfe deshalb nicht mehr stattfinden könnten, ergibt sich die *„Identität"* aller gesellschaftlichen, ökonomischen und politischen Interessen. Ein Gegensatz gesellschaftlicher Einzelinteressen existiere prinzipiell ebenso wenig wie ein Gegensatz zwischen Gesellschaft und Staat. Entsprechend heißt es im Artikel 1 der DDR-Verfassung: „Die Deutsche Demokratische Republik ist ein sozialistischer Staat der Arbeiter und Bauern. Sie ist die Organisation der Werktätigen in Stadt und Land unter Führung der Arbeiterklasse und ihrer marxistisch-leninistischen Partei." Während das Demokratiekonzept der Bundesrepublik Vielfalt, Konkurrenz und Konflikt unterschiedlicher Interessen zuläßt (Pluralismus), beschränkt die DDR ihr Politikkonzept auf die „Organisation der Werktätigen". Auf Grund der „Identitätsthese" wird das Konzept einer konkurrierenden Parteiendemokratie abgelehnt, dagegen die Machtstellung der „Partei der Arbeiterklasse" als unantastbar gleichsam „verewigt". Das Mehrparteiensystem der DDR erweist sich deshalb als Fassade. Da eine offene Abstimmung bei den

Wahlen erwartet wird, erreicht die Einheitsliste eine fast hundertprozentige Mehrheit. Zwar können Kandidaten von der Liste gestrichen werden, an der Gesamtzusammensetzung der „Volkskammer" würde das jedoch nichts ändern, da die Sitzverteilung schon vorher festgelegt ist. Im Unterschied zur Bundesrepublik haben Wahlen keine legitimierende, sondern allein akklamierende Funktion.

V Das Staatsverständnis

Die führende Rolle der SED ergibt sich aus dem Staatsverständnis des Marxismus-Leninismus. Da der Staat als Organisation der herrschenden Klasse aufgefaßt wird, in der DDR die Arbeiterklasse herrscht, herrscht auch die Partei der Arbeiterklasse und durchdringt alle gesellschaftlichen, ökonomischen und politischen Ebenen. Entsprechend der „Identitätstheorie" wird die Einheit von Volk-Arbeiterklasse-Partei-Parteiführung immer schon vorausgesetzt, während sich in der Bundesrepublik ein politischer Konsensus erst in einem pluralistischen Meinungskampf herausbilden muß. Tatsächlich wird jedoch in der DDR die Herrschaft der Arbeiterklasse weitgehend als Herrschaft der Partei im Namen der Arbeiterklasse erfahren.

Als Organisationsprinzip der SED und des gesamten von der SED kontrollierten Staatsapparats gilt der „demokratische Zentralismus": Die Wahl der Kandidaten geschieht von unten nach oben, die Beschlüsse der Partei gelten absolut verbindlich von oben nach unten. Die Wahl der Kandidaten bedarf jedoch durchweg der Zustimmung der übergeordneten Parteiinstanzen. Die Merkmale einer Kaderpartei, der straffe hierarchische Aufbau und das Verbot von Fraktionsbildungen entsprechen noch heute einer unter den Bedingungen der Verfolgung entwickelten Geheimorganisation von konspirativen Berufsrevolutionären. Die SED ist auf der unteren Ebene mit dem Vorrang der Betriebszellen- vor der Wohnbezirksorganisation (74.306 Zellen) aufgebaut, die nächsthöheren Ebenen sind Kreis- und Bezirksdelegiertenkonferenz und Parteitag, aus dem das Zentralkomitee hervorgeht. Das politische Richtlinienorgan der Partei ist das Politbüro mit dem Generalsekretär an der Spitze. Neben der SED haben die anderen Parteien als Satellitenparteien der SED zu gelten. Sie anerkennen die Führungsrolle der SED und nehmen am Aufbau des Sozialismus aktiven Anteil. Ihre Funktion besteht darin, bestimmte, dem Sozialismus fernstehende Gruppen an den Staat der DDR zu binden. Die CSU und LDPD (Liberaldemokratische Partei) stellen die Verbindung zu den bürgerlichen Kräften her, die Deutsche Bauernpartei (DBP) soll die Bauern, die Nationaldemokratische Partei (NDPD) die einstigen Nazianhänger integrieren. Von Konkurrenz der Parteien und von der Ausarbeitung sachlicher und personeller Alternativen kann in der DDR keine Rede sein.

Die Führungsaufgabe der SED kommt auch in ihrer engen Verzahnung mit dem Staatsapparat (vgl. Abb. 90) zum Ausdruck. Auf der höchsten Ebene sind Partei- und Staatsamt sogar personell verflochten. Der Staat erweist sich damit als Instrument der Partei. Entgegen dem marxistischen Ideologem vom „Absterben des Staates" im Sozialismus wird heute in der DDR die wachsende Bedeutung des Staates hervorgehoben. Verantwortlich gemacht werden

Politische Führung durch die SED bei Gewalteneinheit

Partei

Politbüro unter Leitung des Generalsekretärs der SED. Fällt die politischen Grundsatzentscheidungen. Lenkt die Arbeit aller staatlichen und gesellschaftlichen Organisationen über Parteimitglieder in diesen Organisationen.

SED-Sekretariat: Durchführung der politischen Grundsatzentscheidungen

Partei und Staat sind nach einem einheitlichen Prinzip organisiert, dem „demokratischen Zentralismus":
— Verbindlichkeit der jeweils höheren Organe für die nachgeordneten Organe
— Rechenschaftspflicht der gewählten Organe
— Wahlen der von unten vorgeschlagenen und von oben bestätigten Kandidaten

Staat

Ministerrat: Regierung, die die Durchführung und Umsetzung der politischen Grundsatzentscheidungen (insbesondere in der Innen- und Wirtschaftspolitik) leitet.

Staatsrat: Kollektives Staatsoberhaupt

Nationaler Verteidigungsrat: Einsatzleitung, bisher unter Vorsitz des Generalsekretärs der SED, der im Verteidigungsfall Oberbefehlshaber ist. Im Notstandsfall erhält der Rat alle legislativen und exekutiven Vollmachten.

Oberstes Gericht: Höchstes Organ der Rechtsprechung, leitet die Rechtsprechung aller Gerichte.
Generalstaatsanwalt: Kontrolliert die einheitliche und „richtige" Rechtsanwendung.

Pyramide (von oben nach unten):

Politbüro

Sekretariat des Zentralkomitees der SED / ZK-Abteilungen

Ministerrat, Vorsitzender des MR, Präsidium

Fachministerien, staatliche Plankommission, Rat für landwirtschaftliche Produktion.

Zentralkomitee der SED

Parteitag der SED: Nominell oberstes Parteiorgan. Verabschiedet Parteiprogramme und -statute.

Volkskammer: Nominell oberstes staatliches Machtorgan. Keine Oppositionsmöglichkeit. Setzt politische Grundsatzentscheidungen in allgemeinverbindliche Gesetze um.

Regionale Organe

SED-Parteiorganisation Bezirksleitung mit Sekretariat – Delegiertenkonferenzen –

Bezirkstag – Rat des Bezirkes – Bezirksplankommission – Bezirksrat für landwirtschaftliche Produktion

Lokale Organe

SED-Parteiorganisation Kreisleitung mit Sekretariat – Delegiertenkonferenzen –

Kreistag – Rat des Kreises – Kreisplankommission – Kreisrat für landwirtschaftliche Produktion

Massenorganisationen:

Erfassen, organisieren und mobilisieren die sozialen Gruppen und Schichten der Bevölkerung

z. B. Freier Deutscher Gewerkschaftsbund (FDGB), Freie Deutsche Jugend (FDJ), Demokratischer Frauenbund Deutschlands (DFD), Kammer der Technik (KdT), Kulturbund der DDR, Gesellschaft für Deutsch-Sowjetische Freundschaft, Gesellschaft für Sport und Technik (GST), Schriftstellerverband der DDR

Werktätiges Volk

Aus: Zahlenspiegel (Bundesrepublik Deutschland / Deutsche Demokratische Republik – ein Vergleich), hrsg. vom Bundesministerium für innerdeutsche Beziehungen, 1978, S. 16

Abb. 90

223

dafür die imperialistische Bedrohung von außen, Reste von Klassenfeinden, die zunehmende Komplexität von Gesellschaft und Wirtschaft. Die Volkskammer, hervorgegangen aus den Scheinwahlen der Nationalen Front, gilt als Parlament. Ihre Zusammensetzung ist auf Grund des Einheitslistenwahlrechts von vornherein festgelegt. Die SED stellt zwar nur 25 % der Delegierten, hat jedoch mit den Delegierten der sog. Massenorganisationen (s.u.), die durchweg der SED angehören, ein starkes Übergewicht. Einheitsbeschlüsse sind in der Volkskammer die Regel, die Rolle einer parlamentarischen Opposition ist nicht vorgesehen. Die schwache Stellung der Volkskammer kommt schon darin zum Ausdruck, daß pro Jahr durchschnittlich nur vier Tage „zugestimmt" wird. Hauptaufgabe der Volkskammer ist nicht die politische Austragung von Kontroversen wie im Parlament der Bundesrepublik, sondern die Mobilisierung der Bevölkerung für die Politik der Regierung. Der Staatsrat fungiert als kollektives Staatsoberhaupt, der Ministerrat stellt die Regierung.

Eine wichtige Rolle spielen in der DDR die *Massenorganisationen*. Sie stellen nicht selbständige Organisationen unabhängiger Interessengruppen dar, sondern gelten als Übermittler des Parteiwillens an gesellschaftliche Gruppen. Ihre Aufgabe als „Transmissionsriemen" der SED verhindert eine gegen die Partei gerichtete Interessenvertretung. Fast alle Arbeiter und Angestellten in der DDR sind Mitglieder des Freien Deutschen Gewerkschaftsbundes (FDGB). Privaten Kapitalinteressen steht der FDGB nicht mehr gegenüber, eine Oppositionsrolle gegenüber dem Staat und der Partei der Arbeiterklasse ist auf Grund des „Identitätspostulats" ausgeschlossen. Ein Streikrecht wird dem FDGB deshalb abgesprochen. Dasselbe gilt für andere Massenorganisationen: die Freie Deutsche Jugend (FDJ), die Jungen Pioniere (JP), den Frauenbund, den Kulturbund, die Gesellschaft für Deutsch-Sowjetische Freundschaft (DSF), die Gesellschaft für Sport und Technik (GST). Eine staatsfreie Interessenvertretung, wie sie in der Bundesrepublik etwa in den Modellen der Tarifautonomie und in Korporationen öffentlichen Rechts zum Ausdruck kommt, ist der DDR wesensfremd.

Ein wesentlicher Systemunterschied zwischen der Bundesrepublik und der DDR besteht in der Ordnung der politischen Gewalten. In der Bundesrepublik wird der Aufbau des Staates durch eine weitgehende Teilung der Gewalten bestimmt. Legislative, exekutive und judikative Gewalten konstituieren sich im Prinzip als voneinander unabhängig. Die Gewaltenteilung wird auch durch die Kontroll- und Mitwirkungsrechte der föderativen Gewalten (Bundesrat) verstärkt. Durch Gewaltenteilung sollen Mißbrauch und Akkumulation von politischer Macht verhindert werden. In der DDR jedoch wird die *Einheit von „beschließender und vollziehender Gewalt"* auf Grund der vorgeblichen Identität gesamtgesellschaftlicher Interessen postuliert. Auch die richterliche Gewalt ist in der DDR nicht unabhängig. Die Rechtsprechung ist dem Prinzip der „sozialistischen Gesetzlichkeit" verpflichtet, trägt also bewußt einen politischen Charakter. Die Postulierung eines „überzeitlichen" Rechts wird abgelehnt, da das Recht die Herrschaftsformen der herrschenden Klasse widerspiegelt (Unterbau-Überbau-Schema). Ein gerichtlicher Rechtsschutz des Bürgers gegenüber der Exekutive besteht prinzipiell nicht. In der Bundesrepublik ist dagegen die legislative und exekutive Gewalt an die Verfassung gebunden. Das Bundesverfassungsgericht kann in Normenkontrollverfahren die Verfassungsmäßigkeit von Gesetzen überprüfen. Der einzelne Bürger kann gegen die Exekutive klagen.

Wie in der Bundesrepublik besteht auch in der DDR (allerdings erst seit 1962) eine *allgemeine Wehrpflicht*, die 18 Monate dauert. Im Unterschied zur Bundesrepublik gilt die Wehrpflicht prinzipiell auch für Frauen, obgleich die DDR die Einberufungsmöglichkeiten von Frauen nicht ausschöpft. Im Unterschied zur Bundesrepublik spielt jedoch in der DDR der paramilitärische Bereich eine wichtige Rolle. Vor allem die Gesellschaft für Sport und Technik, die „Kampfgruppen der Arbeiterklasse", die Jungen Pioniere u.a. dienen der vormilitärischen Ausbildung. An Schulen wird seit 1973 das Fach „Wehrkunde" unterrichtet, wobei der Feindbildvermittlung eine wichtige Rolle zukommt. In der Bundesrepublik wird allein der Bundesgrenzschutz als paramilitärische Organisation geführt. Ein wichtiges Grundrecht in der Bundesrepublik ist das Recht auf Wehrdienstverweigerung aus religiösen, ethischen und Gewissensgründen. Allerdings haben Wehrdienstverweigerer einen Zivildienst zu leisten, der die Wehrdienstzeit übersteigt. In der DDR gibt es kein verfassungsmäßig garantiertes Verweigerungsrecht. Wehrdienstverweigerer werden in der DDR zu waffenlosen Einheiten der Nationalen Volksarmee eingezogen (Bausoldaten). Über die Stärke dieser Einheiten wird Stillschweigen gewahrt. Während die Individualrechte der Soldaten in der Bundesrepublik vielfältig gesichert weren (Petitionsrecht an das Parlament, Anrufung eines parlamentarischen Wehrbeauftragten, Wahl von Vertrauensleuten u.a.) gibt es in der NVA allein eine Rechtswahrung über den militärischen Instanzenweg. Die NVA umfaßt etwa 200 000 Soldaten (Bundesrepublik: ca. 500 000), dabei ist allerdings der paramilitärische Bereich nicht mitgerechnet. Allein die milizartig organisierten „Kampfgruppen" erreichen eine Zahl von etwa 350 000 Männern und Frauen. Beachtlich ist die Stärke der Sowjettruppen in der DDR, die mit etwa 400 000 Mann die doppelte Zahl der NVA erreicht. Dagegen sind in der Bundesrepublik nur etwa 350 000 ausländische Soldaten stationiert. Eingeordnet ist die NVA in das Militärbündnis des Warschauer Paktes. Im Rahmen der Bündnisverpflichtungen nahmen auch Truppen der NVA an der Niederschlagung des Ungarn-Aufstandes (1956) und des „Prager Frühlings" (1968) teil. Die Bundeswehr hat noch niemals in fremde Hoheitsgebiete eingegriffen.

VI Das planwirtschaftliche System

Dem politischen Zentralismus entspricht auf der ökonomischen Ebene die Verfassung einer Plan- oder Zentralverwaltungswirtschaft auf der Grundlage der fast vollständigen Vergesellschaftung der Produktionsmittel. Während in der Bundesrepublik eine sich selbst regulierende Marktwirtschaft mit einer staatlichen Globalsteuerung im Sinne einer „sozialen" Marktwirtschaft das Grundmodell abgab, heißt es in der DDR-Verfassung von 1974: „In der DDR gilt der Grundsatz der Leitung und Planung der Volkswirtschaft sowie aller anderen gesellschaftlichen Bereiche. Die Volkswirtschaft der DDR ist sozialistische Planwirtschaft" (Art. 9, Abs. 3). Während in der Bundesrepublik den Marktprinzipien (Angebot und Nachfrage) und damit dem Regulationsme-

Abb. 91

Schematische Darstellung des Planungsablaufs

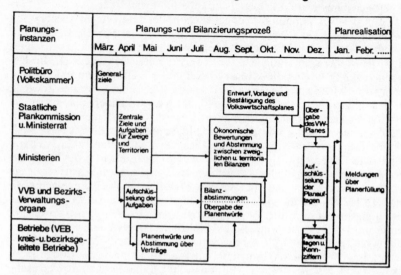

Planungs-instanzen	Planungs- und Bilanzierungsprozeß										Planrealisation
	März	April	Mai	Juni	Juli	Aug.	Sept.	Okt.	Nov.	Dez.	Jan. Febr. .....

Politbüro (Volkskammer) — Generalziele

Staatliche Plankommission u. Ministerrat

Ministerien

VVB und Bezirks-Verwaltungsorgane

Betriebe (VEB, kreis- u. bezirksgeleitete Betriebe)

Zentrale Ziele und Aufgaben für Zweige und Territorien

Entwurf, Vorlage und Bestätigung des Volkswirtschaftsplanes

Ökonomische Bewertungen und Abstimmung zwischen zweiglichen u. territorialen Bilanzen

Übergabe des VW-Planes

Aufschlüsselung der Aufgaben

Bilanzabstimmungen
Übergabe der Planentwürfe

Planentwürfe und Abstimmung über Verträge

Aufschlüsselung der Planauflagen

Planauflagen u. Kennziffern

Meldungen über Planerfüllung

chanismus des Preises eindeutige Priorität zukommt, stellt sich die DDR als zentral gesteuerte Befehlswirtschaft dar. Die Planungsprozesse erfordern eine gesamtwirtschaftliche Bilanzierung, in der Aufkommen und Bedarf der einzelnen Güterarten festgelegt werden müssen. Die hohe Bürokratisierung des Planungsapparates hat jedoch mit schwerwiegenden Prognosefehlern zu kämpfen. Wo in der Marktwirtschaft der Preis belohnt und straft, tritt in der DDR die Planrevision. Das Politbüro gibt die ökonomischen Gesamtziele vor, die in sog. Perspektivplänen von der Staatlichen Planungskommission für etwa 5 Jahre konkretisiert werden (vgl. Abb. 91). Der erste Fünfjahresplan (1951–1955) setzte auf den Ausbau des industriellen Sektors zu Lasten der Konsumgüterindustrie; 1956–1960 stand der Ausbau der Chemie im Vordergrund; 1959–1965 sollte es darum gehen, die Bundesrepublik im Pro-Kopf-Verbrauch zu überholen. Dieser Plan wurde 1962 außer Kraft gesetzt, hatte doch jeder fünfte DDR-Bürger die DDR verlassen. Bis 1970 wurde deshalb an Stelle einer rigiden Detailplanung nur eine Leitlinie von oben vorgegeben, die anpassungfähig an neue Entwicklungen bleiben sollte. Der Entscheidungsspielraum der Einzelbetriebe wurde erweitert. Die reine Mengenplanung (Tonnenideologie) wurde differenziert und ein „System ökonomischer Hebel" mit betrieblichen und individuellen Leistungsprämierungen durchgesetzt. Die Motivierung der werktätigen Menschen, ein schwieriges Problem im Sozialismus, wurde damit verbessert. Materielle Anreize traten zu den appellativen Ermahnungen zum „sozialistischen" Wettbewerb. 1971–1975 trat unter Erich Honnecker die „Erhöhung des materiellen und kulturellen Lebensniveaus" in den Vordergrund, um den lange vernachlässigten Konsumbedürfnissen der Bürger entgegenzukommen. 1976–1980 brachte eine Akzentverlagerung, da mit der Erhöhung der Einfuhrpreise die Exporterlöse gesteigert werden mußten. Der Fünfjahresplan 1981–1985 gibt als Ziele wirtschaftliche Expansion

226

und Entwicklung neuer Technologien vor. Im Mittelpunkt steht weiter die Steigerung des Exports; Verbrauch und Investitionen werden dagegen zurückgestellt. Die DDR behauptet die Überlegenheit des planwirtschaftlichen dem marktwirtschaftlichen System der Bundesrepublik gegenüber. Krisen, die sich aus der „anarchischen" Marktwirtschaft ergeben wie Überproduktionskrisen, Verschwendungsproduktionen, Arbeitslosigkeit usw. seien in der DDR ausgeschaltet. Dafür hat die DDR mit anderen Problemen zu kämpfen: Die individuellen Bedarfswünsche werden nicht adäquat befriedigt; die individuellen und gesamtgesellschaftlichen Interessen sind unzureichend koordiniert; das Planungssystem ist zu starr und überkomplex angelegt und kann nicht flexibel genug reagieren; die individuelle Leistungsmotivation ist nur begrenzt mobilisierbar; eine individuelle freie Unternehmermentalität kann ebenso wenig entstehen wie der Eindruck der Konsumentenfreiheit; das Los der individuellen Arbeitslosigkeit wird durchweg nicht erfahren, bezahlt werden muß die „Vollbeschäftigung" jedoch mit Innovationsschwächen, mit mangelnder Modernisierung und hohen gesamtgesellschaftlichen Kosten. Andererseits stabilisiert diese Form der Planung die politische Herrschaftsstruktur der DDR. Im Vergleich mit anderen Ostblockländern sind die ökonomischen Leistungen der DDR beachtlich. Im Vergleich zur Dynamik der Wirtschaftsentwicklung in der Bundesrepublik leidet die Planwirtschaft der DDR jedoch unter gravierenden Effizienzmängeln und erweist sich immer noch als ein „asketischer Verteilungsstaat".

VII Das gesellschaftliche und kulturelle Leben

Die DDR betrachtet sich als *Übergangsgesellschaft* vom Kapitalismus zum Kommunismus. Die sozialistische Gesellschaft kennt also durchaus noch Klassen, die sich jedoch nicht klassenkämpferisch gegenüberstehen, sondern untereinander verbündet sind. Da die Klassenzugehörigkeit über die Stellung des einzelnen zu den Produktionsmitteln definiert wird, dieselben jedoch weitgehend sozialisiert sind, kann das Bild einer *sozialen Schichtung* nur sehr schwer gezeichnet werden. Zwar stehen sich in der DDR nicht mehr Arbeiter und Unternehmer gegenüber, dagegen hat sich eine Staats- und Parteibürokratie gebildet, die alle wesentlichen Herrschaftsfunktionen an sich gezogen hat und beachtliche soziale und materielle Privilegien genießt (die „neue" Klasse). Mit Hilfe von ideologischen Fiktionen (Vergesellschaftung statt Verstaatlichung, Bündniskonzept statt Pluralismuskonzept, Interessenidentität statt Interessenvielfalt usw.) wird jedoch die Machtstellung der Partei- und Staatsbürokratie verschleiert.

Anders als in der Bundesrepublik hat in der DDR nach dem Zweiten Weltkrieg ein tiefgreifender *Elitenaustausch* stattgefunden. Die durch die Nazikollaboration diskreditierte „Elite" wurde durch politisch zuverlässige „Apparatschiks" ersetzt, deren häufig mangelhafte Fachkompetenz mit Linientreue kompensiert wurde. Erst ab 1961 begann der Vormarsch einer hochqualifizierten Leistungselite. Früher als in der Bundesrepublik setzte die Berufstätigkeit der Frauen ein. Mit über 80 % übersteigt die Frauenerwerbstätigkeit weit den etwas über 45 % liegenden Anteil in der Bundesrepublik. Der permanente Arbeitskräftemangel mag dazu beigetragen haben. Das Bildungssystem hat sich von der dreigliedrigen „Klassenschule" (Hauptschule, Realschule, Gymnasium) verabschiedet und die zehnklassige „Polytechnische Oberschule" durchgesetzt, die in etwa einer integrierten und differenzierten Gesamtschule entspricht. Das Recht auf Bildung wird jedoch durch Planungsvorgaben eingeschränkt. Der gesellschaftliche Bedarf wie die soziale Zusammensetzung bestimmen neben der Leistung des Schülers den Zugang zu weiterführenden Schulen und zu den Hochschulen. Tatsächlich wurde den traditionell unterprivilegierten Arbeiterkindern weitgehende „Chancengleichheit" ermöglicht, während Kindern aus der traditionellen Bürgerschicht gravierende Nachteile (z.B. beim Schulzugang) zugemutet wurden. Heute allerdings lassen sich Tendenzen zur sozialen Statuserhaltung beobachten.

Das gesellschaftliche Leben leidet in der DDR unter einer beträchtlichen provinziellen Enge, hervorgerufen durch den Mangel an individuellen und politischen „Entfaltungsräumen". Kritische, alternative und pluralistische Vielfalt kann sich nicht artikulieren. Überall droht das Strafgesetzbuch der DDR mit dem weit auslegbaren Tatbestand der „staatsfeindlichen Hetze". Die *Massenmedien* Rundfunk und Fernsehen sind staatlich; die Presse der DDR wird durchgängig von der SED kontrolliert. Nur mit staatlicher Genehmigung dürfen Presse- und Bucherzeugnisse herausgegeben werden (Lizenzpflicht), das gilt auch für die Verbreitung im westlichen Ausland. Der Staat behält sich darüber hinaus das Vertriebsmonopol vor. Durch die Einschränkung der Freizügigkeit fehlt den Bürgern die Kontaktmöglichkeit vor allem mit westlichen Ländern; allein Rentnern wird die Ausreise durchgehend gewährt.

Angesichts der starren und beengenden Reglementierungen des öffentlichen Lebens können sich Opposition, Kritik und individuelle Freiheit nur in „staatsfreien" Refugien ausdrücken. Die Gesellschaft der DDR ist deshalb tief gespalten in einen öffentlichen und einen privaten Sektor. Das Leben in der Familie, im engen Freundeskreis, in der Nachbarschaft wird deshalb vielleicht bewußter als in der Bundesrepublik gepflegt. Interessant ist die Funktion der *Kirchen* in der DDR. Trotz massiver Behinderungen der kirchlichen Arbeit (kein Religionsunterricht an den Schulen, Propagierung der atheistischen Jugendweihe an Stelle der kirchlichen Konfirmation, die berufliche Benachteiligung gläubiger Christen usw.) gehören immer noch 47,2 % der DDR-Bürger zur Evangelischen, 7,8 % zur Katholischen Kirche. Obwohl Kirchen nur rein religiöse Belange wahrnehmen dürfen, gewähren sie dem einzelnen Bürger eine Rückzugsmöglichkeit vor dem ideologischen Herrschaftsanspruch des Staates und der Partei. Das geschieht, obwohl sich die evangelische Kirche der DDR „nicht als Kirche gegen oder neben, sondern im Sozialismus" begreift. Auch der sich zu Beginn der 80er Jahre bildenden „Friedensbewegung" in der DDR gab die Kirche Schutz und Abschirmung.

Oppositionelle Bewegungen innerhalb der SED sind dagegen kaum auszumachen. Während der Machtsicherungsphase wurden jedoch die Zaisser/Herrnstadt-Gruppe (1953) und die Schirdewan/Wollweber-Gruppe ausgeschaltet. Beide Gruppen beharrten auf einem deutschen Sonderweg zum Sozialismus. In eine schwere Krise geriet das Herrschaftssystem der DDR durch den Volksaufstand am 17.Juni 1953, der durch Normenerhöhungen ausgelöst wurde und von Ostberlin aus auf viele Städte der DDR übergriff.

Nur durch sowjetischen Militäreinsatz konnte dieser Aufstand niedergeschlagen werden. In der DDR wird die latente Opposition besonders der kritischen Intelligenz aufmerksam verfolgt. Philosophen wie Ernst Bloch (1961 in die Bundesrepublik übergesiedelt), Wolfgang Harich und Robert Havemann setzten sich für einen „demokratischen" Sozialismus ein und hatten mit schweren Pressionen zu kämpfen.

Die Anerkennung der „Menschenrechte und Grundfreiheiten" in der Schlußakte von Helsinki (1975) durch die DDR und das Aufkommen des Eurokommunismus in den westlichen Ländern führten auch in der DDR zu einer Mobilisierung der *kritischen Intelligenz*. Als dem systemkritischen Sozialisten Wolf Biermann nach einer Liederreise durch die Bundesrepublik die Rückreise in die DDR verweigert wurde, stellten sich zahlreiche Schriftsteller und Sänger hinter den ausgebürgerten Liedermacher. Reiner Kunze, Sarah Kirsch, Thomas Brasch, Günter Kunert u.a. siedelten in die Bundesrepublik über. Christa Wolf, Stefan Heym, sogar Stephan Hermlin bekamen Schwierigkeiten. Volker Braun hat wie viele andere Schriftsteller immer wieder mit Publikationsproblemen zu kämpfen, ebenfalls Heiner Müller und Jurek Becker. Rudolf Bahro, der eine radikale Kritik am System der DDR vortrug (Die Alternative), wurde nach Verhaftung und Verurteilung in die Bundesrepublik abgeschoben. Künstler werden in der DDR auf kulturpolitische Leitlinien festgelegt: Im Sinne des „Sozialistischen Realismus" habe der Künstler „parteilich" zu schreiben, eine positive Perspektive aufzuzeigen und dekadenten westlichen Modernismen zu entsagen. Für die Künstler ergeben sich aus den kulturpolitischen Eingriffen sowohl schmerzhafte als auch produktive Reibungsflächen.

Zum Teil wird das kulturpolitische Monopol von Staat und Partei auch dadurch unterlaufen, daß die Bürger der DDR westliche Fernsehsendungen sehen. Im Jahre 1984 kam es unerwartet zu einer starken Übersiedlungsphase von über 30 000 DDR-Bürgern, die mit Genehmigung der DDR-Behörden ihren Wohnsitz in der Bundesrepublik nahmen. Die Gründe für die großzügigere Übersiedlungspraxis sind umstritten. Wollte sich die DDR oppositioneller Kräfte entledigen, drückten „Arbeitsmarktprobleme" auf die Integrationsfähigkeit des Systems, sollte eine Geste des guten Willens angesichts der internationalen Verhärtung im Ost-West-Konflikt gezeigt werden? Andererseits wird die Durchlässigkeit der Grenze von Ost nach West immer noch verhindert, durch die Erhöhung von Zwangsumtauschsätzen wurden auch Reisen aus der Bundesrepublik und Westberlin in die DDR weiter nachhaltig behindert.

Testfragen zu Teil 6
1. *Charakterisieren Sie die SED!*
2. *Beschreiben Sie das Wahlsystem der DDR und vergleichen Sie es mit dem der Bundesrepublik!*
3. *Was bedeutet „Sozialismus" in der DDR?*
4. *Welche unterschiedlichen Maßnahmen führten zur Ausbildung zweier unterschiedlicher politischer Systeme in Deutschland?*
5. *Worin bestehen die Wettbewerbsnachteile der DDR?*
6. *Wie vollzog sich der „Aufbau des Sozialismus" in der DDR?*
7. *Was versteht man unter „Effektivierungsphase" in der DDR?*
8. *Welche Schwerpunkte setzte E. Honecker?*
9. *Welche Auffassung zum Eigentum bestimmt das Leben in der DDR und in der Bundesrepublik?*
10. *Welche geschichtsphilosophischen Grundlagen charakterisieren den Marxismus-Leninismus?*
11. *Wie werden die Grundrechte in der DDR und in der Bundesrepublik eingeschätzt?*
12. *Was versteht man unter dem „Identitätspostulat"?*
13. *Was versteht man unter „demokratischer Zentralismus"?*
14. *Charakterisieren Sie den Staatsaufbau der DDR!*
15. *Welche Rolle spielen die Massenorganisationen in der DDR? Welche spielen Interessenverbände in der Bundesrepublik?*
16. *Charakterisieren Sie die Zuordnung der einzelnen Gewalten in der DDR!*
17. *Welche Unterschiede des Wirtschaftssystems gibt es in der DDR und in der Bundesrepublik?*
18. *Charakterisieren Sie die einzelnen „Pläne" der DDR!*
19. *Gibt es eine soziale Schichtung in der DDR, und wie ist sie zu bestimmen?*
20. *Charakterisieren Sie das Bildungssystem in der DDR!*
21. *Welche Formen der Opposition gibt es in der DDR?*
22. *Das System des Militärischen in der DDR und in der Bundesrepublik*

Weiterführende Auswahlbibliographie

I Bibliographische Hilfsmittel
W. Baumgart: Bücherverzeichnis zur deutschen Geschichte, München 1983
U. Bermbach: Hamburger Bibliographie zum Parlamentarischen System der
Bundesrepublik Deutschland 1945–1970; Ergänzungslieferungen ab 1971,
Opladen 1973ff.
R. Picht/W. Neumann: Materialien zur Landeskunde. Basisbibliographie zur
Bundesrepublik 1983, München 1984.
D. Tränhardt: Bibliographie Bundesrepublik Deutschland, Göttingen
1980.

II Datenmaterialien
Statistisches Bundesamt (Hrsg.): Datenreport 1. Zahlen und Fakten über die
Bundesrepublik Deutschland 1983/4, Stuttgart 1983.
Staatsbürgerliche Arbeitsmappe mit ca. 1200 Zahlenbildern, monatlich er-
gänzt, Erich Schmidt Verlag, Berlin 1983 ff.

III Geographie
M. Dloczik/A. Schottler/H. Sternagel: Der Fischer Informationsatlas Bun-
desrepublik Deutschland, Frankfurt/M. 1982.
G. Fuchs: Die Bundesrepublik Deutschland, Stuttgart 1983.
Harms Handbuch der Geographie, München 1975, 26. Auflage.
K. Bolte/D. Kappe/J. Schmidt: Bevölkerung-Statistik-Theorie, Opladen
1980.
I. Esenwein Rothe: Einführung in die Demographie, Wiesbaden 1982.

IV Geschichte
B. Gebhardt: Handbuch der deutschen Geschichte, 17 Bde., München 1970 ff.
H. Holborn: Deutsche Geschichte der Neuzeit, 3 Bde., Frankfurt/M. 1981.
W. Steitz: Schwerpunkte der deutschen Sozial- und Wirtschaftsgeschichte im
19. und 20. Jahrhundert, Heidelberg 1979.
R. v. Thadden: Fragen an Preußen. Zur Geschichte eines aufgehobenen Staa-
tes, München 1981.
V. Hentschel: Deutsche Wirtschafts- und Sozialpolitik 1815–1945, König-
stein/Taunus 1980.
G.A. Craig: Deutsche Geschichte 1866–1945, München 1980.
A. Hillgruber: Die gescheiterte Großmacht. Eine Skizze des Deutschen Rei-
ches 1971–1945, Düsseldorf 1982.
J. Hermand/F. Trommler: Die Kultur der Weimarer Republik, München
1978.
H. Glaser (Hrsg.): Soviel Anfang war noch nie. Deutscher Geist im 19. Jahrhundert. Ein Lesebuch, Frankfurt/M. 1981.
W. Michalka (Hrsg.): Das Dritte Reich. Dokumente zur Innen- und Außenpolitik, 2 Bde., München 1985.

V Die Bundesrepublik Deutschland
1. Geschichte
A. *Düwell*: Entstehung und Entwicklung der Bundesrepublik Deutschland 1945–1961, Köln 1981.
Th. *Eschenburg*: Jahre der Besatzung 1945–1949, Stuttgart 1983.
H.P. *Schwarz*: Die Ära Adenauer, 1949–1957 (Bd. 1), 1957–1963 (Bd. 2), Stuttgart 1981 und 1983.
W. *Benz* (Hrsg.): Die Bundesrepublik Deutschland, Geschichte in drei Bänden, Bd. 1: Politik, Bd. 2: Gesellschaft, Bd. 3: Kultur, Frankfurt/M. 1983.
A. *Grosser*: Deutschlandbilanz. Geschichte Deutschlands seit 1945, München 1976.
R. *Löwenthal/H.P. Schwarz* (Hrsg.): Die zweite Republik. 25 Jahre Bundesrepublik Deutschland – eine Bilanz, Stuttgart 1974.
W. *Scheel* (Hrsg.): Die andere deutsche Frage. Kultur und Gesellschaft der Bundesrepublik Deutschland nach dreißig Jahren, Stuttgart 1981.
W. *Scheel* (Hrsg.): Nach dreißig Jahren – die Bundesrepublik Deutschland – Vergangenheit, Gegenwart, Zukunft, Stuttgart 1979.

2. Zur Politischen Kultur
M. *Greiffenhagen* u.a. (Hrsg.): Handwörterbuch zur politischen Kultur der Bundesrepublik Deutschland, Opladen 1981.
M. u. S. *Greiffenhagen*: Ein schwieriges Vaterland. Zur politischen Kultur Deutschlands, München 1979.
H. *Rauch*: Politische Kultur in der Bundesrepublik Deutschland, Berlin 1980.
P. *Reichel*: Politische Kultur der Bundesrepublik Deutschland, Opladen 1981.
H. *Glaser* (Hrsg.): Bundesrepublikanisches Lesebuch. Drei Jahrzehnte geistiger Auseinandersetzung, Frankfurt/M. 1978.
H. *Glaser* (Hrsg.): Fluchtpunkt Jahrhundertwende. Ursprünge und Aspekte einer zukünftigen Gesellschaft, Frankfurt/M. 1981.
K. *Sontheimer*: Zeitenwende? Die Bundesrepublik Deutschland zwischen alter und alternativer Politik, Hamburg 1983.

3. Politisches System
R. *Beck*: Sachwörterbuch der Politik, Stuttgart 1977.
E. *Jesse*: Die Demokratie der Bundesrepublik Deutschland, Berlin 1982.
F. *Pilz*: Einführung in das politische System der Bundesrepublik Deutschland, München 1977.
K. *Sontheimer*: Grundzüge des politischen Systems der Bundesrepublik Deutschland, München 1980.
W. *Voss*: Die Bundesrepublik Deutschland. Daten und Analysen, Stuttgart 1983.
Th. *Ellwein*: Das Regierungssystem der Bundesrepublik Deutschland, Opladen 1982.
E. *Jesse*: Streitbare Demokratie, Berlin 1981.
K. *v. Beyme*: Das politische System der Bundesrepublik Deutschland, München 1981.
W. *Benz* (Hrsg.): „Bewegt von der Hoffnung aller Deutschen". Zur Geschichte des Grundgesetzes, München 1979.

K. Hesse: Grundzüge des Verfassungsrechts der Bundesrepublik Deutschland, Karlsruhe 1982, 13. Auflage.

M. Krohn: Die gesellschaftlichen Auseinandersetzungen um die Notstandsgesetze, Köln 1981.

A. Roßnagel: Die Änderungen des Grundgesetzes. Eine Untersuchung der politischen Funktion von Verfassungsänderungen, Frankfurt 1981.

J. Seifert: Grundgesetz und Restauration, Darmstadt/Neuwied 1977, 3. Auflage.

Th. Ellwein/R. Zoll: Berufsbeamtentum, Düsseldorf 1973.

H. König/H.J. v. Oertzen/F. Wagener: Öffentliche Verwaltung in der Bundesrepublik Deutschland, Baden-Baden 1981.

F. Wagener (Hrsg.): Zukunftsaspekte der Verwaltung, Berlin 1980.

P. Frisch: Extremistenbeschluß, Leverkusen 1977, 4. Auflage.

S. Simitis u.a.: Kommentar zum Bundesdatenschutzgesetz, Baden-Baden 1981, 3. Auflage.

H.-J. Vogel: 10 Jahre sozialliberale Rechtspolitik, Zeitschrift für Rechtspolitik 13 (1980).

4. Parteien

W. Schlangen (Hrsg.): Die deutschen Parteien im Überblick, Königstein/Taunus 1979.

K. v. Beyme: Parteien in westlichen Demokratien, München 1982.

H. Kaak/R. Roth (Hrsg.): Handbuch des deutschen Parteiensystems, 2 Bde., Opladen 1980.

O.K. Flechtheim (Hrsg.): Dokumente zur parteipolitischen Entwicklung in Deutschland seit 1945, 9 Bde., Berlin 1962–1971.

P. Haungs: Parteiendemokratie in der Bundesrepublik Deutschland, Berlin 1980.

S. Hergt (Hrsg.): Parteiprogramme, Leverkusen 1977, 11. Auflage.

A.R.L. Gurland: Die CDU/CSU. Ursprünge und Entwicklung bis 1953, Frankfurt/M. 1980.

A. Mintzel: Geschichte der CSU, Opladen 1977.

G. Müchler: CDU/CSU. Ein schwieriges Bündnis, München 1976.

W. Schönbohm/G.E. Braun: CDU-Programmatik, München 1981.

H.-J. Brauns u.a.: SPD in der Krise, Frankfurt 1973.

S. Miller: Die SPD vor und nach Godesberg, Bonn 1981.

D. Lehnert: Sozialdemokratie zwischen Protestbewegung und Regierungspartei, Frankfurt/M. 1980.

H. Kaak: Zur Geschichte und Programmatik der Freien Demokratischen Partei. Grundriß und Materialien, Meisenheim a. Glan 1976.

H. Kluth: Die KPD in der Bundesrepublik, Köln 1959.

J. Mettke (Hrsg.): Die Grünen, Reinbek b. Hamburg, 1982.

5. Außen- und Deutschlandpolitik

H.-P. Schwarz (Hrsg.): Handbuch der deutschen Außenpolitik, München 1976.

P. Noack: Die Außenpolitik der Bundesrepublik Deutschland, Stuttgart 1981.

F.R. Pfetsch: Die Außenpolitik der Bundesrepublik Deutschland 1949–1980, München 1981.

H. Schneider / U. Uffelmann: Zur Außenpolitik der Bundesrepublik, München 1981.

W. Stützle: Politik und Kräfteverhältnis, Herford 1983.

R. Picht (Hrsg.): Das Bündnis im Bündnis. Deutsch-französische Beziehungen im internationalen Spannungsfeld, Berlin 1982.

R. v. Weizsäcker: Die deutsche Geschichte geht weiter, Berlin 1983.

K. Moersch: Sind wir denn eine Nation? Die Deutschen und ihr Vaterland, Stuttgart 1982.

E. Schulz: Die deutsche Nation in Europa. Internationale und historische Dimensionen, Bonn 1982.

J. Haas-Heye (Hrsg.): Im Urteil des Auslands. Dreißig Jahre Bundesrepublik, München 1979.

P. Eisenmann: Außenpolitik der Bundesrepublik. Von der Westintegration zur Verständigung mit dem Osten, Krefeld 1982.

6. Sicherheitspolitik

K.-D. Schwarz (Hrsg.): Sicherheitspolitik. Analysen zur politischen und militärischen Sicherheit, Bad Honnef 1978, 3. Auflage.

K. v. Schubert (Hrsg.): Sicherheitspolitik der Bundesrepublik Deutschland. Dokumentation 1945–1977, 2 Bde., Köln und Bonn 1978 und 1979.

K. v. Schubert: Wiederbewaffnung und Westintegration, Stuttgart 1972, 2. Auflage.

J. Delbrück u.a.: Grünbuch zu den Folgewirkungen der KSZE, Köln 1977.

DGFK-Jahrbuch 1979/80: Zur Entspannungspolitik in Europa, Baden-Baden 1980.

W. Bittorf (Hrsg.): Nachrüstung, Reinbek b. Hamburg 1981.

A.-A. Guha: Der Tod in der Grauzone, Frankfurt/M. 1980.

G. Bastian: Frieden schaffen. Gedanken zur Sicherheitspolitik, München 1983.

7. Wirtschaft

W. Abelshauser: Wirtschaftsgeschichte der Bundesrepublik Deutschland, Frankfurt/M. 1983.

E. Altvater u.a.: Vom Wirtschaftwunder zur Wirtschaftskrise, Berlin 1979.

G. Ambrosius: Die Durchsetzung der Sozialen Marktwirtschaft in Westdeutschland, Stuttgart 1977.

E.H. v. Bernewitz (Hrsg.): Wirtschaft und Politik verstehen, Hamburg 1980.

R. Blum: Soziale Marktwirtschaft. Wirtschaftspolitik zwischen Neoliberalismus und Ordoliberalismus, Tübingen 1969.

W. Glastetter: Die wirtschaftliche Entwicklung der Bundesrepublik Deutschland im Zeitraum 1950–1975, Berlin/Heidelberg/New York 1977.

H. Aubin / W. Zorn (Hrsg.): Handbuch der deutschen Wirtschafts- und Sozialgeschichte, 2 Bde., Stuttgart 1976.

H.-H. Hartwich: Sozialstaatspostulat und gesellschaftlicher status quo, Opladen 1977.

W. Kirsch u.a.: Die Wirtschaft. Einführung in ihre Entscheidungsprobleme, München 1978.

F. Pilz: Das System der Sozialen Marktwirtschaft, München 1981.

H. Winkel: Die Wirtschaft im geteilten Deutschland 1945–1970, Wiesbaden 1974.

K.G. Tempel: Kernenergie in der Bundesrepublik Deutschland, hrsg. v. Landeszentrale für politische Bildung, Berlin 1981.

8. Umweltschutz

H.C. Binswanger u.a. (Hrsg.): Wege aus der Wohlstandsfalle, Frankfurt/M. 1979.

Global 2000. Der Bericht an den Präsidenten, Frankfurt/M. 1980.

H. Gruhl: Ein Planet wird geplündert, Frankfurt/M. 1978.

H. Strohm: Politische Ökologie, Reinbek b. Hamburg 1979.

Taschenlexikon Umweltschutz, Düsseldorf 1979.

W. Vitzthum (Hrsg.): Die Plünderung des Meeres, Frankfurt/M. 1981.

G. Weiser (Hrsg.): Expeditionen in die Wirklichkeit, Stuttgart 1981.

9. Strukturmodelle der Gesellschaft

H.P. Bleuel: Die Stützen der Gesellschaft, München 1976.

K.M. Bolte: Struktur und Wandel der Gesellschaft, Heft 1–6, Opladen 1967.

D. Claessens u.a.: Sozialkunde der Bundesrepublik Deutschland, Düsseldorf 1978.

R.Dahrendorf: Gesellschaft und Demokratie in Deutschland, München 1965.

Funkkolleg Sozialer Wandel, Weinheim 1978.

S. Hradil: Soziale Schichtung in der Bundesrepublik, München 1977.

R. König (Hrsg.): Soziale Schichtung und Mobilität, Stuttgart 1976.

10. Sozialstaat

Bundesministerium für Arbeit und Soziales (Hrsg.): Sozialpolitische Informationen (regelmäßiger Informationsdienst), Bonn.

H. Geißler: Die Neue Soziale Frage, Freiburg 1976.

G. Helwig: Am Rande der Gesellschaft, Köln 1980.

O.E. Kempen (Hrsg.): Sozialstaatsprinzip und Wirtschaftsordnung, Frankfurt/M. 1976.

E. Matzner: Wohlfahrtsstatt und Wirtschaftskrise, Reinbek b. Hamburg 1978.

J. Roth: Armut in der Bundesrepublik, Reinbek b. Hamburg 1979.

R. Merklein: Griff in die eigene Tasche. Hintergeht der Sozialstaat seine Bürger? Reinbek b. Hamburg 1980.

F. Pilz: Das sozialstaatliche System der Bundesrepublik Deutschland, München 1978.

D. Bell: Die nachindustrielle Gesellschaft, Hamburg 1979.

R. Bartholomäis u.a. (Hrsg.): Sozialpolitik nach 1945, Bonn–Bad Godesberg 1977.

H. Peters: Die Geschichte der Sozialen Versicherung, Sankt Augustin 1978, 3. Auflage.

D. Zöllner: Ein Jahrhundert Sozialversicherung in Deutschland, Berlin 1981.

M. Richter (Hrsg.): Die Sozialreform, 11 Bde., Bonn-Bad Godesberg 1955–1970.

11. Soziale Gruppen

H. Schneider: Die Interessenverbände, München 1979.

E.P. Schneider: Die Sozialpartner. Verbandsorganisationen, Verbandsstruktur, Köln 1980.

D. Schuster: Die deutschen Gewerkschaften seit 1945, Stuttgart 1974.

H. Limmer: Die deutsche Gewerkschaftsbewegung, München 1981.

W. Köpping: Die Gewerkschaften. Was sie sind, was sie tun, wofür sie da sind, Köln 1980.

G. Brandt u.a.: Anpassung in der Krise. Gewerkschaften in den siebziger Jahren, Frankfurt/M. 1982.

J. Esser: Gewerkschaften in der Krise, Frankfurt 1982.

K.J. Bieback: Streikfreiheit und Aussperrungsverbot, Neuwied 1979.

Bundesministerium für Arbeit und Soziales (Hrsg.): Mitbestimmung 1979.

DGB-Bundesvorstand (Hrsg.): Gewerkschaften und Mitbestimmung, Düsseldorf 1978.

A. Pelinka: Bürgerinitiativen. Gefährlich oder notwendig? Freiburg 1978.

K.P. Bösshar: Bürgerinitiativen im politischen System der Bundesrepublik Deutschland, Frankfurt/M. 1983.

J. Huber: Wer soll das alles ändern. Die Alternativen der Alternativbewegung, Berlin 1980.

H. Schelsky: Die skeptische Generation, Düsseldorf/Köln 1957.

Presse- und Informationszentrum des Bundestages (Hrsg.): Jugendprotest im demokratischen Staat, Speyer 1982.

K.M. Michel/H. Wieser (Hrsg.): Kursbuch 54. Jugend, Berlin 1978.

K.M. Michel/T. Spengler (Hrsg.): Kursbuch 65. Der große Bruch – Revolte 1981, Berlin 1981.

Jugendwerk der Deutschen Shell (Hrsg.): Jugend 81. Lebensentwürfe, Alltagskulturen, Zukunftsbilder, Opladen 1982.

H. Däubler-Gmelin: Frauenarbeitslosigkeit oder Reserve zurück an den Herd, Reinbek b. Hamburg 1977.

L. Doormann (Hrsg.): Keiner schiebt uns weg. Zwischenbilanz der Frauenbewegung in der BRD, Weinheim-Basel 1979.

FrauenBilderLesebuch, Reinbek b. Hamburg 1982.

M. Janssen-Jurreit: Sexismus. Über die Abtreibung der Frauenfrage, Frankfurt/M. 1979.

A. Schwarzer: Das Emma-Buch, München 1981.

R. Wiggershaus: Geschichte der Frauen und der Frauenbewegung, Wuppertal 1979.

M. Perrez (Hrsg.): Krise der Kleinfamilie? Bern 1979.

H. Pross (Hrsg.): Familie – wohin? Reinbek b. Hamburg 1979.

E. Gehrmacher u.a. (Hrsg.): Ausländerpolitik im Konflikt, Bonn 1978.

M. Kremer/H. Spangenberg: Assimilation ausländischer Arbeitnehmer in der Bundesrepublik Deutschland, Königstein/Taunus 1980.

R. Petzinger/M. Riege: Die neue Wohnungsnot, Hamburg 1981.

M. Andritzky/G. Selle (Hrsg.): Lernbereich Wohnen, 2 Bde., Reinbek b. Hamburg 1979.

L. Niethammer (Hrsg.): Wohnen im Wandel, Wuppertal 1979.

12. Bildungspolitik

Max Planck Institut für Bildungsforschung (Hrsg.): Das Bildungswesen in der Bundesrepublik Deutschland, Reinbek b. Hamburg 1984.

O. Anweiler u.a.: Bildungssysteme in Europa, Weinheim 1980.

Bund-Länder-Kommission für Bildungsplanung und Bundesanstalt für Arbeit (Hrsg.): Studien- und Berufswahl, Bad Honnef (erscheint jährlich).

W. Bergsdorf/U. Göbel: Bildungs- und Wissenschaftspolitik im geteilten Deutschland, München 1980.

H.-H. Groothoff/I. Wirth: Erwachsenenbildung und Industriegesellschaft, Paderborn 1976.

V. v. Massow: Wissenschaft und Wissenschaftsförderung in der Bundesrepublik Deutschland, Bonn 1983.

P. Glotz/W. Malanowski: Student heute. Angepaßt? Ausgestiegen? Reinbek b. Hamburg 1982.

13. Das Kulturelle Leben

M. Durzak (Hrsg.): Die deutsche Literatur der Gegenwart – Aspekte und Tendenzen, Stuttgart 1976, 3. Auflage.

H.L. Arnold (Hrsg.): Kritisches Lexikon zur deutschsprachigen Gegenwartsliteratur, München 1978 (wird laufend ergänzt).

Theater heute, Monatszeitschrift mit jährlichem Sonderheft.

H. Daiber: Deutsches Theater seit 1945, Stuttgart 1976.

H. Goertz: Gustav Gründgens, Reinbek b. Hamburg 1982.

F. Kortner: Aller Tage Abend, München 1959.

J. Willett: Piscator, Frankfurt/M. 1982.

V. Canaris: Peter Zadek, München 1979.

P. Iden: Die Schaubühne am Halleschen Ufer 1970–79, München 1979.

H. Laube (Hrsg.): War da was? Schauspiel Frankfurt 1972–1980.

G. Hensel: Das Theater der siebziger Jahre, Stuttgart 1980.

B. Henrichs: Beruf: Kritiker, München 1978.

G. Rühle: Theater in unserer Zeit, Frankfurt/M. 1980.

U. Dibelius: Moderne Musik 1945–1965, München 1966.

U. Stürzbecher: Werkstattgespräche mit Komponisten, Köln 1971.

H. Vogt: Neue Musik seit 1945, Stuttgart 1972.

H. Henck (Hrsg.): Neuland. Ansätze zur Musik der Gegenwart, 2 Bde., Köln 1980 und 1982.

H. Klotz: Architektur in der Bundesrepublik, Frankfurt/Berlin 1977.

H. und M. Bofinger (Hrsg.): Architektur in Deutschland, in: Das Kunstwerk 32 (1979).

W. Haftmann: Malerei im 20. Jahrhundert, München 1980, 3. Auflage.

W. Spies: Das Auge am Tatort. Achtzig Begegnungen, München 1979.

L. Glozer: Westkunst. Zeitgenössische Kunst seit 1939 bis 1981, Köln 1981.

Handbuch Museum Ludwig – Kunst des 20. Jahrhunderts, Köln 1979.

K. Fohrbeck: Kunstförderung im internationalen Vergleich, Köln 1981.

J. Claus: Treffpunkt Kunst, Bonn 1982.

Saarland-Museum Saarbrücken: Informel 1983.

ZERO-Bildvorstellungen einer europäischen Avantgarde 1958–1964, Zürich

1979. 1962 Wiesbaden fluxus 1982 – Eine kleine Geschichte von Fluxus in drei Teilen, Wiesbaden 1982.

G.Adriani u.a.: Joseph Beuys. Köln 1973.

Kataloge der Kasseler dokumenta 1ff (1955 ff.).

G. Bott (Hrsg.): Das Museum der Zukunft.2 Bde, Köln 1969.

H. Holzer: Medien in der BRD, Köln 1980.

K. Kosyk/K.H. Pruys: Handbuch der Massenkommunikation, München 1981.

H. Pross: Politik und Publizistik in Deutschland seit 1945, München 1980.

G. Wallraff: Der Aufmacher, Köln 1979.

J. Aufermann/W. Scharf (Hrsg.): Fernsehen und Hörfunk für die Demokratie. Ein Handbuch, Opladen 1981, 2. Auflage.

H. Bausch: Rundfunkpolitik nach 1945, München 1980.

ARD-Jahrbuch 1969ff, Hamburg 1969ff.

ZDF-Jahrbuch 1964ff, Mainz 1965ff.

H.G. Pflaum/H.H. Prinzler: Film in der Bundesrepublik Deutschland. Ein Handbuch, Frankfurt 1982, 2. Auflage.

R.Fischer/J. Hembus: Der neue deutsche Film 1960–1980, München 1981.

K. Fohrbeck/A.J. Wiesand: Der Künstler-Report, München 1975.

14.DDR-Systemvergleich

K.-H. Eckhardt: Die DDR im Systemvergleich, Reinbek b. Hamburg 1978.

F. Armbruster: Politik in Deutschland. Systemvergleich,Wiesbaden 1981.

Deutsches Institut für Wirtschaftsforschung (Hrsg.): Handbuch DDR-Wirtschaft, Reinbek bei Hamburg 1984.

F. Grätz: Die DDR, München 1979.

W. Behr: Bundesrepublik Deutschland – Deutsche Demokratische Republik. Systemvergleich Politik – Wirtschaft – Gesellschaft, Stuttgart 1979.

M. Jäger: Kultur und Politik in der DDR, Köln 1982.

Register

A

Abgeordneter 29, 61, 65, 68, 72f.
Abitur 212
Abschreckung 52, 55ff.
Absolutismus 13
Adel 14
Adenauer, Konrad 22f., 26ff., 31ff., 40, 61, 76f.
Adorno, Theodor W. 196
Agrarpolitik 93
Aktiengesellschaft 107
Aktionskunst 204f.
Alleinvertretungsanspruch 29
Alliierter Kontrollrat 19ff.
Alternativbewegung 80, 142, 188, 196
Altersaufbau 159
Altersrenten 175
Andersch, Alfred 198
Antes, Horst 203
Antiterrorgesetze 44, 65f.
Arbeiterbewegung 17, 73f.
ARD 210
Arbeitskampf 164ff., 182
Arbeitslosigkeit 17, 37, 44, 51f., 101, 119, 122, 124, 135f., 154, 168, 176, 180ff.
Arbeitsplätze 84f., 180ff.
Arbeitszeit 180ff.
Architektur 207f.
Armut 154, 177
Arte povere 204f.
Atomkraftwerke 65, 87f., 122, 143ff.
Aufsichtsrat 163f.
Aufwertung 38, 94, 121f., 131
Augsburger Religionsfriede 13
Ausfuhr 111, 115ff.
Außenwirtschaft 115f., 123, 129
Außerparlamentarische Opposition 39, 66, 68, 187
Aussperrung 165, 167
Ausstellungen 205ff.
Auswärtige Kulturpolitik 195
Automation 130f.

B

Baden-Württemberg 62, 81
Bafög 90, 214
Bahr, Egon 40, 42, 47
Ballungsräume 108, 110ff., 114f.
Banken 106, 108

Bauernkrieg 13, 16
Bauhaus 207
Baumeister, Willi 203
Bayern 12, 25, 62, 76, 148
BDI 162
Beamte 152f.
Bebel, Karl 73
Bekenntnisschule 211
Bergbau 37, 110
Berlin 21ff., 24, 28, 29f., 32, 39, 41f., 113
Berufe 160
Berufliche Bildung 212
Besatzungsstatut 19ff.
Besatzungszonen 19ff., 22
Betriebsrat 164
Betriebsverfassungsgesetz 164
Beuys, Joseph 204f.
Bevölkerung 158f.
Bibliotheken 195, 199
Biedenkopf, Kurt 77
Bildungswesen 211ff., 228
Bismarck, Otto von 14, 17, 74, 175
Bizone 21
Bloch, Ernst 39, 196
Böll, Heinrich 195, 197f., 208
Borchert, Wolfgang 197
Börsenverein des Deutschen Buchhandels 199
Brandt, Willy 30, 39, 42, 44f., 61, 68f., 187
Braunkohle 218
Brecht, Bertolt 197, 200
Bremen 113
Bruttosozialprodukt 124
Buchhandel 199f.
Bürgerinitiativen 80, 171
Bürgertum 14, 16f.
Bundesanstalt für Arbeit 53
Bundesbank 37, 120, 131
Bundeshaushalt 134ff.
Bundeskanzler 26, 61f., 68f.
Bundesländer 62
Bundespräsident 29, 62
Bundesrat 64
Bundestag 60ff.
Bundesvereinigung der Deutschen Arbeitgeberverbände 162
Bundesverfassungsgericht 29, 42, 48, 64f., 67, 69f., 191, 224
Bundesversammlung 62
Bundeswehr 29, 37, 55

240

243